John L. Allen
Kardinal Ratzinger

John L. Allen

Kardinal Ratzinger

Aus dem Amerikanischen übersetzt
von Hubert Pfau

PATMOS

Für Laura Ileene Allen

1937–1999

Et in arcadia ego …

Titel der amerikanischen Originalausgabe:
Cardinal Ratzinger: the Vatican's enforcer of the faith
First published in the United States by
The Continuum International Publishing Group Inc, New York

Die Deutsche Bibliothek – CIP-Einheitsaufnahme
Allen, John L.:
Kardinal Ratzinger / John L. Allen. Aus dem Amerikan. übers. von Hubert Pfau.
- Düsseldorf : Patmos-Verl., 2002
Einheitssacht. : Cardinal Ratzinger <dt.>
ISBN 3-491-72457-0

Satz: Hubert Pfau, KH, Köln
Druck und Bindung: Freiburger Graph. Betriebe, Freiburg
ISBN 3-491-72457-0
www.patmos.de

INHALT

VORWORT

Es mag sonderbar scheinen, wenn ein Autor eine Biographie vielmehr mit Details aus seinem eigenen Leben eröffnet als mit solchen aus dem seines Objekts, aber ich fühle mich dazu gedrängt, eine gewisse Erklärung der Dynamik zu liefern, die mich zum Schreiben dieses Buches geführt hat. Man könnte sich fragen, warum ein Journalist des *National Catholic Reporter*, der im Ruf eines progressiven Kritikers des katholischen Establishments steht, sich dazu entschließen sollte, über den großen Konservativen in der Glaubenslehre unserer Zeit zu schreiben. Oder man könnte annehmen, daß ich Ratzinger ausgewählt habe, um ihn durch den Dreck zu ziehen, mit der Berechnung, daß der Kardinal genug Feinde hat, um den Verkauf von ein paar Büchern zu garantieren. Meine Hoffnung ist hier, mein Interesse an Ratzinger genau von der anderen Seite her aufgezogen zu präsentieren, so daß es sich darstellen möge, wie es mir erscheint, weder rätselhaft noch niederträchtig, sondern als aufrichtiger Versuch zu verstehen.

Ich bin ein Kind des Zweiten Vatikanischen Konzils. Das meine ich nicht nur spirituell oder ideologisch, sondern auch chronologisch. Ich wurde 1965, in dem Jahr, in dem das Zweite Vatikanische Konzil endete, in eine katholische Durchschnittsfamilie und -gemeinde hineingeboren, wo die Veränderungen, die das Konzil freigesetzt hatte, grundsätzlich begrüßt wurden. Infolge davon lernte ich nie den Baltimore-Katechismus auswendig, besuchte nie eine Messe in lateinischer Sprache, sammelte nie Ablässe oder hielt einen Sicherheitsabstand zwischen mir und meiner Tanzpartnerin, um Raum für den Heiligen Geist zu lassen. Statt dessen wuchs ich mit der Lektüre von *Christ among us* auf, mit dem Film *Jesus Christ Superstar*, den ich mit meiner Abschlußklasse gesehen habe, und mit der Verplanung meiner Sonntage rund um die Volksmesse um 11 Uhr 30.

Michael Harrington schrieb einmal ein Buch über Armut mit dem Titel *The Other America*, und seine Idee von zwei Nationen, die eine gemeinsame Geographie teilen, aber getrennte Daseinssphären bewohnen, blieb mir haften. Später stellte ich fest, daß diese Vorstellung auch mein Gefühl erfaßte, in einer Form von katholischer Kirche aufgewachsen zu sein und dann herauszufinden, daß sich eine andere in Rom breitgemacht hatte, als ich meine Arbeit als Journalist für Angelegenheiten der Kirche begann. Ich bin ein Produkt von dem, was ich nur „den anderen Katholizismus“ nennen kann.

Ich besuchte katholische Schulen, bis ich ins College kam, war für den größten Teil meiner Jugend Ministrant und gewann katholische Auszeichnungen bei den Pfadfindern. Ich erinnere mich, wie meine Mutter zu den paar Gelegenheiten, zu denen wir es nicht schafften, in die Sonntagsmesse zu gehen, mit mir den Rosenkranz sprach und wie sie mich dazu anhielt, vor dem Schlafengehen zu beten. Zu einer bestimmten Zeit war ich auf meiner katholischen High School in einer Vereinigung, die für junge Männer gedacht war, die die Priesterschaft in Erwägung zogen, und später in meinem Leben verbrachte ich tatsächlich ein paar Monate als Ordensnovize. Kurz gesagt durchlief ich eine vollendete katholische Sozialisation.

Aber diese Sozialisation war von der postkonziliaren Art. Daher hatte ich nie eine Sorge darum, daß Nichtkatholiken in die Hölle kämen, und ich nahm es als selbstverständlich an, daß Frauen am Altar stehen könnten, und ging einfach davon aus, daß sie eines Tages das Priesteramt ausüben würden. Mir wurde beigebracht und ich glaubte, daß man ein guter Katholik sein und doch Zweifel an bestimmten Punkten der Lehre der Kirche haben konnte, etwa am Verbot der künstlichen Empfängnisverhütung. Ich lernte nie, von Priestern als der Gemeinde enthoben zu denken. Der Wert einer „vollen, aktiven und bewußten" Teilnahme an der Messe durch die Laien schien intuitiv offensichtlich. Es wäre mir als Phantasterei erschienen, wenn irgend jemand angedeutet hätte, daß die Verfechtung jeder dieser Ideen in der öffentlichen Diskussion der katholischen Kirche einen dreißig Jahre später als „Radikalen" abstempeln würde.

Ich erinnere mich, wie ich in der sonntäglichen Messe saß, während unser Pfarrer und ein bekannter Laie den Ablauf des neuen Beichtritus vollzogen, und mir dabei dachte: Ich frage mich, was sich als nächstes ändern wird. Für mich war es selbstverständlich, daß die Praktiken und Strukturen der Kirche fließend waren, daß sie sich entwickeln könnten und auch würden.

In meiner Gemeinde und in meiner Schule nahm ich auch in mich auf, daß katholisch sein bedeutet, um Gerechtigkeit besorgt zu sein. Ich erinnere mich deutlich an den Tag, als Pater Chuck, einer der vielen franziskanischen Kapuziner, die meine Lehrer waren, zu meinem Religionskurs darüber sprach, wie die katholische Glaubenslehre ihn dazu gebracht hatte, sich dem Vietnamkrieg entgegenzustellen. Ich fing an, Verbindungen zu knüpfen zwischen Jesus, der Kirche und sozialer Betätigung, und während meiner Jahre auf der High School, als die Vereinigten Staaten unter Reagan ihre militärischen Aktivitäten in Lateinamerika entwickelten, war ich zu einer moralischen Kritik bereit, die mich in kurzer Zeit in den politischen Aktivismus führte.

Natürlich findet sich viel Oberflächlichkeit in meiner frühen postkonziliaren Erfahrung. Ich verbrachte mehr Zeit mit Stift und Papier als mit der Bibel, und wenn meine älteren katholischen Freunde gelegentlich in „Panis Angelicus“ oder eine ähnlich Hymne einstimmen, fühle ich mich unkatechesiert, weil ich den Text nicht kenne. Zuzeiten kam es zu einer unkritischen Umarmung der Kultur. Wenn sich der junge Priester in dem Stück *Mass Appeal* darüber beklagt, am Fest der Himmelfahrt in den Gottesdienst zu gehen und den Chorus aus „Leavin' on a Jet Plane“ zu hören, erkenne ich mich erschaudernd wieder.

Trotz der Banalität kann ich das Gefühl nicht loswerden, daß die Grundlinie von dem, was ich erfahren habe, richtig war: Ich kam zu dem Glauben, daß katholisch zu sein bedeutet, sich um die Welt und um andere Menschen zu kümmern, und daß es bedeutet, Gott inmitten dieser Belange zu finden.

Wenn ich jetzt so zurückblicke, erkenne ich, daß meine Erfahrung nicht so eindeutig war. Ich weiß, daß es Menschen gab, selbst in meiner kleinen Heimatstadt im westlichen Kansas, die in hohem Maße andere Visionen von Kirche hatten, die stark unter dem litten, was sie in meinen Klassenzimmern und in meiner Gemeinde vor sich gehen sahen. Einer von ihnen, ein Kapuzinerpriester, der mir die erste heilige Kommunion spendete, hat heute eine Fernsehreihe in einem christlichen Kabelkanalsender. Kürzlich hörte ich ihn den Leuten sagen, daß sie nicht an einer Hochzeit zwischen Menschen anderen Glaubens teilnehmen sollten, weil es dasselbe sei, wie dem Paar zu sagen: „Ich bin froh, daß Sie in die Hölle kommen werden.“ Als Kind und als junger Mann war ich mir aber dieser abweichenden Stimmen nicht sehr bewußt. Die Sorte von Katholizismus, die ich mir aneignete – getreu, aber sich entwickelnd, offen für Abweichung, gesellschaftlich engagiert –, war, wie ich annahm, das, was mit dem Begriff „Hauptströmung“ gemeint war.

Diese Charakterisierung beschreibt nach wie vor die große Mehrheit von den erwachsenen Katholiken, mit denen ich zu tun habe, mit denen ich bete und Umgang pflege. Wenn es nach diesen Katholiken ginge, würde die Kirche von morgen wahrscheinlich Frauen und verheiratete Männer ordinieren, Empfängnisverhütung erlauben und damit aufhören, Treueide zu verlangen. Umfragen zeigen, daß meine Freunde und Kollegen widerspiegeln, wo eine solide Mehrheit an Katholiken in der westlichen Welt in diesen Punkten steht. Da es sich um die Menschen handelt, mit denen ich mein Leben teile, scheinen mir diese Positionen natürlich und fast unumgänglich. Mir war nicht klar, wie viele mächtige Gestalten innerhalb der Kirche diese Sorte von Katholizismus als eine Verirrung betrachten, bis ich in den frühen neunziger Jahren begann, beruflich über den Katholizismus zu schreiben. Diese Menschen sehen darin ein Produkt der Unruhe, die immer auf ein ökumenisches Konzil folgt, und sie sind dazu entschlossen, das ganze wieder unter Kontrolle zu bringen.

Sicherlich, ich hatte immer die Empfindung, daß der Papst und der Vatikan „konservativer“ als die meisten Leute waren, die ich kannte. Ich war aber nicht auf die Größe der Kluft vorbereitet, die den Katholizismus, mit dem ich aufgewachsen war, von den Erklärungen und von der Politik, die aus Rom entsprangen, zu trennen schien. Der Wendepunkt ereignete sich für mich im Dezember 1997, fünf Monate nachdem ich begonnen hatte, für den *National Catholic Reporter* zu arbeiten, als mir aufgetragen wurde, einen Artikel über eine neue vatikanische Erklärung zum Laiendienst zu schreiben. Es handelte sich um ein „zwischenamtliches“ Dokument, was besagen will, daß es von mehreren vatikanischen Ämtern gemeinsam herausgegeben wurde, und sein allgemeines Anliegen war die erneute Erklärung einer scharfen Trennung zwischen Laien- und ordinierter Priesterschaft. Die Autoren glaubten, daß eine Lockerung dieser Trennung, in der es soweit kam, daß Priester als Gemeindemitglieder gesehen wurden, die sich eher durch ihre Aufgabe als in ihrer wesentlichen Eigenschaft unterschieden, eines der großen Probleme darstellte, denen sich die Kirche gegenübersah. Da erkannte ich, daß ich nicht verstanden hatte, wie die Kirche für jene aussehen muß, die solche Dokumente herausgeben. Ich verstand nicht die Bedürfnisse, die sie wahrnehmen, oder die Gefahren, die sie offensichtlich erkennen.

Außerdem wurde mir klar, daß meine Unkenntnis meine Arbeit als Journalist beeinträchtigte. Ich konnte nicht mehr tun, als Ansichten zu karikieren, für die ich kein Verständnis aufbrachte. Ich mußte von meinen eigenen Wahrnehmungen zur anderen Seite hin durchbrechen, und das bedeutete letzten Endes, mich mit Kardinal Joseph Ratzinger auseinanderzusetzen. Mehr als jede andere Gestalt im gegenwärtigen Katholizismus, mehr noch sogar als der Papst, verkörpert er die Feindseligkeit dem „anderen Katholizismus“ gegenüber, den ich beschrieben habe.

Ich gehe übrigens davon aus, daß die Sorgen, die in jenem Dokument zum Laiendienst ausgedrückt sind, genau wie in einer großen Zahl ähnlicher vatikanischer Erklärungen, echt sind. Ich pflichte nicht der Theorie bei, daß Beamte der Kurie wie Ratzinger eine Politik allein betreiben, um ihre eigene Macht zu sichern, wobei ich auch nicht abstreiten würde, daß solche Überlegungen eine ganz eigene, oft unbewußte Rolle in der Formung von Entscheidungen spielen. Ich glaube, daß Ratzingers theologische Argumente mehr sind als im nachhinein gegebene vernunftsgemäße Erklärungen für die Ausübung von Autorität. Ich glaube, daß seine Analyse von Kirche und Welt aufrichtig ist, und ich wollte sie verstehen – und wo nötig, von ihr in Frage gestellt werden. Wenn sich das Gespräch innerhalb der Kirche jemals vorwärtsbewegen soll, so scheint es mir, müssen Katholiken mehr tun, als die Motive der jeweils anderen anzufechten. Sie müssen die Belange der jeweils anderen verstehen und eine gewisse Anstrengung unternehmen, dieselbe Sprache zu sprechen.

Ich kannte die offiziellen katechetisch begründeten Erklärungen für Ratzingers Positionen, aber ich brauchte mehr als das. Ich mußte begreifen, wie auch nur ein religiöser Führer in der moderenen Welt glauben konnte, daß Mundverbote und Verurteilungen und Bücherverbote irgend etwas anderes erreichen könnten als aufflammenden Widerstand und öffentliche Ungläubigkeit. Ich mußte begreifen, wie Positionen vom besten und hervorstechendsten der katholischen Beamtenschaft so sehr gefestigt und so energisch verteidigt werden konnten, die so offensichtlich zum Schaden für Frauen, für das geistige Leben und für die Sache der sozialen Gerechtigkeit schienen, all das, worum sich die Kirche in großem Maße sorgt.

Im Streben nach Einsicht habe ich fast alles gelesen, was Ratzinger geschrieben hat, frischte meine rudimentären Deutschkenntnisse auf, die ich auf der Schule erworben habe, damit ich mich nicht nur auf die Werke beschränken mußte, die ihren Weg in eine englische Übersetzung gefunden haben. Ich habe mit Freunden und Gegnern des Kardinals gesprochen, die meisten Porträts gelesen, die in den letzten zwanzig Jahren über ihn veröffentlicht wurden, und die offiziellen Texte der Dokumente studiert, die er herausgegeben hat. Ich habe mit Dutzenden Leuten gesprochen, die unter Ratzinger studiert oder gearbeitet haben, die im öffentlichen Leben der Kirche für oder gegen ihn Stellung bezogen haben. Ich wollte nach Rom fliegen, um ihn zu interviewen, und wurde abgewiesen, hatte dann aber Gelegenheit, mit ihm zu sprechen, als er im Februar 1999 Menlo Park in Kalifornien besuchte. Ich traf ihn auch zweimal im Herbst 1999 auf einer Synode in Rom.

Am Ende dieses Weges drängt mich die Ehrlichkeit, einzuräumen, daß eine tiefgehende logische Konsequenz in Ratzingers Vision besteht (wie er sie heute formuliert; seine Positionen in vielen Fragen innerhalb der Kirche haben sich vom Anfang seiner Laufbahn her gewandelt). Darüber hinaus ist Ratzinger nicht dieser rachsüchtige, machtbesessene alte Mann, der wie ein böser Geist in der Vorstellung vieler katholischer Linker herumspukt. Bei den Gelegenheiten, bei denen ich ihn getroffen habe, empfand ich ihn als liebenswert, von scheuer persönlicher Art und als mit wachem Verstand ausgestattet. Ich beobachtete ihn, gealtert und offensichtlich voller Unbehagen, wie er es zuließ, auf einem Empfang mit Wellen von albernen Priesterseminaristen fotografiert zu werden, mit kriecherischen Bewunderern, geschwätzigen Akademikern und schließlich mit Buddhisten in safrangelben Gewändern. Bei alldem behielt er einen Sinn für Humor und eine persönliche Freundlichkeit bei, die einen tiefen Eindruck hinterließ. Ich habe mich mit Dutzenden von Leuten unterhalten, die Ratzinger gut kennen, und ohne Ausnahme sprechen sie von seinem ruhigen, friedlichen Geist und seiner bemerkenswerten Fähigkeit zuzuhören.

Bischof Peter Cullinane von Palmerstone in Neuseeland – sicherlich kein vertrauter Freund Ratzingers vom rechten Flügel – sagte mir über ihn während des Besuchs in Menlo Park im Februar 1999:

Ich bedauere es sehr, daß Kardinal Ratzinger so eine schlechte Presse bekommt, denn ich denke, die Leute räumen sich aufgrund vieler Vorurteile oder ihrer eigenen theologischen Positionen nicht immer die Gelegenheit ein, diesem Mann wirklich zuzuhören, wirklich zu hören, was er zu sagen hat. Er ist ein Mann mit einem ungeheuren Glauben, von großer Integrität, von sehr großem Intellekt und großer Hingabe. Ich wünschte nur, die Menschen würden sich die Gelegenheit einräumen, sorgfältiger auf das zu hören, was er sagt, was hinter dem steckt, was er sagt, von wo er dabei herkommt, was Theologie wirklich für ihn bedeutet. Ich glaube, wenn die Leute das wirklich tun würden, würden sie feststellen, daß eine der großen Barrieren wegfiele.

Nachdem ich Ratzinger selbst zugehört habe, denke ich, daß Cullinane recht hat. Ich kann ohne Ironie sagen, und trotz der Ungläubigkeit mancher meiner Kollegen, daß in dem unwahrscheinlichen Fall, daß ich jemals Zugang zu Ratzinger als Beichtvater hätte, ich nicht zögern würde, ihm meine Seele zu öffnen, so überzeugt bin ich von der Klarheit seines Einblicks, von seiner Integrität und seiner Verpflichtung der Priesterschaft gegenüber.

Am Ende jedoch kam auch ich von dem Wunsch ab, daß Joseph Ratzinger dieselbe intellektuelle und existentielle Anstrengung unternehmen würde, den Katholizismus zu verstehen, in dem ich aufgewachsen bin, wie ich sie bezüglich des Katholizismus unternommen habe, mit dessen Verteidigung er die letzten zwanzig Jahre verbracht hat. Ich bin davon überzeugt, daß Ratzinger durchdringend und ehrlich ist; und doch kann ich ihm in der Zügelung des sich entfaltenden sozial engagierten Katholizismus keinen Erfolg wünschen, der der Brutkasten meines Glaubens war. Ich glaube, daß seine Stimme respektvoll gehört und respektvoll in Frage gestellt werden sollte, und hoffe, daß dieses Buch dazu beitragen wird.

Ein technischer Hinweis muß hier noch gegeben werden. Ratzinger hat versucht, eine scharfe Trennung zwischen seinen Schriften als privater Theologe und den Dokumenten, die unter seiner Amtsgewalt von der

Kongregation für die Glaubenslehre hervorgebracht wurden, zu ziehen. Er würde es sich niemals herausnehmen, die Entscheidungen der Kongregation dafür zu gebrauchen, dem christlichen Volk seine eigenen theologischen Vorstellungen aufzuerlegen, und er sähe seine Rolle als die eines Koordinators einer großen Arbeitsgruppe, sagte er 1996. Als ich aber Ratzingers Werk studierte, wurde mir klar, daß man in vielen Dokumenten der Kongregation der letzten zwanzig Jahre Motive und Äußerungen finden kann, die ganz offensichtlich von ihm stammen. Ganze Abschnitte der Anweisung zur Befreiungstheologie von 1984 hätten beispielsweise genauso leicht aus Ratzingers persönlichem Werk zur Eschatologie stammen können. In den Fällen, in denen ich Dokumente der Kongregation anführe, um sein Denken zu veranschaulichen, tue ich das, nachdem ich ein Urteil gefällt habe, daß der in Frage stehende Text weitestgehend von ihm stammt.

Dieses Buch ist die Frucht meiner Arbeit, und daher sind alle seine Vergehen, begangene wie durch Unterlassung entstandene, einzig und allein meine eigenen. Ich fühle mich aber verpflichtet, mich denen erkenntlich zu zeigen, die mir auf meinem Weg geholfen haben. Michael Farrell, mein Redakteur beim *National Catholic Reporter*, war großzügig sowohl in der Kritik des Gestalt annehmenden Buches wie auch in der Flexibilität, die er in der Genehmigung zeigte, dieses Projekt zum Abschluß zu bringen. In ähnlicher Weise waren meine Kollegen Tom Roberts und Tom Fox in ihrer Rückmeldung hilfreich. Gill Donovans professionelle Fähigkeiten im Korrekturlesen und ihre Reaktionen auf den Inhalt waren enorm hilfreich. Eugene Kennedy und Robert Blair Kaiser lasen beide frühe Entwürfe des Buchs und gaben mir Ermutigung. Mehrere von Ratzingers früheren Doktoranden, vor allem Joseph Fessio, Hansjürgen Verweyen, Micharl Fahey und Charles MacDonald, boten wichtige Perspektiven. Franz Haselbeck vom Staatsarchiv in Traunstein in Bayern war außerordentlich nett in der Erleichterung der Recherche. An all die anderen Helfer und Freunde, die aus verschiedenen Gründen hier nicht namentlich erwähnt werden können, ein herzliches Dankeschön.

Ein weiteres Dankeschön an die Studenten der High School Notre-Dame im Kurs für Journalismus in Sherman Oaks in Kalifornien von 1993 bis 1997, die als erste in mir die Leidenschaft fürs Schreiben und Berichten entfacht haben. Besonders möchte ich Song Chong, Joel Feldmann, Maya Kelly, Davon Ramos, Kathy Wang und Christian Almeida erwähnen, meine Chefredakteure in diesen Jahren, die ich als Kollegen und Freunde betrachte.

Meiner Frau Shannon Levitt-Allen danke ich für ihre endlose Geduld und ihre unerschütterliche Überzeugung, daß dieses Buch das Licht der

Welt erblicken würde. Ich widme dieses Buch meiner Mutter Laura Ileene Allen, die viel zu früh am 25. Januar 1999 verstarb. Ihr standhafter Glaube an mich, wenn auch unverdientermaßen und unangebrachterweise, hielten mich immer aufrecht. Ich widme das Buch auch meinen Großeltern, Raymond und Laura Frazier, deren rückhaltlose Liebe für meine Mutter in jedem Moment ihres Lebens ein machtvolles Zeugnis für die Fähigkeit dieser Welt zum Guten darstellt.

1 EIN EHEMALS LIBERALER

Kein anderer Kardinal der römischen Kurie hat sich jemals des weltweiten Berühmtheitsstatus Joseph Ratzingers erfreut. Ratzinger hat Tausende von Büchern in Dutzenden von Sprachen verkauft und wurde eigentlich von jeder größeren Zeitung oder Zeitschrift in allen Gegenden der katholisch bevölkerten Welt porträtiert. Jedesmal wenn sich Ratzinger zu einer Rede in der Öffentlichkeit zeigt, zieht er eine strömende Menschenmenge an, in der sich gewöhnlich ein Grüppchen Protestierender findet. Auf seinem Heimatboden Europa hat sein Ruf die Grenzen des Kirchenlebens überstiegen; er ist eine öffentliche Gestalt mit kulturellem Profil. Seine Äußerungen in Fragen der Kultur, etwa die Verdammung der Popmusik als Werkzeug der Religionsfeindlichkeit 1986, zieren die Titelseiten der Zeitungen.

In einer Umfrage der Illustrierten *Bunte* aus dem Jahr 1998, die zweihundert bedeutendsten Deutschen zu nennen, belegte Ratzinger den 30. Rang. Dabei war er der führende katholische Würdenträger und die am zweitmeisten genannte religiöse Persönlichkeit überhaupt, trotz der Tatsache, daß er seit 1981 nicht mehr in Deutschland gelebt hat. Er überrundete Tennisstar Steffi Graf (Rang 47) ebenso wie Theo Waigel (Rang 49), den damaligen Bundesfinanzminister. Sicherlich ist Ratzingers Ruhm noch von dem seines Vorgesetzten, Johannes Pauls II., in den Schatten gestellt worden, wahrscheinlich die überragendste Mediengestalt des späten 20. Jahrhunderts. Stünde Ratzinger in Diensten eines weniger tatkräftigen Papstes, dann würde sich sein eigener Berühmtheitsgrad noch stärker abheben. Und doch stellt Ratzinger im Maßstab der Kurie ein Phänomen dar, eine äußerst populäre Gestalt in einer Institution, die Bedecktheit verlangt.

Es gibt nur eine amtskirchliche Gestalt des Fernsehzeitalters, die Ratzinger in Bezug auf Popularität an Größe gleichkäme: Kardinal Alfredo Ottaviani, der erzkonservative römische Prälat, der während des Zweiten Vatikanischen Konzils Ratzingers Funktion innehatte. Ottaviani, ein einschüchternder Mann mit riesigen Wangen und einer Adlernase, war das Beste, was den Kohorten der Presse, die das Konzil übersäten, passieren konnte. Jedesmal wenn ein Journalist ein Zitat von einem Gegner der Agenda der Liberalen benötigte, war Ottaviani bereit, eines von sich zu geben; viele seiner schillernden Bemerkungen sind legendär geworden.

Während einer besonders stürmischen Konzilsitzung hörte Ottaviani einmal zu oft einen Bischof über „Kollegialität“ sprechen, über die Vorstellung, daß neben dem Papst alle Bischöfe gemeinschaftlich die Kirche leiten.

Wenn das wahr würde, würde es bedeuten, daß die Macht des Papstes nicht mehr absolut wäre; und dann hätten diejenigen, die im Namen des Papstes sprächen, allen voran Ottaviani, weniger Autorität. Ottaviani nahm das nicht hin. In einer der berühmtesten Reden der Kirchengeschichte sagte er, die Bibel biete nur ein Beispiel einer gemeinschaftlichen Handlung der Apostel: im Garten Gethsemane, als Jesus verhaftet wird. Die gemeinschaftliche Handlung? „Sie alle flohen."

Heutzutage gehen solche Geschichtchen in den Hallen des Vatikans auch über Ratzinger um. Das liegt in der Natur seiner Funktion. Doch liegt eine besondere Ironie darin, daß Ratzinger Gegenstand derselben Art von Witzeleien geworden ist, die Ottaviani auf Schritt und Tritt folgten. Auf dem II. Vaticanum war Ratzinger einer der theologischen jungen Wilden, die die Klage gegen den Status quo, wie ihn Ottaviani verkörperte, führten. Ratzinger war ein angriffslustiger, hochintelligenter junger Denker, der mit vielen Antworten unzufrieden war, die von den offiziellen kirchlichen Autoritäten gegeben wurden. Er zählte zu den Verschwörern im Hintergrund, die dafür sorgten, daß das Konzil Ottaviani bei eigentlich jedem Thema beiseite wischte.

Ratzinger war als wichtigster theologischer Berater von Kardinal Joseph Frings aus Köln auf allen vier Sitzungen des II. Vaticanums anwesend. Frings geriet wiederholt mit Ottaviani darüber in Konflikt, welche Richtung das Konzil nehmen sollte. Er war es, der in einem der dramatischsten Augenblicke der gesamten vier Jahre des II. Vaticanums Ottavianis Amt zu einer Quelle des Anstoßes für die Welt erklärte. Der protestantische Beobachter Robert MacAfee Brown, der am Tag, als Frings sprach – am 8. November 1963 –, im Konzilssaal anwesend war, gab zu Protokoll, daß seine Kritik an Ottaviani „den Dom vom Petersplatz weggeblasen"[1] hätte.

Angesichts des heutigen Images Ratzingers als eines streng Konservativen und eines Vollstreckers Roms vergißt man leicht, wie wichtig er für das Zweite Vatikanische Konzil war. Theologen spielten eine einzigartig bedeutende Rolle während des Konzils, sie entwarfen Dokumente, organisierten Bündnisse und bereiteten ihre Bischöfe auf Debatten im Sitzungssaal vor, und Ratzinger war die eigentliche Seele all dieser Aktivitäten. Tatsächlich waren die deutschen Theologen und Bischöfe so einflußreich, daß die beste frühe Darstellung des Konzils einfach mit *The Rhine Flows into the Tiber*[2] betitelt war. Eigentlich vertritt jeder, der je das II. Vaticanum studiert hat, die Meinung, daß Ratzinger zu den Theologen gehörte, die die größte Einwirkung hatten.

Dieser Geschichte wegen haben die schärfsten Kritiker Ratzingers ihn mit einer mythischen Qualität à la *Krieg der Sterne* belegt. Wie wird aus Ratzinger, dem progressiven Unruhestifter, Ratzinger, der Großinquisitor? Jedesmal wenn Ratzinger einen Denker zensiert, ein Buch auf den Index setzt, einen Gedankengang verurteilt oder sonst versucht, einige der Ströme, die dem Konzil entsprungen sind, umzulenken, fragen sich die Leute, ob das dieselbe Person sein kann. In der Vorstellungswelt einiger liberaler Kritiker würde Ratzingers Lebensgeschichte ein würdiges Skript für George Lucas abgeben: der junge Jedi-Ritter, der zur Dunklen Seite der Macht überlief.

Was auch immer man daraus macht, die Behauptung, Ratzinger habe „die Seiten gewechselt", scheint berechtigt und begründet. In einer Anzahl von Fragen, die sich alle mit zentralen Themen der Theologie und des Kirchenlebens beschäftigen, hat Ratzinger in seinen Ansichten aus der Zeit des Konzils eine Kehrtwendung vollzogen. Der liberale Schweizer Theologe Hans Küng hat im Lichte solcher Wandlungen einmal zu verstehen gegeben, Ratzinger habe seine Seele an die Macht verkauft. Küng, ein Freund und Kollege Ratzingers, der ihm seine Stellung an der Universität Tübingen verschaffte, sagte in den frühen siebziger Jahren beißend: „Um in diesen Zeiten in Deutschland Kardinal zu werden, muß man früh anfangen." Ob Küng nun Ratzingers Absichten genau durchschaute oder nicht, er täuschte sich jedenfalls nicht in der Richtung, in die Ratzinger strebte.

WARUM MACHT ES ETWAS AUS?

Die Hauptströmung katholischer Theologen und Historiker sieht die Anschuldigung, Ratzinger sei von seinem Liberalismus des II. Vaticanums abgefallen, oft als interessant, aber unerheblich an. Menschen seien berechtigt, ihre Einstellung zu ändern, so sagen sie, und man würde sich in der Lehre keinen Vorstehenden wünschen, der so festgefahren wäre, daß er sich nie entwickeln könnte. Die Tatsache, daß Ratzinger willens gewesen ist, frühere Positionen zu mäßigen oder aufzugeben, mag ein Zeichen geistiger Lebendigkeit sein. Andere würden die Vorgabe gänzlich zurückweisen und argumentieren, daß es eine grundlegende Kontinuität in Ratzingers Denken gegeben hat, die wesentlicher ist als jede Entwicklung in speziellen Fragen. Beide Meinungen sind vertretbar. Trotzdem gibt es im Kontext des Katholizismus zu Beginn des 21. Jahrhunderts drei Gründe für die tiefe Bedeutung der Frage, ob Ratzinger seine früheren Überzeugungen aufgegeben hat.

Aus der historischen Perspektive

Die vielleicht am heftigsten umstrittene Frage in der katholischen Kirche unserer Tage ist die nach dem berechtigteren Anspruch auf das Erbe des II. Vaticanums: Haben ihn die Reformer, die sich um eine dienende Kirche bemühen, die einer inneren Vielgestaltigkeit toleranter gegenübersteht, oder haben ihn die Kräfte der Restauration, die sich eine Kirche mit Akzentuierung ihrer traditionellen Wahrung der Einheit in strenger päpstlicher Kontrolle wünschen? Der Punkt ist, welche Intuition besser zum Ausdruck bringt, was das II. Vaticanum beabsichtigte. Oder aus „streng konstruktionistischem" Blickwinkel formuliert: Worin drückt sich die gesetzgebende Absicht der Konzilsväter besser aus? Wenn es zutrifft, daß Ratzinger seine früheren Vorstellungen aufgegeben hat, daß seine „Momentaufnahme" auf dem Konzil sich heute besser durch biographische Umstände erklären läßt als durch ein historisches Zeugnis, dann ist das ein wichtiger Befund für die progressive Seite dieser Streitfrage. Wer auch immer bestimmt, wie das II. Vaticanum erinnert wird, bestimmt auch zu einem sehr großen Ausmaß die Richtung der Kirche. Ratzingers Zeugnis ist für die Entscheidung, was das Konzil beabsichtigte, wesentlich, und jede Einschätzung seines Zeugnisses wäre ohne die Frage unvollständig, wie und warum es sich über die Jahre gewandelt hat.

Darüber hinaus ist Ratzinger selbst in die historische Debatte eingetreten. In einem Interview mit der Zeitschrift *Time* von 1993 erklärte er: „Ich sehe über die Jahre keine Veränderung in meinen theologischen Positionen." Es ist daher ein faires Vorhaben, diese Behauptung anhand von Fakten zu überprüfen.

Aus der politischen Perspektive

Das Problem in der politischen Argumentation im gegenwärtigen Katholizismus besteht darin, daß die streitenden Parteien zu häufig einfach aneinander vorbeireden, wobei sie kaum gemeinsame intellektuelle Voraussetzungen haben, auf denen die Diskussion fußen könnte. Fortschrittliche Katholiken sind in den Schriften von Rosemary Ruether, Matthew Fox oder Karl Rahner begründet, haben aber weitgehend keine Kenntnis von Dietrich und Alice von Hildebrand, von Hans Urs von Balthasar, von Matthias Scheeben oder von irgendeinem der anderen Denker und Schriftsteller, die den geistigen Horizont konservativer Katholiken bestimmen. Keine der beiden Seiten ist bereit, die eigene geistige Anstrengung darauf zu verwenden, die Belange, die ihre Gegner motivieren, wirklich zu verstehen, die Argumente, die sie zu den Überzeugungen geführt haben, an denen sie festhalten, die Alternativen, die sie überdacht und verworfen haben.

Jede Seite verdächtigt die andere häufig, hochmütig in ihren Überzeugungen und unzureichend in der authentischen Tiefe der katholischen Tradition begründet zu sein. Dadurch, daß verstanden wird, welche Wege Ratzinger eingeschlagen hat und an welchem genauen Punkt sein eigenes Denken von dem Kurs abwich, dem so viele andere nach dem II. Vaticanum folgten, könnten die Fortschrittlichen eher fähig sein, den Umstand für eine Wandlung jenseits des glatten Zirkels der bereits Überzeugten zu artikulieren. Ebenso könnten die Konservativen erfassen, warum sie oft der Untergrabung des Konzils bezichtigt werden.

Aus der ekklesiologischen Perspektive

Marx sagte, daß Gedankensysteme durch ökonomische oder soziale Situationen bestimmt werden. Er war dabei sehr absolut, aber diese Tatsache ist nicht wesentlich, um seine grundlegende Einsicht zu begreifen, daß Ideen häufig von äußeren Faktoren wie Status und Privilegien beeinflußt sind. Wenn es zutrifft, daß Ratzingers theologische Vorstellungen umgeformt wurden, als sich seine Rolle innerhalb der Kirche veränderte, legt das nahe, daß kirchliche Autoritäten nicht von den „normalen" Kräften ausgenommen sind, die die Entscheidungen, die eine Einzelperson treffen wird, formen. Es weist darauf hin, daß kirchliche Autoritäten vor ihren eigenen Schlußfolgerungen vielleicht eine demütigere Haltung annehmen müssen, indem sie erkennen, daß ihr Denken die Prägung von Einflüssen wiedergeben könnte, die wenig mit dem Neuen Testament zu tun haben. Das stellt den Punkt natürlich ungeschminkt hin; diejenigen, die Ratzinger kennen, sagen, er strebe danach, für mehr als eine Ideenschule offen zu sein und nur das kirchliche Urteil anzulegen, nicht sein eigenes. Doch ist die Sache die, daß sich seine inneren Gefühle darüber, was das Urteil der Kirche sein sollte, im Lauf der Jahre gewandelt haben, und diese Entwicklung könnte von Umständen abseits einer neutralen theologischen Bewertung herbeigeführt worden sein.

ZWEI LAUFBAHNEN

In den dreißig Jahren von seiner Ordination 1951 bis zu seiner Berufung an die Spitze der Kongregation für die Glaubenslehre 1981 war Joseph Ratzinger in zwei verschiedenen Laufbahnen innerhalb der katholischen Kirche sehr erfolgreich, zunächst als Theologe, dann als Kardinal. In beiden stieg Ratzinger schnell auf. In kurzer Zeit durchlief er eine Reihe von deutschen Universitäten und bewegte sich dabei im allgemeinen zu immer höheren und besseren Stellungen. Er begann in Freising, ging dann 1959 an die Universität Bonn. Hier freundete er sich mit Frings an und wurde auf dem II. Vaticanum zu seinem *peritus* oder theologischen Experten ernannt. 1963 ging er an die Universität Münster, und 1966 kam er an die Universität, deren bloßer Name an Deutschlands führende Position in der Welt der akademischen Theologie erinnert: Tübingen. Ironischerweise war der Mann, der

Ratzingers Berufung sicherte, Hans Küng, der später zu einem seiner schärfsten Kritiker werden sollte. In einem Interview, das ich 1998 mit ihm führte, verglich er die Kongregation für die Glaubenslehre unter Ratzinger mit dem sowjetischen KGB.[3]

1968 erlebte Ratzinger eine Welle von Studentenunruhen, die sich über Europa ergoß, und in Tübingen waren diese besonders stark. Der Marxismus schien gewichtet genug, das Christentum als einendes Sinnsystem in Europa abzulösen, und selbst Ratzingers eigene Studenten sangen als Revolutionsmotto „Verflucht sei Jesus!". Diese Erfahrung schockierte ihn und rief unter anderem seine konservativere Haltung hervor.

1969 zog Ratzinger zurück nach Bayern, um einen Lehrauftrag an der neuen Universität in Regensburg zu übernehmen. Er wurde dort schließlich Dekan und Vizepräsident. Er wurde auch theologischer Berater der deutschen Bischöfe, ebenso wie Mitglied der neuen internationalen theologischen Kommission, die nach dem II. Vaticanum geschaffen worden war. In diesen Jahrzehnten erlangte Ratzinger einen Ruf als intelligenter, eifriger Gelehrter, und sein Ruhm in theologischen Kreisen als zentrale Gestalt auf dem II. Vaticanum verhalf ihm zu seinem Aufstieg.

1977 wurde Ratzinger zum Erzbischof von München und Freising ernannt. Er schrieb 1997, daß die Berufung zwar eine Überraschung gewesen war und daß er sie hatte ablehnen wollen, ihn aber ein vertrauter Freund gedrängt hatte anzunehmen. Der päpstliche Nuntius hätte dann verlangt, daß er einen handgeschriebenen Vertrag unterzeichnete, in dem er zustimmte, die Aufgabe zu übernehmen. Sein nun folgender Aufstieg geschah schnell. Paul VI. machte Ratzinger 1978 zum Kardinal. 1979 spielte er im Hintergrund unter den deutschen Bischöfen eine Schlüsselrolle in der Unterstützung der Entscheidung Johannes Pauls II., Küng das Recht zu entziehen, sich weiterhin als katholischer Theologe bezeichnen zu dürfen, ein Akt, der die Kluft zwischen den beiden Männern vertiefte. Johannes Paul berief Ratzinger 1980, der speziellen Synode zum Laientum als *Relator* oder Vorsitzender zu dienen, wo er sich eine hohe Wertschätzung als guter Zuhörer und scharfsinniger Denker erwarb. Kurz nach seiner Wahl forderte der neue Papst Ratzinger zunächst auf, die Kongregation für die katholische Erziehung zu leiten, aber Ratzinger lehnte diese Einladung ab, weil er empfand, daß er sein Amt in München nicht so schnell aufgeben könnte. 1981 akzeptierte er aber dann das Angebot des Papstes, das Amt des Präfekten der Kongregation für die Glaubenslehre zu übernehmen. Seitdem hat Johannes Paul Ratzingers Amt beständig mit mehr und mehr Machtbefugnis ausgestattet.[4]

Um zu begreifen, wie bemerkenswert Ratzingers Aufstieg war, ist es wichtig, sich in Erinnerung zu rufen, daß für den Großteil der Kirchengeschichte eine Karriere als Theologe nicht den bevorzugten Weg zur roten Kopfbedeckung eines Kardinals dargestellt hat. Ambitionierte junge Geistliche werden heute typischerweise zum Seminar nach Rom gehen, wo es wichtig ist, schon von Beginn an Kontakte zu knüpfen ebenso wie einen Ruf als „gesichert" zu erlangen, was sich auf die Glaubenslehre wie auf persönliche Gewohnheiten bezieht. Der neue Priester wird ein, zwei Jahre in einer Gemeinde dazwischenlegen, dann wird er eine Aufgabe im bischöflichen Amtsbereich übernehmen, dann wird er, wenn er Glück hat, nach Rom zurückkehren, um sich in einer Kongregation zu betätigen (das Staatssekretariat oder das Amt der Glaubenslehre sind die begehrtesten Stellen), und schließlich wird er die Bischofswürde erlangen. Das System ist so eingerichtet, die Förderung von berechenbaren institutionstreuen Männern zu gewährleisten. Meistens sind sie konservativ, Rom in tiefer Loyalität verbunden, oft auf Kosten ihrer eigenen Bischofskonferenz, und doch im Besitz einer Weltgewandtheit, die sie freundlich und liebenswert macht. In diesem Zusammenhang wäre ein karrierebewußter junger Kirchenmann schlecht beraten, ernsthafte Anstrengungen in der Theologie zu verfolgen. Ein Fachakademiker zu sein beinhaltet zu viele Risiken, erfordert zu oft, gewagte Äußerungen von sich zu geben.

Diese traditionelle Distanz zwischen Theologen und ihren gradlinigen Kollegen wurde unter den Angehörigen von Ratzingers Generation sogar eher noch schärfer betont, weil so viele Denker nach Pius XII. *Humani generis* von 1950 von Seiten der Kirchenautoritäten zu leiden hatten, nur um auf dem II. Vaticanum rehabilitiert zu werden. Yves Congar, John Courtney Murray, Henri de Lubac ... die Liste schien sich unendlich fortzusetzen.

Die meisten vorhergehenden Leiter des Amts für die Glaubenslehre in Rom waren keine hochangesehenen Fachtheologen. Das Argument lautete immer, daß, „wenn Petrus einschreitet, er dies als der Fischer tut"; mit anderen Worten, daß die päpstliche Gabe, die Hinterlegung des Glaubens zu schützen, nicht von spezialisierten theologischen Kenntnissen abhängt. Tatsächlich sagte ein früheres Stabsmitglied der Kongregation der Glaubenslehre mir einmal, daß die Kirche eine pastorale Kontrolle über ihre Theologen in derselben Weise benötige, in der der Staat zivile Kontrolle über das Militär ausübe. Vor Ratzinger war dies für viele katholische Theologen zu einem wunden Punkt geworden, die sich von Leuten in der Kurie bevormundet fühlten, welche tatsächlich unfähig waren, ihre Arbeit zu begreifen. Als Ratzinger dann für die Leitungsfunktion in der Glaubenslehre ausgewählt wurde, spendeten viele Theologen in der Hoffnung Beifall, daß man von Ratzinger trotz seiner Schwenkung nach rechts erwarten konnte, daß er Sympathie für ihre Zunft aufbringen würde. Statt dessen hat sich Ratzinger nur noch freier gefühlt, Theologen zu kritisieren, weil er die Beglaubigung vorweisen kann, eine Kritik „von innen heraus" zu bieten.

Für die meisten katholischen Theologen ist eine kreative Spannung zwischen der Autorität und der intellektuellen Klasse der Kirche selbstverständlich. Wenn jemand von der Sondierung der Grenzen zu ihrer Durchsetzung übergeht, wie es bei Ratzinger der Fall war, erregt das ganz natürlich Mißtrauen. Das hat den Austausch zwischen Ratzinger und einigen Theologen zugespitzt, oft verbitterter gemacht, denn diese Theologen wissen, daß es nicht so ist, daß Ratzinger sie nicht verstehen würde. Er versteht voll und ganz und beharrt doch darauf, daß ihre Arbeit inakzeptabel sei. Das wandelt die Debatte in etwas mehr als ein übliches innerkirchliches Tauziehen zwischen konkurrierenden Interessen: Das Gefühl des Verrats durch einen, der „es besser wissen sollte", stellt sich ein. Ratzinger selbst muß das zutiefst spüren, denn er kennt die Dynamik der katholischen fachtheologischen Gemeinschaft sehr gut. Es ist mit dem vergleichbar, was passiert, wenn ein Journalist Redakteur wird oder ein Lehrer Schulverwalter. Die Frage taucht auf: Hat er sich verkauft? Hat er seinen Erfolg erlangt, indem er seine früheren Überzeugungen verraten hat?

Letztendlich ist das eine Frage der Psychologie, deren Beantwortung jenseits der Kompetenz eines Biographen liegt. Was unleugbar ist, ist, daß Ratzingers Positionen sich im Laufe seiner Karriere in mehreren Punkten entwickelt haben, und diese Entwicklungen haben ihn auf die Kirchengewalten anziehend wirken lassen. Die, die Ratzinger am besten kennen, glauben, daß er heute die Anschauungen äußern würde, die in seiner Arbeit für den Vatikan zum Ausdruck kommen, selbst wenn er noch in Regensburg wäre. Es mag ganz der Wahrheit entsprechen, daß Ratzingers innerste Wandlungen nicht durch Ehrgeiz genährt wurden; immerhin gibt es keinen Zweifel über die Schlußfolgerung, die jemand, der ehrgeizig *ist*, aus Ratzingers Erfolg ziehen würde.

DAS ZWEITE VATIKANISCHE KONZIL

Als das Zweite Vatikanische Konzil 1962 eröffnet wurde, war Joseph Ratzinger fünfunddreißig Jahre alt. Um zu verstehen, wie dieser junge und noch unauffällige Professor aus Deutschland fähig war, eine entscheidende Rolle auf dem katholischen Hauptereignis des 20. Jahrhunderts zu spielen, muß man sich nur eine alte Weisheit ins Gedächnis rufen: „Es kommt nicht darauf an, was man weiß, es kommt darauf an, wen man kennt." Im Falle Ratzingers kannte dieser Herbert Luthe, einen alten Freund aus dem Priesterseminar, der zu dieser Zeit Privatsekretär von Kardinal Joseph Frings aus Köln geworden war. Heute ist Luthe Bischof der Diözese Essen. Als Ratzinger 1959 an die Universität Bonn ging, befand er sich in der Erzdiözese Köln, und Luthe arrangierte ein Treffen mit Frings. Er und Ratzinger vertrugen sich, und wann immer Frings nun einen theologischen Rat benötigte, wandte er sich an seinen neuen Freund und Schützling.

Kardinal Joseph Frings

Frings war in kirchlichen Kreisen eine Legende. Er war ein vorzüglicher Bibelkenner, ein Graduierter des Päpstlichen Bibelinstituts in Rom. Allein diese Tatsache sensibilisierte ihn für die potentiellen Unmäßigkeiten des Heiligen Offiziums, denn er wußte, wie sehr Schriftforschern um die Mitte des Jahrhunderts zugesetzt worden war. Ottaviani und sein Zirkel sorgten sich darum, wie die historisch-kritische Methode, die die verschiedenartigen sprachlichen Strukturebenen und konkurrierenden Ideenlehren im Inhalt der Bibel enthüllte, drohte, das gesamte Konzept der Offenbarung in Frage zu stellen. Während des Konzils sollten Frings und Ratzinger moderne Schriftforschungen energisch verteidigen.[5] Frings war Hobby-Bergsteiger, aber zur Zeit, als das Konzil eröffnete, war er sechsundsiebzig Jahre alt und im Begriff, gesundheitlich abzubauen. Er war nahezu blind, was bedeutete, daß er auf andere vertrauen mußte, um all die vorbereitenden Dokumente, Anträge, Memoranda und sonstigen Schriftstücke zur Kenntnis zu nehmen, die vor und während des Konzils im Umlauf waren. Diesbezüglich hing er noch stärker von Ratzinger und Luthe ab als die meisten Bischöfe von ihren *periti.* Trotz seiner Gebrechen waren seine Reden in der Konzilshalle klar, genau und direkt, und sobald er sprach, erfreute er sich gewöhnlich der Aufmerksamkeit der Zuhörer.

Frings war von vornherein in der Position, eine der einflußreichsten Stimmen auf dem Konzil zu sein. Zum einen war er als Vorsitzender der deutschen Bischofskonferenz in der dritten Welt gut bekannt; ihre internationalen Hilfswerke *Misereor* und *Adveniat* verteilten große Mengen an Hilfsmitteln an verarmte Länder, die durch die reichliche Kirchensteuer in Deutschland ermöglicht wurden. Die Bischöfe in Brasilien, in Indien, in Nigeria kannten ihn daher allesamt und hatten Grund, Dankbarkeit zu empfinden. Da die Erzdiözese von Köln eine der reichsten Europas ist, hatte er ähnliche Protektionsgewalt bei den Nachbarn auf dem Kontinent.

Darüber hinaus hatte Frings einen Ruf als gemäßigter Kirchenmann, vor allem im Vergleich zu seinem Münchner Kollegen, Kardinal Julius Döpfner, der als Progressiver angesehen wurde. Seine Worte trugen daher zusätzliches Gewicht, wenn er für eine Reform sprach. Daß er als ein Führer des „progressiven" Flügels in Erscheinung trat, war für viele Beobachter ein Zeugnis, daß die Masse des Konzils hinter der progressiven Position stand.[6] Schließlich ging auch das Gerücht um, daß er gute Verbindungen mit dem Papst, Johannes XXIII., unterhielt. Auf dem Heimweg von dem Konklave, das 1958 Papst Johannes gewählt hatte, sagte Frings zu Luthe, daß es zu einem Konzil kommen könnte, und das Wort machte die Runde. Als es dann tatsächlich soweit war, war Frings' Ruf als Insider gefestigt.

Im Vorfeld des II. Vaticanums herrschte hinter den Kulissen eine umtriebige organisatorische Tätigkeit. Schnell schälte sich ein engerer Kreis der

Bischöfe mit dem größten Einfluß heraus: Suenens aus Belgien, Alfrink aus den Niederlanden, König aus Österreich, Helder Cámara aus Brasilien, Maximos IV., der melchitische Patriarch, und Frings und Döpfner. Als die Bischöfe begannen, sich für den Einstieg ins Konzil zu organisieren, stand Frings im Mittelpunkt aller Betätigung.

Ratzingers Erinnerungen

Wenn man versucht, Ratzingers Rolle auf dem Konzil zu rekonstruieren, stehen einem verschiedene Quellen zur Verfügung. Da wären zunächst seine eigenen Darstellungen aus jener Zeit, die in den Kommentaren vorliegen, die er nach jeder Sitzung verfaßte. Wir können auch auf die Kommentare zurückgreifen, die er zu der berühmten Vorgrimler-Reihe zu den Dokumenten des II. Vaticanums beisteuerte, ebenso wie auf Darstellungen seiner Anschauungen und Aktivitäten von Beobachtern und Historikern des Konzils. Man kann auch durch die Analyse von Reden und Dokumenten Frings' allgemeine Schlußfolgerungen über Ratzingers Positionen ziehen, da er sich in der Vorbereitung dieser Materialien stark auf Ratzinger stützte. Und schließlich haben wir noch Ratzingers spätere Erinnerungen, die in Interviews und seinen die Zeit bis 1977 abdeckenden Memoiren von 1997, *Aus meinem Leben*, dargeboten werden.

Wie verläßlich sind nun diese späteren Erinnerungen? Prüfen wir ein Beispiel: Ratzingers Haltung zu den Entwurfsdokumenten, die von der Kurie entsandt wurden, ehe das Konzil eröffnet wurde. Es war deutlich, daß die Vorbereitungskommissionen, die diese Dokumente entwickelt hatten und die sich aus Amtsträgern der Kurie zusammensetzten, wünschten, daß ihre Entwürfe vom Konzil willenlos abgesegnet würden. Frings und andere Führer der Progressiven wollten nicht, daß es auf diese Weise vor sich ging. In *Aus meinem Leben* gibt Ratzinger zu Protokoll, Frings habe ihm diese von seiten der Kurie vorbereiteten Entwürfe zukommen lassen. Obwohl er Einzelnes für diskussionswürdig erachtete, fand sich keine Veranlassung für eine fundamentale Ablehnung dessen, was eingereicht worden war, auch wenn das ihm zufolge später viele auf dem Konzil fordern sollten und auch tatsächlich durchsetzen konnten.

Auf Basis all der anderen Zeugnisse trifft das nicht zu. In der Kampagne, die Entwürfe der Kurie zurückzuweisen, war Frings einer der Rädelsführer. Im Mai 1961 schlug er in einem gemeinsam mit Döpfner verfaßten Schreiben dem Papst vor, das Konzil zu verschieben, weil die Qualität der Vorbereitungsarbeit so dürftig gewesen sei. Bei einem Treffen mit anderen Bischöfen nannte er die Entwürfe der Kurie „vollkommen unangemessen" und „derart unzulänglich". Es ist kaum vorstellbar, daß Frings einen solch strengen Standpunkt eingenommen hätte, wenn sein vertrauter theologischer Berater ihm etwas davon Abweichendes gesagt hätte.

Schon für den ersten Arbeitstag des Konzils, den 13. Oktober 1962, sah die Planung der Kurie vor, daß die Konzilskommissionen gewählt werden sollten. Alle Mitglieder der Vorbereitungskommissionen sollten zur Auswahl stehen, so daß sie befähigt würden, die Entwürfe der Kurie auf dem Konzil umzusetzen. Der Plan beruhte auf der Annahme, daß, wenn über 2.000 Bischöfe bereits am ersten Tag ihre Stimme abzugeben hätten, sie zu unorganisiert und zu wenig miteinander vertraut wären, um großen Widerstand zu entwickeln. Aber Frings beantragte neben Kardinal Liénart aus Lille eine Verschiebung, „so daß die Kandidaten zunächst besser bekannt werden könnten". Trotz eines Verbots, im Saal Beifall zu bekunden, gaben die Bischöfe ihrer Zustimmung lautstark Ausdruck. Das war eine erste Kraftprobe, und Frings gewann sie. In alldem findet sich kein Anzeichen, daß Ratzinger dies nicht billigte.

Aber wir müssen gar nicht darüber spekulieren, was Ratzinger dachte. Dem zweiten Band der umfangreichen *Geschichte des Zweiten Vatikanischen Konzils* zufolge, herausgegeben von Giuseppe Alberigo und Joseph A. Komonchak, verfocht Ratzinger zusammen mit Yves Congar, Hans Küng und Karl Rahner, daß die Entwürfe abgelehnt werden müßten. Von Ratzinger heißt es, er habe die Meinung vertreten, sie seien untauglich, die Kirche anzusprechen. Darüber hinaus ist es, wenn Ratzinger die Entwürfe der Kurie wirklich annehmbar fand, kaum verständlich, warum er einen Großteil des Jahres 1962 damit verbrachte, zusammen mit Rahner das Schema zur Kirche umzuarbeiten, und dann auf mehreren Bischofsversammlungen sprach, um zu skizzieren, warum die neue Eingabe dem Entwurf der Kurie überlegen war.

In seinem eigenen Kommentar zur ersten Sitzung 1963 bezeichnet Ratzinger die Entscheidung, die Entwürfe der Kurie zurückzuweisen und erneut an die Arbeit zu gehen, als „das große, überraschende und wahrhaft positive Ergebnis"[7]. Er erkennt in der durch Frings eingeleiteten Verzögerung der Wahl der Kommissionsmitglieder ein Signal dafür, daß das Konzil fest entschlossen war, „selbständig zu handeln und sich nicht zum Vollstreckungsorgan der vorbereitenden Kommissionen zu degradieren"[8]. Folgendermaßen beschrieb Ratzinger, was auf dem Spiel stand:

> Am Anfang des Konzils stand ein gewisses Unbehagen, stand die Sorge, das Ganze möchte in eine Bestätigung vorgefaßter Beschlüsse sich verkleinern und dadurch der notwendigen Erneuerung der Kirche mehr schaden als nützen, indem es die Hoffnungen der vielen enttäuschte, sie mutlos machte, die Dynamik des Guten lähmte und all die vielen neuen Fragen, die die Zeit der Kirche stellt, wieder einmal mehr oder weniger beiseite schob.[9]

Diese offensichtliche Unstimmigkeit zwischen dem, woran sich Ratzinger 1997 erinnerte, und dem, was er 1966 niederschrieb, regt an, daß wir im allgemeinen besser daran tun, uns an seine Aussagen aus jener Zeit zu halten. Seine späteren Erinnerungen sind eher für die Darlegung von Wert, wie sich seine Haltung im Lauf der Zeit gewandelt hat, als für die Festlegung seiner Rolle bei dem Ereignis selbst.

Ratzinger auf dem Konzil

Während der vier Sitzungen des Konzils, die jeden Herbst der Jahre 1962 bis 1965 abgehalten wurden, lebten Frings, Ratzinger und Luthe im Anima, dem Wohnsitz für deutschsprachige Priester und Seminaristen in Rom. Der Wiener Auxiliarbischof Helmut Krätzl spricht in seinem 1998 erschienenen Buch *Im Sprung gehemmt* über jene Tage, als er, noch ein junger Seminarist im Anima, Frings und Ratzinger beobachtete, wie sie dazu beitrugen, das Konzil zu formen. Er beschreibt Ratzinger aus der Perspektive der Seminaristen als eine Größe und als einen Mann, der sich energisch für eine erneuerte Vision der Kirche einsetzte.[10]

Krätzls Erinnerung betont, wie zentral Ratzinger für alles war, was geschah. Auch wenn seine offizielle Rolle die eines Beraters von Frings war, war er nicht einfach eine Gestalt im Hintergrund in dem Sinne, daß andere Konzilteilnehmer nicht wußten, wer er war oder was er tat. Obwohl er nicht im Konzilsaal sprechen konnte, war er in jeder anderen Hinsicht eine öffentliche Person. Er hielt an verschiedenen Orten in Rom und in Deutschland Vorträge zu den Themen des Konils, er organisierte Besprechungen für die Konzilsväter, und er veröffentlichte eine bekannte Reihe von Kommentaren zum Konzil.

Auf dem II. Vaticanum wurde von den *periti* erwartet, nur die Fragen zu beantworten, die ihnen von den Bischöfen gestellt wurden, dies objektiv und ohne Widerspiegelung ihrer eigenen Schlüsse zu tun und keine Unterstützung bestimmter Anschauungen zu organisieren, Interviews zu geben oder ihre persönlichen Meinungen publik zu machen. Trotz wiederholter öffentlicher Bekanntgabe dieser Vorschriften akzeptierten die *periti* sie aber eher lückenhaft als in vollständiger Beachtung. Die meisten Beobachter glauben, daß das Zweite Vatikanische Konzil ohne die theologischen Überzeugungen und das politische Verständnis seiner *periti* niemals seinen tatsächlichen Verlauf genommen hätte – und natürlich nicht ohne die Offenheit der Bischöfe, die ihnen zuhörten.

Schon am 10. Oktober 1962, noch vor dem ersten Sitzungstag, trat Ratzinger als Schlüsselfigur für die deutschsprachigen Bischöfe in Erscheinung. An diesem Tag versammelten sich sämtliche Bischöfe aus Deutschland, Österreich und Luxemburg zu einer strategischen Besprechung im Anima.

Ratzinger hielt die Hauptrede, die sich um die Pläne für ein neues Entwurfsdokument über die Offenbarung drehte. Damit war er bei der Prägung der ersten Eindrücke der deutschsprachigen Bischöfe – die unzweifelhaft den einflußreichsten Block auf dem Konzil repräsentierten – von wesentlicher Bedeutung, und sein Einfluß wuchs ständig weiter.

Nach der Entscheidung vom 13. Oktober, die Wahl der Kommissionsmitglieder zu vertagen, kam hinter den Kulissen eine Betätigung in Gang, die Entwürfe der Kurie zu vereiteln. Ratzinger und Rahner arbeiteten am Entwurf eines Schemas zur Offenbarung, der am 25. Oktober vorgelegt wurde. An diesem Tag veranstaltete Frings ein Treffen der Kardinäle Alfrink, Suenens, Liénart, Döpfner, Siri und Montini (der künftige Paul VI.). Ratzinger wurde aufgefordert, den Entwurf vorzustellen, der gute Kritiken erbrachte, wobei Montini empfand, es sei das beste, soweit wie möglich mit den schon bestehenden Dokumenten zu arbeiten. Nach allem,was man weiß, hinterließ Ratzinger Eindruck; Montini sollte ihn später als Papst zum Erzbischof von München machen und ihn in den Rang eines Kardinals erheben.

Nachdem das Konzil beschlossen hatte, das Schema zur Offenbarung auszusetzen, war es Ratzinger und seinen Kollegen möglich, es dergestalt umzuformen, daß es in wesentlicher Übereinstimmung mit den Prinzipien stand, die im ursprünglichen Entwurf von Rahner und Ratzinger umrissen worden waren. Nach schwierigen Verhandlungen und einer Reihe von Kompromissen wurde es schließlich auf der letzten Sitzung am 18. November 1965 bestätigt. *Dei Verbum* (Zum Wort Gottes) ist das Dokument des II. Vaticanums, auf das Ratzinger den größten persönlichen Einfluß ausgeübt hat.

Im Denken Ratzingers ist das wichtigste Dokument des II. Vaticanums die Glaubenskonstitution über die Kirche, *Lumen gentium*. Sie krönte die jahrzehntelange Bestrebung der Erneuerung einer Glaubenslehre der Kirche, die auf der Schrift und den Vätern beruht, und sie versuchte, das Gleichgewicht zwischen Papst und Bischöfen wiederherzustellen, das im Empfinden vieler nach der Erklärung der päpstlichen Unfehlbarkeit auf dem Ersten Vatikanischen Konzil verloren worden war. Jenes Konzil hatte beabsichtigt, eine Erklärung über die Bischöfe zu verabschieden, war aber durch den Französisch-Preußischen Krieg unterbrochen worden. Im Gefühl vieler Beteiligter war der Zweck des II. Vaticanums, die abgebrochene Aufgabe des I. zu vollenden. In dem auf die zweite Sitzung folgenden Generalbericht des Konzils, der am 2. Juli 1964 veröffentlicht wurde, wird Ratzinger für seinen Beitrag zur Formung des 22. und 23. Artikels des dritten Kapitels von *Lumen gentium* gewürdigt, bei denen es sich um die entscheidenden Passagen zur Gemeinschaftlichkeit und zur Rolle der Bischöfe handelte. Außerdem verfaßte er auch den Kommentar zu diesem Abschnitt des *Lumen gentium* für die Vorgrimler-Kommentierung unmittelbar nach dem Konzil.

Während der dritten Sitzung des Konzils im Herbst 1964 wurde Ratzinger gebeten, sich in den Dienst eines herausgebenden Komitees zu stellen, das das Dekret zur missionarischen Tätigkeit neu entwarf. Diese Aufgabe, an der auch der berühmte französische Theologe Yves Congar beteiligt war, dehnte sich bis in die vierte Sitzung hinein aus. Frings trat im Konzilsaal auf, um das betreffende Dokument zu unterstützen.

Alles in allem fiel Ratzinger für jeden in die engere Auswahl der wichtigsten Theologen des II. Vaticanums. 1969 schrieb Karl Lehmann, der spätere Bischof von Mainz und Vorsitzende der deutschen Bischofskonferenz und heutige Kardinal, in einem Aufsatz über Karl Rahner, daß Rahner, Congar, Ratzinger, Küng und der niederländische Dominikaner Edward Schillebeeckx die Schemata, die als fertige Produkte vorbereitet waren, auf ein offenes Land größerer theologischer Freiheit hin durchbrachen. Es ist interessant, zu vermerken, daß zwei der Personen in Lehmanns Aufzählung – Küng und Schillebeeckx – in den Jahren nach dem Konzil zur Untersuchung vor das Heilige Offizium geladen wurden, wobei Küng letztendlich seine Lehrerlaubnis als katholischer Theologe verlor.

WIE SICH RATZINGER VERÄNDERTE

Die Debatte um Ratzinger und das Zweite Vatikanische Konzil vollzieht sich gewöhnlich auf einer reichlich abstrakten Ebene. Liberale beschwören im Zusammenhang des Konzils das Schlagwort *aggiornamento*, das einen Geist der Veränderung, der Modernität und der Offenheit bezeichnen soll, und klagen Ratzinger dann an, diesen „Geist" aufgegeben zu haben. Ratzinger beharrt ganz natürlich darauf, daß das, was das II. Vaticanum ausmacht, die Dokumente selbst seien und nicht irgendein amorpher „Geist", den sie angeblich beinhalten sollen. Auf der anderen Seite ziehen die Verteidiger Ratzingers oft eine Trennung zwischen zwei Ideenschulen auf dem Konzil: *aggiornamento* und *ressourcement*, wobei Letztgenannte einen Anstoß „zurück zu den Wurzeln" bezeichnen soll, der seinen hauptsächlichen Ausdruck in der liturgischen Bewegung fand, in der Wiederentdeckung der Kirchenväter und in einer neuen Wertschätzung der Schrift. Beide Schulen stimmten in der Notwendigkeit überein, aus der neoscholastischen Fahrrinne der Kirche der fünfziger Jahre auszubrechen, die *aggiornamento*-Anhänger aber wollten die Kirche „modernisieren" und sie in einen Dialog mit der Kultur bringen, wohingegen der *ressourcement*-Zirkel traditionelle Elemente wiederbeleben wollte, die verlorengegangen waren. Die eine Kraft blickte vorwärts, die andere hauptsächlich zurück. Nur um das ganze in politische Begriffe zu fassen, war *aggiornamento* ein liberaler Impuls, *ressourcement* ein konservativerer. Ratzingers Verteidiger behaupten, er sei durch und durch ein Mann des *ressourcement* gewesen und habe sich daher nie wirklich gewandelt.[11]

Wie das Argument, das den „Geist des II. Vaticanums“ beschwört, hilft uns die Trennung in *aggiornamento* und *ressourcement*, so begründet sie für sich genommen sein mag, bei der Beantwortung der Frage, ob Ratzinger sich verändert hat, nicht richtig weiter, denn *ressourcement* ist an sich schon eine umfassende Idee, aus der sich eine Vielzahl von Schlüssen ziehen läßt. Tatsächlich argumentieren viele Persönlichkeiten des heutigen Katholizismus, etwa Richard McBrien und Charles Curran, in denen man die „liberalsten“ zu erkennen glaubt, daß ihre Positionen eigentlich „traditioneller“, in den Quellen verwurzelter sind als die ihrer Kritiker des rechten Flügels. Die Frage ist also: Zu welchen Schlüssen hat Ratzingers Lesart von *ressourcement* ihn seinerzeit geführt, und wie passen sie mit dem zusammen, was er heutzutage sagt?

Anhand der sechs Punkte, die im Anschluß der Reihe nach besprochen werden, läßt sich ein deutlicher Unterschied zwischen den Positionen erkennen, die Ratzinger auf dem Konzil eingenommen hat, und jenen, die heute von ihm vertreten werden. In manchen Fällen ist die Veränderung eine Sache regelrechten Widerspruchs; in anderen liegt der Schwerpunkt auf einer unterschwelligeren Art von Veränderung. Doch hat Ratzinger heute eindeutig die Begeisterung verloren, die er einst für das II. Vaticanum empfand, ein Punkt, der durch eine Bemerkung zu dem für *Associated Press* schreibenden Richard Ostling von 1985 belegt wird: „Nicht alle rechtskräftigen Konzilien haben sich, durch die Fakten der Geschichte überprüft, als nützlich erwiesen.“

Gemeinschaftlichkeit

Die Theorie der Gemeinschaftlichkeit vertritt, daß die Bischöfe gemeinsam die Nachfolger der ursprünglichen zwölf Apostel sind, die Jesus folgten, und daher ein „Kollegium“ bilden. Als solches erfreuen sie sich gemeinsam einer höchsten Autorität in der Kirche. Diese übersteigt nicht die des Papstes, ist aber auch nicht in der des Papstes einbegriffen. Der Papst „zusammen mit dem Kollegium“ lautete die Formel des Konzils. Viele Einzelheiten wurden unbestimmt gelassen, die Idee aber besagte, daß die Bischöfe eine Stimme in der Leitung der Kirche haben sollten, nicht nur auf der Ebene ihrer jeweiligen Diözesen, sondern hinsichtlich der Formung einer allgemeinen Politik. Keiner sprach konsequenter oder eindringlicher über dieses Thema als Frings, und man ist zu der Annahme berechtigt, daß er dies mit der Assistenz und der Unterstützung seines *peritus* tat: Zumindest hat Ratzinger nie eine abweichende Bemerkung in einem seiner Kommentare oder seinen zeitgenössischen Erinnerungen hinterlassen. Auf den vorbereitenden Treffen, die auf das Konzil hinarbeiteten, erhob Frings Einspruch gegen das, was das Entwurfsdokument zur Kirche über Bischöfe verlauten ließ. Es bestand darauf, daß, obwohl das Bischofsamt von Christus eingesetzt worden sei, die besondere Autorität der Bischöfe auf den Papst zurückgehe. Frings sagte, daß er sich darum sorge, daß die Bischöfe „enthauptet“ würden, und drängte mit starken Worten auf die Unabhängigkeit ihrer Autorität.

Während einer Debatte im Sitzungssaal beharrten die Kirchengewalten darauf, daß die Vorstellung der Gemeinschaftlichkeit in den alten Texten keine Basis habe. Frings trat auf der zweiten Sitzung auf und machte dieses Argument zunichte. Zunächst bemerkte er, daß die Praxis der gemeinschaftlichen Autoritätsausübung der Bischöfe von den frühesten Stadien der Kirche an erkennbar sei, vom „Konzil von Jerusalem“ an, von dem in der Apostelgeschichte berichtet werde, über alle Konzilien der ersten Jahrhunderte, die wesentliche Glaubenssätze festlegten. Darüber hinaus sagte Frings, wenn eine Glaubenslehre einfach deswegen nicht von der Kirche verbreitet werden könne, weil sie nicht in den alten Texten erscheine, dann hätte die Kirche niemals Marias Himmelfahrt oder die päpstliche Unfehlbarkeit verkünden dürfen. Nicht alle Glaubenswahrheiten, so sagte er, seien von Anfang an gleichwertig deutlich. Das war ein schlagendes Argument, und vor dem starken Hintergrund Ratzingers in der Patristik spiegelt es zweifellos seinen Einfluß wider.

Einmal mehr müssen wir keine Mutmaßungen über Ratzingers Haltung anstellen. Er kommentierte die Glaubenslehre der Gemeinschaftlichkeit selbst mehrere Male. In seinem Bericht über die erste Sitzung schrieb er, daß er sich vor der neuen Glaubenslehre über die Rolle der Bischöfe auf eine Zeit fruchtbarer Spannung zwischen der Peripherie und dem Zentrum freue. Er sagte, diese Spannung zwischen Rom und den Bischöfen sei unvermeidlich, werde aber eine heilsame Form der Übung für den gesamten Körper Christi sein. In einem Aufsatz über die einleitende Bemerkung, die von Paul VI. für *Lumen gentium* erlassen worden war, hielt Ratzinger fest, daß das I. Vaticanum tatsächlich darüber nachgedacht habe, die Vorstellung der Gemeinschaftlichkeit zu verwerfen, weil einige Protestanten den Begriff in ihre Argumentation eingebunden hätten, daß eine Kirche nicht gleichzeitig gemeinschaftlich und hierarchisch sein könnte. Er rümpfte darüber die Nase, daß dies immer noch der Meinung einiger „römischer Theologen“ entspreche. Es war nicht das letzte Mal, daß er diesen Ausdruck mit Geringschätzung benutzte. Diese römischen Theologen aber lägen falsch, schrieb Ratzinger, denn das Konzil benutze den Begriff „Kollegium“ in seinem patristischen Sinne, was die Möglichkeit von höheren und niedrigeren Mitgliedern zulasse.

Im selben Kommentar bezeichnet es Ratzinger als einen der größten Fortschritte von *Lumen gentium*, daß es die Kirche nicht einfach als eine gesetzliche Institution behandle, sondern als Sakrament, als lebendiges Zeichen Gottes. Diese Idee habe Folgerungen für Gemeinschaftlichkeit, so sagte er: Insofern die Idee des Gesetzes von der sakramentalen Idee getrennt oder mit ihr verbunden werde, werde Gesetz innerhalb der Kirche eine vollständig zentralisierte Angelegenheit oder eine durch und durch gemeinschaftliche. Mit anderen Worten werde die Kirche um so gemeinschaftlicher sein, je mehr sie ein Sakrament sei. Im vielleicht bemerkenswertesten Gedankengang seiner späteren Karriere bemerkt Ratzinger, daß rechtlich gesprochen der Papst vielleicht nicht verpflichtet sei, die Bischöfe oder die Gläubigen zu konsultieren, bevor er über eine Frage entscheide, daß es aber eine moralische Verpflichtung gebe, das zu tun. Man müsse nun zu den Forderungen, die sein eigentliches Amt dem Papst auferlegen, unzweifelhaft eine moralische Verpflichtung rechnen, schrieb er, die Stimme der Kirche allumfassend zu hören. Die Richtung von Ratzingers Denken auf dem Konzil ist klar. Die Kirche sei zu zentralisiert, zu sehr von Rom kontrolliert, und es bestehe die Notwendigkeit, sowohl praktisch als auch theologisch, Macht zurück auf die Seite der Bischöfe zu verlagern.

In seinem Kommentar zur ersten Konzilssitzung von 1963 weist Ratzinger darauf hin, wie unausgeglichen die „vertikalen“ und „horizontalen“ Linien der Machtstruktur innerhalb der Kirche geworden waren. Es gab starke vertikale Verknüpfungen, die die Bischöfe mit dem Papst verbanden, aber kaum „Querverbindungen zwischen den Bischöfen“[12]. Als eine der wichtigsten Errungenschaften des Konzils sah er das Hervortreten einer „horizontalen Katholizität“ vor sich, in der „die Kurie ... ein Gegenüber, einen Gesprächspartner erhalten“[13] hatte. In der Interaktion der Bischöfe auf dem Konzil erkannte er eine Form von in die Tat umgesetzter Gemeinschaftlichkeit:

> Was die Bischöfe sagten und taten, war weit mehr als Ausdruck einer bestimmten theologischen Schulbildung. Es kam vielmehr aus der zweiten Schule, in die sie gegangen waren, aus der Schule ihres Amtes, aus der Gemeinschaft mit ihren Gläubigen und mit der Welt, in der sie leben.[14]

1965 war Ratzingers größte Sorge im Zusammenhang der Behandlung der Gemeinschaftlichkeit durch das II. Vaticanum ironischerweise die, daß es aus Bischöfen „kleine Päpste“ machen und so den Klerikalismus noch steigern könnte, anstatt den eingeschlagenen Weg zu Ende zu gehen und über die Gemeinschaftlichkeit der Bischöfe hinaus die Brüderlichkeit der ganzen Kirche zu entdecken. Mit anderen Worten befürchtete er, daß die Entwicklung der Gemeinschaftlichkeit nicht weit genug gehen würde.

Man vergleiche diese Überzeugung mit Ratzingers Rückblick auf die Ausübung der Gemeinschaftlichkeit auf dem II. Vaticanum aus *Aus meinem Leben* von 1997, wo er sich erinnerte, daß das Konzil fortschreitend zu einem großen Kirchenparlament zu werden schien, das alles entsprechend seiner eigenen Wünsche verändern konnte. Ganz deutlich, so führt er sich vor

Augen, wuchs der Groll gegen Rom und gegen die Kurie, die der eigentliche Feind von allem zu sein schienen, was neu und fortschrittlich war. Ratzinger will wohl den Eindruck entstehen lassen, daß die Bischöfe weniger von einer nüchternen Überlegung der besten Interessen der Kirche motiviert waren, sondern vielmehr mit der Kurie eine Rechnung begleichen wollten. Damit war die Vorstellung von Gemeinschaftlichkeit, die Ratzinger 1964 als ein legitimer theologischer Belang bewegt hatte, 1997 einfach zu einer machtpolitischen Angelegenheit geworden.

Ratzingers spätere Sicht der Gemeinschaftlichkeit drückt sich am deutlichsten in einer Reihe von Vorträgen zur Kirchenlehre aus, die den Bischöfen Brasiliens 1990 präsentiert wurden. Hier analysiert er, was es für die Bischöfe bedeutet, Nachfolger der Apostel zu sein. Da die ursprünglichen Apostel auf Wanderschaft waren, führt Ratzinger an, daß Bischof zu sein meine, sich noch vor der lokalen Kirche an der universalen zu orientieren; daß man Bischof der katholischen Kirche sei, bevor man Bischof von Boise oder Preßburg sei. Weiter sagt er, daß nur der Papst der Nachfolger eines einzelnen Apostels sei, nämlich des Petrus. Jeder andere Bischof nehme seinen Platz als Nachfolger des apostolischen Kollegiums ein, so daß zum Episkopat ein ganz wesentliches „Wir-Gefühl" gehöre. Wie zeigt sich nun dieses „Wir-Gefühl"? Ratzinger sagt: in der Solidarität mit anderen Bischöfen der engeren Region und in Gehorsam dem Primat des Bischofs von Rom gegenüber. Die praktische Schlußfolgerung lautet, daß Bischöfe nicht ihre Unabhängigkeit von Rom erklären dürfen.

Dann arbeitet Ratzinger einen anderen Punkt heraus. Er sagt, daß die Universalität der Kirche nicht nur geographisch, sondern auch diachron zu verstehen sei, das heißt, daß sie sich über die Zeit erstreckt. „Eine Mehrheit, die sich an einem bestimmten Einschnitt gegen den Glauben der Kirche bilden würde, wäre zu allen Zeiten keine Mehrheit: Die wahre Mehrheit in der Kirche reicht diachron durch die Jahrhunderte, und nur wenn man auf diese bevollmächtigte Mehrheit hört, bleibt man innerhalb des apostolischen ‚Wir'." Sein Punkt? Ein Bischof, der sein Heil vornehmlich von den Menschen bezieht, weniger von der Päpstlichkeit, hat aufgehört, Bischof zu sein.

Dieser Wandel im Denken Ratzingers wird in der Politik deutlich, die er als Präfekt verfolgt hat, von der ein Großteil exakt die „horizontale Katholizität" angegriffen hat, die er selbst zur Zeit des Konzils begrüßt hatte. Ein Beispielfall bietet die sechsjährige Auseinandersetzung über das neue amerikanische Kollektenbuch, die Sammlung von Schriftlesungen für den Gebrauch in der Messe, die sich in den neunziger Jahren entwickelte. Auf ihrem Treffen von 1991 bestätigten die Bischöfe der USA mit überwältigender Mehrheit eine neue Übersetzung des Kollektenbuchs, die eine sogenannte „Inklusivsprache" verwandte, also geschlechtsunspezifische Worte, etwa „Mensch" statt „Mann". Diese Übersetzung wurde mit Unterstützung der landesweit besten katholischen Bibelgelehrten, Sprachwissenschaftler und Theologen vorbereitet. Man möchte annehmen, daß man zur Bestimmung, welche englischsprachige Übersetzung der Bibel für den Gebrauch in ihrem Land am besten geeignet ist, den amerikanischen Bischöfen vertrauen könnte. Tatsächlich aber akzeptierte die Kurie zunächst die amerikanische Übersetzung und lehnte sie dann ab, und im Lauf der Zeit zeigte es sich, daß Ratzinger die treibende Kraft hinter letzterer Entscheidung war. Er tadelte an der Übersetzung ernsthafte Irrtümer in der Glaubenslehre, vor allem den Gebrauch von „Mensch" statt „Mann" in den Psalmen, der, so argumentierte er, es erschwere, sie als Erwartungen Christi zu lesen. Nach jahrelangen Verhandlungen, in denen die Bischöfe für mehr Verständnis plädierten und der Vatikan sich weigerte, von seiner Position abzurücken, berief Ratzinger in Rom eine elfköpfige Arbeitsgruppe ein, und diese führte die Veränderungen am Kollektenbuch durch, die er wünschte. Das war in vielerlei Hinsicht ein außergewöhnlicher Vorgang. Unter anderem hatten mindestens drei Mitglieder der Gruppe Englisch nicht als Muttersprache, und lediglich eines konnte einen akademischen Abschluß für das Studium der Schrift vorweisen.

Der Präfekt Ratzinger hatte die Gemeinschaftlichkeit in genau dem Bereich unterhöhlt, in dem sie, wie er selbst vermerkte, im Denken des Konzils als erstes Form annahm: Kontrolle über die Liturgie. In seinem Kommentar zur ersten Sitzung des II. Vaticanums 1963 schrieb er:

> Den Bischofskonferenzen wird innerhalb gewisser Schranken liturgische Gesetzgebung für ihr Land zugewiesen, und zwar nicht im Sinne einer Delegation von an sich päpstlichem Recht, sondern als eine ihnen selbst eignende Vollmacht. … Insofern darf man vielleicht sagen, daß dieser kleine Paragraph, der die Bischofskonferenzen als kanonische Größe erstmalig setzt, für die Theologie des Episkopats und für die allseits gewünschte Stärkung der bischöflichen Gewalt am Ende mehr bedeuten wird als das, was das eigentliche Schema über die Kirche an lehrhaften Aussagen darüber bringen kann. Denn hier ist eine Tatsache gesetzt, und das Gewicht des Tatsächlichen wiegt in diesem Falle, wie die Geschichte lehrt, schwerer als bloße Doktrinen.[15]

Mit anderen Worten hatte das Konzil die Bischöfe als echte Entscheidungsträger anerkannt, und zwar nicht in der Theorie, sondern in der gegenwärtigen Wirklichkeit, indem es Entschlüsse in der Liturgie den Konferenzen überließ. In der Rückforderung dieser Macht für Rom griff Ratzinger die episkopale Gemeinschaftlichkeit an ihrer eigentlichen Wurzel an.

Bischofskonferenzen

Der Begriff einer nationalen oder lokalen Bischofskonferenz erklärt sich aus sich heraus: Alle Bischöfe eines Landes oder einer Region treffen sich auf regelmäßiger Basis, um Erfahrungen auszutauschen, Geldmittel zu verteilen und, wo sie es für angebracht halten, Erklärungen zu verabschieden. Die formale Existenz von Konferenzen ist noch relativ jung, wobei diese, worauf viele Theologen aufmerksam machen, wirklich nichts anderes sind als eine neue Form des alten „partikularen Konzils", zu dem die Bischöfe einer bestimmten Region zusammenzukommen pflegten, um gemeinsam Probleme zu lösen oder eine Glaubenslehre zu klären. Im Gegensatz dazu nehmen auf einem allgemeinen Konzil alle Bischöfe der Welt teil. Da uns partikulare Konzilien schon aus dem 3. Jahrhundert bekannt sind, ist diese Einrichtung weit älter als das Kardinalsamt (10. Jahrhundert) oder die römische Kurie (16. Jahrhundert). Die Tatsache, daß Bischofskonferenzen in den Jahren vor dem II. Vaticanum nicht gängiger oder nicht wirksamer waren, ist ein weiteres Anzeichen dafür, wie unausgeglichen die Machtverteilung in der Kirche geworden war.

Die nationale katholische Bischofskonferenz der USA in Washington, D.C., ist ein hervorragendes Beispiel für die Zunahme von Bischofskonferenzen in der Folgezeit des Konzils. Sie beschäftigt eine große Anzahl Festangestellter vollzeitlich und unterhält verschiedene geistliche Dienste. Den meisten Einschätzungen zufolge erreichte die Konferenz in den USA ihren eigentlichen Höhepunkt in den achtziger Jahren, als sie zwei Dokumente verabschiedete: *The Challenge of Peace* zur Bedrohung durch einen Atomkrieg von 1983; und *Economic Justice for All* von 1986. Diese Veröffentlichungen wurden jahrelang bearbeitet, erfreuten sich einer starken Zustimmung unter den Bischöfen und veranlaßten eine breite soziale Diskussion sogar außerhalb der Grenzen der katholischen Kirche.

Wenn man die Dokumente des II. Vaticanums liest, scheint das alles eine ganz logische Entwicklung zu sein. Auch in seinem Vorgrimler-Kommentar von 1966 sah es Ratzinger auf diese Weise. Die Kirche sei ihrem Wesen nach pluralisch, sei eine *Communio*, schreibt er da, Zentralisation habe ihre Grenzen, und die Kirchenlehre betreffende Handlungen auf der Ebene des Landes oder der Provinz oder der Diözese hätten ihre Wichtigkeit. In seinem Kommentar zur ersten Sitzung des II. Vaticanums schrieb Ratzinger, daß er von episkopalen Konferenzen die Bildung von zwischen den einzelnen Bischöfen und dem Papst vermittelnden Körperschaften von quasi synodenhaftem Charakter erwarte. Es ist auch von Wert, sich den Wortlaut von Paragraph 23 des dritten Kapitels von *Lumen gentium* in Erinnerung zu rufen, jenes Paragraphen, an dessen Formung Ratzinger beteiligt war: „In ähnlicher Weise können in unserer Zeit die Bischofskonferenzen vielfältige und fruchtbare Hilfe leisten, um die kollegiale Gesinnung zu konkreter Verwirklichung zu führen." In seinem Kommentar zur dritten Sitzung des Konzils von 1965 schrieb er dann, daß dieselbe Wirklichkeit, die von der frühen Kirche in Synoden und in Patriarchaten begründet worden sei, heute die Form von Bischofskonferenzen annehme.

Die eigentliche „Bombe" in diesem Zusammenhang zündet aber ein Artikel, den Ratzinger 1965 im ersten Band von *Concilium* veröffentlichte und der es wert ist, ausführlich wiedergegeben zu werden:

Bleiben wir noch einen Augenblick bei den Bischofskonferenzen stehen, die sich heute als das beste Mittel einer konkreten Vielheit in der Einheit anzubieten scheinen. Sie sind in den regional differenzierten „Kollegien" der alten Kirche und in deren synodaler Tätigkeit vorgebildet und eine legitime Spielform des kollegialen Elements im Aufbau der Kirchenverfassung. Nicht selten findet man ja eine Meinung vor, den Bischofskonferenzen fehle jedwede theologische Begründung, sie könnten daher auch gar nicht in einer den einzelnen Bischof verpflichtenden Weise tätig werden, der Begriff des Kollegiums lasse sich allein auf den einheitlich handelnden Gesamtepiskopat anwenden. Allein, hier stehen wir wieder vor einem Fall, an dem ein einseitig und unhistorisch vorgehender Systematisierungsbetrieb versagt. ... Wir werden vielmehr sagen müssen, daß der Begriff der Kollegialität neben dem Amt der Vereinigung, das dem Papst zukommt, gerade ein vielfältiges und im einzelnen wandelbares Element andeutet, das grundsätzlich zur Kirchenverfassung gehört, aber auf vielerlei Weise zur Wirkung gebracht werden kann. Die Kollegialität der Bischöfe ist der Ausdruck dafür, daß es in der Kirche eine geordnete Vielheit (unter und in der durch den Primat gewährleisteten Einheit) geben soll. Die Bischofskonferenzen sind also eine der möglichen Spielformen der Kollegialität, welche darin Teilrealisierungen erfährt, die ihrerseits auf das Ganze verweisen.[16]

Es ist wichtig, darauf hinzuweisen, daß dies nicht einfach Ratzingers Privatmeinungen waren, sondern dem Verständnis der Kirchengewalten unmittelbar nach dem Konzil entsprach. Unter Paul VI. erließ der Vatikan eine Anweisung zum Hirtendienst der Bischöfe, die anordnete, daß ein Bischof die Maßnahmen, die durch eine Mehrheit seiner Konferenz ergriffen würden, in loyaler Ergebenheit akzeptieren solle, da sie die Rechtskraft durch die höchste Kirchenautorität hätten, und daß er sie in seiner Diözese in die Tat umsetze, auch wenn er ihnen vorher nicht zugestimmt haben sollte oder sie ihm eine gewisse Unbehaglichkeit bereiten sollten.

Diese Prinzipien sind schwer mit der Urkunde *Apostolos suos* zu vereinbaren, die im August 1998 von Rom erlassen wurde und erklärte, daß Bischofskonferenzen kein autoritatives Lehrrecht hätten. Daher darf eine Konferenz Erklärungen zu Fragen der Glaubenslehre oder der Moral nicht verabschieden, wenn sie nicht in dem Sinne einig ist, daß alle Bischöfe dem Dokument ihre persönliche Genehmigung erteilen, oder wenn es nicht zuvor durch den Vatikan bestätigt wurde. Diese Urkunde krönte eine jahrzehntelange Diskussion über den genauen theologischen Status von Bischofskonferenzen, in der Ratzinger als Hauptkraft auf seiten der Forderung nach einer einschränkenderen Haltung fungierte. Er erklärte, daß *Apostolos suos* einzelne Bischöfe schützen werde, die mit ihren Konferenzen nicht übereinstimmten, und fügte hinzu, daß „man nicht durch Stimmenmehrheit zur Wahrheit gelangt".

Wann änderte Ratzinger sein Denken? Peter Hebblethwaite, der einstige Chef-Vatikanologe, berichtete, daß der erste Fall, in dem Ratzinger seine neuen Vorbehalte geäußert habe, im Januar 1983 eingetreten sei, als bestimmte amerikanische Bischöfe nach Rom gerufen wurden, um sich einer Untersuchung des zweiten Entwurfs ihres Schreibens zu Krieg und Frieden zu stellen. Hebblethwaites Quellen sagten ihm, daß Ratzinger zu dieser Zeit bekundet habe, daß eine Bischofskonferenz kein *mandatum docendi*, keine „Lehrvollmacht", habe. Eine solche Vollmacht komme nur dem einzelnen Bischof als einem Nachfolger der Apostel oder dem Papst zu; eine Zwischenstufe gebe es nicht.

In dem Interview von 1984 präsentierte Ratzinger zwei zusätzliche Gründe für seine Zweifel an Bischofskonferenzen. Der erste hatte mit der Erfahrung Nazideutschland zu tun. Ratzinger sagte, die von der deutschen Bischofskonferenz herausgegebenen Erklärungen zu den Nazis seien zu zahm und bürokratisch gewesen, wohingegen einzelne Bischöfe mutiger gewesen wären. Zweitens sagte Ratzinger, daß der Anschein einer demokratischen Entscheidungsfindung auf einer Konferenz häufig nur eine Illusion sei. Er bemerkte, daß von den 2.135 Bischöfen auf dem II. Vaticanum, sich nur zweihundert überhaupt auf allen vier Sitzungen zu Wort meldeten. Daher können in einem solchen Rahmen die Ansichten einer kleinen Minderheit oft einen fälschlich hohen Grad an Autorität erlangen.

Wenn man einmal die Frage der Richtigkeit seiner Anschauungen über das Konzil beiseite läßt: Was ist für Ratzingers inneren Wandel verantwortlich? Halten wir fest, wann sich dieser Wandel zeigte: Seine Zweifel traten erst auf, als er nach Rom kam und begann, sich mit der Bestätigung richtig geregelter Konferenzen auseinanderzusetzen, denen er nicht zustimmte. An diesem Punkt, denke ich, hat es Hebblethwaite richtig getroffen, wenn er meint, daß Ratzinger Theologie benutzt, um ideologische Zwecke zu bedienen:

> Denn es ist offensichtlich, daß der Präfekt der Kongregation für die Glaubenslehre einen einzelnen Bischof auf seinem Besuch *ad limina* in Rom nachgiebiger und fügsamer antreffen wird als eine selbstbewußte episkopale Konferenz auf ihrem eigenen Gebiet. ... Die Wahrheit dieser Sachlage ist die, daß sich eine episkopale Konferenz Ratzinger gewachsen zeigen kann: Das ist der Grund dafür, daß er versucht, sie auf eine bestimmte Größe zurechtzustutzen.

In einer verwandten Angelegenheit hat Ratzinger auch sein Verständnis der Bischofssynode gewandelt, die von Paul VI. zu Beginn der vierten Sitzung des II. Vaticanums geschaffen worden war. Die erste Synode wurde 1967 abgehalten, und die Synode, die für Oktober 2001 zum Episkopat angesetzt war, war die zwanzigste. 1965 sah Ratzinger in der Synode ein Mittel, das Konzil fortzusetzen. Damals schrieb er, wenn man nun sagen dürfe, daß die Synode ein ständiges Konzil im kleinen sei – ihre Zusammensetzung wie ihr Name rechtfertigten dies –, dann gewährleiste ihre Einrichtung unter diesen Umständen, daß das Konzil nach seinem offiziellen Ende fortgesetzt werde; von nun an werde es Teil des täglichen Lebens der Kirche sein. 1987 erklärte er aber in *Kirche, Ökumene und Politik* geradeheraus, daß die Synode den Papst berate, daß sie kein Konzil im kleineren Ausmaß sei und kein gemeinschaftliches Organ der Führung für die universale Kirche. Er vertrat, daß gemäß *Lumen gentium* 22 das Kollegium der Bischöfe mit rechtmäßiger Gewalt nur auf einem ökumenischen Konzil handeln könne oder in der gemeinsamen Tat aller über die Welt verteilten Bischöfe. Das Kollegium könne seine Autorität nicht „delegieren", und daher könne die Synode nicht wie ein Konzil handeln.

Die Rolle des Heiligen Offiziums

Wenn die katholische Kirche Feiertage aus kirchenpolitischen Anlässen ebenso wie für Heilige schaffen würde, dann würde der 8. November in Kirchenkalendern wahrscheinlich als „Fest des heiligen Aufstands" erscheinen. An diesem Tag des Jahres 1963 schlug ein Beamter der Kurie während der zweiten Sitzung des II. Vaticanums im Versammlungssaal einen derart scharfen Ton an, wie man es auf einer offiziellen katholischen Zusammenkunft weder vorher noch nachher je erlebte. Vierhundert Jahre angestauter Frustration brachen aus einer einzigen Rede von Kardinal Frings heraus.

Frings trat auf, um eine Flüsterkampagne anzusprechen, die für knapp über eine Woche in Rom die Runde gemacht hatte und die den Eindruck betraf, daß eine am 30. Oktober durchgeführte Abstimmung, die ergeben hatte, daß eine große Mehrheit der Bischöfe die Gemeinschaftlichkeit unterstützte, ungültig war, weil die Fragen unzureichend abgefaßt waren. Die Theologische Kommission des Konzils, die sich aus Treugesinnten der Kurie zusammensetzte, hatte zu verstehen gegeben, daß sie allein die Bestimmungsgewalt darüber habe, ob die Gemeinschaftlichkeit vor der Glaubenslehre Zustimmung finde. Frings erschien dies als ein weiterer Versuch der Kurie, durch Intrige das zurückzugewinnen, was sie in der offenen Debatte verloren hatte, und er hatte ein für allemal genug.

„Ich bin darüber erstaunt, daß Kardinal Browne, Vizepräsident der Theologischen Kommission, diese Abstimmung in Zweifel gezogen hat", sagte Frings, zitiert nach Xavier Rynne, Pseudonym des Chronisten des II. Vaticanums, dessen Berichte im *New Yorker* erschienen. „Die Kommission hat keine andere Funktion als den Vollzug der Wünsche und die Befolgung der Anweisungen des Konzils. Überdies dürfen wir nicht administrative Rollen mit legislativen verwechseln."

An dieser Stelle erfolgte der Paukenschlag: „Das gilt auch für das Heilige Offizium, dessen Methoden und dessen Verhalten nicht im geringsten der heutigen Zeit entsprechen und einen Grund des Anstoßes für die Welt darstellen." Frings sprach in Latein, wurde aber vollkommen verstanden, und als er zu „Grund des Anstoßes" kam, brandete Beifall auf – lang anhaltend, laut, von Rufen unterstützt, obwohl eine derartige Unterbrechung einen regelrechten Verstoß gegen die Konzilvorschriften darstellte. „Niemand sollte beurteilt und verdammt werden, ohne angehört zu werden, ohne zu wissen, wessen er bezichtigt wird, und ohne die Gelegenheit zu haben, das zu berichtigen, was ihm billigerweise vorgeworfen werden kann." Frings fuhr mit der Hinzufügung fort, daß zu viele Bischöfe in der Kurie arbeiteten, wo doch viele ihrer Aufgaben von Laien erfüllt werden könnten. „Diese Reform der Kurie ist notwendig", sagte er. „Laßt sie uns in die Tat umsetzen." Sobald er geendet hatte, wurde Frings mit einer weiteren Beifallswelle bedacht. Der protestantische Beobachter Robert MacAfee Brown äußerte später, es sei dahingehend „die rechte Rede des rechten Mannes zur rechten Zeit" gewesen, daß sie die Empfindung der Konzilsväter vollkommen einfing.

Ottaviani war unter den Rednern dieses Morgens als drittnächster in der Reihenfolge vorgesehen. Vor Zorn bebend, überging er die Regelung, daß Bischöfe sich an ihre vorbereiteten Texte zu halten hatten, und reagierte unmittelbar auf Frings. Zunächst sagte Ottaviani, er könne nur darauf schließen, daß Frings' Kritik des Heiligen Offiziums auf Unkenntnis beruhe. Er beharrte darauf, daß das Heilige Offizium die Fälle immer sorgfältig untersuche und immer anerkannte Fachleute hinzuziehe, bevor es ein Urteil über irgendeine Schrift fälle. Dann erklärte Ottaviani, daß ein Angriff auf das Heilige Offizium einen Angriff auf den Papst selbst darstelle. Schließlich wies er die gesamte Vorstellung von Gemeinschaftlichkeit ab.

Die Struktur des Verfahrens des Konzils sah fast keine Gelegenheit für diese Art eines direkten Zusammenstoßes von Vorstellungen vor. Daher wurde der Austausch zwischen Frings und Ottaviani in gewisser Weise zum bestimmenden Moment für das gesamte Konzil, und die Frage nach der Zukunft des Heiligen Offiziums wurde zum Symbol für alles, was sonst auf dem Spiel stand. Als Paul VI. Frings an diesem Nachmittag zu sich rief, um ihm zu gratulieren, schien eine Reform im Heiligen Offizium die Unterstützung des Papstes zu haben und war beinahe unumgänglich. Tatsächlich erließ Paul VI. später eine Reihe von Reformen, darunter die Namensänderung von „Heiliges Offizium" zu „Kongregation für die Glaubenslehre"; der Papst sagte, er wolle, daß die neue Kongregation gute theologische Arbeit unterstütze, nicht hauptsächlich zweifelhaftes Material verurteile.

In keiner von Ratzingers Schriften dieser Phase findet sich auch nur der leiseste Hinweis, daß er von Frings' Auffassung der Notwendigkeit einer Reform abwich. Tatsächlich sind seine Schriften voll von ablehnenden Bemerkungen über die „römischen Theologen" und „römischen Schulen", die sich anmaßen, alle Fassungen des legitimen katholischen Denkens zu repräsentieren. Ratzinger wies später mit Zustimmung auf die Rede hin, die Erzbischof Michele Pellegrino von Turin auf der Abschlußsitzung des Konzils gehalten hatte: „Wer würde es wagen, zu behaupten, daß die Rechte und die Würde von Laien und Priestern religiös respektiert worden sind, ob nun von Bischöfen oder Priestern von allzu übermäßigem Eifer oder in der Tat von Kardinälen der römischen Kurie?“ In seinem Kommentar zur dritten Sitzung des Konzils von 1965 beklagte Ratzinger ein allzu glatt funktionierendes zentrales Amt in der Lehre, das jede Frage im voraus beurteilte, fast noch bevor sie zur Diskussion gekommen war.

In seinem Kommentar zu *Gaudium et spes* innerhalb des Vorgrimler-Kommentars – in dem, wie wir später sehen werden, Ratzinger ernsthafte Vorbehalte gegenüber bestimmten Aspekten des Dokuments äußerte – bemerkte er, daß das Konzil nicht zwischen konkurrierenden Darlegungen auswählte, wie die Glaubenslehre von der Erbsünde zu verstehen sei. Auch hier habe Übereinkunft bestanden, daß der wesentliche Inhalt von Trient nicht aufgegeben werden könne, schreibt er, daß aber der Theologie die Freiheit gelassen werden müsse, erneut genau danach zu fragen, was dieser wesentliche Inhalt sei. Solche Äußerungen deuten sicherlich auf einen Ratzinger hin, der seinem Vorgesetzten darin zustimmte, daß Theologen eine neue Politik des Heiligen Offiziums benötigten, eher ein Programm der Unterstützung als eines der Verurteilung.

In seinem Kommentar zum Erlaß zur Offenbarung führt Ratzinger seine Anschauungen über die theologische Freiheit detaillierter aus. Bei der Beschreibung des Versuchs des Heiligen Offiziums, eine Debatte vor dem Konzil zu unterdrücken, wenn die katholische Tradition auch in der Erwartung steht, Raum für verschiedene „Schulen“ unter den Theologen zu schaffen, beobachtet er, daß etwas, was nicht in die Antithesen des „Thomismus“, „Scotismus“, „Molinismus“ etc. einzuordnen war, nicht als „theologische Schule“ erkannt wurde, sondern einfach als Innovation, und daher nicht unter den Schutz fiel, dessen sich die Abweichungen unter den „Schulen“ erfreuten, deren Zahl freilich festgesetzt zu sein schien. Erst das Konzil habe die Tatsache gesichert, so Ratzinger weiter, daß die klassischen „Schulen“ heute genauso unwichtig geworden seien wie die Konflikte zwischen ihnen. Ihm zufolge schälte sich auch heraus, daß die katholische Theologie am Leben geblieben war, daß sich in ihr neue „Schulen“ und Konflikte gebildet hatten und daß diese neuen Gruppen und ihre Fragen auch legitime Formen katholischer theologischer Arbeit waren.

Das ist eine so kurze und entschiedene Verteidigung der theologischen Freiheit aus katholischer Perspektive, wie man sie wahrscheinlich überhaupt nur finden kann. Zufällig ist es auch genau dieselbe Argumentation, die von Leonardo Boff und den Befreiungstheologen oder von Matthew Fox und der Bewegung der Schöpfungsspiritualität verfolgt wurde.

1964 schlug Ratzinger in seinem Kommentar zur zweiten Sitzung des II. Vaticanums sogar vor, daß das Heilige Offizium im Schutz von individuellen Rechten von weltlichen Demokratien lernen sollte. Er erklärte, daß Konzil sei dafür offen gewesen, „die positiven Ergebnisse modernen Rechtsdenkens auch in kirchliche Strukturen einzufügen, die nicht selten Formen aus der Zeit des Absolutismus und damit sehr menschliche Formen erhalten haben"[17].

Das vielleicht spannendste Beweisstück zur Demonstration der Kluft zwischen dem Ratzinger des II. Vaticanums und Ratzinger, dem Präfekten des Vatikans, eröffnet sich in Form einer Erklärung, deren Unterzeichnung er 1968 zustimmte. Sie hatte ihren Ursprung in Nijmegen in den Niederlanden, wo *Concilium* von vielen derselben *periti* und sympathisierenden Bischöfe veröffentlicht wurde, die anfänglich Beiträge und Redaktion der Zeitschrift bestritten. Die Erklärung wurde letztendlich von 1.360 katholischen Theologen aus dreiundfünfzig Ländern unterschrieben, was nahelegt, daß sie sehr stark den Konsens der fachtheologischen Gemeinschaft jener Zeit wiedergab. Ratzinger schloß sich seinen Freunden und Mitarbeitern in der Erklärung an, daß die Freiheit von Theologen und Theologie im Dienste der Kirche, die durch das II. Vaticanum wiedergewonnen worden sei, nicht wieder gefährdet werden dürfe. Die Unterzeichner – darunter Hans Küng, Karl Rahner, Edward Schillebeeckx, Yves Congar, J. B. Metz und Roland Murphy – verbürgten dem Papst ihre Loyalität, vertraten aber, daß das Amt der Lehre von Papst und Bischöfen die Aufgabe in der Lehre von Theologen als Gelehrten nicht aufheben, hemmen oder erschweren könne und dürfe.

Jegliche Form der Inquisition, wie unterschwellig auch immer, schade nicht nur der Entwicklung einer erkundenden Theologie, sie verursache auch der Glaubwürdigkeit der Kirche als einer Gemeinschaft der heutigen Welt irreparablen Schaden, liest sich die Erklärung. Die Unterzeichner sagten, sie erwarteten, daß der Papst und die Bischöfe sie als Theologen unterstützten, für Wohlfahrt und Wohlergehen der Menschheit in der Kirche und in der Welt. Sie würden gern ihre Pflicht erfüllen, die besage, die Wahrheit zu suchen und die Wahrheit zu sprechen, ohne dabei durch administrative Maßnahmen und Sanktionen behindert zu werden. Sie erwarteten, daß ihre Freiheit respektiert werde, wann immer sie ihre wohlbegründeten theologischen Überzeugungen nach bestem Wissen und Gewissen verkündeten oder publik machten.

Die Unterzeichner präsentierten sieben Vorschläge, weil, wie sie sagten, ihnen ihre Arbeit als Theologen momentan wieder zunehmend gefährdet zu sein schien. Diese waren:

- daß die römische Kurie, vor allem die mit der Glaubenslehre befaßte Kongregation, die legitime Pluralität moderner theologischer Schulen und Formen geistiger Anschauung berücksichtigen und in der Zusammensetzung ihrer Mitglieder ausdrücken muß;

- dies sollte zuerst auf das entscheidungstragende Organ der Glaubenskongregation angewandt werden, nämlich auf die Vollversammlung der Kardinäle, der eine Altersgrenze von fünfundsiebzig auferlegt werden sollte;
- nur diejenigen, die als hervorragende Fachtheologen anerkannt sind, sollten Berater der Kongregation sein, mit einer festgelegten Amtsdauer und ohne Berufung von über Fünfundsiebzigjährigen;
- die Mitglieder der internationalen theologischen Kommission, eingerichtet zur Beratung der Kongregation, müssen für die verschiedenen theologischen Schulen repräsentativ sein; die Kongregation muß sich mit der Kommission beraten; und die Autorität der Kongregation der Glaubenslehre und der Komitees zur Glaubenslehre innerhalb der nationalen Bischofskonferenzen muß klar umrissen und begrenzt werden;
- wenn die Kongregation sich verpflichtet fühlt, einen Theologen zu tadeln, muß dies in einer ordnungsgemäßen und rechtsgültigen Form vor sich gehen, in einem ausgearbeiteten und veröffentlichten Verfahren;
- dem Beklagten sollten bestimmte Rechte eingeräumt werden: daß sein Denken alleinig auf Grundlage seiner tatsächlich veröffentlichten Werke in der Originalsprache beurteilt wird, er von Beginn der Untersuchung an über einen Beistand verfügt, er alle relevanten Dokumente in schriftlicher Form erhält, er sich mit jedem möglichen Streitpunkt an zwei weitere Fachtheologen wenden kann (von denen einer vom Beklagten selbst bestimmt wird), er im Falle einer persönlichen Befragung von einem Fachtheologen begleitet werden und in jeder gewählten Sprache sprechen kann, er nicht an die Schweigepflicht gebunden wird ünd jede letztendliche Verurteilung durch eine Argumentationslinie abgestützt sein muß;
- dieses Wahrheitsinteresse innerhalb der Kirche muß in Übereinstimmung mit den Grundsätzen der christlichen Nächstenliebe vollzogen und erfüllt werden.

Die Erklärung hält auch fest, daß jegliche administrativen oder ökonomischen Maßregelungen gegen Autoren oder Publizisten, die über das hier in Betracht gezogene hinausgehen, in der gegenwärtigen gesellschaftlichen Situation zu vermeiden sind, da sie als Regelung unbrauchbar oder gar schädigend sind.

Ratzinger schloß sich klar und unzweideutig dieser Erklärung an, und sie steht in vollkommener Übereinstimmung mit dem, was er zu dieser Zeit sagte und schrieb. Wir werden die Arbeit der Kongregation für die Glaubenslehre unter Ratzinger im einzelnen später untersuchen, doch genügt es, zu sagen, daß der Großteil der Reformen, auf die er 1968 drängte, während seiner zwanzigjährigen Amtsdauer ignoriert wurde. Theologen haben immer noch nicht das Beistandsrecht vom unmittelbaren Beginn einer Untersuchung an – tatsächlich kann eine Untersuchung schon jahrelang in Gang sein, bevor der Theologe überhaupt davon erfährt. Die internationale theologische Kommission ist in keinem Sinne für die tatsächliche Vielfalt in der heutigen katholischen Theologie repräsentativ. Die Kongregation versucht immer noch, Menschen bezüglich ihrer Verfahren und Entscheidungen an die Schweigepflicht zu binden.

Die Entfernung, die Ratzinger in den Jahren seit dem II. Vaticanum zurückgelegt hat, läßt sich vielleicht am besten am Vergleich seiner Entscheidung, die Nijmegen Deklaration 1968 zu unterschreiben, und seiner Reaktion auf die Kölner Deklaration von 1989 erkennen, die von 163 Theologen unterzeichnet und nach der Entscheidung Johannes Pauls II., die lokalen Wünsche zu übergehen und den höchst konservativen Joachim Meisner als Erzbischof von Köln einzusetzen, herausgebracht wurde. Der Kern der Kölner Erklärung war eine ständige Wiederholung des Rechts auf eine freie und offene Diskussion innerhalb der Kirche, die sprachlich auffallend an das Dokument aus Nijmegen erinnerte. Sie kritisierte einen neuen römischen Zentralismus und vertrat, daß die Kirche für den Dienst an Jesus Christus bestehe. Die Kirche müsse, so hieß es, der ständigen Versuchung widerstehen, ihr Evangelium von Gottes Gerechtigkeit, seiner Barmherzigkeit und seiner Treue zugunsten ihrer eigenen Macht zu funktionalisieren, indem sie von fragwürdigen Formen der Kontrolle Gebrauch mache. In bezug auf Theologen, die von der Lehre in den Seminaren und theologischen Fakultäten ausgeschlossen wurden, lehnten die Unterzeichner das ab, was sie einen unerträglichen Eingriff nannten. Die Kölner Deklaration wurde von vielen derselben Leute unterschrieben, die zwanzig Jahre zuvor die Erklärung von Nijmegen herausgegeben hatten, darunter Küng und Schillebeeckx.

1989 war Ratzinger seit acht Jahren Präfekt der Kongregation für die Glaubenslehre. Obwohl einige europäische Bischöfe die Kölner Deklaration als eine Einladung zum Dialog begrüßten, tat Ratzinger es ihnen nicht gleich. Er reagierte auf die Erklärung mit aufgeblasenen Worten, vertrat, daß es innerhalb der Kirche kein Recht auf Abweichung gebe, und deutete an, daß die Theologen, die die Deklaration unterzeichnet hatten, in ein machtpolitisches Unternehmen verstrickt seien. Ratzinger zeigte sich auch bereit, rohe politische Muskelkraft zu gebrauchen, um seinen Standpunkt durchzusetzen, und gab am 13. November 1989 ein Interview, in dem er diskutierte, daß die theologischen Fakultäten an deutschen Universitäten vielleicht beschnitten werden müßten. Er sagte, es könnte eventuell nicht genügend „qualifizierte" Leute geben, um die theologischen Arbeitsstätten des Landes zu besetzen. Mit der Warnung, daß ihre Arbeitsplätze auf dem Spiel stehen könnten, traf er die Theologen in der Tat an einer Stelle, an der es schmerzt. In Deutschland lehren Theologen an staatlichen Universitäten, entzieht aber ein Bischof einer Person die kanonische Erlaubnis, muß sie eine Stelle in einem anderen Bezirk oder an einer anderen Universität finden.

Nur wenige Monate später im Jahr 1990 erließ die Kongregation für die Glaubenslehre ein Dokument zur kirchlichen Berufung von Theologen, das Ratzingers Forderung nach Gehorsam unterstrich. Auch wenn er die Presse wissen ließ, daß das Dokument schon vor der Kölner Deklaration in Arbeit war, wurde es weithin als Reaktion angesehen, in dem Sinne, als es eine „Krise" der Abweichung kritisierte und viele der Reformen ablehnte, die Ratzinger 1968 unterstützt hatte.

Die Entwicklung der Tradition

Wenn Tradition eine Gegebenheit ist, die ein für allemal besteht, wenn die praktischen Folgerungen und der verbale Ausdruck von Glaubenslehren, die vor Hunderten von Jahren aufkamen, für sich genommen heilig sind, dann wäre die theologische Arbeit darauf beschränkt, für diese Formeln und Folgerungen neue und bessere Argumente zu finden. Das trifft im wesentlichen die Position, die von Kardinal Alfredo Ottaviani auf dem II. Vaticanum eingenommen wurde; sein Motto für das Episkopat lautete *Semper Idem*, „immer dasselbe". Wenn auf der anderen Seite Glaubenslehren einen menschlichen Versuch darstellen, den Gehalt der göttlichen Offenbarung auszudrücken, dann sind die Worte und Denkkategorien, in denen sie ausgedrückt werden, im Prinzip offen für Verbesserung und Abänderung. Darüber hinaus sind die praktischen Folgerungen, die aus solchen Glaubenslehren gezogen werden und die Vorgaben und Umstände einer bestimmten geschichtlichen Periode widerspiegeln, ebenfalls für eine Veränderung offen.

Diese letztere Perspektive scheint besser zu fassen, was Joseph Ratzinger auf dem II. Vaticanum repräsentierte. Seine Anschauungen sind am besten in seinem Beitrag zum Vorgrimler-Kommentar über den Erlaß zur Offenbarung ausgebreitet. Ratzinger schrieb, daß Tradition nicht als etwas verstanden werden dürfe, das ein für allemal gegeben sei, sondern in den Begriffen der Kategorien Wachstum, Fortschritt und Glaubenskenntnis verstanden werden müsse. Er sagte, der Erlaß erkenne, daß ein Festhalten in der Sphäre des Geistes nur durch eine fortwährend erneuerte Aneignung verwirklicht werden könne. Weiterhin erklärte er, daß die Methode des II. Vaticanums darin bestanden habe, von dem Notiz zu nehmen, was in Trient und auf dem I. Vaticanum verfaßt worden sei, um es dann in Begriffen der Gegenwart zu interpretieren und somit eine neue Übertragung sowohl des Wesentlichen als auch der Unzulänglichkeiten zu gewährleisten. Ratzinger äußerte, daß er der Formulierung des großen protestantischen Theologen

Karl Barth vollständig zustimme, der die Methode des II. Vaticanums als eine Vorwärtsbewegung aus den Fußspuren jener Konzile beschreibe.

Heute erscheint es als eine Ironie, daß 1967 eine der größten Sorgen Ratzingers in bezug auf *Dei verbum*, den Erlaß zur Offenbarung, dessen Versagen galt, eine Auswahl von Kriterien für eine legitime Kritik der Tradition entwickelt zu haben. Er machte sich darüber Gedanken, daß *Dei verbum* durch seine Betonung der Tradition die Kirche zu dem Glauben führen könnte, daß, was auch immer sei, richtig sei; mit anderen Worten, daß, wenn etwas Teil der Tradition sei, es dann aus diesem Grund beibehalten werden müsse. Er schrieb, es gebe in der Tat keine ausdrückliche Erwähnung der Möglichkeit einer verzerrenden Tradition und der Stellung der Schrift als eines Elements innerhalb der Kirche, das *auch* traditionskritisch sei, was bedeute, daß eine der wichtigsten Seiten des Problems der Tradition, wie es die Kirchengeschichte gezeigt habe – und vielleicht die eigentliche Crux der *ecclesia semper reformanda* –, übersehen worden sei.

Sicherlich warnte Ratzinger in seinem Kommentar vor den Gefahren, das Amt der Lehre der Kirche den Schriftforschern und Historikern zu übertragen, mit dem Hinweis, daß deren sich wandelnde Hypothesen keine Grundlage abgeben würden, auf der Entscheidungen im Leben aufbauen könnten. Er sprach aber auch mit aufrüttelnden Worten über die Notwendigkeit für die Kirche, deren Argumentationen als legitimen Weg, die Tradition redlich zu halten, willkommen zu heißen. Im selben Dokument erkannte Ratzinger an, daß eines der Probleme in der Anwendung von Tradition darin liege, daß es nicht immer klar sei, wo der objektive Gehalt einer Offenbarung ende und der subjektive Einfluß desjenigen beginne, der diese Offenbarung ausdrücke. Die Auslegung, schrieb er, könne als Verstehensprozeß nicht klar von dem getrennt werden, was zu verstehen sei.

Die gesamte geistige Erfahrung der Kirche, ihr glaubender, betender und liebender Umgang mit dem Herrn und seinem Wort, so Ratzinger im Vorgrimler-Kommentar zur Offenbarung, lasse unser Verständnis der ursprünglichen Wahrheit wachsen und gewinne im Heute des Glaubens aus dem Gestern seines historischen Ursprungs erneut das, was für alle Zeit bestimmt gewesen sei und doch nur in den sich wandelnden Jahrhunderten und in der besonderen Form jedes einzelnen verstanden werden könne. In diesem Verstehensprozeß, so schreibt er weiter, der den konkreten Weg darstelle, auf dem Tradition in der Kirche fortschreite, sei die Arbeit des Amts der Lehre eine Komponente (und aufgrund ihres Wesens eine kritische, keine ertragreiche), aber sie sei nicht alles.

Heute ist Ratzinger mehr damit beschäftigt, die Entwicklung der Tradition aufzuhalten, als sie zu verteidigen. Er hat gewarnt, daß die Kirche kein „Laboratorium für Theologen" sei und daß die „Gegebenheiten" des Glaubens der Spekulation ihre Grenzen setzten, und er hat betont, daß der Gehorsam dem Magisterium gegenüber für die Identität eines katholischen Theologen wesentlich sei. Der deutlichste Kontrast zu seinen früheren Anschauungen eröffnet sich in der Rolle der Schrift als Kritik der Tradition. 1966 wollte er die Rolle der Schrift als Mittel der Einschätzung für Kirchenlehre und -praxis wiederherstellen. 1997 hingegen warnte er, daß diese Tendenz, die Schrift gegen die Kirche einzusetzen, einer der gefährlichsten Ströme gewesen sei, die dem II. Vaticanum entsprungen seien. Sein innerer Wandel wurde sicherlich von seinem langen Kampf gegen die Befreiungstheologen beseelt, die betonten, daß der historische Jesus zur Heilung der menschlichen Person *sowohl* im körperlichen *wie* im seelischen Sinne gekommen sei und daß die Kirche durch eine Vergeistigung der Botschaft Jesu eine Schlüsselkomponente des Evangeliums vernachlässigt habe. Ratzinger hat sich auf von Balthasar zubewegt, der auf dem Christus des Glaubens entgegen dem Jesus der Geschichte beharrte, mit dem Ergebnis, daß er das ewige Moment vor einem sich entwickelnden betont. Mit anderen Worten ist er dazu gekommen, eine Position einzunehmen, die derjenigen sehr nahe ist, vor der er zu Ende des II. Vaticanums warnte.

Liturgie

Es gibt nur wenige Themen, über die Ratzinger heute leidenschaflicher schreibt als über die Liturgie. In *Aus meinem Leben* beschreibt er mit bewegenden Worten, wie er als junger Mann im Drama der katholischen Messe in all ihrer Größe und all ihrem Geheimnis gefangen wurde. Er sagte, er habe das Gefühl gehabt, daß er in der Messe auf einen Ritus stoße, der die bloße menschliche Vorstellungskraft überstieg, der ihn in Berührung mit der wahren Tiefe Gottes zu bringen schien. Es sei ein fesselndes Abenteuer gewesen, nach und nach in die geheimnisvolle Welt der Liturgie einzutauchen, die vor den Gläubigen und auf dem Altar für sie dargestellt worden sei. Immer deutlicher sei es für ihn geworden, daß er hier einer Wirklichkeit begegnete, die sich niemand einfach ausgedacht habe, einer Wirklichkeit, die keine amtliche Gewalt oder keine große Persönlichkeit geschaffen habe. Dieses geheimnisvolle Gefüge aus Texten und Handlungen, so Ratzinger, sei im Lauf der Jahrhunderte dem Glauben der Kirche erwachsen. Für ihn trug es das ganze Gewicht der Geschichte in sich, und doch war es zur gleichen Zeit weit mehr als das Produkt der Menschheitsgeschichte.

Verständlicherweise ist Ratzinger sorgsam darauf bedacht, den Ritus zu schützen, der einst so einen gewaltigen Eindruck auf ihn gemacht hat. Er hat nie die sogenannte „neue Messe" angegriffen, aber er war voll bitterer Kritik für die Art und Weise, in der liturgische Änderungen im Anschluß an das II. Vaticanum eingesetzt wurden, und vor allem für die Entscheidung Paul

VI., die alte lateinische Messe, auch als Tridentinische Messe bekannt, abzuschaffen. Das Verbot, schrieb Ratzinger in *Aus meinem Leben*, habe einen Bruch in der Geschichte der Liturgie eingeleitet, dessen Folgen nur unheilvoll sein konnten. Er sei davon überzeugt, daß die Krise in der Kirche, die wir heute erlebten, sich zu einem großen Anteil der Auflösung der Liturgie verdanke.

Seitdem Johannes Paul II. die Feier des älteren Ritus 1988 genehmigte, hat Ratzinger bei mehreren Gelegenheiten lateinische Messen gelesen. Im April 1998 hielt er in Weimar die lateinische Messe für dreihundertfünfzig Mitglieder der Laienvereinigung für den klassischen römischen Ritus in der katholischen Kirche ab. Noch zuvor war Ratzinger der Hauptredner auf einer Konferenz, die von *Una Voce* gefördert wurde, einer internationalen Gruppe von Aktivisten, die bemüht ist, für die lateinische Messe zu werben. Auch wenn Ratzinger gesagt hat, das, was er wolle, sei eine neue „liturgische Bewegung", die auf den wohlbegründeten Beiträgen des II. Vaticanums aufbaue, ist es klar, daß die Bewegung, die er sich erhofft, ebenfalls einen großen Teil der präkonziliaren Liturgie wiederbeleben würde.

Ratzingers Bevorzugung der älteren liturgischen Praktiken wurde 1993 glasklar, als er zu einem Buch des Priesters Klaus Gamber, *Zum Herrn hin!*, ein kurzes Vorwort beisteuerte. Gamber trat hier dafür ein, daß eine der zentralen liturgischen Neuerungen des II. Vaticanums – die Altäre auf die Gemeinde zuzuwenden, um die Menschen bei der Messe aktiver einzubeziehen – rückgängig gemacht werden sollte. Ratzinger sagte, daß er Gambers Argumentationen überzeugend finde, aber zum Wohle des „liturgischen Friedens" werde er dem nicht unmittelbar nachkommen. Letztendlich aber, so meinte er weiter, brauche die Kirche eine „Reform der Reform". Die Position des Altars ist in gewisser Weise symbolisch für die größere Frage, was denn wirklich bei der Messe geschieht. Erneuert der Priester Christi Opfer am Kreuz, und sind die Gläubigen ganz wesentlich Zeugen des heiligen Mysteriums? Oder erneuern der Priester und die Gläubigen zusammen Christi Letztes Abendmahl, haben daran teil und rufen sich sein Beispiel ins Gedächtnis? Wie stark ist die Gemeinde mit anderen Worten in die symbolische Darstellung integriert? Der neue Ritus der Messe versuchte, den Gläubigen durch den auf sie zugewandten Altar zu helfen, in ihrer Teilnahme aktiver zu werden. In Ratzingers Augen führte diese Veränderung jedoch zu einer übermäßig „horizontalen" Sicht der Messe auf Kosten ihrer „transzendenten" Dimension. Anders ausgedrückt konzentrieren sich die Teilnehmer so sehr auf das, was sie tun, daß sie aus dem Blick verlieren, was Gott tut.

1998 gab Ratzinger auch der Hoffnung Ausdruck, daß die Verwendung des Lateinischen zu einem größer angelegten Gebrauch in der Liturgie zurückfinden könnte. Er rief eine neue Generation von Bischöfen dazu auf, den Gebrauch des Lateinischen als ein Gegenmittel zu der „wilden Schaffenskraft" der Liturgie nach dem Konzil zu fördern, die „das Mysterium des

Heiligen zum Verschwinden gebracht" habe. Ratzinger sagte, daß die gegenwärtige Riege der Bischöfe

> eine Prägung und Ausbildung genossen hat, denen zufolge die alte Liturgie einen abgeschlossenen Fall darstellt, einen Morast, der Gefahr läuft, die Einheit zu schädigen, und vor allem anderen im Gegensatz zum Konzil steht. Wir müssen es ermöglichen, eine neue Generation von Prälaten zu formen, die sich gewahr wird, daß die alte Liturgie keinen Angriff auf das Konzil darstellen muß, sondern eine Verwirklichung des Konzils. Die alte Liturgie ist kein Obskurantismus, ist kein wilder Traditionalismus ... sondern sie ist wirklich das Verlangen, mit der Göttlichkeit vereint zu sein.[18]

Wie vertretbar die in solchen Bemerkungen ausgedrückten Anschauungen auch sein mögen, hier spricht nicht der Joseph Ratzinger des II. Vaticanums. Weit entfernt von einer Kritik liturgischer Neuerungen wie des Gebrauchs der Landessprache, des Zuwendens der Altäre und der Betonung der aktiven Teilnahme der Gläubigen, war Ratzinger zur Zeit des Konzils ein starker Verfechter jeder dieser Ideen.

In seinem Kommentar zur dritten Sitzung des Konzils bezeichnete Ratzinger beispielsweise die lateinische Messe, wie sie in der Kirche seiner Jugend gefeiert wurde, als „archäologisiert". „Die Liturgie war zu einem ein für allemal abgeschlossenen, fest verkrusteten Gebilde geworden, das den Zusammenhang mit der konkreten Frömmigkeit um so mehr verlor, je mehr man auf die Integrität der vorgegebenen Formen achtete." Auch die „Heiligen der katholischen Erneuerung ... haben ihre Religiosität abseits der Liturgie, ohne tiefere Bindung an sie ... gestaltet"[19], wobei er darauf hinwies, daß der heilige Johannes vom Kreuz und die heilige Teresa von Avila nichts ihrer Spiritualität aus der Liturgie genährt hätten. Man vergleiche diese Worte mit seiner ehrfurchtsvollen Bekundung oben, daß das geheimnisvolle Gefüge aus Texten und Handlungen im Lauf der Jahrhunderte dem Glauben der Kirche erwachsen sei, und die Umkehr in Ratzingers Perspektive tritt in klarer Abhebung hervor.

Frustration über die lateinische Liturgie war ein Dauerthema in Ratzingers Kommentaren zum Konzil. In seinem ersten Bericht beklagte er sich heftig über die Eröffnungsliturgie von 1962; „ihr fehlte die innere Geschlossenheit", und sie bot vor allem keine „aktive Mitwirkung der Anwesenden"[20]. Er sagte, die Abschlußliturgie sei viel besser gewesen, besonders weil die Responsorien gemeinsam gesungen worden seien und so die aktive Teilnahme symbolisierten, die seinem Gefühl nach in der ersten Messe zu vermissen gewesen sei. In seinem Kommentar von der ersten Sitzung zitierte Ratzinger zum Gebrauch des Lateinischen zustimmend Maximos IV., den melchitischen Patriarchen: „Sprache ... ist für die Menschen und nicht für die Engel."[21]

Ratzinger verfocht weiter, daß Sprache eine Inkarnation des Geistes sei, der, da es sich um menschlichen Geist handle, „nur sprechend denkt und in und von der Sprache lebt"[22]. Er griff auch den Gebrauch des Lateinischen in den Kirchenseminaren an und sagte, daß dies eine bedeutende Rolle in der „Sterilität" der katholischen Theologie an solchen Örtlichkeiten spiele. Er bezeichnete den dortigen Gebrauch des Lateinischen als eine „Bindung an eine Sprache ..., in der sich die lebendigen Entscheidungen des menschlichen Geistes nicht mehr zutrugen"[23]. Es sollte darauf hingewiesen werden, daß dies im Lichte von Johannes XXIII. 1962 erlassenem Dokument *Veterum sapientia* eine besonders gewagte Äußerung für Ratzinger war, denn dieses hatte den strikten Gebrauch des Lateinischen in der klerikalen Ausbildung befohlen. Ratzinger stellte sich tatsächlich in direkten Widerspruch zu den Entscheidungen des Heiligen Vaters. Er bekundete der Feier einer Liturgie nach östlichem Ritus auf der ersten Sitzung des Konzils als Korrektur der „lateinischen Ausschließlichkeit" seinen Beifall. In seinem Kommentar zur zweiten Sitzung lobte Ratzinger Paul VI. dafür, daß er seine programmatische Rede für das Konzil in griechischer und russischer Sprache beendete, womit „der Raum der Latinität überschritten und zum pfingstlichen Entwurf der in allen Sprachen redenden Kirche ja gesagt worden ist"[24].

Zu dem Punkt, den Altar auf die Gläubigen zuzuwenden, gibt es kein unmittelbares literarisches Zeugnis dessen, was Ratzinger zur Zeit des Konzils dachte. Aber es ist gerechtfertigt, zu schließen, daß er sich zumindest der Tatsache bewußt war, daß sein bevorzugter Theologe Romano Guardini dem Gebrauch eines zugewandten Altars in den Messen, die er für Jugendliche auf Burg Rothenfels abhielt,den Weg gebahnt hatte. Nirgends verzeichnet Ratzinger ein Erschrecken über diese Neuerung; im Gegenteil, er überhäuft Guardini mit Lob für seine „Wiederentdeckung" und Belebung des alten Sinnes der Liturgie.

1958 veröffentlichte Ratzinger *Die christliche Brüderlichkeit*, eine erste echte Darlegung seiner eigenen theologischen Anschauungen. Was die aktive Teilnahme betrifft, schrieb er, daß die Anerkennung, daß *ekklesia* (Kirche) und *adelphotes* (Brüderlichkeit) dasselbe seien, daß die Kirche, die sich in der Feier der Eucharistie selbst erfülle, wesentlich eine Gemeinschaft von Brüdern sei, dazu nötige, die Eucharistie als einen Ritus der Brüderlichkeit im Dialog des Responsorium zu begehen – und nicht eine einsame Hierarchie zu haben, die sich einer Gruppe von Laien gegenübersehe, von denen jeder in seinem eigenen Meß- oder Gebetsbuch eingesperrt sei. Die Eucharistie müsse wieder sichtlich das Sakrament der Brüderlichkeit werden, um fähig zu sein, ihre greifbare gemeinschaftsschaffende Macht zu erlangen.

Ratzinger räumt in *Aus meinem Leben* ein, daß sich seine Anschauungen zur Liturgie über die Jahre entwickelt hätten. Er sei nicht fähig gewesen vorherzusehen, daß die schlechten Seiten der liturgischen Bewegung später wieder mit verdoppelter Kraft hervortreten würden, fast bis zu dem Punkt, die Liturgie in ihre eigene Selbstzerstörung zu drängen, schrieb er. So weit, so gut. Man kann nicht immer die Folgen von Veränderungen zu der Zeit vorhersehen, in der sie geschehen, und es ist ganz legitim, Vorbehalte zu äußern, wenn diese Folgen einmal klar werden. Solche Vorbehalte sollten aber von einer ehrlichen Selbstoffenbarung begleitet sein. Ratzinger war kein passiver Zuschauer, als die neue Richtung der liturgischen Bewegung durch das II. Vaticanum festgesetzt wurde; er trug dazu bei, sie auf diesen Kurs zu bringen. Er kann nicht anonyme „liturgische Fachleute" beschuldigen, die ihre private Agenda der Kirche unterschoben. Die Prinzipien, die ihre Arbeit leiteten, wurden in aller Breite vor dem Auge der Öffentlichkeit entwickelt und durch die Bischöfe auf dem Konzil bestätigt, mit der Unterstützung Ratzingers.

Ökumenismus

In seinen Reden im Sitzungssaal des Konzils kam Frings zweimal auf ökumenische Fragen zu sprechen. Als er sich zum ersten Mal dem Entwurfsschema zur Kirche (dem Dokument, das schließlich zu *Lumen gentium* wurde) zuwandte, pries er den „ökumenischen Ton" des Dokuments. Er sagte, er schätze vor allem den unjuristischen und nicht apologetischen Ton gegenüber Nichtchristen. Er lobte auch eine kürzlich von Paul VI. gegebene Erklärung, in der der Papst anerkannte, daß die katholische Kirche die Schuld für die gegenwärtige Trennung der christlichen Kirchen mittragen muß. Auf der zweiten Sitzung sprach Frings zum Status von Mischehen. Er sagte, die Gültigkeit einer Mischehe zu bestreiten, in der eine katholische Person und eine nichtkatholische von jemandem getraut werden, der kein katholischer Priester ist, stelle ein Hindernis für den ökumenischen Fortschritt dar; die Kirche solle zur „älteren Kirchenzucht" zurückkehren, solchen Ehen zuzustimmen.

Ratzinger selbst wandte sich dem Ökumenismus am ausführlichsten in seinem Kommentar zur zweiten Sitzung des Konzils zu, der 1964 veröffentlicht wurde. Dort stößt man auf Ratzinger als ausgeprägten Ökumeniker. Er beklagt die neuen Hindernisse, die einige Bischöfe auf dem Konzil den Beziehungen zu anderen christlichen Kirchen in Form einer übertriebenen Marienfrömmigkeit in den Weg legten. Hämisch spricht er von der Beschäftigung mit Joseph, dem Ehemann Marias, von der mit dem Rosenkranz, mit der Heiligsprechung Marias, mit der Hingabe an das Herz Marias, mit der Übertragung des Titels „Mutter der Kirche" auf Maria und mit der Suche nach weiteren solchen Titeln, die man Maria verleihen könnte – all dies, so sagt er, werfe kein gutes Licht auf die theologische Erleuchtung der Bischöfe auf dem Konzil. Auf der anderen Seite hieß Ratzinger eine neue Sprache im

Entwurfserlaß zum Ökumenismus willkommen, der anerkannte, daß nichtkatholische Christen die Taufe und die anderen Sakramente in ihren eigenen Kirchen und kirchlichen Gemeinschaften erhalten würden. Es sei das erste Mal gewesen, bemerkte er, daß das Konzil abgespaltenen Kirchen wie auch abgespaltenen Brüdern irgendeine Bedeutung zugemessen habe. „Jetzt wird, wenn auch nur in einem Nebensatz, so doch deutlich und klar, gesagt, daß diese Christen nicht bloß als *einzelne* existieren, sondern in christlichen *Gemeinschaften*, denen positive christliche Bedeutsamkeit und kirchlicher Charakter zuerkannt wird."[25] Ratzinger fährt fort, Dezentralisierung und Ökumenismus zu verbinden, und vertritt, daß in dem Maße, in dem der Katholizismus eine zulässige Vielfalt in den Formen wiederentdecke, die von seinen lokalen Kirchen angenommen würden, die vielfach gespaltenen Kirchen eher bereit sein würden, innerhalb dieser Gemeinschaft ein Zuhause zu finden.

Auf einer praktischen Ebene hat Ratzinger als Präfekt sehr wenig unternommen, um den Ökumenismus voranzutreiben, und ein gutes Stück, um ihn zu hemmen. Gerade als die anglikanische und die römisch-katholische Kirche 1998 im Begriff waren, eine grundsätzliche theologische Übereinkunft zu unterzeichnen, erließ Ratzinger ein Dokument, das beanspruchte, daß die Weigerung der katholischen Kirche, die Ordination anglikanischer Priester als gültig anzuerkennen, tatsächlich eine unfehlbare Lehre darstellte. Zumindest war das ein bemerkenswertes Beispiel dafür, etwas zum falschen Zeitpunkt zu tun. Er erzwang den einjährigen Aufschub der Unterzeichnung einer bahnbrechenden Übereinkunft zwischen Lutheranern und Katholiken zur Glaubenslehre der Rechtfertigung, wenn seine Anstrengungen zuletzt auch die Vereinbarung retteten. Wichtiger aber ist, daß Ratzinger als Präfekt nun eine ökumenische Wiedervereinigung als ein weit entferntes, nahezu eschatologisches Ziel betrachtet, und sicherlich erkennt er das Ziel einer Wiedervereinigung nicht mehr als basisschaffend für eine Dezentralisierung in der Kirche.

Obwohl sich „Ökumenismus" strenggenommen nur auf die Beziehungen zu anderen christlichen Kirchen bezieht („interreligiöser Dialog" ist der bevorzugte Begriff für Beziehungen zum Islam, zum Buddhismus und so weiter), war Ratzinger, der Präfekt, auch ein scharfer Gegner davon, sich von katholischer Seite auf eine Entspannung im Verhältnis zu anderen Religionen zuzubewegen. 1986 rief Johannes Paul II. beispielsweise einen Gipfel von Oberhäuptern einer Anzahl von Glaubenstraditionen der Welt im italienischen Assisi zusammen; auch wenn sie nicht „zusammen beteten", „beteten" sie doch „zur selben Zeit", und für päpstliche Maßstäbe war dies eine bemerkenswerte Geste des guten Willens. Ratzinger gab in einem Zeitungsinterview tatsächlich geradeheraus von sich, daß das kein Modell sein könne. Es war einer der ganz wenigen Anlässe, zu denen Ratzinger offen und öffentlich eine von Johannes Pauls Entscheidungen kritisierte.

VORHER UND NACHHER: EIN BEISPIELSFALL

Ratzingers innere Entwicklung vom vorsichtigen Reformer zum streng Konservativen kann durch eine Nahaufnahme seiner Ansichten zum Empfang der Eucharistie durch geschiedene und standesamtlich wiederverheiratete Katholiken ganz genau untersucht werden. Die Kirchendisziplin hat traditionellerweise vorgesehen, daß geschiedene und unter Zivilrecht wiederverheiratete Katholiken unwürdig sind, die Sakramente zu empfangen, wenn die Kirche nicht eine Aufhebung erläßt, eine förmliche Erklärung, daß die erste Ehe nie Bestand hatte. Viele Katholiken kämpfen mit dem Aufhebungsverfahren, manchmal weil ihre früheren Partner oder die Kirchengewalten die Kooperation verweigern und manchmal weil der notwendige Beweis eines „Hindernisses“ der Ehe schwer zu erbringen ist. Zunehmend empfinden manche Katholiken auch die Idee einer Aufhebung an sich als beleidigend. Eher als die Fiktion, einen regelrechten Grund für die Behauptung zu finden, daß sie nie verheiratet waren, bevorzugen sie, was sie als einen ehrlicheren Zugang verstehen, daß nämlich eine gültige Ehe zerfallen ist.

Aus diesen Gründen treffen viele geschiedene und standesamtlich wiederverheiratete Katholiken eine Gewissensentscheidung, daß sie alles getan haben, was sie tun konnten, um die Dinge zu bereinigen, und treten auch bei Nichtvorhandensein einer Aufhebung vor, um die Eucharistie zu empfangen. Einige wenige Priester weisen sie ab; viele halten unauffällig zu dieser Praxis an. Eine große Zahl an Verantwortlichen in der Kirche hat vorgeschlagen, daß diese unauffällige Flexibilität erweitert werden sollte, wobei sie beispielsweise darauf hinweisen, daß die Sakramente in den östlichen Kirchen nicht als Belohnung für ein gutes Verhalten verstanden werden, sondern als Medizin für die Seele.Die Vatikanautoritäten haben jedoch darauf beharrt, daß die traditionellen Vorschriften aufrechterhalten werden müssen.

In einem Aufsatz von 1972 zu dieser Frage trat Ratzinger für die flexiblere Herangehensweise ein, was auf seiner Lektüre der Kirchenväter beruhte, vor allem des heiligen Basilius, des Bischofs von Caesarea aus dem 4. Jahrhundert. Er schreibt, die Forderung, daß eine zweite Ehe sich als Quelle echter moralischer Werte über einen längeren Zeitraum bewähren müsse und daß sie im Geist des Glaubens gelebt werden müsse, entspreche faktisch der Art von Duldung, die in den Lehren des Basilius zu finden sei. Dort werde erklärt, so Ratzinger, daß nach einer längeren Buße einem *digamus* (jemand, der in zweiter Ehe lebt) die Kommunion gewährt werden könne, ohne Aufhebung der zweiten Ehe; dies geschehe in Vertrauen auf Gottes Barmherzigkeit, der Buße nicht ohne Antwort lasse, wann immer in einer zweiten Ehe moralische Verpflichtungen gegenüber den Kindern entstanden seien, gegenüber der Familie und gegenüber der Frau, und keine vergleichbaren Verpflichtungen aus der ersten Ehe beständen; wann immer ebenfalls die Aufgabe der zweiten Ehe auf moralischer Grundlage nicht zu erlauben sei und Enthaltsamkeit nicht als wirkliche Möglichkeit erscheine (*magnorum est*, sagt Gregor II. – es übersteigt die normale Kraft der Beteiligten); es scheine, schreibt Ratzinger, daß die Bewilligung der unumschränkten Kommunion, nach einer Zeit der Prüfung, nichts weniger als gerecht sei, und es stehe in völliger Harmonie mit den kirchlichen Traditionen. Das Zugeständnis der Kommunion in einem solchen Fall, so seine damalige Überzeugung, könne nicht von einer Handlung abhängen, die entweder moralisch oder faktisch unmöglich wäre.

Ratzinger stellt diese Schlußfolgerung in den Zusammenhang der Kirchentradition und erklärt, das Anathema (des Konzils von Trient) gegen eine Lehre, die behaupte, daß grundlegende Strukturen innerhalb der Kirche irrig seien oder daß sie nur verbesserungsfähige Bräuche darstellten, bleibe mit uneingeschränkter Kraft verbindlich. Die Ehe, so Ratzinger, sei ein Sakrament; es bestehe aus einer unzerbrechlichen Struktur, geschaffen durch eine feste Entscheidung. Dies sollte seiner Meinung nach jedoch nicht die Bewilligung der kirchlichen Gemeinschaft jenen Personen gegenüber ausschließen, die diese Lehre als Lebensprinzip anerkennen würden, sich selbst aber in einer Notsituation besonderer Art vorfänden, in der sie ein spezielles Bedürfnis hätten, in Gemeinschaft mit dem Körper des Herrn zu sein.

Als Präfekt für die Glaubenslehre sah Ratzinger sich dazu gezwungen, sich Mitte der neunziger Jahre erneut dieser Frage zuzuwenden, als eine Anzahl deutscher Bischöfe, darunter seine früheren *Communio*-Kollegen Karl Lehmann und Walter Kaspar, zu einer größeren Flexibilität in der Zulassung wiederverheirateter Personen zu den Sakramenten aufrief, entsprechend den Grundzügen, die in Ratzingers Aufsatz vorgeschlagen worden waren. Als Reaktion darauf erließ die Kongregation für die Glaubenslehre am 14. September 1994 ihren Brief an die Bischöfe der katholischen Kirche bezüglich des Empfangs der Heiligen Kommunion durch die geschiedenen und wiederverheirateten Mitglieder der Gläubigen.

Das Dokument lief auf eine strenge Wiedergeltendmachung der traditionellen Kirchenzucht hinaus und wies viele der Argumente zurück, die Ratzinger selbst 1972 vorgebracht hatte. Wirkliches Verständnis und unverfälschte Barmherzigkeit seien niemals von der Wahrheit getrennt, las sich das Dokument. Standesamtlich wiederverheiratete Personen finden sich laut dem Brief in einer Situation vor, die im objektiven Widerspruch zum göttlichen Gesetz steht. Folglich, heißt es, könnten sie die Heilige Kommunion, solange diese Situation bestehe, nicht erhalten. Darüber hinaus vertritt das Dokument, daß es die Gläubigen in Irrung und Verwirrung bezüglich der Kirchenlehre über die Unauflöslichkeit der Ehe führen würde, wenn diese

Personen zu den Sakramenten zugelassen würden. Eine Ehe, darauf wird hier bestanden, sei eine öffentliche Wirklichkeit, die mehr anbelange als nur die eingebundenen Partner, und keine Gewissensentscheidung könne sich von der kirchlichen Vermittlung loslösen. Das zu tun wäre demnach in der Tat die Leugnung der Ehe als Sakrament.

Gemeinschaft mit Christus, dem Haupt, könne nie getrennt werden von Gemeinschaft mit seinen Gliedern, das heißt mit seiner Kirche, schließt das Dokument. Aus diesem Grund müßten standesamtlich wiederverheiratete Personen in absoluter Treue zum Willen Christi, wie es heißt, von den Sakramenten ausgeschlossen werden. Es werde für Priester und die Gemeinschaft der Gläubigen notwendig sein, darauf wird noch verwiesen, in Solidarität mit den betroffenen Personen zu leiden und zu lieben, so daß sie in ihrer Last das süße Joch und die leichte Last Jesu wiedererkennen könnten.

Der Brief erörtert eine große Anzahl schwieriger theologischer Themen, die noch immer sehr stark innerhalb der Kirche diskutiert werden. Was er aber ohne Frage veranschaulicht, ist der Unterschied zwischen Ratzinger, dem Theologen auf dem Konzil, und Ratzinger, dem Präfekten der Glaubenslehre.

DER ROTE FADEN: KIRCHE UND KULTUR

Jenseits der Wandlungen in bestimmten Fragen findet sich bei Ratzinger eine Grundüberzeugung, die vom Konzil bis in die Gegenwart konstant geblieben ist: eine pessimistische Sicht des Verhältnisses zwischen Kirche und Kultur. Den Schlüssel, der uns eröffnet, wie sich Ratzinger seit dem Konzil so dramatisch verändern konnte, stellt die Erkenntnis dar, daß Ereignisse in den späten sechziger Jahren und in der Folgezeit zunehmend seine Zweifel an der Welt in den Vordergrund seines Denkens rückten. Diese grundlegend augustinische Perspektive vermittelt sich Ratzinger durch den Einfluß Luthers auf die deutsche Theologie, mit der starken Betonung auf dem gefallenen Zustand der Welt.

1984 waren es Ratzingers Anschauungen zur Kultur, die eine unmittelbare Kontroverse auslösten. Er sagte damals, die westliche Kultur sei dem Glauben gegenüber in bedenklich tiefgehender Weise feindlich gesinnt. Er bezeichnete sie sogar in dem Maße als „teuflisch", als sie eine Lebenssicht fördere, die auf Vergnügen basiere. Da das allgemeine Verständnis des II. Vaticanums eine Entspannung zwischen Kirche und Welt betonte, führte es den Katholizismus ernstlich in die Irre. Es sei an der Zeit, wieder zu dem Mut der Unangepaßtheit zurückzufinden, zu der Fähigkeit, sich vielen Modeerscheinungen der uns umgebenden Kultur zu widersetzen, eine gewisse euphorische nachkonziliare Solidarität aufzugeben. Er sei davon überzeugt, daß der Schaden, der in diesen zwanzig Jahren angerichtet worden sei, nicht auf das „wahre" Konzil zurückzuführen sei, sondern *innerhalb* der Kirche auf die Freisetzung von latenten polemischen und zentrifugalen Kräften und *außerhalb* der Kirche auf die Konfrontation mit einer Kulturrevolution im Westen: nämlich auf den Erfolg der oberen Mittelklasse, des neuen tertiären wohlhabenden Bürgerstands, mit seiner liberal-radikalen Ideologie individualistischer, rationalistischer und hedonistischer Prägung.

Zu viele Theologen, so Ratzinger, hätten sich angeeignet, ihren Ausgangspunkt nicht in der Kirche und ihren Glaubenslehren zu nehmen, sondern in den „Zeichen der Zeit" der Welt. Es werde schwierig, wenn nicht ganz unmöglich, die katholische Morallehre als vernünftig darzustellen. Sie sei zu weit von dem entfernt, was für offensichtlich gehalten werde, für normal von der Mehrheit der Menschen; dieses Normale wiederum sei durch die vorherrschende Kultur bedingt, der sich nicht wenige „katholische" Moralisten als einflußreiche Verfechter angeschlossen hätten. In einem Interview von 1996 kam Ratzinger wieder auf dasselbe Thema zu sprechen: Man solle den Mut aufbringen, sich gegen das zu erheben, was für einen Menschen am Ende des 20. Jahrhunderts als „normal" erachtet werde, und den Glauben in seiner Schlichtheit wiederentdecken, sagte er.

Mag seine Analyse heute auch etwas genauer sein, die grundlegenden Vorstellungen über die Unverträglichkeit von Kirche und Kultur waren bereits zur Zeit der Beendigung des II. Vaticanums vollständig vorhanden. Sie stellen sich uns am anschaulichsten in seinen Reaktionen auf die letzte große Ausführung des Konzils dar, den Abschnitt die „Pastoralkonstitution über die Kirche in der modernen Welt" von *Gaudium et spes*.

Obwohl *Gaudium et spes* denselben umfassenden Prozeß von Kommentar und redaktioneller Durchsicht durchlief wie alle anderen Dokumente des Konzils, spiegelt es doch einen deutlich französischen Geist wider. Dieses Dokument war in vielerlei Hinsicht das gedankliche Kind von Kardinal Leon Suenens aus Belgien und trägt starke Züge des Denkens von Jean Daniélou und Yves Congar. Indirekt erinnert es an Teilhard de Chardin, den französischen Jesuiten, Philosophen und Paläontologen, der vertrat, daß die Evolution die Entfaltung der Transzendenz Gottes im Verlauf der Zeit sei. Das „Französische" des Dokuments kam vor allem in seinem optimistischen Tonfall und seiner Bereitschaft zum Ausdruck, „die Zeichen der Zeit" als einen Wink des göttlichen Plans zu deuten. Daneben war *Gaudium et spes* das einzige Dokument des Konzils, das in einer Landessprache – in Französisch – verfaßt und verbreitet wurde, um dann ins Lateinische übersetzt zu werden.

Die vorherrschende französische Färbung des Texts ließ Ratzinger kalt. Tatsächlich sprach Frings erstaunlich negativ über *Gaudium et spes* und brachte viele der Sorgen zu Gehör, die auch Ratzinger plagten. Er führte an, daß die im Dokument vermittelte Bedeutung der Vorstellung von der Kirche als „Volk Gottes“ unklar sei (was mit an Sicherheit grenzender Wahrscheinlichkeit Ratzingers Doktorarbeit zum „Volk Gottes“ bei Augustinus entnommen wurde). Frings bestand auch darauf, daß das, was *Gaudium et spes* mit „die Welt“ meine, ungenau sei. Er sagte, der „gesamte Rahmen“ des Dokuments gehe in die falsche Richtung und daß die Probleme nicht in einem Wort oder einem Satz gefaßt werden könnten. Diese Position setzte sich nicht durch, stellt aber einen glaubwürdigen Indikator für Ratzingers Haltung dar.

Ratzingers eigene Anschauungen zu *Gaudium et spes* sind im Detail in seinem Artikel für den Vorgrimler-Kommentar dargestellt. Es ist diese eine Stelle, an der der Ratzinger des Konzils als vertraute Gestalt erscheint, als Denker in grundlegendem Zusammenhang mit der späteren Ausrichtung seiner Laufbahn. Kein anderer einzelner Text enthüllt die innersten theologischen Überzeugungen besser, denen Ratzinger treu geblieben ist.

Über den metaphorischen Gebrauch des Dokuments von „Volk Gottes“ für die Kirche schreibt er beispielsweise, daß diese Art, über die Kirche zu sprechen, keine geringe Gefahr berge, einmal mehr in eine rein soziologische und gar ideologische Sichtweise der Kirche zu verfallen, und zwar dadurch, daß die wesentlichen Einsichten der Konstitution zur Liturgie und der Konstitution zur Kirche nicht zur Kenntnis genommen würden, und durch eine übermäßige Vereinfachung, eine Veräußerlichung und Reduzierung eines Begriffs auf ein Schlagwort, der seine Bedeutung nur bewahren könne, wenn er in einem wirklich theologischen Zusammenhang verwandt werde.

Ratzinger sagte, daß es vielen Leuten erscheine, vor allem Theologen aus deutschsprachigen Ländern, daß es nicht zu einer ausreichend radikalen Ablehnung einer Lehre vom Menschen gekommen sei, die zwischen Philosophie und Theologie trenne. Hier spiegelt sich auch sein früherer Vorzug des Augustinus gegenüber Thomas von Aquin wider. Da der menschliche Verstand unfähig ist, die Wahrheit ohne göttliche Erleuchtung zu erfassen, ist „Philosophie“ dann, im Sinne einer menschlichen Anstrengung, die Natur ohne Bezug auf den Glauben zu verstehen, unnütz.

Ratzinger identifizierte sich mit den Kritikern von *Gaudium et spes*, die vertraten, daß das Dokument den eigentlichen Zweck von Offenbarung in Frage stellte. Der Text, schrieb er, werfe, wie er sich selbst darstelle, die Frage auf, warum genau das vernünftige und vollkommen freie menschliche Geschöpf, wie es in den ersten Abschnitten beschrieben werde, auf einmal mit der Geschichte Christi belastet werde. Letzteres, fuhr er fort, könne gut als eine reichlich unverständliche Beifügung zu einem Bild erscheinen, das für sich genommen schon ziemlich klar gewesen sei. Ratzinger distanzierte sich von den Worten des Dokuments über das menschliche Geschöpf als Abbild Gottes und führte an, daß strenggenommen die menschliche Person erst durch Christus das Abbild Gottes sei und sich dies somit eher auf eine künftige Verheißung beziehe als auf eine wesentliche Gabe.

Die „französische“ Färbung von *Gaudium et spes* mißfiel ihm, und er schrieb, daß die grundsätzlich optimistische Atmosphäre, die dem Konzil durch diese Bejahung der Gegenwart zuteil geworden sei, sich in den Autoren des Entwurfs mit einer Weltsicht verknüpft haben müsse, die eher der von Teilhard de Chardin nahestehe, obwohl Bemühungen unternommen worden seien, um gerade Teilhardsche Ideen aus dem Text des Konzils auszunehmen. Schließlich stehe man vor der Tatsache, so Ratzinger, daß die starke von Luther stammende Betonung des Themas der Sünde den hauptsächlich französischen Autoren des Schemas fremd gewesen sei, deren theologische Voraussetzungen ganz anders gelegen hätten. Ihr Denken sei wahrscheinlich, mutmaßt er, einer theologischen Haltung entsprungen, die in ihrer Tendenz thomistisch gewesen sei, wie auch beeinflußt durch die griechischen Väter.

Ratzinger fährt mit Teilhards berühmter Spitze seinen Kritikern gegenüber fort, diese seien alle vom Bösen hypnotisiert, womit er andeutet, daß das etwas vom Geist von *Gaudium et spes* einfängt. Er weist auch darauf hin, daß die Christologie in *Gaudium et spes* sich zu stark auf die Inkarnation und auf Ostern stütze und nicht genug auf die Passion.

Im selben Kommentar klagt Ratzinger das Dokument an, in eine regelrecht pelagianische Terminologie zu verfallen. (Pelagius war ein früher christlicher Theologe, der später zum Häretiker erklärt wurde und glaubte, daß die eigene Erlösung nicht vorherbestimmt oder eine Angelegenheit der reinen göttlichen Gnade sei, sondern daß sie durch gute Werke und ein rechtes Leben „verdient“ werden könne.) Er legt auch nahe, daß der Text sich für eine ernsthafte Fehlinterpretation offenhalte. Man könne sich dem Eindruck nicht entziehen, schrieb Ratzinger, daß der theologisch ganz zu rechtfertigende Willen zum Optimismus, der den gesamten Text bestimme, mißinterpretiert worden sei und zu mildernden Formeln geführt habe, denen er nicht notwendigerweise überhaupt hätte Auftrieb zu geben brauchen.

In seinem eigenen Kommentar zur vierten Sitzung des Konzils von 1966, veröffentlicht als *Die letzte Sitzungsperiode des Konzils*, spricht Ratzinger sogar noch schärfer über *Gaudium et spes*. Seine Verfasser hätten, so schrieb er, unglücklicherweise nur die Behauptungen aus den schützenden Mauern des theologischen Fakultätsgebäudes geschleppt, die die Theologie irgendwie mit jeder wie auch immer gearteten geistig-ethischen Darstellung des Menschen teile. Das, was der Theologie hingegen eigen sei, nämlich die Predigt über Christus und sein Werk, bleibe, so schreibt er, begrifflich im Tiefgefrorenen, und so werde zugelassen, daß es im Gegensatz zum verständlichen Teil sogar noch unklarer und altmodischer erscheine.

In einer Rückschau auf das II. Vaticanum Mitte der siebziger Jahre wendet sich Ratzinger gegen die tendenzielle Annahme, daß *Gaudium et spes* die krönende Errungenschaft des Konzils sei und daher die Basis für die Interpretation von allem, was es sonst festgehalten habe. Statt dessen fragt er, ob es nicht angemessener sein könnte, es als einen provisorischen Versuch anzusehen, die Vision des Glaubens, wie sie aus den drei dogmatischen Konstitutionen zur Liturgie, zur Kirche und zur göttlichen Offenbarung erkennbar sei, auf eine spezielle historische Situation anzuwenden. Für jeden, der nach einem Anhaltspunkt suchte, welche Art von Prälat Joseph Ratzinger sein würde, hier war er.[26]

WAS IST PASSIERT?

Heute behauptet Ratzinger, er halte sich getreu an den Buchstaben der sechzehn Dokumente des II. Vaticanums, während er den liberalisierenden Geist, den viele daraus abzuleiten beanspruchen, zurückweist, aber es hängt mehr daran als das. Dokumente, die so lange, so komplex und so offensichtlich das Ergebnis eines Kompromisses sind wie die des II. Vaticanums öffnen sich vielen verschiedenen Deutungen. Es wird dann nicht reichen, einfach zu erklären, daß man „den Dokumenten treu" sei; es stellt sich auch die Frage nach Ratzingers Einstellung, seinen instinktiven Gefühlen und wie diese zur Formung dessen beitragen, was ihm die Dokumente bedeuten.

Am Ende des II. Vaticanums schien Ratzinger zwei das Konzil betreffende instinktive Gefühle in sich zu tragen, die in Spannung miteinander standen: (1) eine starke Empfindung für die Notwendigkeit einer strukturellen Reform innerhalb der Kirche, die zu einer größeren Toleranz der Vielheit und den verschiedenen Ideenschulen gegenüber führen sollte; und (2) eine Unruhe, daß die übermäßig optimistische Umarmung der „Welt" durch das Konzil es einigermaßen blind für die Realität der Sünde gemacht hatte. In den Jahren nach dem Konzil wurde der pessimistische Unterton von Ratzingers Kommentaren zu *Gaudium et spes* zum Leitmotiv für sein Verständnis des II. Vaticanums. Er kam dahin, *Lumen gentium* nicht mehr als Freibrief für eine progressive Reform zu lesen, wie er es noch zur Zeit, da es angenommen wurde, getan hatte, sondern eher als stabilisierendes Gegenmittel gegen die kirchliche „Lawine", die von *Gaudium et spes* losgetreten worden war. Die Frage lautet also: Was ist passiert? Sicher kann niemand in Ratzingers Seele blicken und die Antwort ablesen, aber der Hinweis ist angemessen, daß dabei mindestens vier Faktoren eine Rolle gespielt haben.

Die Unruhen von 1968

1968 war ein stürmisches Jahr. In den Vereinigten Staaten besetzten Studenten Gebäude der Columbia-Universität, während Protestierende und Polizei in den Straßen Chicagos aufeinander einprügelten; in Prag endete die kurze Blüte des Widerstands gegen die Kommunisten damit, daß Panzer durch die Straßen der Stadt ratterten; und in Westeuropa ergoß sich eine Welle von linksgerichteten Studentenunruhen über den Kontinent.

Als sich dieses ganze Chaos verbreitete, lehrte Ratzinger in Tübingen. Die Feierlichkeiten zum 150. Jahrestag der Eröffnung der Katholisch-Theologischen Fakultät in Tübingen 1967 waren für ihn so etwas wie ein Höhepunkt in der nachkonziliaren Zeit. Er sagt, daß fast unmittelbar danach der Marxismus das vorherrschende Denksystem in Tübingen geworden sei und Anhänger anderer Standpunkte im Gefühl der „Kleinbürgerlichkeit" zurückgelassen habe. Was Ratzinger jedoch regelrecht schockierte, war, daß die theologischen Fakultäten in Tübingen zum „eigentlichen ideologischen Zentrum" der auf den Marxismus ausgerichteten Bewegung wurden. 1997 schrieb er über die blasphemische Art, in der das Kreuz nun als Zeichen von Sadomasochismus verschmäht wurde, und über die Heuchelei, mit der sich einige noch selbst als Gläubige ausgaben, als es nützlich war, um die Mittel nicht aufs Spiel zu setzen, die ihren eigenen Privatzwecken dienen sollten: Alldem, so meinte er, könnte und sollte kein harmloser Anstrich verliehen werden, noch könnte oder sollte es als nur ein akademischer Streit mehr betrachtet werden.

In *Salz der Erde* fügte Ratzinger seinen Eindrücken dieser Zeit hinzu: „Statt dessen geschah eine Instrumentalisierung durch Ideologien, die auch tyrannisch, brutal und grausam waren. Mir war von daher klar geworden, daß man, gerade wenn man den Willen des Konzils durchhalten will, sich gegen dessen Mißbrauch zur Wehr setzen muß."[27]

Ein Ereignis blieb ihm im besonderen als Symbol für die Ausschweifungen jener Zeit haften. Die Protestantische Studentenvereinigung verteilte ein Flugblatt auf dem Campus, das die provokative Frage stellte: Was also ist das Kreuz Jesu anderes als der Ausdruck einer sadomasochistischen Verherrlichung von Schmerz? Das Flugblatt erklärte auch, daß das Neue Testament ein Dokument der Unmenschlichkeit sei, eine großangelegte Täuschung der Massen. Ratzinger sagte, daß er und ein weiterer Professor sich bei den Studenten dafür verwendet hätten, das Flugblatt zurückzuziehen, aber vergeblich. Sein evangelischer Kollege hatte die Studenten gedrängt, der Ruf „Verflucht sei Jesus" dürfe nie wieder aus ihrer Mitte gehört werden, doch sie blieben ungerührt.

Während des Aufruhrs in Tübingen hatte Ratzinger einen häßlichen persönlichen Zusammenstoß entweder mit Studenten oder mit graduierten Mitarbeitern, je nachdem, wie man die Ereignisse rekonstruiert. Das wird im nächsten Kapitel mehr in die Tiefe gehend untersucht werden, aber es trug zweifellos zu seiner Besorgnis über die in der Kultur freigesetzten Kräfte bei. Ratzinger weist darauf hin, daß er aus dieser Erfahrung gelernt habe, daß die Art von Liberalisierung, die er auf dem II. Vaticanum innerhalb der Kirche unterstützt habe, ins Chaos führe, denn jedes Gefühl dafür, was an der Kirche charakteristisch christlich sei, sei verlorengegangen: Alles, worum man sich bezüglich des Konzils zu kümmern schien, war *Gaudium et spes* und die „Zeichen der Zeit". Um dem gesamten Konzil gerecht zu werden, fühlte Ratzinger, daß er einen konservativeren Kurs einschlagen mußte. „Wer hier Progressist bleiben wollte, mußte seinen Charakter verkaufen", sagte er.[28]

Auch die Chronologie stützt diese Schlußfolgerung. Ende 1968 war Ratzinger immer noch progressiv genug, die Erklärung von Nijmegen zu unterzeichnen, die durchgreifende Reformen im Heiligen Offizium forderte, die so entworfen waren, einen weit größeren Rahmen der freien theologischen Untersuchung zuzulassen. Im Jahr 1969 aber ging er von Tübingen nach Regensburg – eine neue Universität war in dieser bayerischen Stadt gerade eröffnet worden, was Ratzinger eine Gelegenheit gab, buchstäblich „aufzubrechen" –, und die Dinge begannen sich anders darzustellen.

In einem Vortrag, den Ratzinger 1971 an der bayerischen katholischen Akademie in München hielt, widmete er sich dem Thema „Warum ich noch in der Kirche bin". Er fragte seine Zuhörerschaft, wie es möglich gewesen sei, daß in eben dem Augenblick, in dem das Konzil scheinbar den reifen Ertrag des Erwachens aus den vorhergehenden Jahrzehnten geerntet hätte, es anstelle dieses erfüllenden Reichtums eine beängstigende Leere hervorgebracht habe, wie es dazu kommen könne, daß dieser Zerfall aus solch einem vielversprechenden Beginn resultiere. Ratzinger fuhr fort zu argumentieren, daß die Enthusiasten des Konzils über ihre Leidenschaft für Reformen ihre Wahrnehmung für die „ganzen Kirche" verloren hätten; sie hätten über ihre Stadt den Staat aus den Augen verloren, über die Bäume den Wald.

Das Jahr 1971 markierte in gewissem Sinne das „Coming-out" des konservativeren Joseph Ratzinger. Im selben Jahr begann er als Berater für die deutschen Bischöfe in deren zehnjähriger Untersuchung im Fall Hans Küng tätig zu werden. Bis 1972 hatte er Balthasar, de Lubac und andere vom progressiven Zirkel des Konzils Abgefallene gewonnen, um mit ihnen *Communio* zu verbreiten, ihr Konkurrenzblatt zu *Concilium.* Von diesem Punkt an war Ratzingers Bahn für den Rest seiner Karriere festgesetzt.

Wahrnehmungen des Niedergangs

Es gibt kaum eine Debatte darüber, daß die Jahre seit dem II. Vaticanum für die katholische Kirche in vielen Teilen der Welt sehr hart waren, zumindest an den traditionellen Indikatoren gemessen: Gottesdienstbesuch, Berufungen zur Priesterschaft, Berufungen zum Ordensleben und Festhalten an der Lehre der Kirche. Viele besorgte Katholiken verbinden diesen Niedergang gewöhnlich mit dem II. Vaticanum, einfach weil er größtenteils kurz nach Abschluß des Konzils einsetzte. Diese Wahrnehmung, daß das II. Vaticanum „die Kirche verwundet hat“, hat auch in Ratzingers Abwendung vom progressiven Lager eine Rolle gespielt.

In den zwanzig Jahren vom Ende des II. Vaticanums bis zur Bischofssynode von 1985 fiel die Zahl römisch-katholischer Priester weltweit um 28.000, die Zahl der Nonnen um 114.000. Die Tendenzen in Amerika spiegeln allgemein die weltweite Situation wider. 1950 gab es 28 Millionen Katholiken und 147.000 Schwestern, das heißt, eine Schwester kam auf je 190 Katholiken. Entwürfe für das Jahr 2000 sahen 62 Millionen Katholiken und annähernd 80.000 Schwestern vor, also eine Schwester auf je 750 Katholiken. Der zahlenmäßige Höhepunkt von ins Ordensleben berufenen Frauen wurde in den Vereinigten Staaten mit 179.954 Schwestern 1965 erreicht. Was Priester betrifft, verfügte die amerikanische katholische Kirche 1975 über 59.000 und 1999 im ganzen über 48.000, um einer katholischen Bevölkerung zu dienen, die durch spanischsprachige Immigranten um das Zwölffache gestiegen war. Im Jahr 2000 lag die Zahl der Gemeinden ohne ortsansässigen Priester bei 2.393, ausgehend von 549 im Jahre 1965, und da sich das Durchschnittsalter von Priestern schleichend, aber stetig nach oben bewegt, wird diese Zahl nur um so sicherer steigen, wenn sich die Bischöfe nicht entscheiden, genügend Gemeinden zu schließen oder zu konsolidieren, um das Verhältnis konstant zu halten. Ende der neunziger Jahre gab es Anzeichen dafür, daß die Zahlen neu in die Priesterschaft Eingetretener steigen könnten, aber nirgendwo annähernd in der Größenordnung, die für den Ersatz jener notwendig wäre, die in den kommenden Jahren aus dem Amt scheiden.

Die Zahlen sind ähnlich für Mitglieder der religiösen Orden der Kirche, etwa der Jesuiten, Dominikaner und Franziskaner. In den achtziger Jahren machte der Witz die Runde, daß ein Haus der Jesuiten irgendwo in Europa über der Tür ein Schild angebracht hätte: „Würde der letzte, der den Orden verläßt, bitte daran denken, das Licht auszuschalten?“ Diese Art von Galgenhumor trägt kaum dazu bei, jemanden wie Ratzinger zu beruhigen. 1984 vertrat er tatsächlich, daß der Niedergang innerhalb der Orden am stärksten gewesen sei, die unter den Vorkämpfern kirchlicher Reformanstrengungen an vorderster Front gestanden hätten: Es seien oft die traditionell am stärksten „ausgebildeten“, die intellektuell am besten gerüsteten Orden gewesen, die die schwesten Krisen durchlaufen hätten, sagte Ratzinger.

Auch der Gottesdienstbesuch hat einen Schlag hinnehmen müssen. Umfragen zeigten, daß 1958 der gewaltige Anteil von achtundsiebzig Prozent der Katholiken mindestens von sich behauptete, wöchentlich die Messe zu besuchen. In den späten neunziger Jahren schwankte die Zahl um die fünfunddreißig Prozent, und die meisten Fachleute glauben, daß die Anteile für den Gottesdienstbesuch zu hoch angesetzt sind; die wirkliche Zahl liegt wahrscheinlich bei etwa fünfundzwanzig Prozent. Das ist erheblich höher als in Europa, wo der Anteil in manchen Ländern in den einstelligen Zahlenbereich sinkt, und es ist höher als im Falle der amerikanischen protestantischen Hauptströmungen im ganzen, und doch ist es ein dramatischer Abfall. In Lateinamerika soll der wöchentliche Besuch der Messe in Gebieten auf nur zehn Prozent zurückgehen, die unter einer schweren Priesterknappheit leiden.

Ratzinger wies 1996 sarkastisch darauf hin, daß der Priestermangel, gemessen am jähen Rückgang von Katholiken, die tatsächlich ihren Glauben ausübten, nicht so schlimm sein dürfte, wie es scheine. Wenn man verhältnismäßig auf die Zahl von Kindern und die Zahl derjenigen blicke, die gläubige Kirchgänger seien, dann habe die Zahl der Berufungen ins Priesteramt wahrscheinlich überhaupt nicht abgenommen, sagte er.

Umfragen legen auch nahe, daß sich die Begeisterung für ihren Glauben unter vielen Katholiken verringert hat. 1952 gaben dreiundachtzig Prozent der Katholiken zu Protokoll, daß Religion „sehr wichtig" in ihrem Leben sei; bis 1998 wollten dem nur noch vierundfünfzig Prozent zustimmen. Gleichfalls zeigen Umfragen eine solide Mehrheit von Katholiken, zumindest in den Industriestaaten, die die päpstliche Lehre in vielen Fragen ablehnen: Empfängnisverhütung, Priesterheirat, Ordination von Frauen und Homosexualität.

Alles in allem ist das genug, um jeden ernsthaften Katholiken zusammenzucken zu lassen. Man kann diese Daten natürlich auf viele verschiedene Arten interpretieren. Der amerikanische Soziologe und Schriftsteller Pater Andrew Greeley vertritt, daß der Niedergang größtenteils nicht nach dem II. Vaticanum einsetzte, sondern nach der 1968 von Paul VI. erlassenen Enzyklika *Humanae vitae*, die das päpstliche Verbot der Empfängnisverhütung erneut bestätigte und viele auf Veränderung hoffende Katholiken bitter enttäuschte. Greeley sagt tatsächlich, daß die Ausblutung viel schlimmer gewesen wäre, wenn nicht der Optimismus und die Neubelebung gewesen wären, die das Konzil erzeugt hatte.

Andere argumentieren, daß der Rückgang unter Priestern und Schwestern durch einen Anstieg an Laienverantwortlichen in der Kirche ausgeglichen worden sei. Gegenwärtig gibt es 30.000 beruflich als Laien Dienende in der amerikanischen katholischen Kirche, bei weiteren 20.000 in der Ausbildung, die Aufgaben durchführen, die noch vor einer Generation ausschließlich dem Klerus vorbehalten waren, vom Unterrichten des Katechismus bis zur Abzeichnung von Schecks. Darüber hinaus gibt es Millionen von Laien, die dazu beitragen, die Kirche in Gang zu halten, ohne eine Gehaltszahlung zu beziehen. Es handelt sich dabei um Ministranden, um Mitglieder eines Pfarrgemeinderats oder ehrenamtliche Katecheten. Dieses ganze neue Leben ist genau das, was das Konzil beabsichtigte, würden viele vertreten, und es ist das, nicht so sehr die schmerzlichen Verluste in der religiösen Berufung, worauf sich unser Brennpunkt richten sollte.

Für jeden, dessen Aufgabe damit zu tun hat, sich um die institutionelle Gesundheit des Katholizismus zu sorgen, könnte es unverantwortlich sein, in diesen Zeiten keine Krise wahrzunehmen; ob die Krise aber in der Art und Weise begründet liegt, in der das II. Vaticanum von der Kirche aufgenommen wurde, wie Ratzinger jetzt zu denken scheint, oder ob das eigentliche Problem in der sich verbreiternden Kluft zwischen der Erwartung des II. Vaticanums und der alltäglichen kirchlichen Wirklichkeit zu finden ist, ist eine andere Frage.

Die Pathologie des Glaubens

Ein ganz offensichtlicher Punkt, der in der Betrachtung Ratzingers oft übersehen wird, ist das Wesen seiner Aufgabe. In derselben Weise, in der Ärzte überall Gesundheitsrisiken erkennen, Rechtsanwälte mögliche Delikte und Polizeibeamte kriminelle Betätigungen, nimmt Ratzinger zum Teil deswegen hinter jeder Ecke lauernde Häresien wahr, weil es das ist, wofür er bezahlt wird. Jemand hat das einmal dadurch ausgedrückt, daß er sagte, die Funktion des Heiligen Offiziums sei es, sich mit der „Pathologie des Glaubens" zu befassen, das heißt mit dem katholischen Glauben in seiner größten Entstellung. Ratzinger wird von der großen Mehrheit katholischer Gemeinden in der Welt nur etwas hören, wenn dort ein Problem besteht, wird die Veröffentlichungen der meisten katholischen Theologen nur lesen, um darin die schwächsten oder verwirrtesten Punkte zu überprüfen, wird die Akten der meisten Priester nur dann untersuchen, wenn sie etwas Undurchsichtiges getan oder gesagt haben. Wenn das alles ist, was man sieht, könnte man erklärlicherweise schließen, daß das alles ist, was da ist. Wie das Sprichwort sagt: „Wenn alles, was man hat, ein Hammer ist, sieht früher oder später alles andere aus wie ein Nagel."

Es muß hinzugefügt werden, daß bei weitem der Großteil von Ratzingers Post von gekränkten Katholiken stammt, die eine Beschwerde auf dem Herzen haben. Einfach durch den Prozeß der Selbstauslese sind die Katholiken, die am wahrscheinlichsten an den Vatikan schreiben, konservativ, so daß sich Ratzinger ein Bild der lokalen Kirchen vermittelt, das sich nach rechts neigt. Wir müssen nicht darüber spekulieren, ob Katholiken des rechten Flügels versuchen, Ratzinger durch ihre Post zu beeinflussen. Ein ungewöhnlich öffentliches und gut dokumentiertes Beispiel dafür zeigte sich 1999 in Australien. Dort entzündete sich ein Streit über den sogenannten Dritten Ritus der Beichte, in dem der Priester bevorzugt einer Gruppe die Absolution erteilt anstatt einem einzelnen. Obwohl der Ritus für Fälle „ernsthafter Notwendigkeit" vorbehalten sein soll, ist er seit dem II. Vaticanum in Australien in weitverbreiteten Gebrauch gekommen. Viele Menschen empfanden, er fasse die soziale Dimension von Sünde und Vergebung besser. Auf einer praktischen Ebene berichteten viele Priester, daß die Leute ihn mochten und in die Kirche kamen, um ihn mitzumachen, vor allem in der Advents- und Fastenzeit, wenn Katholiken sich traditionellerweise dazu angehalten sehen, die Beichte abzulegen.

Eine Gruppierung mit dem Namen Australien Catholics Advocacy Centre unter Führung von Paul Brazier, einem Anwalt aus Sydney, sah die Eingliederung des Dritten Ritus aber nicht gern. Viele Australier behaupten, daß Brazier lediglich die Gesinnung von einem verschwindenden Prozentsatz der gesamten katholischen Bevölkerung des Landes repräsentiere. Doch war es ihm möglich, eine kleine Gruppe von Beobachtern zu mobilisieren, die sich zur Fastenzeit 1999 auf Gemeinden verteilten und detaillierte fünfseitige „Zeugenformulare" darüber ausfüllten, was genau während der Bußgottesdienste vor sich ging. Wenn sie Anzeichen irgendeiner Mißachtung erfaßten, pflegten die Zeugen dann darauf einen förmlichen rechtskräftigen Eid abzulegen. Brazier sammelte all diese „Beweise", stellte sie in Dossiers zusammen und schickte sie nach Rom. Obwohl er nicht sagen möchte, an wen genau er sie richtete, scheint es klar, daß Ratzinger Kopien davon erhielt, ebenso wie Kardinal Jorge Medina Estévez, der die Kongregation für die Sakramente betreibt.

Der Aufwand machte sich bezahlt, als nur wenige Wochen nachdem die Dossiers auf den Schreibtischen in Rom gelandet waren, der Vatikan ein Dokument erließ, das das Verbot des Dritten Ritus wiederholte und Priester, die ihn abhielten, vor „angemessenen Bestrafungen" warnte. In Australien wurde dies als ein großer Erfolg für Brazier und seine Gruppe gewertet. Selbst der Kardinal von Sydney, Edward Clancy, mußte zugestehen, daß sich die Sache zu einem „Sieg" für Brazier entwickelt habe. Clancy beklagte, daß Rom lieber auf eine handvoll Unzufriedener vom rechten Flügel gehört hätte als auf des Landes eigene Bischöfe – ein offenbar wunder Punkt für Prälaten überall auf der Welt.

Die Sache ist die, daß es sich um diese Art von Post handelt, die Ratzinger jeden Tag erhält. Man fängt an zu begreifen, wie Ratzinger so überzeugt davon sein kann, daß Abweichungen des linken Flügels in der ganzen katholischen Welt zur Auflösung führen. Dieser Faktor ist nicht für Ratzingers Rechtsschwenkung verantwortlich, bevor er nach Rom kam, ist aber eine Erklärungshilfe, warum sich jene instinktiven Gefühle in seinen zwanzig Jahren an der Macht zu festen Überzeugungen verhärtet haben.

Macht

Als Ratzinger eine zunehmend konservative Haltung annahm, wurde er mit besseren Zugangsmöglichkeiten zu Macht und Privilegien belohnt, was 1977 in seiner Berufung zum Erzbischof von München kulminierte. Ratzingers verwandelte Haltung lag sicherlich mit der Richtung auf einer Linie, in die der politische Wind auf der deutschen Bischofskonferenz der siebziger Jahre wehte, als der unerschütterlich konservative Kardinal Joseph Höffner von Köln den gemäßigten, aber betagten Kardinal Julius Döpfner von München in den Schatten stellte. Es ist auch unbestreitbar, daß nach seiner Berufung nach Rom Ratzingers revidierte Positionen zur Gemeinschaftlichkeit, zum theologischen Status von Bischofskoferenzen, zur Rolle der Glaubenskongregation und zur Entwicklung in der Tradition allesamt seine Karriere stützten.

Jede Machtstruktur hat eine Ideologie, und diejenigen, die mit der Erhaltung des Systems beauftragt sind, werden deswegen ausgewählt, weil ihre Erfahrungen und Einstellungen mit dieser Ideologie übereinstimmen. Man kann nicht sagen, daß Ratzinger bewußt seine Anschauungen modifizierte, um Macht zu gewinnen oder zu vergrößern. Es gibt beispielsweise kein Anzeichen dafür, daß er 1970 voraussehen konnte, daß er innerhalb von acht Jahren ein Kardinal der Kirche sein würde. Aber niemand ist sich völlig all der Motive und Kräfte bewußt, die die eigenen Entscheidungen formen, und sicherlich ist Ratzinger – wie jeder innerhalb der katholischen Hierarchie – nicht von Einstellungen frei, die mit höherer Wahrscheinlichkeit die eigene Karriere fördern. Das soll ihn nicht der Unaufrichtigkeit bezichtigen, sondern eher zu der Beobachtung führen, daß das System ihm Anreize bot, um sich weiter und schneller auf dem Weg zu bewegen, den er gewählt hatte.

Noch ein letztes Wort zu Ratzinger und dem II. Vaticanum. Wir haben gesehen, wie zum Ende des Konzils hin sein Unbehagen bezüglich einiger der zugrundeliegenden Vorgaben wuchs, eine Tendenz, die vor allem in seinem Kommentar zu *Gaudium et spes* offensichtlich wird. 1965 konnte noch niemand geahnt haben, wohin ihn dieses Unbehagen führen würde. *The Rhine Flows into the Tiber* jedoch, Pater Ralph M. Wiltgens hervorragende Geschichte des II. Vaticanums, enthält auf der vorletzten Seite eine Zeile, die einer Vorahnung späterer Geschehnisse nahekommt. Wiltgen schreibt:

> Pater Ratzinger, der persönliche Theologe von Kardinal Frings und frühere Student von Pater Rahner, hatte während des Konzils den Anschauungen seines früheren Lehrers anscheinend eine fast fraglose Unterstützung zuteil werden lassen. Als sich aber das Ende abzeichnete, räumte er ein, daß er mit verschiedenen Punkten nicht übereinstimme, und sagte, daß er nach Abschluß des Konzils damit beginnen würde, sich selbst ausführlicher zu erklären.[29]

Vorausschauendere Worte sind selten geschrieben worden.

2 ALLE WEGE FÜHREN NACH ROM

Als das II. Vaticanum am 8. Dezember 1965 zu seinem Ende kam, legten zwei Künstler aus Rom letzte Hand an ein Werk des *aggiornamento* ihrer eigenen Art. Ettore De Concilis und Rosso Falciano waren beauftragt worden, das Innere einer neuen römischen Kirche zu gestalten, die dem heiligen Franziskus von Assisi geweiht war. Im Geiste der „Zeichen der Zeit" schmückten die beiden die neue Kirche mit Bildern von Johannes XXIII., Fidel Castro, dem sowjetischen Ministerratsvorsitzenden Alexei Kossygin, Mao Tse-Tung, Bertrand Russell, Giorgio La Pira, dem Führer der Italienischen Kommunistischen Partei Palmiro Togliatti, Sophia Loren und Jacqueline Kennedy.

Diese Art von schriller Szenerie aus den sechziger Jahren mag heute seltsam wirken, wie der Soundtrack von *Hair* ferne Erinnerungen an einen einfältigen, naiven und doch überschwenglichen Augenblick der Kulturgeschichte wachruft. Für viele Kirchenführer aber war der im Inneren dieser neuen römischen Kirche dargestellte Synkretismus eher alarmierend als erheiternd. In den Jahren nach dem Konzil schien es vielen möglich, daß die Charakteristik des Katholizismus sich zu verflüchtigen drohte, daß die Vorkämpfer in der Kirche kaum mehr taten, als den Radikalismus der Mittsechziger mit Weihwasser zu besprenkeln. Aus dem offenen Fenster von Papst Johannes hinaus, so schien es einigen, wurde das Kind mit dem Bade ausgeschüttet.

In der Rückschau ist es leicht zu erkennen, daß Gestalten wie Joseph Ratzinger diese Schlußfolgerung gezogen haben könnten. In theologischen Kreisen waren die späten sechziger Jahre die Ära der „Gott ist tot"-Theologie, verfochten von solchen Personen wie Paul van Buren, der vertrat, daß ein transzendenter Gott in der modernen Kultur keinen Sinn ergäbe. Das Christentum sollte sich selbst repräsentieren, schloß van Buren, als ethischer Kodex, basierend auf dem historischen Menschen Jesus von Nazareth und nicht auf einem übernatürlichen „Christus". Der Harvard-Theologe Harvey Cox vertrat im 1965 erschienenen Buch *The Secular City* unter großem kritischem Applaus, daß die organisierte Religion auf ihren Untergang zusteuere. Die moderne Kultur selbst, sagte Cox, habe ihre Funktion als Träger der größten Hoffnungen und Träume der Menschheit übernommen.

In der katholischen Kirche schien der Geist des *aggiornamento* die Vorstellung zu bekräftigen, daß Gott mindestens genauso wahrscheinlich „außen" in der Politik, in der Kunst und im modernen Leben gefunden werden könne wie „innen", innerhalb der Kirche. Eine Kirche, die sich zuvor als Festung präsentiert hatte, wurde plötzlich zu einem Sieb; alles aus der Kultur schien hindurchzugelangen. Der britische Theologe Adrian Hastings faßte 1991 diese Stimmung zusammen, als er über Ratzinger schrieb: „Sein Weg zurück zum Traditionalismus konnte als einzige Möglichkeit erscheinen, einem theologischen Zerfall zu entkommen, der nicht nur das I. Vaticanum, sondern genauso Chalkedon und Nicaea bedrohte."

Der Ernst dieser Bedrohung wurde in jenen aufwühlenden Tagen des Sommers 1968 lebhaft deutlich, als auf den Straßen und Campus Europas Blut floß. Ratzingers zuvor geordnete und in sich geschlossene akademische Welt in Tübingen blieb vom Aufruhr der Zeiten nicht verschont, und in jenen Tagen sah er sich unmittelbar dem gegenüber, was er später nur als „Terror" beschreiben konnte.

Ein Sturm der Entrüstung erhob sich tosend über der Kirche, als Paul VI. am 25. Juli 1968 die Enzyklika *Humanae vitae* erließ. Der für *Humanae vitae* gewählte Zeitpunkt stellte sicher, daß die katholische Kirche der allgemeinen gegen das Establishment gerichteten Stimmung, die sich über die westliche Welt verbreitete, einen regulierten Anblick bieten würde. Für Millionen von Katholiken, die das Verbot der Empfängnisverhütung als Relikt eines mittelalterlichen antisexuellen Vorurteils betrachteten, schien Pauls Weigerung, die Lehre zu ändern, einen radikalen Skeptizismus gegenüber jedem Wahrheits- oder Herrschaftsanspruch von seiten der Kirchengewalten zu rechtfertigen.

Ratzinger verließ das II. Vaticanum, schwankend zwischen Optimismus bezüglich einer Neubelebung des inneren Lebens der Kirche und Pessimismus bezüglich des Verhältnisses der Kirche zur Welt, und es scheint klar, in welche Richtung ihn die Windböen der Kultur stießen. Verwurzelt in einer von Augustinus und Bonaventura geprägten Weltsicht, hat Ratzinger immer die kritische Distanz betont, die die Kirche von der Kultur trennen muß. In den fünfziger Jahren, als der Katholizismus im ihm eigenen Bereich sicher von den gefährlicheren Strömungen des modernen Lebens isoliert schien, war dies hauptsächlich eine theoretische Überzeugung. Als Ratzinger während der späten sechziger Jahre aber, inmitten all des Chaos innerhalb und außerhalb der Kirche, die „Öffnung der Welt gegenüber" als scheinbar einzige Vorgabe hervortreten sah, die Katholiken vom Konzil begriffen hatten, wurde sein innerer Warnruf lauter und nachdrücklicher und sein Tonfall zunehmend pessimistisch.

1964 hatte Ratzinger zugestimmt, im Kollegium einer neuen theologischen Zeitschrift mit Namen *Concilium* tätig zu werden, die als Forum einer fortgesetzten theologischen Reflexion in Richtung derjenigen herausgebracht wurde, die die reformistischen Kräfte auf dem II. Vaticanum angeführt hatten. 1972 aber gaben Ratzinger, Henri de Lubac, Hans Urs von Balthasar, Walter Kasper und Karl Lehmann ihrer Ernüchterung Ausdruck, indem sie *Communio*, ein Konkurrenzblatt, verbreiteten. Einige der genannten Theologen werden heute als die geistigen Architekten der katholischen „Restauration“ betrachtet, der Bestrebung, Elemente kirchlichen Lebens und kirchlicher Lehre wieder einzusetzen, die ihrer Empfindung nach im unmittelbar nach dem Konzil stattfindenden Vorstoß in die Modernität vernachlässigt worden waren. *Communio* wurde zum hauptsächlichen Forum für Ratzinger, um der Welt seine theologischen Vorstellungen mitzuteilen. (Lehmann und Kasper schienen in einer merkwürdigen Entwicklung als Diözesanbischöfe wieder zurück zum Zentrum zu schwenken; 1994 beteiligten sich beide an einem Aufruf, die Rückkehr wiederverheirateter Geschiedener zu den Sakramenten zuzulassen, ein Gesuch, das von Ratzinger abgewiesen wurde.)

Es ist ein deutlicher Indikator für die Richtung, in die der Wind in der Kirche unter Johannes Paul II. geblasen hat, daß die Mitglieder des *Communio*-Zirkels belohnt wurden: Ratzinger ist Präfekt der Kongregation für die Glaubenslehre, Kasper wurde 1989 zum Bischof geweiht, Lehmann 1983, und später wurde er wie de Lubac und Balthasar als Kardinal eingesetzt, wobei Letztgenannter wenige Tage, bevor er die rote Kopfbedeckung erhalten sollte, verstarb. Den Vertretern von *Communio* – Rahner, Schillebeeckx, Küng, Metz – wurden keine vergleichbaren Ehren zuteil.

Das alles unterschied sich stark von dem Joseph Ratzinger, der 1962 eine Studie verfaßte, die Theologen dazu aufrief, den „Mut zu leiden“ aufzubringen, um die Mängel anzusprechen, die sie in der Kirche erkannten. Damals schrieb er von der unterwürfigen Gesinnung der Verleumder (die von den wahren Propheten des Alten Testaments als „falsche Propheten“ gebrandmarkt wurden), die kein wahrer Gehorsam sei, derjenigen, die zurückschreckten und sich von jedem Zusammenstoß fernhielten, die vor allem anderen ihre stille Selbstgefälligkeit hochschätzten. Was die Kirche hingegen heute und alle Tage brauche, seien keine Schmeichler, die den Status quo lobpriesen, sondern Männer, deren Demut und Gehorsam nicht geringer sei als ihre Leidenschaft für die Wahrheit: Männer, die sich jedem Mißverständnis stellten und attackierten, während sie Zeugnis ablegten; Männer, die mit einem Wort die Kirche mehr liebten als die Bequemlichkeit und den glatten Verlauf ihres persönlichen Schicksals.

Im selben Aufruf prangerte Ratzinger die Kirche dafür an, das Jahrhundert durch die Schaffung zu vieler Normen dem Unglauben zu überlassen, und auch dafür, sich hinter äußerlichen Schutzmaßnahmen zu verschanzen, anstatt sich auf die Wahrheit zu stützen, die der Freiheit innewohne und solche Abwehr meide.[1]

Die Veränderung in Ratzingers Gesinnung wurde in diesen Jahren von einer geographischen Veränderung begleitet. Im Sommer 1966 hatte er einen Ruf an die Katholisch-Theologische Fakultät der Universität Tübingen angenommen, in die „Profiliga“ der deutschen Theologieszene, die sich unter den führenden Zentren christlicher Theologie weltweit bewegte. Nach 1968 jedoch ermüdete er an dem Kampf, den er für eine einsame Schlacht gegen den Marxismus hielt, und entschied sich, dabei mitzuhelfen, eine neue bayerische Universität in Regensburg zu entwickeln. Es war in Regensburg, da Ratzinger begann, eine Generation von Studenten auszubilden, die in ihren eigenen nationalen Kirchen eine führende Rolle in der Restauration spielen sollten; beispielsweise der Jesuit Joseph Fessio in den Vereinigten Staaten, Father Vincent Twoomey in Irland und der Dominikaner Christoph Schönborn in Österreich, inzwischen Kardinal von Wien. Es ist informativ, diese später graduierten Studenten Ratzingers mit seinen früheren Schülern zu vergleichen, von denen manche sich zu Kritikern ihres einstigen Mentors entwickelt haben. Diese Abweichung unterstreicht die Kluft zwischen dem Ratzinger des Konzils und dem der Folgezeit mehr als alles andere.

Während dieser entscheidenden Jahre von den späten Sechzigern bis 1977 war es dann auch, daß Ratzinger den Höhepunkt seiner Karriere als Theologe erreichte. Der wichtigste Teil seines Werkes nahm daher im Zusammenhang einer wachsenden Bestürzung über den Zustand der Kirche Gestalt an. Viel davon erscheint heute eher verteidigend als kreativ, und das ist ein Grund dafür, daß die meisten seiner Kollegen glauben, daß Ratzinger in hundert Jahren für Kirchengeschichtler von größerem Interesse sein wird als für Theologen. Man wird sich mit ihm beschäftigen, um Einblicke in seine Zeit zu gewinnen, nicht wegen seiner Ideen.

Das Ende von Ratzingers Laufbahn als berufsmäßiger Theologe und Professor kann auf das Jahr 1976 datiert werden, als die Nachricht gemeldet wurde, daß der Münchner Kardinal Döpfner gestorben war. Ratzingers Weg nach Rom bedurfte zur Vollendung keiner langen Zeit; im März 1977 als Döpfners Nachfolger ordiniert, war er im Juni Kardinal, und bis zum Ende des nächsten Jahres hatte er an zwei päpstlichen Konklaven teilgenommen. In München nutzte er seine neue Autorität, um zwei seiner alten Kollegen zu disziplinieren, die, so hatte er das Gefühl, die Kirche in gefährliches Gewässer zogen: Johann Baptist Metz und Hans Küng. Innerhalb von vier Jahren war er als höchste Autorität für Glaubensfragen in der katholischen Kirche die *eminence gris* von Johannes Paul II.

RATZINGER, DER THEOLOGE

In seinem mehr als vierzig Jahre währenden Dasein als Akademiker veröffentlichte Ratzinger neben zahllosen Zeitschriftenartikeln, Beiträgen zu Festschriften und Einführungen zu Werken von anderen Gelehrten vierzig Bücher als Autor oder Mitautor. Die Hauptphase von 1965 bis 1977 wird von zwei wichtigen Büchern markiert: das erste ist sein erfolgreichstes, und das zweite ist das, das er für sein bestes hält. *Einführung in das Christentum* wurde 1968 in München veröffentlicht; das Buch, aufgemacht als Meditation über das Apostolische Glaubensbekenntnis, entstand aus einer Reihe von Vorlesungen, die er 1967 in Tübingen hielt, und datiert somit noch vor der Krise von 1968, wobei es auf einige der Sturmwolken hindeutet, die sich damals zusammenzogen.[2]

Gemessen an der akademischen Theologie war *Einführung in das Christentum* ein durchschlagender Erfolg, was diese Publikation bei weitem zu Ratzingers bekanntestem Titel machte. Das Buch stellt an der Seite von Werken wie Hans Küngs *Christ sein* oder Bernard Härings *The Law of Christ* seinen einzigen ernsthaften Anwärter auf einen Platz unter einer Anzahl theologischer Schriften dar, die zu ihrer Zeit einen bedeutenden Einfluß auf den Katholizismus ausübten. In den frühen siebziger Jahren war es in den Seminaren und theologischen Instituten auf der ganzen Welt eine Pflichtlektüre.Ratzinger machte das Buch als Überblick zum Christentum auf, der über die Grenzen theologischen Fachwissens hinaus zugänglich sein sollte, wobei es nichtsdestotrotz eine anspruchsvolle Lektüre ist. Es wurden Ausgaben in zahlreichen Sprachen veröffentlicht: Französisch, Niederländisch, Kroatisch, Portugiesisch, Japanisch, Slowenisch, Ungarisch, Koreanisch, Englisch, Spanisch, Russisch, Italienisch, Tschechisch, Arabisch und Polnisch. Noch immer erzielt es gute Verkaufszahlen, wozu ohne Zweifel die Tatsache beiträgt, daß sein Autor es zu solch einem Bekanntheitsgrad gebracht hat.

Wenn man die *Einführung* heute liest, scheint es klar, daß Ratzingers Zweifel an der Richtung der Kirche im Anschluß an das Konzil, sein Gefühl, daß es lächerlich und selbstzerstörerisch war, in einer Welt, die selbst im Zerfall begriffen war, Gewicht auf *aggiornamento* zu legen, während des Schreibens ins Zentrum rückten. Doch als eine Art erster Frucht des Konzils schlug das Buch keinen verteidigenden Ton seiner Leserschaft gegenüber an. Statt dessen wurde es als mutig, als befreiend gefeiert, als Beispiel der Art von tiefer Aufrichtigkeit im geistigen Leben des Katholizismus, die das II. Vaticanum ermöglicht hatte. Ratzingers Werk war kein mit Vorschriften und Regeln angefülltes legalistisches Handbuch; es war eine Betrachtung des Glaubens, die in die Tiefe menschlicher Erfahrung reichte, die es wagte, sich vor Zweifel und Unglauben zu entblößen, um die Wahrheit dessen zu entdecken, was es heißt, ein moderner Christ zu sein. Es markierte kurz gesagt eine Umformung in der Art und Weise, in der Theologen den katholischen Glauben darstellten.

Das Werk, das diese Phase in Ratzingers Leben abschließt, *Eschatologie: Tod und ewiges Leben* von 1977, ist ein Band in einer Reihe, die sich *Kleine*

Katholische Dogmatik nennt und von einem Regensburger Kollegen Ratzingers herausgegeben wurde. Ratzinger bezeichnete es als sein gründlichstes Werk und als das, an dem er am angestrengtesten gearbeitet hat. Michael Waldstein, ein mit ihm bekannter Bewunderer Ratzingers, der das Buch ins Englische übersetzte und heute ein theologisches Institut in Österreich unter der Schirmherrschaft Schönborns betreibt, bewertet den Band zur Eschatologie ebenfalls als Ratzingers wichtigste theologische Leistung.

In der Zeit zwischen diesen beiden Büchern veröffentlichte Ratzinger eine Anzahl von Werken zur Kirche. Dieses Corpus von Schriften ist nicht nur deswegen von Interesse, weil es die damalige Richtungsänderung in Ratzingers Denken widerspiegelt, sondern auch weil wir in seiner Kirchenlehre die unmittelbarste Verbindung zwischen Ratzinger, dem Theologen, und Ratzinger, dem Präfekten, erkennen.

Einführung in das Christentum

Das Buch ist als Ausführung zum Apostolischen Glaubensbekenntnis aufgemacht. Es eröffnet mit Ratzingers sicher erinnerungswürdigster literarischen Blüte, seiner Version des alten Volksmärchens *Hans im Glück*. Es handelt sich um eine Parabel über einen jungen Mann, der einen großen Klumpen Gold findet. Während er so dahinwandert, kommt er zu dem Entschluß, daß der Klumpen zu schwer zu tragen ist, und so tauscht er ihn zunächst für ein Pferd ein, dann das Pferd für eine Kuh, dann die Kuh für eine Gans und schließlich die Gans für einen Schleifstein. Dann wirft Hans den Schleifstein in einen nahe gelegenen Fluß in der Überlegung, daß er nichts von wirklichem Wert aufgibt und dadurch, daß er es wegwirft, vollkommene Freiheit erlangt.

„Wie lang seine Trunkenheit währte“, schrieb Ratzinger, „wie finster der Augenblick des Erwachens aus der Geschichte seiner vermeinten Befreiung war, das auszudenken überläßt jene Geschichte, wie man weiß, der Phantasie ihrer Leser.“ Dann zieht er die Schlußfolgerung: „Hat unsere Theologie in den letzten Jahren sich nicht vielfach auf einen ähnlichen Weg begeben?“[3] Ratzinger nutzt die Geschichte, um den Zweck seines Buches zu erläutern: Sich der Herausforderung des christlichen Glaubens direkt zu stellen, ohne ihn zu verwässern oder ihn „annehmbarer“ erscheinen zu lassen.

Lange Zeit umrankte diesen berühmten Einstieg in das Buch ein Gerücht, nämlich daß der *Hans im Glück* aus Ratzingers Erzählung tatsächlich Hans Küng sei. Aber Ratzinger verneinte dieses Gerücht 1996. „Nein, mit Hans Küng hat das überhaupt nichts zu tun, das muß ich ganz entschieden sagen. Ein Angriff auf ihn ist mir da völlig fern gewesen.“[4]

Ratzinger sagte auch, daß die Geschichte von ihm vor den Ereignissen von 1968 verfaßt worden sei, obwohl sie im Rückblick „eigentlich die damalige Situation ganz gut beschreiben“ könnte.[5]

Auf den nächsten paar Seiten reflektiert Ratzinger über ein Bild des dänischen Philosophen Søren Kierkegaard, der die Situation, die sich dem christlichen Prediger stellt, einmal als verwandt mit der beschrieb, in der jemand, verkleidet als Zirkusclown, ein Dorf vor einem Feuer zu warnen versucht. Je mehr der Clown beteuert, daß das Feuer näher kommt, desto schallender lachen die Dorfbewohner, die das alles für Teil seiner Darbietung halten. Als sie schließlich selbst erkennen, daß es der Clown ernst gemeint hat, ist es zu spät: Das Feuer vernichtet sie alle.

Die christliche Situation heutzutage sei tatsächlich weitaus problematischer, als selbst Kierkegaard es erwartet habe, sagt Ratzinger, denn für den Christen sei es nicht einfach damit getan, aus diesem Clownskostüm zu schlüpfen und moderne Kleidung anzulegen. In der Tat sei es genau das, was Rudolf Bultmanns Programm der Entmythologisierung zu tun versucht habe – das Christentum seiner „mythischen“ Elemente zu entledigen und sich auf seinen existentiellen Aufruf zu Echtheit zu konzentrieren. Auf andere Weise, so Ratzinger, sei es das, was *aggiornamento* zu tun versuche, nämlich das Christentum angenehmer zu gestalten, indem man ihm seine Schärfe nehme und es „moderner“ mache. Doch versagten beide diese „krampfhaften Bestrebungen“, behauptet Ratzinger, weil das Christentum in seinem Kern ein „Skandal“ sei und nicht geklärt werden könne, indem seine Widersprüche versteckt würden oder seine Glaubenslehre in der Denkweise der weiteren Kultur aufgelöst werde.

Ratzinger weiß, daß Menschen nicht vornehmlich durch geistige Neugier zu Gott geführt werden, sondern durch ein brennendes Bedürfnis in ihren Herzen. Einsamkeit und emotionale Verarmung führen Menschen zu einem Hunger nach etwas mehr, und selbst Glück deutet über sich selbst hinaus, indem es die Frage nach seinem Ursprung aufwirft. Die Unvollkommenheit jeder menschlichen Beziehung, fährt Ratzinger fort, bringe die Menschheit dazu, ein ewiges und absolutes „Du“ zu suchen. Dann handelt er in oberflächlicher Manier die Vorstellung der geschaffenen Welt ab, die die Menschheit zu Gott führe; der Thomistische Begriff von Natur als einer Art von Offenbarung ist ihm reichlich fremd.

Ratzinger bietet eine gewaltige Betrachtung zu Zweifel und Glauben, wobei er darauf hinweist, daß Zweifel nicht einfach nur die Last des Gläubigen sei. Der Nichtgläubige werde von der Frage geplagt: Was aber, wenn es wahr ist? Die Sehnsucht des modernen Menschen der westlichen Welt nach dem Absoluten könne nicht leicht befriedigt werden, denn unsere Denkformen machten die Wahrheit schwer faßbar. Unter dem Eindruck des logischen Positivismus und des Marxismus, so Ratzinger weiter, habe die Kultur Wahrheit auf die Ebene von Tatsachen reduziert und vor allem die Fähigkeit der Menschheit, das soziale und politische Dasein umzugestalten. Er behauptet, daß diese moderne philosophische Dynamik als eine Bewegung vom Einfluß von Gianbattista Vico, der die Wahrheit als die Tatsachen der Gegenwart erkannt habe, bis zu Karl Marx betrachtet werden könne, für den Wahrheit die Umwandlung der Tatsachen der Zukunft sei. Um mit den Zeiten Schritt zu halten, stellten vom Marxismus erfüllte Theologen Glauben daher als rhetorisches System dar, das die politische Handlung stütze. In diese Kategorie schließt Ratzinger die „Theologie der Hoffnung“ von Jürgen Moltmann und die „Theologie der Welt“ von Johann Baptist Metz ein, eine erste von vielen subtilen Spitzen innerhalb des Buchs, die gegen verschiedene theologische Strömungen gerichtet sind.

Ratzinger sagt, daß „Glaube“ im christlichen Sinn des Wortes nichts mit handlungsorientierter Erkenntnislehre zu tun habe. „Der Vorgang des Glaubens gehöre nicht der Relation Wissen–Machen zu, die für die geistige Konstellation des Machbarkeitsdenkens kennzeichnend ist.“[6] Die fundamentale Gegebenheit für das Christentum sei nicht das Tun, sondern das Sein, und an dieser Stelle enthüllt Ratzinger am deutlichsten seine Wurzeln im Platonismus. Tatsächlich, so meint er, sei es kein Zufall gewesen, daß das christliche Evangelium zuerst unter dem Schutz der griechischen Philosophie in die Welt getreten sei, mit ihrer Orientierung an ewiger Wahrheit. Er findet dies in der Apostelgeschichte und ihrer Empfindung für das, was als Heilsgeschichte bezeichnet wird, bestätigt. Sie meint die Idee, daß Gott die Geschichte auf sein erlösendes Ziel hin lenkt. Ratzinger denkt, daß Gott für das frühe Christentum ein Auftreten in einem mehr am Sein als am Tun interessierten geistigen Milieu geplant habe. Erst dann sei Glaube zu Verständnis geworden, sagt er.

Polytheismus, so Ratzinger weiter, führe zu dem Begriff von „Stammesgöttern“ und postuliere daher die Wohlfahrt des Staates als den Willen Gottes; Atheismus andererseits leugne die Existenz eines moralischen Absoluten, das über der Gesamtheit anzusiedeln sei. Das monotheistische Bekenntnis, sagt Ratzinger, „gerade weil es selbst keine politischen Absichten ausdrückt, [ist] ein Programm von einschneidender politischer Bedeutung: … und durch die Relativierung, in die es alle politischen Gemeinschaften von der Einheit des sie alle umspannenden Gottes rückt, ist es der einzige definitive Schutz gegen die Macht des Kollektivs und zugleich die grundsätzliche Aufhebung jedes Ausschließlichkeitsdenkens in der Menschheit überhaupt“[7].

Ratzinger fordert, daß die volle Auswirkung eines Bekenntnisses zum Glauben an Jesus Christus deutlich sein müsse: Christen behaupteten, daß die ganze Geschichte, der gesamte Kosmos, Höhepunkt und Erlösung in den Veränderungen eines menschlichen Wesens finde. Man stelle sich die Frage, sagt Ratzinger, „besonders wenn wir sie [die christliche Offenbarung] mit der Religiosität Asiens konfrontieren, ob es nicht doch viel einfacher gewesen wäre, an das Verborgen-Ewige zu glauben, sich sinnend und sehnend ihm anzuvertrauen ... als sich dem Positivismus des Glaubens an eine einzige Gestalt auszuliefern und gleichsam auf der Nadelspitze dieses einen Zufallspunktes das Heil des Menschen und der Welt anzusiedeln"[8]. Als Präfekt wendet sich Ratzinger diesem Thema, östliche religiöse Glaubenssysteme seien „weniger anfordernd" als das Christentum, erneut zu.

Ratzinger führt Adolf von Harnack und Rudolf Bultmann als die beiden Eckpfeiler der modernen Christologie an. Der Erstgenannte sagte, daß nur der historische Jesus zähle, der demütige Prediger von Liebe und Mitleid; für den Zweitgenannten zählt nur Christus, die Offenbarung von Gottes Ruf nach Authentizität. Ratzinger vertritt, daß keine dieser Alternativen ausreicht. Das Bekenntnis zur Treue zu einem „historischen Jesus" fordere Chaos heraus. Geschichtliche Hypothesen kämen und gingen mit jedem Tag und stellten kein Fundament dar, auf dem sich ein Leben aufbauen lasse. Aber wenn wir uns zu dem Christus bekennen sollten, dann müsse dieses Bekenntnis sicherlich einen Gehalt haben. Das Leben Jesu müsse irgendeine Bedeutung umfassen; wie könnten wir sonst sicher sein, daß „dieser Christus ist"? Ratzingers Lösung liegt in der Akzeptanz des Glaubensbekenntnisses. Hier finde sich ein „Leben Christi", das mehr als Exegese und historische Argumentation sei, es sei der Glauben der Gemeinschaft, die als erste Christus der Welt dargeboten habe. Es habe Jahrhunderte überdauert und „seinem Wesen nach nichts anderes als ein Verstehen sein" wollen „– Verstehen dessen, wer und was dieser Jesus eigentlich war"[9]. Ratzinger merkt an, daß zu viele moderne Christen von der fröhlichen Romantik des Fortschritts bezaubert worden seien. Statt dessen, so Ratzinger, sage uns ein Blick auf den Gekreuzigten, welche Art von „Offenheit" für die Welt Christen erwarten und umfassen sollten – die Offenheit des Opfers.

Ratzinger scheint zu schließen, daß Reformbestrebungen in der Regel eine Zeitverschwendung sind. „Die wirklich Glaubenden messen dem Kampf um die Reorganisation kirchlicher Formen kein allzu großes Gewicht bei. Sie leben von dem, was die Kirche immer ist."[10] Das ist eine verwirrende Äußerung für einen Mann, der gerade drei Jahre zuvor Kardinal Frings half, eine Reform im Heiligen Offizium zu fordern. Es ist gleichermaßen schwierig, diese Linie beispielsweise mit Ratzingers tiefer Bewunderung für Romano Guardini zu vereinbaren und mit dessen Leidenschaft für eine Reform der Liturgie. Guardini war nicht der Mann, der in jedem engen Sinn der Dinge, wie sie sind, „von dem lebte, was die Kirche ist".

Ratzinger könnte aber meinen, daß die christliche Vision jenseits der Fragen von Strukturen und Autoritätssystemen vordringen muß, um den Geist zu erfassen, der tief im Herz der Kirche wohnt. Aus dieser Sichtweise wäre es nicht der Fall, daß Reformfragen ihrer Gültigkeit entbehren, aber sie würden die Kirche in ihrem Wesen nicht belangen. Darauf deutet Ratzinger hin, wenn er sagt: „Nur wer erfahren hat, wie über den Wechsel ihrer Diener und ihrer Formen hinweg Kirche die Menschen aufrichtet, ihnen Heimat und Hoffnung gibt, eine Heimat, die Hoffnung ist: Weg zum ewigen Leben – nur wer dies erfahren hat, weiß, was Kirche ist, damals und heute"[11].

Doch scheint Ratzinger an anderen Stellen der Vorstellung einer Reform an sich gegenüber feindlich. Er erklärt, daß viel Kritik an der Kirche heimlicher Hochmut sei und „gallige Bitterkeit" und „spirituelle Leere". Er sagt, daß dies zu einer Reduktion der Kirche auf ein politisches Dasein, zu einer Gesellschaft, die zu organisieren, reformieren und zu regieren sei, führe. Ebenso schnell kann er jedoch in einen anderen Gang schalten und nennt die Kirche eher „pneumatisch und charismatisch" als „hierarchisch". Er sagt, das Primat des Bischofs von Rom zähle nicht unter die Hauptbestandteile der Kirche, und gleichfalls, daß eine episkopale Struktur nicht nötig sei; das sei nur ein Mittel zum Zweck. Die zentrale spirituelle Wirklichkeit der Kirche, so sagt er, müsse die „Repräsentation" Gottes sein, nicht das Streben nach Macht. Ratzinger weiß, wie sehr die Kirche dieses Ideal über die Jahre aus den Augen verloren hat, und er zitiert William von Auvergne: „Braut ist das nicht mehr, sondern ein Untier von furchtbarer Ungestalt und Wildheit."[12] Gottes Heiligkeit, meint Ratzinger, sei nicht „adelig", sondern vermische „sich mit dem Schmutz der Welt ..., um ihn so zu überwinden"[13].

Dieser Gedankengang führt Ratzinger zu einer der bemerkenswertesten Stellen in seinem gesamten Werk: „Und so ist die Kirche für viele heute zum Haupthindernis des Glaubens geworden. Sie vermögen nur noch das menschliche Machtstreben, das kleinliche Theater derer in ihr zu sehen, die mit ihrer Behauptung, das amtliche Christentum zu verwalten, dem wahren Geist des Christentums am meisten im Wege zu stehen scheinen."[14]

In diesen Zeilen spürt man den alten Joseph Ratzinger mit dem neuen ringen, dem besorgten Verteidiger des Glaubens, der sich wachsam um den dynamischen Reformer des Konzils dreht. Für diejenigen, die sie Ende der sechziger Jahre lasen, war es der letztere Ratzinger, der weitgehend auf den Seiten der *Einführung* durchschien. Mit seiner Leidenschaft, seiner Persönlichkeit, seiner Entschlossenheit, der Wirklichkeit nicht durch die Kategorien des neoscholastischen Denkens entgegenzutreten, sondern geradewegs wie sie sich selbst darstellte, schien Ratzinger der katholischen Theologie Türen zu öffnen. Der Durchbruch war mit anderen Worten nicht so sehr, *was* Ratzinger sagte – was, so geschickt es auch ausgedrückt war, nicht revolutionär war –, sondern eher, *wie* er es sagte.

Gleichzeitig trat der neue Ratzinger deutlich hervor, ein Mann, der mehr damit beschäftigt war, Türen zuzuschlagen, als sie zu öffnen.

Kirchenlehre

Als Ratzinger zunehmend um die nachkonziliare Welt besorgt wurde, wurden seine Gedanken zur Kirche hingezogen. Er fing an nachzugrübeln, was die Kirche ist und wie die Gläubigen mit ihr in Beziehung stehen sollten. Diese Thematik enthält eine besondere Bedeutung, um seine späteren Einstellungen und Verhaltensweisen zu verstehen.

1968 schlug sich Ratzinger in einem Artikel in der irischen Zeitschrift *Furrow* in der Kontroverse über den neuen Niederländischen Katechismus auf die Seite der Liberalen. Ratzinger ist nicht unkritisch; er hinterfragt die Darstellung der Christologie des Katechismus, der Erlösung und der Eucharistie. Doch lobt er auch das tiefe religiöse Gefühl, das er hervorbringt. Während er das Recht des Vatikans anerkennt, Vorbehalte zu äußern, verurteilt Ratzinger auch die Geheimhaltung, mit der die kirchlichen Kräfte vorgegangen sind: „Gleichzeitig müssen wir die Tatsache beklagen, daß Rom der Kommission der Kardinäle und der Kommission der Theologen eine solch strikte Geheimhaltung eingegeben hat und damit nicht nur die Verbreitung verläßlicher Informationen, sondern auch die Förderung einer konstruktiven Debatte verhindert hat." Ratzingers Einschreiten ist um so ironischer, als er als Präfekt den Französischen Katechismus zurückgewiesen hat, der weithin als ebenso radikal wie der niederländische Text angesehen wurde, den er 1968 verteidigt hatte. Er verurteilte auch *Christ among Us*, einen umjubelten Erwachsenenkatechismus, der in den USA in Gebrauch gekommen war; und in gewissem Sinne trug er durch die Einsetzung eines neuen universalen Katechismus 1992 dazu bei, jeden nationalen Katechismus irrelevant werden zu lassen.

Doch war Ratzingers Verteidigung der theologischen Freiheit in seinen öffentlichen Erklärungen schon Ende der sechziger Jahre mit einem Aufruf zu größerer Wachsamkeit von seiten der Kirchengewalten gepaart. In *Theologische Prinzipienlehre* verurteilt Ratzinger Kirchenführer dafür, daß sie wie zahnlose Hunde geworden seien, die aus Feigheit angesichts der liberalen Öffentlichkeit hilflos dabeigestanden hätten, während der Glaube Stück für Stück für den Einheitsbrei verkauft worden sei, für die Anerkennung der Moderne.[15]

1968 veröffentlichte Ratzinger einen Artikel über die Bedeutung der Kirchenväter für die Ausarbeitung des Glaubens. Er erklärt, daß die Kirchenväter die Stimme einer noch ungeteilten Kirche seien, daß sie für das Herz dessen ständen, was der Katholizismus sei: episkopal, sakramental und liturgisch, entsprechend der Normen der ersten vier ökumenischen Konzilien. Ratzinger kennt die Debatten, die unter den Vätern entbrannten, aber seiner Ansicht nach wurden diese Streitgespräche im Rahmen der grundlegenden Einigungen aufgefangen. Diese Überzeugung erklärt möglicherweise seine Zwiegespaltenheit bezüglich der Grenzen einer offenen theologischen Diskussion Ende der sechziger Jahre.

Seine Kirchenlehre nahm einen immer stärker verteidigenden Tonfall an. 1970 brachten Ratzinger und sein Freund Hans Maier einen Band mit dem Titel *Demokratie in der Kirche* heraus. Auf Maier werden wir noch einmal später in diesem Kapitel zu sprechen kommen, als der bayerische Kultusminister, der mit Ratzinger in einer Entscheidung übereinkam, einen Universitätsruf an ihren alten Freund und Kollegen Johann Baptist Metz zu unterbinden. In jenem Buch versucht Ratzinger Theologen in Frage zu stellen, die die Vorstellung einer institutionellen Kirche an sich als eine Art Manipulation betrachten. Er behauptet, daß selbst für Karl Rahner die Vorstellung von „Demokratie" in der Kirche tatsächlich ein Codewort für den Glauben an eine diesseitige Erlösung sei, eine Anschauung, daß das Königreich hier und jetzt errichtet werden könne, wenn das richtige Reformprogramm zum Tragen gebracht werde – als solches dem traditionellen katholischen Verständnis fremd. Ratzinger schlägt auch einen Ton an, der in seinem weiteren Werk gängiger werden wird, indem er Verfechter der Demokratie in der Kirche anklagt, sich als Populisten zu gebärden, sich aber in Wirklichkeit zu weigern, den einfachen Glauben der großen Masse der Gläubigen zu akzeptieren. Jene Kreise, die besonders laut über eine Demokratisierung der Kirche sprächen, schrieb er, zeigten den geringsten Respekt für den Glauben, der von der Gemeinschaft geteilt werde.

Ratzingers wichtigstes Werk zur Kirchenlehre in dieser Phase war *Das neue Volk Gottes*, das 1969 erschien. In der Zeit der Gegenreformation, so sagt er, habe die Betonung auf der sichtbaren äußeren Kirche gelegen; in der Zeit nach dem Ersten Weltkrieg hätten die Katholiken einer tiefer gehenden Spiritualität bedurft und die unsichtbare Kirche akzentuiert. Diese letztere Haltung führte aber zu einer „Geringschätzung" äußerer Strukturen. Ratzinger zieht zur Abhilfe Augustinus heran: Insofern als einer die Kirche Christi liebe, in dem Maße besitze er den Heiligen Geist. Ratzingers Synthese ist eine „Kirchenlehre der Gemeinschaft", die vertritt, daß die Kirche eine mystische Gemeinschaft örtlicher Gemeinden darstellt, nicht im Sinne eines politischen Bündnisses, sondern eher als sakramentale Verbindung. Sie ist sowohl sichtbar als auch spirituell, äußerlich wie innerlich. Die Gemeinschaft vereint Gott und Mensch, sichtbare und unsichtbare Dimensionen der Kirche, Hierarchie und Gemeinde, örtliche und universale Kirche. Als Präfekt sollte Ratzinger darauf bestehen, daß die Förderung der Kirchenlehre der Gemeinschaft das Hauptziel des II. Vaticanums gewesen sei.

Wie die meisten großen Ideen wird die Kirchenlehre der Gemeinschaft auf verschiedene Arten gedeutet. Für Progressive bedeutet die Bezeichnung der Kirche als Gemeinschaft, daß sie keine Monarchie oder Körperschaft darstellt. Anstelle von Befehlen, die von oben nach unten gegeben werden, sollten Beschlüsse den Sinn der Gemeinschaft widerspiegeln. Für Konservative bedeutet die Bezeichnung der Kirche als Gemeinschaft, daß sie keine Demokratie ist. Anstelle einer Politik, die durch Abstimmung und Druck beschließt, arbeitet die Kirche auf der Basis von Vertrauen und Gehorsam gegenüber der Autorität. Abweichung hat in einem Staat ihre Folgerichtigkeit, der durch einen Gesellschaftsvertrag gebildet wurde, nicht aber in einer Gemeinschaft, in der Parteien und Faktionen fehl am Platze sind. Ein Maßstab der Wandlung Ratzingers ist der, daß seine früheren Schriften zur ersten Art des Verständnisses des Begriffs neigen, sein späteres Werk zur zweiten.

Für Ratzinger ist es ein wichtiger Punkt, daß diese horizontalen Verbindungen „diachron" sind, was bedeutet, daß sie nicht nur die heute lebenden Mitglieder der Kirche einschließen, sondern alle, die jemals Teil der Gemeinschaft der Heiligen waren. In diesem Sinne sagt Ratzinger, daß man den *sensus fidelium*, den „Sinn der Gläubigen", nicht ermitteln könne, indem man allein in Betracht ziehe, was die Mehrheit der Katholiken heute denke. Man müsse erwägen, was die Kirche durch die Jahrhunderte bezeugt habe. Ein sakramentales Verständnis der Kirche setze auch eine Aufwertung des Mittelpunktes, des Papsttums, als Zeichen der Gemeinschaft, schreibt Ratzinger. Das Papsttum symbolisiere sowohl die Verbindungen, die Katholiken zusammenhielten, wie es sie auch in die Tat umsetze.

In *Das neue Volk Gottes* wendet sich Ratzinger wieder seinem Ratgeber, dem hl. Bonaventura, zu, teilweise um davor zu warnen, diese erhabene Sicht der Päpstlichkeit ins Extrem zu treiben. Bonaventuras eigene Anschauung der Rolle des Papstes bildete sich in den Kontroversen des 13. Jahrhunderts heraus, als die Mendikantenorden unter den scharfen Angriff vieler „Traditionalisten" geraten waren. (Franziskaner und Dominikaner lebten und arbeiteten nicht in Klöstern oder Gemeinden, sondern in der Welt, und bettelten für ihren Unterhalt – daher „Mendikanten".) Die Franziskaner achteten auf ein starkes, bestimmendes Papsttum, um verteidigt zu werden. Daher entwickelte Bonaventura eine Sichtweise des Papsttums, die heutzutage nur alarmierend überhöht scheinen kann. Er vertrat, daß der Papst das „Maß" oder das „Ideal" der Menschheit sei, daß er dieselbe Rolle in der Heilsverfassung des Neuen Testaments einnehme wie der jüdische Hohepriester im Alten und daß er als Haupt des

Körpers Christi handle. Das lehnt Ratzinger als verblühte Rhetorik ab und weist auf die Notwendigkeit eines maßvollen Geistes und des angebrachten Mittels hin.

Weiter argumentiert Ratzinger, daß „Zentralismus" innerhalb der Kirche unnötig sei. Im Lauf der Zeit, so sagt er, sei die petrinische Idee eines universalen Primats mit den rechtsprechenden Funktionen des römischen Patriarchen verschmolzen worden, was aber unnötig sei. Der Papst könne das Primat ohne direkte Kontrolle der Angelegenheiten der lokalen Kirchen ausüben. Was die Idee des Primats meine, sei, daß der Papst in dem, was den Glauben betreffe, die endgültige Stimme vorbringe – nachdem er die universale Kirche angehört habe. Doch müsse der Papst mehr tun, als das wiederzugeben, was der Durchschnitt der Anhänger für den Glauben halte. Man dürfe sich nicht von Abstimmungen leiten lassen. Der Glaube habe objektive Normen, und diese müsse der Papst achten. In solchen Fällen könne und dürfe der Papst, so Ratzinger, nicht zögern, gegen Statistiken zu sprechen und gegen die Macht der Meinung mit ihrer Anmaßung, im Besitz ausschließlicher Gültigkeit zu sein.

Ratzinger bestätigt die Erlösung außerhalb der Kirche. Er weist darauf hin, daß Christsein keine Versicherungspolice für das ewige Leben sei, sondern daß ein Christ eher ein „Repräsentant" der vielen sei. Gleichzeitig ist das Christentum aber eine missionarische Kraft, und Ratzinger meint, daß man nicht einfach der Welt dienen könne, sondern man genauso danach streben müsse, sie zu evangelisieren. Es gebe nur eine legitime Form der Offenheit der Kirche gegenüber der Welt, und so müsse es, schreibt er, sicherlich immer sein. Diese Form ist zweifacher Art. Und zwar: Mission als Ausdehnung der Prozession der Welt und die einfache Geste selbstloser dienender Liebe als Verwirklichung der göttlichen Liebe, einer Liebe, die weiterströmt, auch wenn sie ohne Erwiderung bleibt.

Hier kommt Ratzinger auf die Frage des kirchlichen Dialogs mit der Welt, der in *Gaudium et spes* entsprechend betont wurde. Er sagt, daß dieser Dialog kein platonischer sein könne, keine Sache, Funken der Einsicht zu entzünden, die bereits in der menschlichen Person vorhanden seien. In diesem Sinne sei das christliche Evangelium nicht „natürlich". Es sei völlig anders, es nähere sich der Menschheit von außen, und es errege Widerstand, eben weil es „unnatürlich" sei. Daher seien dem Dialog scharfe Grenzen gesetzt. Ratzinger merkt an, daß der Dialog anders als im platonischen Werk in der christlichen Literatur nie zu einem Stil geworden sei. Die christliche Botschaft sei zuallererst ein *kerygma*, eine Verkündigung. Sie sei eine Einladung zur Annahme, nicht zum Dialog. Der Dialog folge dem Glauben. Die Kirche, so erschließe sich, müsse mehr tun, als die Welt in einen Dialog einzubinden, sie müsse ihr das Evangelium verkünden. Und in diesem Sinne sei es ein einseitiges Gespräch.

Eschatologie

Traditionellerweise hat die christliche Theologie die Themen der Eschatologie oder der Glaubenslehre vom Ende der Welt in die sogenannte „letzte Stunde" eingegliedert: Himmel, Hölle, Gericht und Auferstehung. Ratzinger faßt diese Themen in seiner eigenen Darstellung zusammen und verurteilt moderne Theologen, die sie vermeiden, doch geht es ihm in *Eschatologie: Tod und ewiges Leben* noch um etwas Umfassenderes. Sein Ziel ist es, ein richtiges Verständnis der Eschatologie für das christliche Leben wiederherzustellen. Er vertritt die Auffassung, daß unter marxistischer Wirkung mißverstandene Vorstellungen des Königreichs Gottes die Echtheit der christlichen Botschaft bedrohen.

Als ein Band einer Reihe mit dem Titel *Kleine Katholische Dogmatik*, die von einem Kollegen herausgegeben wurde, wurde *Eschatologie: Tod und ewiges Leben* Ende der siebziger Jahre hauptsächlich in Regensburg verfaßt; es stellt daher die ausgereifteste Form von Ratzingers Denken zu diesem Themenkomplex dar. Ratzinger hatte zugestimmt, mehrere Bände für die Reihe zu schreiben, aber die Abhandlung zur Eschatologie war die einzige, die er vor seiner Berufung zum Erzbischof beendete.

Das Leitmotiv des Werkes ist die Notwendigkeit, die Eschatologie von Politik zu trennen, um die Verwirrung des Königreichs Gottes mit einer sozialen oder politischen Einrichtung zu beenden, die innerhalb dieser Geschichtsordnung erreicht werden könnte. Er schreibt, daß er als junger Professor, platonische Ideen, vor allem die von der Unsterblichkeit der Seele, von der Eschatologie zu lösen versucht habe. Durch die Betonung der Überlegenheit der Seele über den Körper bis zu einem solchen Grad, sagt er, sei Platon zu losgelöst von der Welt erschienen, zu entfernt von den wirklichen politischen Belangen der Menschheit. Als er aber reifer geworden sei, so Ratzinger, habe er begonnen, eine echte politische Verpflichtung bei Platon und bei denen, die sein Denken aufgriffen, zu erkennen. Im Athen der Zeit Platons glaubten die Sophisten, daß die Wahrheit bedeutungslos sei und daß das einzige, was zähle, die Ausübung von Macht sei, daher ihr Vorzug der Rhetorik gegenüber der Metaphysik. Die Platoniker hätten sich dieser Schlußfolgerung widersetzt, sagt Ratzinger. Indem er auf objektiver Wahrheit beharrte, setzte Platon der Macht Grenzen und relativierte daher alle menschlichen Regierungsformen.

In der heutigen Anwendung auf die Eschatologie sei, so Ratzinger, eine Wiedergewinnung der platonisch-augustinischen Betonung einer individuellen Erlösung ein notwendiges Gegenmittel zu den vereinigten und sozialen Eschatologien. In diesem Zusammenhang erwähnt er namentlich die Befreiungstheologie und kritisiert auch erneut seinen alten

Kollegen aus Münster, Johann Baptist Metz. Er erkennt an, daß es diesen Bewegungen „nicht an einzelnen Goldkörnern“ fehle; gleichzeitig sagt er aber, daß die Hoffnung, die das Christentum biete, evangelikal, nicht politisch sei. „Das Reich Gottes ist kein politischer Begriff und daher auch kein politischer Maßstab, von dem her unmittelbar politische Praxis aufgebaut werden kann und Kritik an politischen Verwirklichungen zu üben ist.“[16] Sobald Menschen das Evangelium mit einer politischen Botschaft vermengten, gehe das charakteristisch christliche Element verloren „und verwandelt sich unter der Hand in ein trügerisches Surrogat“[17]. Mit einfacheren Worten sagt er, daß das Christentum die Verheißung eines Lebens nach dem Tod bietet, nicht eines besseren Lebens vor dem Tod.

Auf der einen Seite sagt Ratzinger, daß die moderne Welt den Tod unserem Blick entziehe: „Krankheit und Tod werden so zu technischen Spezialproblemen, die in den dafür vorgesehenen Einrichtungen entsprechend behandelt werden“[18] – Krankenhäuser oder Altenheime. Auf der anderen Seite trete der Tod in den Medien „als Spektakel auf; er wird zum Nervenkitzel, den man der allgemeinen Langeweile des Daseins entgegensetzt“[19]. In beiden Fällen, so Ratzinger, fänden wir ein willentliches Verlangen, die Konfrontation mit den tiefgehenden Fragen zu vermeiden, die der Tod aufwerfe.

Bezüglich des Tages der Zweiten Ankunft sagt Ratzinger im wesentlichen, daß es nur die Zeit zeigen werde. Zur Hölle sagt er, daß die Glaubenslehre der ewig währenden Bestrafung ganz klar von Jesus und dem Neuen Testament etabliert worden sei. Doch ist er genug von Origenes beeinflußt, die Möglichkeit einer universalen Aussöhnung offenzulassen. Ratzinger meint, es gebe ein Fegefeuer, wobei er andeutet, daß es nicht mehr als die „läuternde“ Auswirkung der Begegnung mit Jesus sein könne. Zum Wesen des auferstandenen Körpers sagt er, daß er weder rein physisch noch rein spirituell sein werde. Ihm zufolge wird es einen tatsächlichen „letzten Tag“ geben, denn die Erlösung ist für den gesamten Organismus der Menschheit beabsichtigt.

Das theologische Erbe

Immer wieder, wenn ich Theologen bat, Ratzingers Beiträge zu charakterisieren, gebrauchten sie solche Worte wie „solide“, „klar“, „gut geordnet“. Ein jesuitischer Theologe aus Amerika drückte es so aus: „Wenn es von Joseph Ratzinger stammt, kann man mit einem soliden respektablen Stück Arbeit rechnen.“ Die meisten Theologen sagen aber auch, daß Ratzingers Denken weitgehend derivativ ist. Seine Wiederentdeckung der

Väter war Teil des allgemeinen *ressourcement* („Rückkehr zu den Quellen") der Theologie vor dem Konzil, seine Aufmerksamkeit für die Situation des Menschen verdankt sich der allgemeinen philosophischen Bewegung des Personalismus im 20. Jahrhundert, und seine Kirchenlehre der Gemeinschaft stammt mehr oder weniger direkt von Guardini und von von Balthasar.

Unter katholischen Fachtheologen scheint es Konsens, daß die einzigen Arbeiten von Joseph Ratzinger, die noch in hundert Jahren gelesen werden, seine Kommentare zum II. Vaticanum sind; und das auch nur, weil sie dazu beitragen, das Denken jener zu erklären, die die Dokumente entwarfen, nicht etwa wegen ihrer Originalität. Doch ist es auch möglich, daß Ratzingers Werk eine Leserschaft außerhalb der fachtheologischen Gemeinschaft finden kann. Wie Augustinus formte Ratzinger die meisten seiner Schriften angesichts irgendeiner besonderen Kontroverse, und daher hat ein großer Teil seines Werkes einen verteidigenden und leicht polemischen Tonfall. In diesem Licht gesehen, könnte er von künftigen Lesern wiederentdeckt werden, die seine ernüchterte Stimmung teilen. Er könnte ein Schutzpatron der Unzufriedenen werden, ein *fons perennis* für jene Katholiken, die sich sorgen, daß die Welt dabei ist, den Glauben zu verschlingen.

RATZINGER, DER LEHRER

Ratzingers Studenten zollen fast unvermeidlich seinem gewaltigen Erinnerungsvermögen ihren Tribut. Ein früherer Assistent sagte mir, daß er Ratzinger einmal gefragt habe, wie er seine Bücher schreibe. Ratzinger antwortete, daß er den Text zuerst schreibe, dann die Fußnoten einsetze und erst dann die Quellenmaterialien prüfe. Mit anderen Worten verfügt er über das Vermögen, sich genaue Zitate von großer Länge in Erinnerung zu rufen, in verschiedenen Sprachen und in einigen Fällen aus Werken, die er seit Jahrzehnten nicht mehr gelesen hat. Es heißt von ihm auch, daß er fähig ist, einer Anzahl von Menschen zuzuhören, die eine große Bandbreite an Meinungen äußern, und sich dann des Beitrags jeder einzelnen Person zu erinnern und das ganze in einem Überblick über die Diskussion zu synthetisieren.

Im Unterschied zu manchen Akademikern hat es Ratzinger nie zugelassen, daß seine wissenschaftliche Haltung seinen Glauben erdrückt. Wenn er sprach, tat er das zuerst als Priester und an zweiter Stelle als Gelehrter. „Nach jeder Vorlesung wollte man in eine Kirche gehen und beten", erinnerte sich John Jay Hughes, ein katholischer Priester aus Amerika und vom Anglikanismus Konvertierter, der in Deutschland studierte und Ratzinger als Theologieprofessor kannte. Hughes sagte, daß manchmal Leute aus der Stadt vorbeigekommen seien, um auf ihrem Weg zur Arbeit Ratzingers frühmorgendliche Vorlesung zu hören, weil die Vorlesungen so wunderbar und zugänglich gewesen seien. Ratzinger, so meint Hughes, habe die Fähigkeit gehabt, eine ungeheure Gelehrsamkeit in einer Weise auszudrücken, die Fachfremde verstehen konnten.

Eine Form, die Wirkung eines Universitätsprofessors zu messen, ist die Betrachtung der Wege, die von seinen oder ihren Doktoranden in ihren späteren Laufbahnen eingeschlagen wurden. Die Beziehung zwischen einem Doktorvater und seinem Studentenkreis ist oft fast schon heilig zu nennen und verfügt über regelrechte Kultelemente; Treuevorstellungen gehen sehr tief, ebenso wie Häresieanklagen, wenn einer der Gemeinde abtrünnig wird. Sobald der Doktorvater an eine andere Universität wechselt, gehen Mitglieder seines Studentenkreises oft mit ihm. Ihre Loyalität gilt dem Professor, nicht der Universität.

Noch bis vor kurzem hielt Ratzinger eine regelmäßige jährliche Einkehr für seine früheren Doktoranden ab, gewöhnlich im September und meistens in den Alpen. Es wurden Gespräche geführt, und Ratzinger gab am Ende eine synthetisierende Zusammenfassung. Diejenigen, die daran teilgenommen haben, sagen, er könne gut mit Kritik umgehen, und seine Zusammenfassungen seien immer angemessen. Die Teilnehmer pflegten dann einige Flaschen Wein zu öffnen und sich bis spät in die Nacht zu unterhalten. Mitte der neunziger Jahre ließen aber Ratzingers voller Terminkalender in Verbindung mit seiner nachlassenden Gesundheit diese Treffen seltener werden.

Die bemerkenswerte Tatsache im Falle Ratzingers ist die, daß er zwei unterschiedliche Studentenkreise aufgebaut hat, von denen der eine auf seine frühen Jahre in Bonn, Münster und Tübingen datiert, der andere auf seine späteren Jahre in Regensburg. In den meisten Fragen ist die spätere Gruppe mit der früheren theologisch uneins. Diese Trennung unterstreicht sogar noch deutlicher als seine inneren theologischen Wandlungen, die im ersten Kapitel skizziert sind, die Kluft zwischen Ratzinger vor und nach dem Konzil. In Bonn und Münster schulte er von 1959 bis 1966 Theologen, die reformorientiert waren und daran interessiert, die Grenzen der theologischen Forschung zu erweitern; nach 1969 schulte Ratzinger in Regensburg Theologen, die die Orthodoxie und den Gehorsam betonen und die Grenzen zwischen Kirche und Welt überwachen.

Diese Dynamik des Vorher und Nachher kann am besten in Bezug auf fünf von Ratzingers Schützlingen veranschaulicht werden: Hansjürgen Verweyen, Werner Böckenförde, Vincent Twomey, Joseph Fessio und Christoph Schönborn.

Hansjürgen Verweyen

Verweyen ist ein Systematischer Theologe, der an der Universität Freiburg lehrt. In den frühen siebziger Jahren verbrachte er sechs Jahre an der University of Notre Dame in den Vereinigten Staaten. Dieser Ruf verdankte sich tatsächlich Ratzinger, der gebeten wurde, einige Doktoranden für Positionen in der theologischen Fakultät zu empfehlen, die „aus seiner Zucht" stammten. Nach seiner Rückkehr nach Deutschland lehrte Verweyen an der Universität Essen, bevor er nach Freiburg ging.

Verweyens bekanntestes Werk ist *Ontologische Voraussetzungen des Glaubensaktes*, das er unter Ratzingers Leitung vorbereitete. Darin bringt Verweyen die ziemlich gewagte These vor, daß der „Osterglaube" der Anhänger Jesu – ihr Glaube, daß er ebenso göttlich wie menschlich ist – tatsächlich dem Osterereignis vorausging. Die Auferstehung enthüllte nicht, daß Jesus Gott war; sie bestätigte ein Verständnis, das im Prinzip schon gegeben war. Indem er so argumentiert, will Verweyen die Aufmerksamkeit wieder auf das Leben des historischen Jesus lenken, das in der Christologie von Denkern wie von Balthasar aus dem Blick geraten war. Verweyens Argument vertritt, daß es die Dinge waren, die Jesus tat, und die Haltungen, die er einnahm, die zuerst seine Göttlichkeit enthüllten, lange vor dem wunderbaren „Feuerwerk". Im späteren Zusammenstoß zwischen den Befreiungstheologen und Ratzinger, sollten es erstere sein, die, wenn auch nicht ausdrücklich, Verweyens Gedankengang gegen seinen früheren Lehrmeister aufnahmen.

Verweyen sagte, daß er sich beim Schreiben des Buchs nicht sehr auf Ratzinger bezogen habe, vor allem weil dieser selbst nicht übermäßig an den genauen Fragen interessiert gewesen sei, die er verfolgt habe. „Ratzingers Art war es, Themen zu verteilen, mit denen er nicht vertraut war, damit er von seinen Studenten lernen konnte", sagte Verweyen. Obwohl er von seiner Zeit mit Ratzinger liebevoll unkritisch spricht, empfindet er auch angesichts der Stellung seines Mentors in der Kirche die Notwendigkeit, äußerst bedacht zu sein. Er würde einem Interview nur unter der Bedingung zustimmen, daß nichts davon ohne sein ausdrückliches schriftliches Einverständnis veröffentlicht werde. „Das ist wichtig, wenn man über Ratzinger spricht", erklärte er.

Verweyen begann seine Doktorandenlaufbahn unter Ratzinger in Bonn, folgte ihm dann nach Münster und schließlich nach Tübingen, wo er 1967 bei ihm abschloß. Er hat begeisterte Erinnerungen an Ratzinger im Seminarraum: „Er war ein exzellenter Lehrer", erinnerte er sich, „sowohl wissenschaftlich als auch didaktisch. Immer gut vorbereitet. Bereits in Bonn hätte man im Grunde genommen alles so drucken lassen können, wie es aus seinem Munde kam." Verweyen gibt zu Protokoll, daß Ratzingers Kurse in Bonn und Münster immer voll belegt waren. „Wir Studenten waren sehr stolz auf ihn, weil er der berühmteste *peritus* auf dem Zweiten Vatikanischen Konzil war", sagte Verweyen. Die Zuneigung zu Ratzinger, so fuhr er fort, begann sich unter den Studenten 1967 abzukühlen, gerade als Verweyen nach Notre-Dame aufbrach.

Verweyen schloß seine Promotion ab, als Ratzinger damit begann, sein Verständnis des Konzils im Lichte der Gefahren, die er Form annehmen sah, zu verändern. Ratzingers gemäßigt progressive Position auf dem Konzil verlor, so glaubt Verweyen, in den darauffolgenden Jahren ihren Boden, als sich die Kultur, innerhalb wie außerhalb der Kirche, nach links verlagerte. Leute wie Ratzinger und von Balthasar dachten, sie könnten sich in keine andere Richtung mehr wenden als in die des Lagers der Traditionalisten. Verweyen gibt Ratzinger selbst einen Teil der Schuld dafür. „Er wandte sich nie an die Medien, wie es Küng und Metz taten, kümmerte sich nie genug um den Versuch, ein Publikum für seinen Standpunkt zu erschließen und damit die Dinge zusammenzuhalten", sagte Verweyen.

Auch wenn Verweyen betont, daß er und Ratzinger auf gutem Fuße miteinander verbleiben, hat er seine tiefe Ablehnung des Kurses, den Ratzinger eingeschlagen hat, nicht zu verbergen versucht. 1994 veröffentlichte Verweyen einen Kommentar zum neuen *Katechismus der katholischen Kirche.* In *Der Weltkatechismus: Therapie oder Symptom einer kranken Kirche?* zitiert er Dokumente des II. Vaticanums und sogar Ratzingers eigenes Werk gegen bestimmte Abschnitte im Katechismus und versucht damit zu zeigen, daß es sich hier nicht um eine neutrale Präsentation der katholischen Tradition handelt, sondern an gewissen Stellen eher um eine vorsätzliche Umformung dieser Tradition, um den politischen und kirchlichen Zielen des gegenwärtigen Papsttums zu dienen.[20]

Trotz dieses Bruchs mit Ratzinger erhielt Verweyen, als er kürzlich sechzig wurde, einen freundlichen Brief vom Kardinal, in dem er ihm gratulierte und ihm im wesentlichen auftrug, „in seiner guten Arbeit fortzufahren". Verweyen betonte, daß er und seine Frau Ingrid, die auch in Bonn unter Ratzinger studierte, für seine Güte dankbar seien. Gleichzeitig erkennt Verweyen, daß persönliche Freundlichkeit nicht mit einer guten Leitung zu verwechseln ist: „Es scheint unter deutschen Theologen auf der Universitätsebene eine nahezu ausnahmslose Übereinstimmung zu herrschen, daß die Art und Weise, in der viele oder gar die Mehrheit der deutschen Bischöfe in der vergangenen Dekade in (und von) Rom behandelt wurden, sich scharf von der auf dem II. Vaticanum verkündeten Gemeinschaftlichkeit unterscheidet." In dieser Hinsicht, so Verweyen, schlägt Ratzinger heute einen eindeutig anderen Ton an als zu der Zeit, als er noch sein Student war.

Werner Böckenförde

Werner Böckenförde entstammt einer bekannten deutschen Familie. Sein Bruder Ernst-Wolfgang ist landesweit einer der vorzüglichsten Juristen und war einmal Ratgeber der deutschen Bischöfe bei ihrem umstrittenen Programm der Schwangerschaftsberatung. Werner Böckenförde, inzwischen einundsiebzig, ist emeritierter Professor für Kirchenrecht und die gesetzliche Beziehung zwischen Kirche und Staat an der Universität Frankfurt am Main. Er ist auch Priester am Dom der Diözese Limburg.

Wie Verweyen studierte Böckenförde in den frühen Tagen in Bonn und Münster unter Ratzinger. Eine Zeitlang war er als Ratzingers Doktorandenassistent tätig. Gleichfalls wie Verweyen beobachtete Böckenförde, wie sich die Position seines früheren Mentors im Lauf der Jahre beträchtlich nach rechts verlagerte. Da Böckenförde letztlich Kirchenrecht zu seiner Disziplin machte, hatte er nicht häufig Gelegenheit, in theologisch kontroversem Gewässer zu waten. Seine instinktiven Gefühle könnten kaum als radikal beschrieben werden, nicht einmal als erkennbar „progressiv". Und doch übertrifft Böckenförde in seiner Vorsicht, über Ratzinger zu sprechen, selbst noch Verweyen. Bei einer Kontaktaufnahme für ein Interview sagte er nur, daß seine gemeinsamen Tage mit Ratzinger „lange, lange Zeit zurückliegen".

Ein gewisser Hinweis auf Böckenfördes Einschätzung der Jahre, die Ratzinger vom Vatikan aus mitgeprägt hat, läßt sich aber einer Rede entnehmen, die er im Oktober 1998 auf einer Versammlung in Würzburg gehalten hat, die vom deutschen Zweig der Wir-sind-Kirche-Bewegung gefördert wurde, einer internationalen katholischen Reformbewegung, die von Ratzinger öffentlich angeklagt wurde. In seiner Rede wandte sich Böckenförde der heutigen Situation der katholischen Kirche aus einer kirchenrechtlichen Perspektive zu. Die Führerschaft der Wir-sind-Kirche war so beeindruckt von seinem Vortrag, daß sie ihm eine weite Verbreitung ermöglicht hat.[21]

Böckenförde erklärte am Beginn, daß er beabsichtige, sich der Wirklichkeit innerhalb der Kirche so zu stellen, wie sie im Kirchenrecht kodifiziert sei, nicht mit dem träumerischen Gerede vom „Geist des Konzils", das von einigen Utopisten dargeboten werde. Er wisse, was die Leute meinten, wenn sie diesen „Geist" beschwörten; bei der Beschreibung seiner eigenen unmittelbaren Eindrücke vom Konzil sagte er, es hätte sich letztlich um eine Reaktion auf den Ultramontanismus des letzten Jahrhunderts, auf den Antimodernismus zu Beginn dieses Jahrhunderts und auf die vergleichbar bedrückende Enge der fünfziger Jahre gehandelt. Die Texte des Konzils und viele ihrer Kommentare hätten ein freundlicheres Bild der Kirche gezeichnet. Man hätte empfunden, daß die Zügel gelockert würden, und Laien hätten ein größeres Selbstbewußtsein und einen aufrechteren Stand entwickelt.

Doch sei dies nicht die Kirche, die man im *Kodex des Kanonischen Rechts* von 1983 vorfinde, sagte Böckenförde. Der kirchliche Gesetzgeber – und das ist entsprechend der kirchlichen Verfassung letztlich allein der Papst –, dieser Gesetzgeber zeigte sich ihm zufolge entschlossen, nicht nur jede Infragestellung der hierarchischen Struktur der Kirche zu unterbinden, sondern zusätzlich diese Struktur sogar noch zu verstärken. Das Ergebnis sei, so Böckenförde, daß in kirchenrechtlichen Begriffen Johannes Paul II. entschieden habe, daß sich keine einschneidenden Folgen aus dem Konzil ergeben sollten.

Bei der Aufzählung einer Anzahl von Beispielen von neuen Treueiden bis zu neuen Nichtachtungsstrafen sagte Böckenförde, daß der Sehnsucht nach Freiheit und Verantwortung mit der Forderung nach Gehorsam begegnet würde, einfach eher aus Gründen formaler Autorität als aus solchen der Einsicht. Später vertrat er, daß der neue *Kodex des Kanonischen Rechts* das vom Konzil entwickelte Freiheitsverständnis innerhalb der Kirche auf den Kopf stelle. Zusammengefaßt laute die Formel: Christliche Freiheit findet ihre Erfüllung im Gehorsam. Er erklärte, daß diese Herangehensweise ein klares Ausarten kirchlicher Autorität hervorgebracht habe.

Während er mehrere bestimmte Fälle neuer Gehorsamsforderungen ansprach, die in der vorhergehenden Dekade ausgegeben worden waren, wählte Böckenförde eine im Februar 1997 vom Päpstlichen Rat für die Familie verabschiedete Reihe von Richtlinien für Gläubige aus. Dieses Dokument erklärt, daß das Verbot der Verhütung endgültig und unabänderlich ist. Böckenförde merkt an, daß der Vatikan 1968 nach *Humanae vitae* dessen Lehre eindeutig nicht für unfehlbar erklärt habe, und sagt, daß das Dokument von 1997 die vorhergehende Glaubenslehre aufgehoben habe. Hoffentlich würden genügend Bischöfe, die mit diesem Zusatz nicht einverstanden seien, auf sich aufmerksam machen, sagte Böckenförde. Sonst könne der Papst den Schluß ziehen, daß dies die „dauerhafte Lehre" der Kirche sei, weil sich ihr niemand entgegengestellt habe. Zum Inhalt eines Dokuments von 1997 zum Laiendienst sagte Böckenförde, er finde dessen Behauptungen ärgerlich, daß die Beschäftigung von Laiendienern zu einem Schwinden von Kandidaten für die Priesterschaft führe, ebenso wie die Erklärung, daß Bischöfe den Abschied eines Priesters nicht akzeptieren müßten, nur weil er fünfundsiebzig Jahre alt sei.

Dann fragte Böckenförde, was man angesichts eines derart geschlossenen Systems tun könne. Was bleibe den Gläubigen, die nicht aufgeben oder in die dauernde Opposition fliehen, sondern Bewegung in die Kirche bringen wollten? Er bot mehrere Vorgehensweisen an, die von der Nichtindividualisierung struktureller Streitigkeiten bis zur Forderung reichten, daß Bischöfe ihre ihnen zur Verfügung stehenden rechtlichen Mittel einsetzen sollten, um eine stärkere Einbindung der Laienschaft und der Jungpriesterschaft in den Entscheidungsvorgang zu gewährleisten. Direkte Appelle an Rom weist er als „Donquichotterien“ zurück. Er ruft die Bischöfe dazu auf, sich gegen die römische Kontrolle zu behaupten (zu oft werden sie von irgendwelchen Bürokraten der römischen Kurie an der Nase herumgeführt) und die Stimmen ihrer Leute weiterzutragen. In dieser Hinsicht bezieht er sich auf Ratzinger: Kardinal Ratzinger habe in dem Buch *Salz der Erde* die Frage beantwortet, ob der Vatikan vorhabe, das Volk Gottes hinsichtlich Glaubensfragen um seine Meinung zu bitten. Er habe festgehalten, daß es seine Prämisse sei, daß die Bischöfe gut darüber informiert sein sollten, was Männer und Frauen wirklich glaubten, und daß sie diese Information weitergeben sollten. Bischöfe könnten daher danach gefragt werden, wie sie Informationen über den *sensus fidelium* der Gläubigen sammelten, die ihrer Obhut überstellt seien, und wie und ob sie Rom darüber informierten. Zum Schluß gibt Böckenförde seiner Hoffnung Ausdruck, daß die Gläubigen den Apostel im Bischof erwecken würden.

All das hat einen vertrauten Klang, der sich sehr stark nach dem Joseph Ratzinger von 1963 und 1964 anhört, der die römische Kurie streng tadelte und mehr Autorität für lokale Bischöfe forderte. In diesem Sinne steht Böckenförde in einer Linie mit seinem alten Professor. Der Wandel in Ratzingers Einstellung kann tatsächlich abgeschätzt werden, wenn man erfaßt, welche Distanz ihn eigentlich, theologisch wie politisch, von Böckenfördes heutigen Positionen trennt.

Vincent Twomey

Father Vincent Twomey ist Mitglied der Gesellschaft des Göttlichen Wortes. In seiner krassen Orthodoxie gibt er ein Beispiel für Ratzingers zweiten Studentenkreis, der sich in den siebziger Jahren in Regensburg um ihn gruppierte. Twomey schloß seine Dissertation 1978 ab, ein Jahr nachdem Ratzinger als Erzbischof von München eingesetzt worden war, und verbrachte dann knapp über zwei Jahre als Dozent in einem Seminar in Papua-Neuguinea. Heute ist er Mitglied der Fakultät des St. Patrick's College in Maynooth in Irland, Sitz des nationalen Priesterseminars und Zentrum des „Anstaltskatholizismus“.Er ist auch Sprecher für Erzbischof Desmond Connell von Dublin, Oberhaupt der irischen Kirche.

Twomeys unter Ratzinger vorbereitete Doktorarbeit behandelte das Thema *Apostolikos Thronos: Das Römische Primat in der Reflexion der Kirchengeschichte des Eusebius und der historisch-apologetischen Schriften des heiligen Athanasius des Großen.* Zur Position von Eusebius sagt Twomey, daß es das besondere „Amt“ des Bischofs von Rom gewesen sei, Häresie zu ermitteln und Häretiker zu exkommunizieren, ebenso wie Petrus ursprünglich die Abweichungen des Begründers aller Häresien, Simon Magus, ermittelt und getilgt habe, und autoritativ die Lehre der orthodoxen Schriftsteller zu bestätigen, ebenso wie Petrus einst das Evangelium nach Markus für die Lesung in den Kirchen beglaubigt habe.

Twomeys kämpferische Orthodoxie hat sich in seiner Rolle als Kirchensprecher erhalten. 1994 schrieb er an die *Irish Times*, um sich über einen Artikel zu beklagen, der den Papst des Fundamentalismus bezichtigte:

Es ist höchst ungerecht, wie Sie zu behaupten, daß „Debatte und Kompromiß per definitionem im Zusammenhang mit dem Papst ungeeignet sind", wenn Sie nicht gelten lassen, daß Dialog nur zwischen denen stattfinden kann, denen es an Überzeugung mangelt oder die die Existenz einer objektiven Wahrheit in Belangen der Religion und der Moral leugnen. Es ist tatsächlich möglich, die extreme Natur der Kirchenlehre mit „Fundamentalismus" zu verwechseln, sobald die eigene extreme Lehrmeinung in Frage gestellt wird, wie es für die ganze Säkularisierungsbewegung der Fall ist. Der Papst hat einige der grundlegenden Annahmen der modernen Zivilisation angegriffen, aber das ist nicht dasselbe wie „Fundamentalismus". Die vereinfachenden Antworten, die dieser Geist der Moderne auf solch komplizierte menschliche Probleme bietet wie Eheprobleme (Einführung der Scheidung), AIDS (Verwendung von Kondomen) oder das sogenannte Problem der Überbevölkerung (Freistellung von Verhütungsmitteln, Förderung der Abtreibung), ebenso wie der Fanatismus, mit dem sie umgesetzt werden, könnten angemessenererweise als eine Art von weltlichem „Fundamentalismus" bezeichnet werden – sollte man darauf bestehen, den Begriff zu verwenden.

Auf dem Höhepunkt der Debatte in Irland über einen Volksentscheid zur gesetzlichen Anerkennung der Scheidung 1995 stellte Twomey das Argument in Frage, das II. Vaticanum habe die Kirche davon abgebracht, ihre Moralvorstellungen anderen „aufzuerlegen". „In einer Welt, die sich dazu entschließt, nicht zur Kenntnis zu nehmen, was objektiv richtig und falsch ist, d. h., was Gottes Wille für alle Menschen ist, nimmt die Morallehre der Kirche dann einen prophetischen Charakter an. Man kann sich dieser Sichtweise von Moral entgegenstellen, aber man kann es nicht unter Berufung auf das Zweite Vatikanische Konzil tun", schrieb Twomey. In Erwiderung auf das Argument, daß Katholiken versuchen sollten, über Prinzipien eines universalen Naturgesetzes mit ihren Mitbürgern eine gemeinsame Basis zu finden, schlägt er auch einen augustinischen Ton an. „Eine solche Trennung zwischen dem Dasein eines Bürgers und dem Dasein eines Katholiken zu postulieren, wobei letzterer auf eine private Sphäre beschränkt sein soll, die von der öffentlichen Sphäre des Gesetzes hermetisch abgeriegelt ist, steht sowohl im Widerspruch zur klassischen Philosophie als auch zur universalen oder katholischen Tradition", schrieb Twomey.

Schließlich wendet sich Twomey in einem Brief vom Mai 1999 der Frage der Ordination von Frauen zu. „Jeglicher Versuch, selbst eines rechtmäßig ordinierten Bischofs, eine Frau zum Priester zu weihen, wäre vollkommen null und nichtig. Das war die Anschauung der Kirche in den vergangenen 2.000 Jahren, wie sie kürzlich von Papst Johannes Paul II. wieder bekräftigt wurde. … Für Katholiken ist es das Denken der Kirche, das in einer letzten Analyse das Denken Christi deutet. Heute mögen Bibelgelehrte anders denken. Morgen könnten sie ihre Meinung wieder ändern."

In seinem Spott über die wechselnden Behauptungen von Bibelkennern, in seiner Ablehnung einer deutlichen Unterscheidung zwischen Natur und Gnade und in seiner Herangehensweise an die Frauenfrage als definitiv abgeschlossen steht Twomey sehr stark auf einer Linie mit dem heutigen Joseph Ratzinger. Er repräsentiert die Art von Wirkung, die Ratzingers zweite Welle an Schülern auf die Kirche hat.

Joseph Fessio

Der Jesuit Joseph Fessio ist in jeder Hinsicht ein bemerkenswerter Mann. Er beherrscht mehrere Sprachen und ist ein echter Intellektueller, und doch besitzt er die erdverbundene Gutartigkeit eines Politikers vom Lande. Er ist der absolute päpstliche Maximalist und hat sich in einer öffentlichen Debatte nie unter Kontrolle, doch auf persönlicher Ebene ist er einer der zugänglichsten Menschen des öffentlichen Lebens der katholischen Kirche in Amerika. Wenige Menschen sind im Gespräch liebenswerter. Fessio ist der absolute Repräsentant der Orthodoxie und befreundete sich doch in den achtziger Jahren in San Francisco mit einem homosexuellen katholisch-liberalen Journalisten, Bill Kenkellen, und blieb bei ihm, als er langsam an AIDS starb. Als Kenkellen einen Priester brauchte,um die Letzte Ölung zu spenden, war es Fessio, den er zu sich rief. Fessio wird weithin als eine Hauptfigur in der Kirche wahrgenommen, ein Mann mit Zugang zu den Korridoren der Macht in Rom, doch tatsächlich lebt er in seinem eigenen Büro am Ignatius-Institut. Mit einer Futoncouch, die sich zu einem Bett und einem Betstuhl umfunktionieren lasse, habe er, so sagt er selbst, alles, was er brauche.

Fessio gründete das Ignatius-Institut in San Francisco 1976, um an katholischen Universitäten in Amerika einen traditionelleren Kern im Lehrplan der Freien Künste zu fördern. Er hatte einen Blick auf moderne geistige Strömungen in Nordeuropa geworfen, und was er sah, gefiel ihm nicht; diese „dekonstruktionistischen und feministischen" Einrichtungen waren zu „Zentren der Abweichung und Opposition zu Rom" geworden. Seine Bestrebungen, die von Jesuiten betriebene Universität von San Francisco in einer traditionalistischeren Richtung umzugestalten, schlugen aber weitgehend fehl. Er wurde 1987 als Institutschef entlassen. Fessio gründete auch den Ignatius-Verlag, den er nach wie vor betreibt und der seine Mission darin sieht, Amerikas Bücherregale wieder mit „authentisch" katholischer Literatur zu füllen. Das bedeutet, daß Ignatius eine Fülle von Titeln von Hans Urs von Balthasar und Joseph Ratzinger veröffentlicht, während keine Werke von Charles Curran oder Richard McBrien angeboten werden. Tatsächlich verfügt Ignatius über einen Vertrag, englische Übersetzungen der meisten Werke Ratzingers publizieren zu dürfen.

Fessio begann in den späten sechziger Jahren als Jesuit, und obwohl er mit allen Insignien eines Hippies ausgestattet war – lange Haare, Vollbart, Sandalen, ein Kreuz am Lederriemen um den Hals –, ist er darauf bedacht, von sich zu sagen, daß er „niemals vom orthodoxen Glauben abgewichen ist". Sein Provinzial schickte ihn zum Theologiestudium nach Europa, und in Lyon in Frankreich traf er Henri de Lubac, Ratzingers Freund und Mitstreiter bei *Communio*. De Lubac schlug vor, daß Fessio seine Dissertation zu von Balthasar schreiben sollte, und weiterhin, Ratzinger als Mentor und Regensburg als auf der Hand liegende Lokalität. Dort kam Fessio im Herbst 1972 an, schrieb seine Dissertation zur Ästhetik von von Balthasar und ging 1974 wieder zurück nach San Francisco.

Es ist schwierig, Kontroversen des amerikanischen Katholizismus im Verlauf der letzten zwanzig Jahre zu finden, in die Fessio nicht verwickelt war. Als Mitglied des aus drei Personen bestehenden Exekutivausschusses für Adoremus, eine konservative liturgische „Kettenhund"-Gruppierung, trug Fessio 1997 dazu bei, eine Erklärung zusammenzustellen, die einen Hirtenbrief von Kardinal Roger Mahony von Los Angeles als einer Häresie gleichkommend brandmarkte. Als Rom 1994 eine Bibelübersetzung abwies, die von den amerikanischen katholischen Bischöfen gutgeheißen worden war, vermuteten viele eine Beteiligung Fessios. Wie schon vorher erwähnt, benutzte die Übersetzung eine sogenannte „inklusive" Sprache, etwa das Wort „Mensch" anstelle von „Mann". Fessio sagte zu dieser Zeit, daß der Antrieb zur Nutzung einer inklusiven Sprache von einer „gewissen Eliteklasse" stamme, „der Intellektuellenklasse und bestimmten Bischöfen, die von ihren Mitarbeitern beeinflußt sind. Es handelt sich nicht um eine populäre Graswurzelbewegung". Zur kirchlichen Position, keine Frauen ordinieren zu können, sagt Fessio geradeheraus: „Das ist keine Entscheidung. Das ist eine Darstellung der Wirklichkeit." Er hält auch daran fest, daß es keine Beispiele für Veränderung in der „wahren katholischen Lehre" gebe.

Fessio sitzt neben Ratzinger im Ausschuß einer Einrichtung in Rom, genannt Casa Balthasar, einer Wohnstätte für junge Männer, die eine Berufung zum Priesteramt in Erwägung ziehen. Sie ist dafür gedacht, zukünftige Priester in die katholische Denktradition einzuführen, wie sie sich durch De Lubac, von Balthasar und Adrienne von Speyer vermittelt. Der Ausschuß trifft sich jeden Februar, und zu dieser Zeit stattet Fessio gewöhnlich auch Ratzingers Büro einen Besuch ab. Er sagt von Ratzinger, daß dieser über einen lebhaften, wenn auch unterschwelligen Sinn für Humor verfüge. Einmal erklärte er ihm, daß er sein Institut sowohl von der Universität als auch von der Erzdiözese getrennt eintrage. „Aha“, erwiderte Ratzinger, „wegen dieser doppelten Unabhängigkeit können Sie orthodox bleiben.“ Doch sagt Fessio auch, daß Behauptungen, er habe einen Draht zu Ratzinger, übertrieben seien. Denen, die Ratzinger für einen strengen Unterdrücker halten, sagt Fessio einfach, daß Ratzinger nicht mehr getan habe, als klare Grenzlinien zu ziehen, wo der Katholizismus beginne und wo er ende, und darauf bestehe, daß die, die in seinem Namen lehrten, diese Grenzen achteten.

Christoph Schönborn

Nur wenige Mitglieder der römisch-katholischen Hierarchie erfreuen sich eines berühmteren kirchlichen Stammbaums als Christoph Schönborn. Als Angehöriger der alten österreichischen Adelsfamilie Schönborn-Buchheim-Wolfstahl ist der gegenwärtige Kardinal von Wien nur einer von zwei Kardinälen und neunzehn Erzbischöfen, Bischöfen, Priestern und Glaubensschwestern, die aus seiner Familie hervorgegangen sind. Er ist nicht einmal der erste Schönborn, der Primat der österreichischen Kirche ist; diese Ehre kommt seinem Urgroßonkel zu, Kardinal Franz Graf Schönborn, der in seiner Stellung als Erzbischof von Prag das österreichische Episkopat im alten Österreichisch-Ungarischen Reich leitete.

Vielleicht aufgrund dieses Hintergrunds ist Christoph Schönborn kein „Straßenkämpfer“ in der Art von Twomey und Fessio. Er hat einen altherkömmlichen Sinn für Würde, der ihn davor bewahrt, zu tief in die verbalen Schützengräben hinabzusteigen. Doch in der ihm eigenen Weise hat auch er Ratzingers Regensburger Erbe weitergetragen und seinen Teil geleistet, die Kirche in eine orthodoxere Richtung zu drängen. In Regensburg vollendete Schönborn seine Doktorarbeit zu St. Sophronius von Jerusalem (560–638), einem Kirchenvater, der am bekanntesten für seinen *Synodalbrief* ist, der die Glaubenslehre der zwei Naturen Christi, menschlich und göttlich, verteidigte. Schönborn wurde dann Theologieprofessor an der Dominikanischen Universität in Fribourg in der Schweiz. Nach einer Zeit wurde er zum Mitglied der internationalen theologischen Kommission berufen. 1987 benannte Ratzinger Schönborn als allgemeinen Herausgeber des neuen universalen *Katechismus der katholischen Kirche.* Schönborn ist der Mann, der für die Inhalte dieses Dokuments hauptverantwortlich ist, von dem mehrere scharfsinnige Beobachter kirchlicher Angelegenheiten glauben, daß es das einzige vollendete Werk von größerer Dauer aus der Papstschaft Johannes Pauls II. sein wird. Wie der Ratzingers folgte auch der Weg Schönborns zum Episkopat eher der „weniger befahrenen Straße" der fachtheologischen Arbeit als einer Karriereschiene in der kirchlichen Diplomatie.

Als der weithin verehrte Kardinal Franz König von Wien 1985 aus dem Amt schied, glaubten die meisten Österreicher, die auf der Hand liegende Wahl, ihn zu ersetzen, würde auf den Auxiliarbischof Helmut Krätzl fallen. Statt dessen setzte Johannes Paul aber einen unbekannten Benediktiner mit Namen Hans Hermann Gröer ein, was viele Österreicher als einen Versuch werteten, ihre „liberale" Kirche im Zaum zu halten. Als Anklagen aufkamen, daß Gröer als Abt Novizen sexuell mißbraucht habe, und es den Anschein hatte, daß der Papst dazu entschlossen war, Gröer blindlings zu stützen, gerieten die österreichischen Katholiken außer sich. Zehntausende verließen die Kirche, während eine halbe Million eine Petition unterschrieb, die eine durchgreifende Reform in der Kirche forderte. Österreich hat heutzutage den Niederlanden den Rang als zänkischste katholische Gemeinde Europas abgelaufen.

Als Gröer 1995 den Weg frei machte, wurde Schönborn berufen, ihn zu ersetzen. Zunächst verschaffte er sich mit seinem gemäßigten Ton und seinem seelsorgerischen Feingefühl gute Kritiken. Er schloß sich anderen Bischöfen darin an, öffentlich zu erklären, daß sie von Gröers Schuld überzeugt seien, und offerierte den österreichischen Katholiken eine Entschuldigung. Im Lauf der Zeit aber wurde sein Ruf durch offensichtliche Patzer befleckt, die von der Art und Weise, in der er seinen beliebten Generalvikar absetzte, indem er ihm eine Notiz vor die Tür legen ließ, bis zu seinem Versagen reichten, den ultrakonservativen Bischof Kurt Krenn von Sankt Pölten zu verweisen, dessen zermürbende Art die große Mehrheit der Österreicher befremdet hat. Allgemeiner sagen viele Österreicher, sie seien von Schönborns Widerstand gegenüber den innerkirchlichen Reformen enttäuscht worden, zu denen der Dialog für Österreich aufgerufen hatte, eine besondere Nationalversammlung von Katholiken, die im Oktober 1998 in Salzburg einberufen worden war.

In einem kurz vor der Zusammenkunft der Versammlung veröffentlichten Buch spottete Schönborn über die Forderungen der Wir-sind-Kirche, der bedeutendsten österreichischen Reformgruppierung – Ordination von Frauen, Duldung der Empfängnisverhütung, Priesterheirat, eine weniger starre Sexualethik und eine stärkere lokale Kontrolle in der Kirche –, als „protestantische" Agenda. Nach Abschluß des Dialogs hielt er in

Frankfurt eine Rede, in der er die Führerschaft der Wir-sind-Kirche als die verglühende Asche der 68er Generation und ihrer „Auslegung des Mißtrauens" ablehnte.[22]

In den frühen neunziger Jahren betätigte sich Schönborn als Kanzler des Medo-Instituts in den Niederlanden, eines konservativen Zentrums theologischer Studien, das 1990 als Gegengewicht zu den etablierten Programmen katholischer Theologie an nordeuropäischen Universitäten eröffnet worden war. Nachdem eine Opposition in den Niederlanden das Institut 1994 dazu gebracht hatte, sich umzusiedeln, hieß es Schönborn als internationales theologisches Institut für Studien in Ehe und Familie in Österreich willkommen. Es wirkt von einem renovierten Karthäuser-Kloster im österreichischen Gaming aus, mit Schönborn als von Johannes Paul II. eingesetztem „Großkanzler". Das Institut erhält eine gewisse finanzielle Unterstützung von der Bischofskonferenz der Vereinigten Staaten.Schönborn pflegt Kontakte zur katholischen Rechten in den USA, vor allem an der Franziskanischen Universität in Streubenville in Ohio, die für ihre streng traditionalistische Haltung in Kirchenangelegenheiten bekannt ist. Streubenville betreibt einen österreichischen Universitätszweig von derselben Örtlichkeit Gaming aus, an der das internationale theologische Institut seinen Sitz hat. Im April 1997 reiste Schönborn in die Vereinigten Staaten, um von Streubenville die Ehrendoktorwürde für seine Arbeit am Katechismus entgegenzunehmen.

Schönborn unterstützt die „neuen Bewegungen" innerhalb der Kirche enthusiastisch, etwa die Legionäre Christi, Fokularini und den Neo-Katechumenismus. Eine seiner wichtigsten Beraterinnen, Therese Henesberger, ist Mitglied des Neo-Katechumenismus. 1997 veröffentlichte Schönborn einen Artikel für *L'Osservatore Romano*, in dem er die neuen Bewegungen gegen Anklagen verteidigte, sie liefen auf „Abspaltungen innerhalb der Kirche" hinaus.

Schönborn wurde häufig als möglicher Nachfolger Ratzingers ins Gespräch gebracht, in dem Maße, daß Ratzinger auf einer Pressekonferenz 1998 mahnte, dessen Berufung unter die Kardinäle, die der Kongregation zugehören, sollte nicht als Benennung eines „Kronprinzen" gedeutet werden. Und doch repräsentiert Schönborn in gewissem Sinne Ratzingers Erbe. Er ist das hervorragendste und einflußreichste Mitglied seines zweiten Studentenkreises, und in Anbetracht seiner Jugend – gerade erst Mitte Fünfzig – wird er wahrscheinlich in kommenden Jahren eine Autorität in der Kirche werden. Er ist daher wie geschaffen, den Einfluß von Männern wie Verweyen und Böckenförde abzuschwächen – und den Triumph des Ratzinger aus Regensburg über den Ratzinger aus Bonn zu gewährleisten.[23]

RATZINGER IM ANNUS MIRABILIS 1968

Joseph Ratzinger kam 1966 nach Tübingen, immer noch begeistert von der Erwartung des II. Vaticanums und bereit, seinen Platz an der Seite der anderen angehenden Größen der deutschen Theologie einzunehmen, hier sind vor allem Hans Küng aus dem katholischen Lager und Jürgen Moltmann aus dem evangelischen zu nennen. Küng war als Dekan der katholisch-theologischen Fakultät tätig, als der Lehrstuhl für Dogmatik frei wurde, und er unternahm den ungewöhnlichen Schritt, keine *terna* anzulegen, keine Liste mit drei möglichen Kandidaten, die Stelle zu besetzen. Er schlug als einzigen Ratzinger vor, nachdem er sich durch einen Telefonanruf in Münster bei ihm versichert hatte, daß er annehmen würde. Die Fakultät stimmte zu.

Küng und Ratzinger kamen nach allem, was man hört, in den Tübinger Jahren sehr gut miteinander aus. Sie hatten eine feststehende Verabredung für jeden Donnerstag zum Abendessen, um eine Zeitschrift zu besprechen, die sie gemeinsam herausgaben, wodurch Küng zum einzigen Kollegen Ratzingers wurde, mit dem er regelmäßig Umgang pflegte. Die beiden gaben eine echte Kontraststudie ab, Küng, der in seinem Alfa Romeo durch die Stadt sauste, und Ratzinger, wie er mit seinem Professorenbarett auf dem Kopf auf seinem Fahrrad strampelte; aber sie schienen einen guten Draht zueinander zu haben.

Aber Küngs zunehmend progressive theologische Gefühle entsprachen Ratzinger nicht. Bis 1969, als Ratzinger Tübingen verließ, um nach Regensburg zu gehen, war das Grundgerüst seiner pessimistischeren, konservativen Einstellung vorhanden. Wie schon im ersten Kapitel angedeutet, waren die Ereignisse von 1968 von großer Tragweite für seine Wandlung, und daher ist es wichtig, einen genaueren Blick auf diese schicksalhaften Monate zu werfen, um Ratzingers Entwicklung zu verstehen.

Mehrere Faktoren veranlaßten die „Babyboom"-Generation in Deutschland zu dem gesellschaftlichen Protest Ende der sechziger Jahre. Der erste war das Erbe des Nationalsozialismus. In der Nachkriegszeit wurden im Streben nach Wiederaufbau unbequeme Fragen darüber, wer genau was unter den Nazis getan hatte, weitgehend beiseite gedrängt. Zwanzig Jahre später jedoch fingen die Nachkommen im Universitätsalter an, ihre Eltern zu fragen, was sie unter Hitler gemacht hätten. Oft fanden sie die Antworten unbefriedigend. Ihre Anklage kristallisierte sich 1968 heraus, als die Nazijägerin Beate Klarsfeld dem Bundeskanzler Kurt Georg Kiesinger auf einem CDU-Parteitag in Berlin öffentlich eine Ohrfeige verabreichte. Kiesinger war während des Krieges stellvertretender Abteilungsleiter der Rundfunkabteilung des Reichsaußenministeriums gewesen.

Hinzu kam, daß die „Boomer"-Generation zahlenmäßig sehr groß war, so daß Millionen von Heranwachsenden und jungen Erwachsenen zur nationalen Bevölkerung zuzurechnen waren. Das Erziehungssystem war aber nicht dafür ausgelegt, solche Mengen handhaben zu können. So war das Verhältnis von Studenten zu Dozenten an deutschen Universitäten in den späten sechziger Jahren dreimal so hoch wie in den Vereinigten Staaten und viermal so hoch wie in England. Zur gleichen Zeit forderte die deutsche Jugend, daß die Universitäten weniger elitär werden müßten. Noch 1968 qualifizierten sich nur sieben Prozent der jungen Erwachsenen für eine Ausbildung auf der Universitätsebene, und nur drei Prozent schrieben sich tatsächlich ein. Im selben Augenblick also, als die Zahlen der traditionellerweise für die Hochschule Bestimmten stiegen, entstand auch der Druck, den Kreis der Studenten zu vergrößern. Unter der Anspannung brach der Universitätsbetrieb vielerorts zusammen, was eine allgemeine Stimmung der Frustration erzeugte. Auch war die Beziehung zwischen Studenten und Dozenten ein strittiger Punkt. Studentische Aktivisten beschrieben dieses Verhältnis als ähnlich dem eines Feudalherren zu seinen Leibeigenen; es existierte ein fast unüberbrückbarer Graben zwischen dem gebieterischen Professor und den niedrigen Studenten. Das entfachte zusätzlich den Zorn in einer Generation, die bereits gewillt war, die Rechtschaffenheit der Älteren in Frage zu stellen.

Auch wenn sich das Nervenzentrum der Studentenbewegung in Berlin an der Freien Universität befand, erfaßte sie Tübingen ebenso stark. In einer Abhandlung von 1996 in der *Süddeutschen Zeitung* reflektierte ein radikaler Student der sechziger Jahre namens Klaus Podak über den Geist in Tübingen in den Tagen, nachdem der Student Benno Ohnesorg in Berlin auf einer Demonstration gegen den Besuch des Schahs von Persien erschossen worden war, was eine massive Welle von Unruhen an den Universitäten des ganzen Landes auslöste. Er schrieb, daß die nahende Revolution zu spüren gewesen sei und ihre wilde erhitzte Luft Tübingen wie eine Brise erreicht habe. Die Wangen hätten sich rot gefärbt, die Herzen hätten schneller geschlagen, die Augen hätten geglänzt, und die Körper hätten gezittert. Erregung sei Tag und Nacht gegenwärtig gewesen. Zu etwa derselben Zeit wurde ein anderer Radikaler, Günther Maschke, Herausgeber einer Studentenzeitung in Tübingen und machte aus ihr ein wichtiges Sprachrohr der Protestbewegung.

Tübingen wurde aber hauptsächlich deswegen zum geistigen Mekka der Aktivisten, weil dort Ernst Bloch lehrte. Weithin als Vater der Studentenbewegung von 1968 anerkannt, lieferte seine marxistische Analyse des Christentums und der gesellschaftlichen Veränderung einen guten Teil des geistigen Rüstzeugs für die Aktivisten, und er bot persönlich Unterstützung für ihren Protest an. Zu einem bestimmten Zeitpunkt übersprühten Aktivisten das Schild „Tübingen" an der alten Versammlungshalle der Universität mit „Ernst-Bloch-Universität". In *Aus meinem Leben* erkennt Ratzinger Blochs Einfluß verdrießlich an und erklärt beiläufig, daß Bloch Heidegger für sein Kleinbürgertum verächtlich machte.

Bloch fand bei Moltmann seinen Widerhall, der in seiner „Theologie der Hoffnung" die Idee einer christlichen Unterstützung für die soziale Revolution entwickelte. (Moltmanns Sprachgebrauch gibt den Einfluß von Blochs Meisterwerk *Das Prinzip Hoffnung* wieder.) Der Tübinger neutestamentliche Exeget Ernst Käsemann ließ seine Unterstützung gleichermaßen Studenten zukommen, die die Kirche anklagten, sie hätte zu oft an der kapitalistischen Ausbeutung der Armen teilgehabt, und die der traditionellen Theologie vorwarfen, daß sie häufig der Stützung des Systems diene. Käsemann hatte, wobei er nicht radikal war, ein echtes Verständnis für politische Verantwortlichkeit; seine Tochter Elisabeth war aufgrund ihrer politischen Aktivitäten von der Militärjunta in Argentinien ermordet worden.

Für Ratzinger war das alles einfach zuviel. Darüber frustriert, daß die theologischen Fakultäten als ideologisches Zentrum der Protestbewegung hervortraten, vereinigte er seine Kräfte mit zwei evangelischen Kollegen, Ulrich Wickert und Wolfgang Beyerhaus, um „Zeugnis für unseren gemeinsamen Glauben an den lebendigen Gott und an Christus, das fleischgewordene Wort, abzulegen", den die drei Männer für bedroht hielten. Ratzinger sah sich im Konflikt mit vielen seiner Kollegen. Er habe nicht ständig in die Gegenposition gedrängt werden wollen, sagte er, und daher verließ er Tübingen, einen Karrieregipfel, von dessen Erreichen die meisten Theologen nur träumen können, nach nur drei Jahren.

Ratzinger verabschiedete sich aus Tübingen, um für eine regionale Institution zu arbeiten, die nicht im geringsten eine vergleichbare Tradition hatte. Regensburg war ein nagelneuer Entwurf des bayerischen Freistaats. Das wäre so, wie wenn ein Chefredakteur der *Berliner Zeitung* auf dem Höhepunkt seiner Karriere kündigen würde, um bei einem kleinen Regionalblatt in Langenfeld anzufangen. Eine solche Entscheidung kann nicht einfach mit unterschiedlichen intellektuellen Einstellungen erklärt werden, die schließlich das Herzblut einer großen Universität sind.

Lange ging das Gerücht, daß ein Faktor für Ratzingers Entscheidung, aus Tübingen wegzugehen, eine zunehmende persönliche Feindseligkeit von seiten der Studenten gewesen sei. Doch in *Aus meinem Leben* sagt er, er hätte nie Schwierigkeiten mit den Studenten gehabt. Im Gegenteil, es sei ihm möglich gewesen, weiterhin zu einem Vorlesungssaal voller aufmerksamer Zuhörer zu sprechen. Er hat im besonderen ein Gerücht abgestritten, dem zufolge ihm einmal das Mikrophon von einer Gruppe feindseliger Studenten entrissen wurde, obwohl in der Presse über diesen Vorfall berichtet worden ist.

Auch wenn Ratzinger weiterhin ein beliebter Lehrer war, erlebte er eine krasse Opposition von einigen Studenten und jüngeren Kollegen. Dies drückte sich durch Störungen in seinen Seminaren aus. Küng sagt, daß Ratzinger wie einige andere bekannte Professoren, er selbst eingeschlossen, zum Ziel von Sit-ins linksgerichteter Studenten geworden wären, die hereingekommen seien und die Kanzeln besetzt hätten. Selbst für eine starke Persönlichkeit wie ihn sei das unangenehm gewesen, fährt Küng fort, für jemanden, der zaghaft gewesen sei wie Ratzinger aber, sei es schrecklich gewesen. Küng führt ferner aus, daß er seine eigenen Vorlesungen zum Ende des Semesters 1968 entfallen ließ, weil er es müde gewesen sei, den „Überfall“ auf sie zu erleben, und weiter, daß er und Ratzinger sich gegenseitig ihr Leid über diese Erfahrung geklagt hätten. Außerdem erklärt Küng, daß er zu dieser Zeit auch Gerüchte gehört habe, daß Ratzingers Doktoranden nicht glücklich mit ihm wären, er sei aber nicht allzusehr an den Einzelheiten interessiert gewesen.

In *Salz der Erde* gab Ratzinger zu Protokoll, daß sich seine Probleme nicht auf Studenten bezogen hätten, sondern auf die nicht zum Professorenstab gehörenden Mitarbeiter. Das beträfe den sogenannten „akademischen Mittelbau“,die Assistenten von Professoren. An den Universitäten zählen sie zur bedauernswerten Abteilung, denn sie verbringen einige ihrer potentiell produktivsten Jahre damit, Buchrezensionen zu schreiben und Professoren Wege abzunehmen. Ihre Zeit der Prüfung endet erst, wenn und falls auch sie zur Zunft zugelassen werden. Oft bildeten sie, manchmal im Verbund mit Doktoranden, eine zweite Avantgarde an den unruhigen Universitäten.

Ratzinger wurde auch zutiefst durch Ereignisse in der Hochschulgemeinde in Tübingen verunsichert, in der eine Gruppe von Aktivisten das Recht beanspruchte, ein „politisches Mandat“ für die Gemeinde zu bekunden. Diese Studenten wollten den Kaplan selbst berufen und die Gemeinde zu politischem Aktivismus führen. Eine solche Debatte polarisierte die katholischen Studenten in Tübingen stark. Ratzinger brachte seinen Studenten gegenüber seine Bedenken angesichts dieser Situation zum Ausdruck, vor allem bezüglich der Frage des bischöflichen Rechts, Kaplane zu berufen. Es war ein weiterer Weckruf für Ratzinger, eine Lehrstunde in Gefahren eines politisierten Glaubens.

Später sagte Ratzinger, in der Tübinger Erfahrung zeigte sich ihm eine „Instrumentalisierung durch Ideologien, die auch tyrannisch, brutal und grausam waren. Mir war von daher klar geworden, daß man, gerade wenn man den Willen des Konzils durchhalten will, sich gegen dessen Mißbrauch zur Wehr setzen muß. ... ich habe gesehen, wie wirklich Tyrannis ausgeübt worden ist, in brutalen Formen auch ... Wer hier Progressist bleiben wollte, mußte seinen Charakter verkaufen.“[24] Laut Beobachtern, die sich in den späten sechziger Jahren in Tübingen aufhielten, waren mehrere von Ratzingers Doktoranden wegen seiner neuen Haltung verwirrt und frustriert, darunter einige, die ihm aus Bonn und Münster gefolgt waren. Manche wanderten ab, um unter Küng oder Metz zu studieren.

Die andere Revolution von 1968, die ebenfalls ihre Prägung bei Ratzinger hinterließ, war eine spezifisch katholische: die breite weltweite Empörung über *Humanae vitae*, am 29. Juli 1968 von Paul VI. erlassen. Viele seiner Biographen glauben, daß die durch *Humanae vitae* hervorgerufene Wut, die der darin wiederholten Bekräftigung des kirchlichen Verbots der Empfängnisverhütung entgegen der weitgespannten Erwartung einer Veränderung entsprang, den Papst derart schockierte, daß hierin die Erklärung dafür liegt, daß er in den letzten zehn Jahren seines Pontifikats keine weitere Enzyklika mehr verabschiedete. Mehr als tausend Theologen auf der ganzen Welt erklärten ihre Abweichung von dieser Lehre und gaben an, daß sie dazu beitrage, „Krieg und Armut unumgänglich zu machen“. Sie bezeichneten sie als „unmoralisch“. Umfragen zeigten, daß die überwältigende Mehrheit der Katholiken empfand, der Papst sei „nicht mehr in Fühlung mit den Dingen“.

In Deutschland schien der Reaktion etwas an Schärfe genommen zu sein, als die Landesbischöfe auf einem Treffen in Königstein im August 1968 erklärten, daß Paare, die Verhütungsmittel benutzten, für sich selbst bestimmen müßten, ob sie ihre Entscheidung vor ihrem Gewissen – frei von subjektiver Bevormundung – verantworten könnten. Wenn sie empfänden, daß sie das tun könnten, dann wäre der Einsatz einer Empfängnisverhütung nicht notwendigerweise eine Sünde. Die Bischöfe bemerkten, daß der Papst seine Lehre nicht zum Dogma erklärt hätte. Die österreichischen Bischöfe gaben eine ähnliche Erklärung heraus, wie auch mehr als zwanzig andere Bischofskonferenzen.

Doch auf dem Katholikentag im September in Essen brach die Kontroverse erneut aus. Ein Aktionskomitee Kritischer Katholiken war zusammengetreten, um den Dissens von *Humanae vitae* zu organisieren. Sie erwarteten eine Geste der Unterstützung von Kardinal Julius Döpfner,des Helden der Liberalen vom II. Vaticanum und des Mannes, der den Vorsitz einer päpstlichen Kommission zur Empfängnisverhütung innegehabt hatte, durch die eine Veränderung der Lehre empfohlen worden war. Zunächst schien Döpfner bereit, dem Kommitee Unterstützung zukommen zu lassen, dann aber, laut der auf der Veranstaltung anwesenden Theologin Uta Ranke-Heinemann, schaltete er um. Er begann davon zu sprechen, wie man dem Papst eine Botschaft der Unterstützung senden müßte, die ihm bezeugen sollte, welchen Mut er gezeigt und wie richtig er sich verhalten habe. Ranke-Heinemann sagte, sie sei davon wie betäubt gewesen. Weiter sagte sie, daß Döpfners Haltung den Bruch zwischen vielen deutschen Katholiken und den Kirchengewalten besiegelte.[25]

Die Ereignisse von 1968, so erklärte der frühere Student Ratzingers Wolfgang Beinert 1993 in *Time*, „hatten eine außerordentlich starke Wirkung" auf Ratzinger. Zuvor war er „sehr offen, grundlegend bereit, sich auf Neues einzulassen. Aber plötzlich erkannte er die Verbindung dieser neuen Ideen zu Gewalt und zu einer Zerstörung der Ordnung dessen, was vorher war. Er war einfach nicht länger fähig, das zu ertragen."

DIE GUSTAV-SIEWERTH-AKADEMIE

Eine andere Möglichkeit, Ratzingers wachsenden Konservatismus in den siebziger Jahren zu bemessen, ergibt sich durch den Blick auf die Gesellschaft, die er pflegte. In jedem Sommer der Jahre von 1970 bis 1979 hielt Ratzinger einen Kurs in dogmatischer Exegese an einer Einrichtung mit dem Namen Gustav-Siewerth-Akademie im Schwarzwald. Er unterrichtete den Kurs gemeinsam mit Heinrich Schlier, einem ehemals evangelischen Exegeten, der zum Teil deswegen zum Katholizismus übergetreten war, weil er über die Reaktion der evangelischen Kirche auf den Nationalsozialismus enttäuscht war. Zum Großteil jener Jahre lehrte Schlier in Bonn, und er stand Ratzinger sehr nahe.[26]

Beide Männer waren mit Gustav Siewerth bekannt, einem katholischen Philosophen und Autor, der bis zu seinem Tod 1963 in Aachen und Freiburg gelehrt hatte. Siewerth hatte den Thomismus herangezogen, um die deutsche Form des Existentialismus, vor allem wie sie von Heidegger vorangetrieben wurde, zu widerlegen. Wenige Jahre nach seinem Tod entschied eine Anhängerin Siewerths namens Baroneß Alma von Stockhausen, im Schwarzwald, wo er gelebt hatte, ihm zu Ehren eine Hochschule zu eröffnen. Diese Institution wurde Gustav-Siewerth-Haus genannt und war ein gemeinschaftlicher Wohn- und Studienort, bevor sie 1971 offiziell als Schule eingetragen wurde. Ein Doktorand Ratzingers, Richard Lehmann-Dronke, half bei dem Projekt.

In *Aus meinem Leben* beschreibt Ratzinger sein Interesse an der Siewerth-Akademie als einen Versuch, Romano Guardinis Arbeit mit katholischen Jugendlichen in den Vorkriegsjahren auf Burg Rothenfels nachzuahmen. Es handelte sich dabei aber nicht um eine Einkehr mit der örtlichen Jugendgruppe. Die Siewerth-Akademie zog eine bestimmte Art junger Menschen an, Menschen, die nach einer tief traditionellen Glaubenserfahrung suchten, gekoppelt mit einer sehr skeptischen, in einigen Fällen fast apokalyptischen Haltung der Welt und vor allem den progressiven politischen und sozialen Strömungen gegenüber, die in den späten sechziger und in den siebziger Jahren in Europa pulsierten.

Frau von Stockhausen war eine erklärte Antimarxistin, und in einem ihrer ersten Projekte lud sie eine Gruppe radikaler Studenten der sogenannten „Außerparlamentarischen Opposition" aus Freiburg, wo sie lehrte, ein, einige Zeit mit ihr im Siewerth-Haus zu verbringen. Sie war offensichtlich überzeugend; nach einigen Monaten waren ihre Gäste bereit, zuzugestehen, daß Marx falsch lag, und noch einmal zwei Monate später wurde der Führer der Gruppe im katholischen Glauben getauft. Wenn man bedenkt, daß Stockhausen, wie sie sagte, mit Morddrohungen von seiten der Aktivisten konfrontiert wurde, ist dieses Ergebnis um so bemerkenswerter.

In seinen frühen Tagen herrschte ein starker Unterton millenaristischer Spekulation am Siewerth-Haus, der sich vor allem aus den Marienprophezeiungen von Garabandal speiste. In den Jahren 1961 bis 1965 behaupteten vier Kinder im spanischen Garabandal, eine Reihe von Visionen der Jungfrau Maria zu erfahren, in denen sie von einem bevorstehenden großen Wunder spreche, dem eine Warnung folgen werde und dann eine „große Strafe", wenn die Menschheit nicht bereuen würde. In der Folgezeit haben sich die Prophezeiungen von Garabandal zur vordersten Spitze einer apokalyptischen Marianischen Subkultur innerhalb des römischen Katholizismus ausgestaltet. Einer der Doktoranden Ratzingers, der das Haus während der späten sechziger Jahre besuchte, sagte, daß die Leute dort „wie ein quasireligiöser Orden lebten" und eine durch diese Marianischen Endzeit-Szenarien bedingte Faszination entfalteten. „Einmal zur Sommerszeit fragten sie mich, was ich während der Ferien vorhätte, und ich antwortete, daß ich nach Hause gehen wollte", sagte er. „Sie wiederum sagten, daß etwas sehr Seltsames in diesem Sommer geschehen werde, und vielleicht würde ich nicht zurückkommen. Das alles stand mit Garabandal in Verbindung." Ein anderer Doktorand Ratzingers sagte, während er in Tübingen gewesen sei, sei das Gerücht umgegangen, daß sowohl Ratzinger als auch von Balthasar die Idee ernst nähmen, daß die Welt bald zu einem Ende kommen könnte und daß Vorbereitungen getroffen werden sollten – offensichlich eine Widerspiegelung der Stimmung einer Endzeit-Spekulation am Siewerth-Haus.

Auch abgesehen von Spekulationen, die sich um Strafe drehen, fördert die Stätte im Schwarzwald eine ausgenommen konservative Lesart des Katholizismus. Bezeichnend für Stockhausens Anschauungen ist ein Interview mit einer Zeitschrift von 1996, in dem sie sagte, daß ihre größte Sorgenquelle die Art sei, in der der Feminismus Familie, Staat und Kirche revolutioniere. 1992 war Stockhausen Mitverfasserin eines Artikels, der auf einen Angriff auf Karl Rahner hinauslief und sein Werk als „den germanischen Irrtum" bezeichnete. Rahner selbst sei ein „Sohn Hegels" und ein „Neffe Luthers", und seine Theologie sei nicht nur langweilig, sondern am Ende auch überflüssig und könne leichthin von den Freimaurern übernommen werden.

1990 sprach Otto von Habsburg auf einer Eröffnungsfeier an der Akademie; er forderte, daß der Aufbau des neuen Europa nach dem Fall der Berliner Mauer auf christlichen Prinzipien fußen müsse, und sagte,daß die Studenten der Siewerth-Akademie führende Rollen in diesem Prozeß spielen könnten. Von Habsburg, Mitglied des Europäischen Parlaments für Deutschland, ist direkter Nachkomme der alten Österreichisch-Ungarischen Throndynastie und ein streng Konservativer in religiösen Fragen. Die Messe für diese Eröffnungszeremonie wurde von dem österreichischen Bischof Kurt Krenn gehalten, einem der am weitesten rechts stehenden Prälaten überhaupt auf der Welt und früheren Kollegen Ratzingers aus Regensburg. Krenn predigte über die Unteilbarkeit der Wahrheit. Ein anderes Fakultätsmitglied der Akademie, der als „außerordentlicher Professor" geführt wird, ist Leo Scheffczyk, ebenfalls streng konservativ und Opus-Dei-Sympathisant, der öffentlich das Versäumnis von Johannes Paul II. bedauerte, die Lehre zur Ordination von Frauen als unfehlbar zu erklären. Scheffczyk prägte die Wendung, daß, wenn Rom in Fragen der Glaubenslehre dazwischentrete, es dies nicht in der Gestalt der theologischen Debatte tue, sondern „als der Fischer".

Stockhausen erhält weder von der Kirche noch vom Staat Geld, sondern stützt sich diesbezüglich auf private Gönner und den privaten Unterricht. Mit nur etwa dreißig Studenten aus verschiedenen Regionen Europas ist die Gustav-Siewerth-Akademie gegenwärtig die kleinste Hochschule in Deutschland. Sie übt aber einen übergroßen Einfluß auf die katholische Kirche aus, aufgrund von Stockhausens Beziehungen und ihrer Fähigkeit, wohlwollende Dozenten wie Scheffczyk und die bekannte Mediengestalt Guido Knopp, als Professor für Journalismus, anzuziehen. Stockhausen und die Gustav-Siewerth-Akademie sind repräsentativ für die neue Strenge in Ratzingers Ansichten, die in den Regensburger Jahren zum Vorschein kam.

RATZINGER, DER KARDINAL

Am 24. Juli 1976 starb Kardinal Julius Döpfner von München. Ratzinger erzählte später, daß er nichts Ungewöhnliches vermutet habe, als der Apostolische Nuntius anfragte, ihn kurze Zeit später in Regensburg besuchen zu dürfen. Schon nach wenigen Worten des gemeinsamen Gesprächs überreichte der Nuntius Ratzinger ein Schreiben, in dem er zu Döpfners

Nachfolger berufen wurde. Ratzinger sagt, er sei dann zu seinem Freund und Mentor Johann Auer gegangen, der ihm geraten habe, den Ruf anzunehmen. Danach sei er zu dem Nuntius zurückgekehrt und habe seine Einwilligung auf dem Briefpapier des Regensburger Hotels unterschrieben, in dem jener seinen Aufenthalt genommen hatte. Der frühere Kardinal von Mailand, Giovanni Batista Montini, hatte vorausgesagt, daß man von zwei Leuten Großes erwarten dürfe, auf die die Welt während des II. Vaticanums aufmerksam geworden war: Hans Küng und Joseph Ratzinger. Als Paul VI. hatte Montini nun seine eigene Prophezeiung der Verwirklichung näher gebracht.

Als Erzbischof, heißt es von Ratzinger, hätte er schwierige Beziehungen zu den Priestern seiner Erzdiözese unterhalten. Etwas von dieser Spannung scheint in einer Erklärung durch, die eine Gruppe von Münchner Priestern 1984 verabschiedete, drei Jahre nachdem ihr Hirte sie verlassen hatte, um nach Rom zu gehen: Diejenigen, die sich wie Ratzinger in solch triumphalistischer Weise über alles erheben würden, würden sich selbst als Dialogpartner ausschließen, ließen die Priester verlauten. Nichtsdestotrotz ging Ratzingers Aufstieg in der Hierarchie schnell vonstatten. Im März als Erzbischof benannt und am 28. Mai geweiht,war er schon am 27. Juni in Rom, um die rote Kopfbedeckung eines Kardinals entgegenzunehmen. Ratzinger blieb weniger als vier Jahre in München, aber während dieser Zeit zeigte er in seinen Beziehungen zu drei entscheidenden Personen klar, welche Art von Präfekt in der Glaubenslehre er abgeben würde.

Karol Wojtyla

Ratzinger und der Kardinal von Krakau, Karol Wojtyla, trafen sich zum ersten Mal auf dem Konklave von 1978, das dem Tod von Paul VI. folgte, obwohl sie laut dem päpstlichen Biographen George Weigel bereits seit 1974 Bücher untereinander ausgetauscht hatten. Ratzinger war Wojtyla mindestens seit Mitte der sechziger Jahre ein Begriff. Als Ratzingers *Einführung in das Christentum* 1968 herauskam, verbot es Kardinal Stefan Wyszynski in der Erzdiözese Warschau, Wojtyla aber ließ es für Krakau zu. Beide Männer waren auf dem II. Vaticanum gewesen. Wojtyla erkannte in Ratzinger dieselbe tiefe Orthodoxie, über die er selbst auch verfügte, in Verbindung mit jener Art von erstklassiger moderner theologischer Ausbildung, die Polens Isolation seinen Landsleuten verweigerte. Für Mitteleuropäer gilt Deutschland als geistiger Vorreiter der Region, und Wojtyla war sicherlich beeindruckt von Ratzingers Ruhm in deutschen Theologiezirkeln.

Als Paul VI. 1978 starb, stand Ratzingers Name tatsächlich auf den beiden Konklaven, die im August Albino Luciani und im Oktober Karol

Wojtyla wählten, auf mehreren Auswahllisten von Kandidaten für die Nachfolge. Es gab keine großen Unterschiede zwischen Ratzinger und Wojtyla als potentielle *papabile.* Beide waren jung (Wojtyla achtundfünfzig und Ratzinger einundfünfzig), beide waren intelligente Konservative, und keiner von beiden war Italiener. Ratzinger trug jedoch als Theologe, der sein Denken über das II. Vaticanum so öffentlich gewandelt hatte, schon zuviel Ballast mit sich. Wojtyla war weit weniger bekannt, eine unbedeutendere Gestalt auf dem II. Vaticanum, die in einer abgeschotteten Gesellschaft im sozialistischen Polen lebte.

Zwei Journalisten, Tad Szulc und Peter Hebblethwaite, berichten, daß Ratzinger auf dem Konklave eine Rolle spielte, das Wojtyla wählte. Beide stimmen darin überein, daß sich am Sonntag, den 15. Oktober, dem ersten Tag des Konklaves, mehrere Wahlgänge als ergebnislos erwiesen. In diesen frühen Stadien hatte es nur ein paar vereinzelte Stimmen für Wojtyla gegeben. Szulc bezeugt, daß Kardinal Franz König von Wien gemeinsam mit anderen am Sonntagabend begann, für Wojtyla zu werben, und bis Montagmorgen scheinbar über die für seine Wahl nötigen Stimmen verfügte. Der erste Wahlgang erbrachte aber nicht die erforderliche Zwei-Drittel-Mehrheit. In diesem Stadium, so Szulc, brachte Kardinal John Krol von Philadelphia (ein Pole) die anderen amerikanischen Kardinäle auf die Seite Wojtylas, und Ratzinger verschaffte die anderen deutschen Stimmen.[27]

Hebblethwaite glaubt, daß Ratzinger ein weit aktiverer Wahlkämpfer für Wojtyla war. Er weist darauf hin, daß Ratzinger eine der Predigten während der *Novemdiales,* der neun Tage der Trauer, die für das Verfahren vor einem Konklave bestimmt sind, hielt. In dieser Predigt warnte er seine Mitkardinäle, daß der Druck auf ihnen ruhen würde, jemanden in Bevorzugung einer weiteren Öffnung zur Linken hin zu wählen, des „historischen Kompromisses" mit den Sozialisten, der ein Schlüsselelement der Realpolitik Papst Paul VI. gewesen sei. Ratzinger drängte die Kardinäle, dieser Versuchung zu widerstehen. In einem Interview vor dem Konklave sagte er in der *Frankfurter Allgemeinen Zeitung,* daß Johannes Paul I. der Befreiungstheologie gegenüber kritisch gewesen sei und daß dieser Kurs von seinem Nachfolger fortgesetzt werden sollte. (Johannes Paul I. hatte Ratzinger im September 1978 als päpstlichen Legaten auf einen Marienkongress in Ekuador entsandt, auf dem dieser vor marxistischen Ideologien und vor der Befreiungstheologie warnte.) Auf diesem Zeugnis basierend, sagt Hebblethwaite, daß Ratzinger auf dem Konklave an jenem Sonntagabend zugunsten Wojtylas aktiv geworden sei und sich in der Argumentation neben König gestellt habe, daß Wojtyla eine logische Wahl sei, weil er gut Italienisch spreche und dazu beitragen könnte, Ost und West zu vereinen.

Der neue Papst verlor nicht viel Zeit, sein Interesse an Ratzinger zu signalisieren. Schon kurz nach seiner Wahl sagte er zu ihm: „Wir müssen Sie hier in Rom haben." Er bot Ratzinger die Stellung des Präfekten der Kongregation für die katholische Erziehung an, aber Ratzinger wehrte ab und sagte, es sei zu früh, um München zu verlassen.[28]

Auf der Synode für die Familie 1980 ernannte Wojtyla Ratzinger zum *relator*. In dieser Eigenschaft stand Ratzinger den Sitzungen der Synode vor, betreute ihre innere Arbeit und stellte die verschiedenen Beiträge in einem Bericht für den Papst zusammen. Das Thema „Die Familie" stand in der Erwartung strittig zu sein, weil es die Empfängnisverhütung berührte: Es war das erste Mal, daß die Bischöfe der Welt eine Möglichkeit hatten, ihre Gefühle über *Humanae vitae* dem Papst gegenüber offiziell zu äußern. Den meisten Einschätzungen zufolge traf Ratzinger den richtigen Ton. Er hielt die maßgebende Position in jeder Frage aufrecht: In seiner Grundsatzrede beklagte er beispielsweise, daß die traditionellen Formen des Familienlebens im Gegensatz zur technischen Zivilisation der westlichen Welt ständen. Er griff chemische Mittel der Empfängnisverhütung an und bezeichnete sie als im Gegensatz zur natürlichen Ordnung der Dinge stehend. Gleichermaßen verteidigte er die voreheliche Jungfräulichkeit und die heterosexuelle Monogamie. Es könne keine Ehe geben, wenn sie nicht unauflöslich zwischen einem Mann und einer Frau geschlossen würde, sagte er. Doch in seiner Rolle als derjenige, der eine Verknüpfung schafft, zeigte Ratzinger seine Professorenfähigkeit, voneinander abweichende Meinungen zu erfassen und zu artikulieren. Es gebe Pater, die darauf gedrängt hätten, daß die gängigen Formeln nicht wiederholt würden, so als sei die Glaubenslehre ein für allemal festgesetzt worden, sagte er. Andere glaubten, daß die Kirche nicht von gegenwärtigen Meinungen überflutet werden dürfe, als handle es sich dabei um soziologische Lehren, sondern daß sie den Kranken der Welt prophetisch die Medizin des Evangeliums predigen müsse.

Das Lob für Ratzingers Umgang mit der Synode war jedoch nicht einhellig. Zu einem bestimmten Zeitpunkt bat Ratzinger eine Expertengruppe, eine Reihe von Vorschlägen zu entwerfen, die dazu gedacht waren, die Grundlage für den Abschlußbericht der Synode zu bilden. Dieser Entwurf fußte auf der ersten Runde von Kleingruppentreffen der Bischöfe, und Ratzinger wollte, daß die Bischöfe in der zweiten Folge von Treffen den Entwurf diskutierten. Aber die zur Repräsentation der Kleingruppen ausgewählten Bischöfe lehnten Ratzingers Entwurf ab und bestanden darauf, daß die Vorschläge von den Abgeordneten selbst innerhalb der Kleingruppen kommen müßten. Ratzinger war gezwungen, sich zu beugen.[29]

Als Kardinal von München setzte sich Ratzinger für die *Solidarnosc*-Bewegung in Polen ein. Als der Papst im Juni 1979 nach Polen flog, um in

Nowy Darg die Messe zu feiern, war Ratzinger neben Kardinal Krol von Philadelphia und anderen an seiner Seite, und als die sozialistische Regierung Polens 1981 das Kriegsrecht verhängte, schloß sich Ratzinger neben Franz-Josef Strauß einer Protestkundgebung in München an. An die 1.500 Menschen nahmen teil.

Einer der wenigen wackeligen Momente in der Beziehung zwischen Ratzinger und Johannes Paul trat im November 1980 ein, als der Papst nach Bayern reiste. Im Vorfeld des Besuchs gab sich Ratzinger Mühe, seine Gemeinde dazu anzuhalten, ihr bestes Benehmen zu zeigen. Auf einer wenige Tage vorher abgehaltenen Pressekonferenz sagte er, die Welt könne im Licht des Papstbesuchs ihr Bild von Deutschland formen oder ändern. Daher forderte Ratzinger Bayern auf, sich edel, gastfreundlich, freudig und großzügig zu zeigen. Außerdem bat er Katholiken, die Kritik an der Kirche hegten, nicht die Freude des Papstbesuchs zu verderben und sich nicht während der gemeinschaftlichen Erfahrungen von Gebet und Eucharistie der Presse anzubiedern.

Ein Zeichen bevorstehender Gefahren kam in Form einer Erklärung „kritischer Erwartungen“ für den Besuch, die von der Katholischen Jugend Münchens herausgegeben wurde. Unter anderem verliehen die Unterzeichner ihrer Hoffnung Ausdruck, daß Johannes Paul in der Bereitschaft kommen würde, sich auf eine umfassende Diskussion über das Petrinische Amt einzulassen – im Rückblick eine Erwartung, die nur zu Frustrationen führte.

Das Flugzeug des Papstes kam am Tag seines Besuchs um 8 Uhr 20 in München an, und er begab sich trotz des bitter kalten Novemberwetters zu einer Messe unter freiem Himmel auf der Theresienwiese. Für die Messe war vorgesehen, daß zwei ausgewählte Vertreter des Bundes der Deutschen Katholischen Jugend Begrüßungsreden für den Heiligen Vater halten sollten. Obwohl die Reden vorher eingesehen worden sein sollten, gab es offensichtlich eine gewisse Verwirrung zwischen dem Priester, dem die Redigierung zugedacht war, und Ratzingers Büro. Erst unmittelbar bevor die Messe begann, forderte ein Helfer Ratzingers, daß siebzehn Zeilen einer Rede zu streichen seien, die von einer neunundzwanzigjährigen Sozialarbeiterin namens Barbara Engl gehalten werden sollte. Zu diesem Zeitpunkt war es zu spät, denn der volle Text ihrer Rede war bereits öffentlich ausgegeben worden. Engl bestand später darauf, daß ihr nichts über die Streichung gesagt worden sei, bevor sie sprach.

Sie hielt ihre Rede, betitelt „Der Eindruck vieler junger Leute“, wie geplant. Darin sagte sie dem Papst, daß die Kirche in der Bundesrepublik ehrfürchtig an der Linie des Status quo festhalte, daß sie auf Fragen von Beziehungen, von Sexualität zu oft mit Verboten reagiere und daß den jungen Leuten an der stärkeren Beteiligung von Frauen an kirchlichen

Ämtern gelegen sei. Beobachter sagten, daß der Papst während der Rede steif dasaß, einen Rosenkranz betete und nicht reagierte, als sie vorbei war. Es war in gewisser Weise die Wiederaufführung einer Szene vom Oktober 1979, als die amerikanische Barmherzige Schwester Teresa Kane den Papst öffentlich aufforderte, alle Dienste der Kirche für Frauen zu öffnen.

Im darauffolgenden Sturm des Medieninteresses beeilten sich die Kirchengewalten, sich von Engl zu distanzieren. Ein Sprecher Ratzingers sagte an diesem Abend, daß Engl sie getäuscht habe. Fünf Tage später kritisierte Bischof Paul Cordes, der zu dieser Zeit in Rom im Päpstlichen Rat für das Laientum tätig war, in einem langen Interview mit der *Katholischen Nachrichtenagentur* Engl sehr stark. Fünf weitere Tage später sagte Ratzinger, Engls Bemerkungen seien weder taktvoll noch angebracht gewesen. Trotz ihres Beharrens, daß sie sich treu allen Anweisungen Ratzingers gefügt habe, lehnte es Ratzinger sechs Monate nach dem Ereignis ab, sich mit Engl oder dem anderen Sprecher, Franz Peteranderl, zu treffen, um das Geschehene zu besprechen.[30]

Trotz dieses Zwischenfalls trat Johannes Paul 1981 an Ratzinger heran, damit er die Kongregation für die Glaubenslehre von dem kroatischen Kardinal Franjo Seper übernehme. Diese Berufung war dem päpstlichen Sprecher Joacquín Navarro-Valls zufolge eine sehr persönliche Wahl des Papstes. Ein früherer Kollege Ratzingers sagte dazu, daß dieser Papst aus Polen entschieden habe, sich sehr stark auf den bekannten deutschen Theologen zu stützen, damit er das modere Denken für ihn deuten solle. Diese Auswahl habe aber genau zu der Zeit stattgefunden, zu der sich Ratzinger tatsächlich vom modernen Denken abgewendet habe.

Johann Baptist Metz

Sowohl Ratzinger als auch Metz kamen 1963 nach Münster. Es war in der Tat so, daß Ratzingers Empfehlung Metz den Lehrstuhl in Fundamentaler Theologie sicherte. Metz sollte dort bis 1993 bleiben, wohingegen Ratzinger nach sechs Jahren nach Tübingen wechselte. Im Verlauf dieser sechs Jahre aber wurden die beiden Männer Freunde, arbeiteten während des II. Vaticanums zusammen und blieben danach miteinander in Kontakt.Wie Ratzinger war auch Metz (ein Jahr später, 1928, geboren) am Ende des Zweiten Weltkriegs in amerikanischer Gefangenschaft. Die Erinnerung an das Dritte Reich war für Metz immer von großer Bedeutung; er drängte die Christen, niemals den Blick auf Auschwitz zu vergessen. Ratzinger sagte jedoch später, daß er zunehmend unruhig geworden sei, als er beobachtet habe, wie Metz seine Ideen zur „politischen Theologie" ausarbeitete, dem Glauben, daß das Christentum notwendigerweise ein politisches Engagement zugunsten sozialer Gerechtigkeit umfasse: Er habe einen Konflikt hervortreten sehen, der tatsächlich sehr tief gehen könnte, sagte Ratzinger.

Auch wenn einige der Ideen von Metz 1968 von den protestierenden Studenten aufgenommen wurden, verblieb er doch an der Peripherie dieser Zeit, immer kritisch gegenüber den Tendenzen der Gewalttätigkeit und der Auflösung des Christentums in einem revolutionären Ethos. Metz hatte den Ruf einer führenden Gestalt in den theologischen Kreisen Deutschlands. Als die deutschen Bischöfe jemanden benötigten, um das Abschlußdokument ihrer Synode Mitte der siebziger Jahre vorzubereiten, fiel die Wahl einstimmig auf ihn. Er war auch als Berater für das vatikanische Sekretariat für den Dialog mit Nichtgläubigen tätig.

Nichts dieser allgemeinen Kreditwürdigkeit schien aber von Bedeutung, als Metz 1979 für einen Ruf an die Universität München in Frage kam. Der Senat der Universität hatte einstimmig Metz als seine erste Wahl von einer Liste mit drei Namen empfohlen, um den in den Ruhestand tretenden Professor Heinrich Fries zu ersetzen. Laut den Bedingungen des bayerischen Übereinkommens mit dem Heiligen Stuhl von 1924, das von Eugenio Pacelli, dem späteren Pius XII., ausgearbeitet worden war, hat der Erzbischof von München das Recht, den bayerischen Erziehungsminister anzuweisen, einen der anderen Kandidaten der Liste auszuwählen, wenn er die erste Wahl inakzeptabel findet. Ratzinger machte von diesem Recht Gebrauch und gab seinem alten Freund und Kollegen Hans Maier ein, zu dieser Zeit der Kultusminister, den Ruf statt dessen an Heinrich Döring ergehen zu lassen. Obwohl Ratzinger seine Entscheidung als auf angemessenen pädagogischen Überlegungen beruhend verteidigte, rief dieser Zug eine rasche und lautstarke Kritik aus dem gesamten Bereich des Katholizismus in Deutschland hervor.

Der heftigste Protest kam von einem anderen alten Freund und Kollegen Ratzingers, Karl Rahner, der in den Zeitungen einen Brief an den Kardinal veröffentlichte, der in seiner Bissigkeit aufschreckend war: Ratzinger habe keinen Grund gehabt, Metz abzulehnen. Ratzinger selbst hätte ihm zuvor genau die gleiche Position an der Universität Würzburg angeboten. Auf welcher Grundlage könne er sein jetziges Umschlagen rechtfertigen? Sei die politische Theologie von Metz der eigentliche Grund? Dieser Bruch einer jahrhundertealten Tradition der Art und Weise, Professoren zu berufen, mache eine Farce aus seiner Verantwortlichkeit, die wissenschaftliche Freiheit an der Universität zu schützen.

Sei Metz nicht orthodox, oder sei er unmoralisch? Wenn dem so wäre, warum sei all die Jahre keine Anklage gegen ihn erhoben worden? Er könne nur voraussetzen, daß der Grund in einer persönlichen Gegnerschaft zur politischen Theologie von Metz liege. Er selbst stimme nicht in allem mit Metz überein, aber es gebe absolut keine Rechtfertigung dafür, ihn von einer Lehrposition auszuschließen.

Könnte Kardinal Ratzingers eigentlicher Grund der sein, daß Metz die Entwicklung der von ihm kritisierten Befreiungstheologie in Lateinamerika beeinflußt habe? Vor fünfundzwanzig Jahren habe das Heilige Offizium in Rom Rahner verboten, irgend etwas weiteres zum Thema der Konzelebration zu schreiben. Das sei eine unsinnige, unwissenschaftliche Manipulation von kirchlichen Bürokraten gewesen. Er werte Ratzingers Aktion gegen Metz als zur selben Kategorie gehörig.

Er bilde sich nicht ein, daß sein Protest irgend etwas ändern werde. In vielen Jahren als Theologieprofessor habe er gelehrt, daß die Kirche eine sündhafte Kirche sei, und in vielen Fällen irre sie in ihren Lehren und Entscheidungen. Das gelte für gestern, für heute und für morgen. Darüber hinaus sei es auch eine traurige Wahrheit, daß es äußerst selten geschehe, daß ein Kirchenverantwortlicher jemals ehrlicherweise eingestehe, einen Fehler gemacht zu haben. Und in solchen Fällen gebe es kein praktisches Appellationsgericht innerhalb der Kirche, um diese Situation zu bereinigen.

Der Durchschnittschrist stehe oft unter dem bitteren Eindruck, daß seine vom Glauben erfüllte Loyalität der Kirche gegenüber mißbraucht werde. Und doch wisse er, daß er vor dem Gesetz machtlos sei. Auf gesellschaftlicher Ebene könne man sich in solch einem Fall legalerweise einem derartigen Machtmißbrauch widersetzen. Aber im Falle des gläubigen Christen gelte dies nicht. Man könne wahrhaft sagen, daß sich die Sensibilität für die menschlichen Grundrechte erst noch in der Kirche entwickeln müsse.

Es sei unter diesen Bedingungen nicht ausreichend, zu sagen, daß diejenigen, die leiden, sich geistig mit dem leidenden Christus identifizieren sollten. Man müsse gegen Ungerechtigkeit und Machtmißbrauch protestieren. Ob Kardinal Ratzinger nun begreife, warum er protestiere?

Metz selbst sagte 1979 wenig dazu, wobei er 1989 einer von über 300 europäischen Theologen war, die die bekannte „Kölner Erklärung“ unterzeichneten, die größere Freiheit in der Wissenschaft und eine stärkere lokale Kontrolle in der Auswahl von Bischöfen forderte.[31]

Rahner verstarb 1984 ohne eine Geste der Versöhnung mit Ratzinger. Der Kardinal und Metz hingegen schienen ihren Streit auf einem Symposium in Ahaus 1998 zu begraben, das zu Ehren des siebzigsten Geburtstags von Metz stattfand. Auf der eintägigen Veranstaltung hielten sowohl Ratzinger als auch Metz Reden zu einem der Lieblingsthemen von Metz, apokalyptische Darstellung in der Bibel und ihre Bedeutung für die christliche Theologie. Später vertieften sich die beiden Männer in ein halbstündiges Gespräch. Unter den anderen Rednern befanden sich auch Moltmann und die jüdische Gelehrte Eveline Goodman-Thau. Ratzinger sagte während des Symposiums, daß er erschienen sei, um Respekt für Metz zu zeigen. Nachrichtenberichte nannten den Austausch zwischen den beiden Männern „herzlich“ und „versöhnlich“. In ihrem Gespräch stimmte Ratzinger Metz zu, daß das Leiden anderer der zentrale Handlungsmaßstab nicht nur für Christen, sondern auch in der weltlichen Politik und Gesellschaft sein müsse. Metz seinerseits griff ein Lieblingsthema von Ratzinger und Johannes Paul auf, indem er befürwortete, daß ein apokalyptisches Verständnis der Kostbarkeit der Zeit entgegen einem berauschenden Relativismus behauptet werden sollte.

„Ich bin mir selbst nicht zu hundert Prozent sicher, aber viele meiner Kollegen hatten den Eindruck, daß dies [Ratzingers Auftreten] eine Geste der Versöhnung gegenüber der theologischen Gemeinschaft war“, sagte mir Metz in einem Interview am Telefon für den *National Catholic Reporter* (*NCR*). Hans Küng jedoch tat verächtlich gegenüber Metz, daß er zusammen mit Ratzinger auftrat, ohne einer innerkirchlichen Reform das Wort zu reden. Es sei befremdend und ein gewaltiges Ärgernis, daß Metz dem Großinquisitor ein Forum bieten wolle, schrieb Küng in einem offenen Brief, der im Vorfeld des Symposiums von Ahaus veröffentlicht wurde.

„Er ist die Hauptautorität des Amtes der Inquisition. Es ist, als führte man mit dem Chef des KGB ein allgemeines Gespräch über Menschenrechte“, sagte mir Küng zu dieser Zeit in einem Interview für *NCR*. „Es handelt sich hier praktisch um eine Kapitulation vor dem römischen System, eine Art des Friedenmachens mit Ratzinger, wo doch die eigentliche Aufgabe der politischen Theologie darin bestehen sollte, sich mit den in unserer Kirche leidenden Menschen zu identifizieren. Sie mißbrauchen das Gespräch über Gott, um den Umgang mit Problemen in der Kirche zu vermeiden.“

Das war einfach zuviel für Metz. „Manchmal benimmt sich Küng wie ein zweites Magisterium. Um einem die Wahrheit zu verkünden, genügt eines, mir jedenfalls“, sagte er mir. Weiterhin meinte er, er sei „sehr verletzt, sehr enttäuscht und sehr wütend“ über Küngs Bemerkungen. Küng blieb reuelos: „Diese Veranstaltung war einfach eine sehr schöne Gelegenheit, Ratzinger als lächelnden Inquisitor vorzuführen, der in heiterer Manier über hochtheologische Inhalte sprechen kann“, sagte er. „Er dachte, jeder würde beeindruckt sein.“

Hans Küng

Womit wir bei Hans Küng wären. Es gibt auf der ganzen Welt keine andere Gestalt, die stärker mit dem II. Vaticanum verbunden ist, sowohl in seiner Erwartung als auch in seinen Gefahren, als der zweiundsiebzig Jahre alte Schweizer Theologe. Sein Buch *Konzil, Reform und Wiedervereinigung* wurde weithin als die inoffizielle Lehre des II. Vaticanums wahrgenommen. „Niemals wieder wird ein einzelner Theologe einen derartigen Einfluß haben", schrieb Peter Hebblethwaite. In den seitdem vergangenen Jahren ist Küng, der die Reform innerhalb der Kirche und den ökumenischen Fortschritt außerhalb verficht, das öffentliche Gesicht des liberalen Katholizismus geworden.

1928 in Luzern in der Schweiz geboren, ging Küng mit zwanzig nach Rom, um an der Päpstlichen Gregorianischen Universität zu studieren. Als junger Seminarist war er tatsächlich konservativ. Beispielsweise war Küng ein lautstarker Unterstützer, als Papst Pius XII. die Glaubenslehre von der leiblichen Himmelfahrt Marias verkündete. Er verunglimpfte den Hochmut und die übertriebene Kritik deutscher Theologieprofessoren, die sich dagegenstellten. So gesehen ist Küngs geistiger Weg, der sich von rechts nach links bewegt, das Spiegelbild zu dem Ratzingers; ihre Freundschaft auf dem II. Vaticanum könnte mit der Tatsache erklärt werden, daß sie sich beide auf der Hälfte trafen. 1955 wurde Küngs Studie zur Glaubenslehre der Rechtfertigung bei Karl Barth zur Sensation. Er vertrat, daß Barths Verständnis im wesentliche katholisch sei. Es war aller Wahrscheinlichkeit nach dieses Werk, daß das Heilige Offizium dazu anstieß, eine Akte zu Küng anzulegen. In einer weiteren Ironie der Geschichte war Küng von seinem Kollegen, dem Schweizer Theologen Hans Urs von Balthasar, ermutigt worden, seine Dissertation zu Barth zu einem Buch zu erweitern.

Küng wurde im April 1967 erstmals vom Vatikan kontaktiert, um sich für Anklagen gegen sein Buch *Die Kirche* zu verantworten, die vor allem sein Verständnis der päpstlichen Autorität in den Brennpunkt stellten. Am 30. Mai 1968 schrieb Küng einen Brief an den Erzbischof Paolo Philippe, der damals Sekretär der Kongregation war. In diesem Brief stellte Küng mehrere Ansuchen: (1) nach Zugang zu seiner Akte (Er brauche wohl kaum zu erwähnen, daß in allen zivilisierten Staaten der westlichen Welt selbst Kriminellen der völlige Zugang zu den sie betreffenden Akten garantiert werde.); (2) daß jede frühere ohne seine Einbindung getroffene Entscheidung beiseite gelassen werden solle; (3) nach einer schriftlichen Liste der im Zusammenhang seines Buches wahrgenommenen Probleme; (4) nach den Namen der Fachleute, die sein Buch untersuchten; (5) nach der Erlaubnis, während aller offiziellen Treffen in Deutsch sprechen zu dürfen; und (6) daß seine Kosten für die Reise nach Rom gedeckt würden (andernfalls, so sagte er, könnten sie das Treffen in Tübingen abhalten; sein Haus stände ihnen zur Verfügung). Durchschlagkopien dieses Briefes gingen an den Bischof der Diözese Rottenberg, Joseph Leiprecht, zu der Tübingen gehört, und an Ratzinger, der zu diesem Zeitpunkt Dekan der

Theologischen Fakultät war. Ratzinger war daher, zumindest vordergründig, ganz von Anfang in den Fall Küng eingebunden.

Im Juli 1970 aber schlug eine Veröffentlichung Küngs wie eine Bombe in der katholischen Welt ein. Sein Buch *Unfehlbar? Eine Anfrage* schien offensichtlich die Erklärung der päpstlichen Unfehlbarkeit auf dem I. Vaticanum 1870 in Frage zu stellen, sowohl in der theologischen Richtigkeit als auch in den unseligen Folgerungen für den Ökumenismus. Es muß an dieser Stelle gesagt werden, daß Küngs Stimme bei weitem nicht die einzige war, die eine solche Kritik erhob. Der niederländische Bischof Francis Simons von Indore in Indien beispielsweise schrieb 1968 ein Buch, betitelt *Infallibility and the Evidence*, in dem er anmahnte, daß das Neue Testament im Falle der Gültigkeit der Unfehlbarkeit diese stützen müßte, was es aber nicht tue.

Kurz nach dem Erscheinen von Küngs Buch begann die deutsche Bischofskonferenz eine Untersuchung. Im Januar 1971 erschien Küng zu einer Anhörung vor dem Ausschuß zu Glaubenslehren der Konferenz, der sich aus den Bischöfen Volk und Wetter (der später Ratzinger in München ersetzen sollte) sowie aus ihren theologischen Beratern Ratzinger und Heinrich Schlier zusammensetzte. Am 8. Februar 1971 verabschiedete die Bischofskonferenz eine Erklärung, in der Küngs Buch gebrandmarkt wurde. Die italienischen Bischöfe verurteilten am 21. Februar gleichfalls das Buch.

Ratzinger trug 1971 zu einem von Karl Rahner herausgegebenen Band bei, der Aufsätze enthielt, die Küngs Buch kritisierten. Sowohl Ratzinger als auch Rahner brachten starke Vorbehalte gegen die Erörterung in *Unfehlbar?* zum Ausdruck; Küng beklagte, daß er nicht von Rahner eingeladen worden sei, einen Aufsatz zu seiner eigenen Verteidigung beizusteuern. Der Bruch zwischen Küng und Rahner war jedoch bis 1972 noch nicht vollkommen, als Küng in Tübingen ein Graduiertenseminar zum Thema der Unfehlbarkeit hielt und Fries, Lehmann, Rahner und Ratzinger dazu einlud. Küng hatte auch Kardinal Seper aufgefordert, einen Vertreter zu schicken, aber dieser lehnte ab. In einem Brief an Seper vom 22. September 1973 beschrieb Küng das Seminar als förderliches, gutes Gespräch.

1974 erschien *Christ sein*, für viele Küngs Meisterwerk. Von verschiedenen Seiten wurde das Buch augenblicklich als Klassiker bejubelt, die Reaktion innerhalb der katholischen akademisch-theologischen Kreise war aber durchwachsen. 1976 wurde ein Band mit Aufsätzen in Reaktion auf das Buch veröffentlicht, der unter anderem Beiträge von Ratzinger, Rahner, von Bathasar, Lehmann und Kasper enthielt. Ratzinger war ungewöhnlich bissig. *Christ sein*, so schrieb er, drücke eine Wahl für ein Etikett aus, das in Wahrheit eine leere Formel sei; es dränge die Theologie aus der Ernsthaftigkeit von Leben und Tod und in den fragwürdigen Interessenbereich der Literatur; darin werde der christliche Glaube der Verfälschung an seiner eigentlichen Grundlage überstellt; die Kirche verschwinde buchstäblich in der Leere der Worte; es enthalte eine unverhohlene Arroganz; seine Theologie sei entwurzelt und letzten Endes unverbindlich; Küng gehe seinen Weg allein, allein mit sich selbst und der modernen Vernünftigkeit; das Buch drücke eine Schulüberzeugung aus, eine Parteiüberzeugung, keine Überzeugung, für die man leben und sterben könne, eine Überzeugung für bequeme Zeiten, in denen nicht das Äußerste gefordert sei; seine Theologie lande letztendlich im Abstrusen und führe ins Nichts. Küng protestierte in einem Artikel der *Frankfurter Allgemeinen* vom 22. Mai 1976 erbittert gegen Ratzingers Analyse und schrieb, daß sie zahllose Falschdarstellungen, Anspielungen, Verurteilungen enthalte. Insgesamt bezog sich Küng auf die Aufsatzsammlung als einen regelrechten „Schuß in den Rücken". Unter Freunden hat Küng angedeutet, daß Ratzinger eifersüchtig sei, daß seine frühe Berühmtheit und Beliebtheit bei den Studenten nicht mit der Küngs Schritt halten könne.

Die deutschen Bischöfe begannen in Reaktion auf *Christ sein* eine Untersuchung. 1977 erschien Küng vor einem Ausschuß in Stuttgart, um die Belange der Bischöfe an dem Buch und an seinem übrigen Werk zu diskutieren. Das Protokoll dieses „Stuttgarter Kolloquiums" wurde später veröffentlicht. Döpfner hatte das Treffen unmittelbar vor seinem Tod vorgeschlagen. In seinem Brief an Küng schrieb Döpfner, er wünsche sich dabei Ratzinger und Lehmann als seine Berater. Küng erhob Einwände gegen Ratzinger, mit der Begründung, daß seine Aufsätze zu *Unfehlbar?* und *Christ sein* der Objektivität ermangelten. Ratzinger wurde daraufhin fallengelassen. Auf der Stuttgarter Sitzung erklärte Küng, warum er Ratzinger nicht dort haben wollte: Er habe die Abwesenheit Herrn Ratzingers hier nicht gewünscht, weil er nicht mit ihm sprechen wolle, sondern weil er sich zumindest vorgestellt habe (was ihm hier bestätigt worden sei), daß in dieses Kolloquium eine grundsätzliche Verbissenheit und Emotionalität getragen werden könnte, die er sich nicht wünschte. Küng sagte während der Sitzung, daß er einmal ein Thema aus der Christologie mit Ratzinger besprochen hätte, „als man noch mit ihm reden konnte", was nahelegt, daß die beiden 1977 wirklich nicht mehr im mündlichen Austausch miteinander standen. Und doch bestand immer noch eine widerwillige Achtung. So sagte Küng von Ratzinger, er sei zu schlau und kenntnisreich, um nicht zu wissen, daß all diese Dinge sehr schwierige Themen seien.[32]

In der Zwischenzeit war Ratzinger zum Erzbischof von München geweiht worden, und er wurde in die inneren Diskussionen der Bischofskonferenz über die Affäre Küng verstrickt. Mehrere Briefe gingen zwischen Ratzinger, Küng und Kardinal Josef Höffner von Köln hin und her, Küngs Hauptkritiker unter den Bischöfen für den größten Teil der siebziger Jahre. 1978 waren die Bischöfe der Meinung, sie hätten eine informelle Übereinkunft mit Küng erzielt, daß er keine neue Debatte über die Unfehlbarkeit vom Zaun brechen würde. Als Küng 1979 eine Einführung zu August Bernhard Haslers Buch zu diesem Thema schrieb, hatten sie den Eindruck, er hätte gegen diese Übereinkunft verstoßen. Die Lage wurde noch ernster, als Küng im September 1979 eine höchst kritische Analyse des ersten Amtsjahres des Papstes verfaßte, die von großen Zeitungen auf der ganzen Welt aufgenommen wurde.

Der erste Hinweis auf eine disziplinarische Maßregelung trat in einem Radiointerview mit Ratzinger vom 16. Oktober 1979 zutage, in dem er Küngs Artikel über den Papst stark kritisierte. Anfang November hielten sich die deutschen Kardinäle Volk, Höffner und Ratzinger in Rom auf, um sich mit dem Papst zu treffen. In einem anschließenden Interview mit der *Katholischen Nachrichtenagentur* gebrauchte Ratzinger zum ersten Mal den Begriff *missio canonica* in Verbindung mit diesem Fall, und er sagte, daß Küng nicht katholische Theologie lehren und dabei seine Positionen aufrecherhalten könne. Die *missio canonica* ist die Genehmigung, über die ein katholischer Theologe verfügen muß, um an einer päpstlich anerkannten Einrichtung zu lehren.

Ein freundlicher Brief Ratzingers erreicht Küng am 16. November, der ihm die Hoffnung vermittelte, daß ihm immer noch das Schlimmste erspart bleiben könnte – aber es sollte anders kommen. Am 18. Dezember 1979 gaben die deutschen Bischöfe eine Pressekonferenz, in der sie eine Erklärung der Kongregation für die Glaubenslehre bekanntgaben, daß Küng nicht länger qualifiziert sei, katholischer Theologe zu sein. Der Wortlaut war im wesentlichen identisch mit dem, den Ratzinger in seinem Interview gebraucht hatte, was Küng zu der Annahme führte, daß Ratzinger im voraus über die Entscheidung Bescheid gewußt hatte. Später im Dezember bekräftigte eine Zusammenkunft in Rom die Entscheidung, die Küngs Bischof, die drei deutschen Kardinäle, Seper, Kardinal Agostino Casaroli und Johannes Paul II. einband. Dann schrieb Moser an Küng und entzog ihm offiziell die *missio canonica.*

In einer Predigt vom 31. Dezember 1979 verteidigte Ratzinger die Maßnahme gegen Küng mit Worten, die in den nächsten zwanzig Jahren vertraut werden sollten: Der christliche Gläubige sei eine einfache Person: Bischöfe sollten den Glauben dieser kleinen Leute vor dem Einfluß von Intellektuellen bewahren. Obwohl es noch zwei weitere Jahre dauern sollte, bis Ratzinger seine Stellung im Vatikan annehmen würde, waren Küng und Metz in gewissem Sinne seine ersten beiden Fälle. Bereits hier waren seine Hauptbelange klar: Versuche, die soziale und politische Dimension des Christentums hervorzuheben oder die Autorität Roms in Frage zu stellen, waren nicht zu tolerieren. Es würde kein Zögern geben, keine Halbherzigkeiten, wenn die Zeit zu handeln käme, und es würde keine Rückzieher geben, sobald der unvermeidliche Aufschrei des Protests erschallte.

Johannes Paul wußte mit anderen Worten, was er bekommen würde, als er Ratzinger nach Rom rief. Und der Rest der Kirche sollte es bald herausfinden.

3 ECHTE BEFREIUNG

Im Juli 1985 fand im Kloster des Heiligen Herzens in der brasilianischen Stadt Petrópolis, die etwas außerhalb von Rio de Janeiro liegt, eine bemerkenswerte Zusammenkunft theologischer Kapazitäten statt. Der franziskanische Priester und Theologe Leonardo Boff, dem ein Monat zuvor von Ratzingers Kongregation für die Glaubenslehre bis auf weiteres ein Mundverbot auferlegt worden war, hielt sich zusammen mit seinem Bruder Clodovis dort auf. Unter einer großen Anzahl von Gästen befand sich auch der Jesuit Juan Luis Segundo aus Uruguay, ebenso der Peruaner Gustavo Gutiérrez, der Mann, der den Begriff „Befreiungstheologie" prägte. Es war ein „Who's who" der Bewegung der Befreiungstheologie in Lateinamerika. Der scheinbare Zweck dieser Sitzung war die Besprechung des Fortlaufs einer viele Bände umfassenden Sammlung von Werken zur Befreiungstheologie, aber die dahinterstehende Intention war ganz klar, Unterstützung für Boff zu zeigen.

Ebenfalls im Kloster des Heiligen Herzens anwesend war der Harvard-Theologe Harvey Cox, ein Sympathisant der Befreiungstheologie, der später ein Buch über den Zusammenstoß zwischen Rom und den Lateinamerikanern schreiben sollte. Laut Cox sagte Boff der Gruppe, daß ihm von seinen franziskanischen Oberen in Brasilien versichert worden sei, daß sich sein offizielles Mundverbot nicht auf den informellen Austausch mit Freunden und Kollegen beziehe, so daß er sich frei fühlte, über seine Erfahrungen in Rom zu berichten, vor allem über seine Befragung vor der Kongregation zur Glaubenslehre. Dort habe sich bei ihm das Gefühl eingestellt, so erzählte er der Gruppe, daß an einer Konzentration kirchlicher Gewalt, die eine Verpflichtung und Verantwortung ausschließlich sich gegenüber anerkenne, etwas falsch, ja gar etwas unchristlich sei. Und doch, so sagte Boff, sei er dazu entschlossen, in der Kirche zu bleiben und nicht das lateinamerikanische Schisma auszulösen, das Rom offensichtlich von der Bewegung der Befreiungstheologie befürchte.

Boff sprach davon, wie gerührt er von der Unterstützung brasilianischer Bischöfe gewesen sei. Nach Cox sagte er, daß ein brasilianischer Bischof ihm sogar den Vorschlag gemacht habe, sämtliche Schriften Ratzingers sorgfältig zu studieren, vor allem ein damals gerade veröffentlichtes Interview mit dem italienischen Journalisten Vittori Messori, um dann daraus eine Anklageerhebung zu erstellen und Ratzinger der Häresie zu bezichtigen. Cox sagte nicht, was die Grundlage der Anklage gewesen wäre, aber vermutlich hätte sie dem Argument geähnelt, das von Segundo in einem 1985 erschienenen Buch, das als Erwiderung auf Ratzinger konzipiert war, vorgebracht wurde. Segundo zog die Schlußfolgerung, daß Ratzinger die Lehre des II. Vaticanums umgestoßen hätte, daß Gottes Wille in sozialen und politischen Bewegungen erblickt werden kann, die auf menschliche Befreiung zielen.

Boff wies den Vorschlag des Bischofs zurück und sagte, daß er niemandem wünsche, Ratzinger eingeschlossen, einer derartigen Prüfung ausgesetzt zu sein, wie er sie durchzustehen gehabt hätte. Trotzdem veranschaulicht die Tatsache, daß sich ein katholischer Bischof ernsthaft vorstellen konnte, eine Häresieanklage gegen den obersten Kirchenbeamten in Glaubensfragen zu betreiben – auch wenn es sich eher um einen politischen Schritt handelte als um eine nüchterne theologische Beurteilung –, die leidenschaftliche Natur des Kampfes um die Befreiungstheologie, den Ratzinger entfachte.

Grundsätzlich zielten die Befreiungstheologen darauf ab, die Allianz von Kirche, Staat und Militär, die Lateinamerika über Jahrhunderte beherrscht hatte, aufzulösen. Indem sie sich nach dem historischen Jesus als dem Anwalt der Außenseiter richteten, vertraten die Befreiungstheologen die Auffassung, daß die Kirche eine „bevorzugte Option für die Armen" geltend machen müsse. In der Praxis bedeutete dies die Unterstützung linksgerichteter politischer Bewegungen, von denen manche erklärtermaßen marxistisch waren und von denen einige wenige Gewalt für die Sache der Errichtung einer gerechten Gesellschaft befürworteten. Innerhalb der Kirche setzten ihre Anhänger eine Form des Klassenkampfes um, indem sie sich an die sogenannten „Basisgemeinden" banden (kleine Gruppen von Armen, die sich trafen, um die Bibel zu lesen und soziale Fragen zu diskutieren), im Gegensatz zur institutionellen Kirche und ihrer Hierarchie. Damit machte die Befreiungstheologie den Vatikan aus zwei Gründen nervös – ihre Einbeziehung von linksgerichtetem Radikalismus und ihr gespanntes Vehältnis zu hierarchischer Kontrolle.

Ratzinger glaubt, daß er bezüglich der Befreiungstheologie seinen größten Erfolg als höchste Kirchenautorität in Glaubenslehren erreicht hat. Als der Journalist Peter Seewald ihn 1996 bat, seine bedeutendsten Errungenschaften zu bezeichnen, war dies das Erstgenannte: „Heute ist weithin anerkannt", sagte er, „daß unsere Weisungen [bezüglich der Befreiungstheologie] nötig waren und in die richtige Richtung gingen."[1]

Seinen größten gesellschaftlichen Einfluß hat Ratzinger ebenfalls im Zusammenhang des Kampfes mit der Befreiungstheologie ausgeübt. In der Zeit des kalten Krieges wurde in Washington jede Bedrohung der bestehenden Ordnung in Lateinamerika als Alarmsignal aufgefaßt, wie das „Santa-Fe-Dokument" von 1982, das von wichtigen Beratern Reagans vorbereitet wurde, veranschaulicht. In diesem Bericht wird die Befreiungstheologie als Beispiel des großangelegten sowjetisch-marxistischen Versuchs gewertet, den „schwachen Unterleib“ der westlichen Hemisphäre zu verführen. Das Dokument empfiehlt, zur Tat zu schreiten, um den Einfluß der Befreiungstheologie zu bekämpfen. In der Umsetzung hatten die Vereinigten Staaten und ihre Verbündeten in Lateinamerika allerdings nur beschränkte Möglichkeiten. Sie sahen sich gezwungen, auf polizeilichen Druck und militärische Brutalität zurückzugreifen, rohe Mittel, die typischerweise mehr Menschen befremdeten als überzeugten. Ratzinger hingegen war es möglich, dieser katholischen Revolution von innen zu begegnen, indem er die Mittel der Kirche selbst entfaltete, um die Befreiungstheologen sowohl ihrer Glaubwürdigkeit als auch ihrer institutionellen Unterstützung zu berauben. Damit stellt sich heute die gesamte lateinamerikanische Gesellschaft, nicht nur das Innenleben der Kirche, aufgrund der Aktivitäten von Joseph Ratzinger anders dar.

Für dieses Ergebnis war Ratzinger jedoch nicht allein verantwortlich. Umfassende gesellschaftliche und kulturelle Wandlungen bescherten der Befreiungstheologie eine Krise. In den sechziger und siebziger Jahren kämpfte Lateinamerika mit zwei Arten von Unterdrückung: mit der politischen und der wirtschaftlichen. Die Befreiungstheologie versuchte, sie in Zusammenhang zu bringen, und verfocht, daß eine echte politische Reform nur aus gerechten Wirtschaftssystemen hervorgehen könne. Als aber in den achtziger Jahren die Diktatoren fielen und durch demokratische Regierungen ersetzt wurden, verminderte sich die politische Dringlichkeit der Befreiungstheologie; gleichzeitig machte der Zusammenbruch des Sozialismus in Europa ihre ökonomische Analyse verdächtig. Die Lage „der Armen“ veränderte sich auch, als zehn Millionen ehemaliger Bauern Stadtbewohner wurden. Die Bedrohung, der sich die Armen heutzutage gegenübersehen, ist nicht länger Unterdrückung, sondern Ausschluß von der gesellschaftlichen Entwicklung, wie der brasilianische Befreiungstheologe Hugo Assmann geschrieben hat. Die Befreiungstheologie muß eine überzeugende Antwort auf diese neue Wirklichkeit erst noch deutlich formulieren.

Gleichermaßen hätte Ratzinger niemals Erfolg haben können, hätte er sich nicht der Unterstützung solider konservativer Elemente innerhalb des lateinamerikanischen Katholizismus erfreut. In der Tat überrundete der Eifer der lokalen Gegner der Befreiungstheologie in vielen Fällen den Roms. Die allgemeine Erkenntnis in Lateinamerika lautet, daß es Bischöfe und Aktivisten des rechten Flügels waren – Kardinal Eugênio Sales in Rio de Janeiro, Kardinal Alfonso López Trujillo in Kolumbien, Bischof Boaventura Kloppenburg in Brasilien –, die eigentlich die Verurteilungen auslösten. Doch selbst die Unterstützung dieser mächtigen lokalen Kirchenmänner hätte nicht ausgereicht, die Befreiungstheologie zu stoppen, wenn es der Bewegung gelungen wäre, die Masse des Volks anzusprechen. Aber die seelsorgerische Dimension der Befreiungstheologie, vor allem die berühmten Basisgemeinden, erreichte auf ihrem Höhepunkt nicht mehr als fünf Prozent der gesamten katholischen Bevölkerung. Außerdem unterstützte bei weitem nicht jeder Lateinamerikaner in einer Basisgemeinde das Projekt der Befreiungstheologen, manch einer begriff es nicht einmal. José Comblin, selbst eine führender Verfechter der Bewegung, bekannte 1998 offen, daß die Befreiungstheologie in der Herabsetzung der ersten Welt einfach die Haltung der meisten Lateinamerikaner mißdeutete.[2] So kam es zu einer Bündelung von Faktoren – starke lokale Opposition, sich verändernde politische und ökonomische Realitäten und eine ideologische Haltung, die viele Lateinamerikaner an der Basis befremdete –, die den Fortschritt der Befreiungstheologie behinderten.

Nichts davon aber macht Ratzingers Rolle in irgendeiner Form weniger bedeutsam. Als sich die gesellschaftliche Wirklichkeit in Lateinamerika wandelte, hätten die Befreiungstheologen Zeit für neue konzeptionelle Überlegungen benötigt; statt dessen waren sie weitgehend damit beschäftigt, sich gegen Ratzingers Untersuchungen zu verteidigen oder sich in Selbstzensur zu üben, um eine neue Folge von Prüfungen abzuwenden. Darüber hinaus wäre die Leidenschaft für die Ausrottung der Befreiungstheologie, auch wenn sie einige lateinamerikanische Katholiken in dem Maße mit Ratzinger teilten, ohne dessen Bestätigung und folgerichtiger Handlung unwirksam gewesen. Letztendlich hatte er allein sowohl die Macht wie die Überzeugung, den Lauf der Bewegung zum Stillstand zu bringen.

Der Kampf gegen die Befreiungstheologie liegt unmittelbar am Kern von Ratzingers Erbe, weil er so deutlich seinen eigenen Anschauungen und inneren Gefühlen entsprang, ganz im Gegensatz zu denen des Papstes, dem er dient. Aufgrund seiner Erfahrungen mit Polens *Solidanosc*-Bewegung besaß Johannes Paul II. eine unwillkürliche Sympathie für Priester und Laien, die sich in Konfrontation zu ihrer Regierung befanden und soziale Gerechtigkeit forderten. Bis 1980 waren über achthundert Priester und Nonnen in Lateinamerika zu Märtyrern geworden, und der Papst war sicherlich tief von ihrem Zeugnis bewegt. Auf der anderen Seite erlaubte das Beispiel der kommunistisch unterstützten Pax-Gesellschaft in Polen Johannes Paul II. die Ansicht, daß Priester und Laien, die diese Forderung *innerhalb der Kirche* laut werden ließen, subversive Kräfte seien. Das Verlangen nach einer inneren Reform in Polen, so dachte er, sei durch eine kommunistische Infiltration bewerkstelligt worden, um die katholische Kirche zu schwächen, und daher war er rasch zu überzeugen, als Ratzinger und örtliche Konservative ihm sagten, daß dasselbe in Lateinamerika geschehe.

Ratzinger brachte die Befreiungstheologie genau zu dem Zeitpunkt zum Schweigen, zu dem der weltumspannende Kapitalismus in Lateinamerika die Vorherrschaft übernahm. Bis Ende der neunziger Jahre hatte der mehr als ein Jahrzehnt wuchernde „Neoliberalismus", wie die Ideologie des freien Marktes und der geringen Regulierung genannt wird, ein beeindruckendes Wirtschaftswachstum hervorgebracht, von dem verhältnismäßig wenige profitieren, wodurch Ungleichheiten sehr viel krasser ausfallen und zu einer von manchen Beobachtern sogenannten „sozialen Apartheid" beigetragen wird. Es läßt sich nur spekulieren, aber Lateinamerika könnte heutzutage anders aussehen, wenn der Vatikan, anstatt sie zum Schweigen zu bringen und zu behindern, den Befreiungstheologen seine volle Unterstützung hätte zukommen lassen, Bischöfe berufen hätte, die bereit gewesen wären, ihren Ruf nach Gerechtigkeit zu decken, wenn Beamte des Vatikans sich zu den Menschen in den Basisgemeinden und den Reihen der Streikenden gesellt hätten. Statt dessen hat die katholische Kirche in Lateinamerika trotz der Anstrengungen einzelner Bischöfe und Theologen nicht im entferntesten eine derart umgestaltende Rolle gespielt. Diese Tatsache verdankt sich zu einem guten Maß Joseph Ratzinger.

WAS IST BEFREIUNGSTHEOLOGIE?

Die Befreiungstheologie hat weitläufige historische Wurzeln im 15. und 16. Jahrhundert und dem Auftreten des christlichen Humanismus und näherliegende im II. Vaticanum und in *Gaudium et spes.* Genaugenommen aber entstammt sie einer Versammlung lateinamerikanischer Bischöfe in Medellín, Kolumbien, im Jahre 1968. Diese Sitzung bestätigte für die katholische Kirche in Lateinamerika eine „bevorzugte Option für die Armen". Die Bewegung entnahm ihren Namen dem Buch *Theologie der Befreiung,* das Gustavo Gutiérrez 1971 veröffentlichte.Gutiérrez selbst war als theologischer Berater in Medellín tätig.

Heute ist es gängig, von „Befreiungstheologien" zu sprechen und damit eine große Bandbreite von Anstößen anzuerkennen, die ihre Anregung aus dem lateinamerikanischen Versuch abgeleitet haben. In seinem 1995 erschienenen Buch zu Befreiungstheologien unterscheidet der Jesuit, Theologe und Schriftsteller Alfred Hennelly neun Varianten: lateinamerikanisch, nordamerikanisch-feministisch, schwarz, spanisch, afrikanisch, asiatisch, industrieller Nationen, öko-theologisch und sogar eine Befreiungstheologie der Weltreligionen. Sie alle teilen eine Betonung der diesseitigen Folgerungen aus dem Christentum, unterscheiden sich aber auch in bedeutender Weise. Der Brennpunkt dieses Kapitels liegt aber auf der lateinamerikanischen Form, die in den siebziger und achtziger Jahren auftrat, denn sie ist es, die von Ratzinger so nachdrücklich angegriffen wurde.

Traditionellerweise sind vier Ideen für diese Form der Befreiungstheologie zentral gewesen.

1. Die bevorzugte Option für die Armen. Wie oben bemerkt, stammt diese Wendung aus dem Dokument von Medellín aus dem Jahr 1968. Schon früher hatte *Gaudium et spes* vom II. Vaticanum darauf gedrängt, daß die christliche Solidarität mit der Menschheit „vor allem die Armen" einschließt. Für die Befreiungstheologen ist das keine leere Frömmigkeit. Es bedeutet, daß sich die Kirche mit den Armen in ihrem Kampf für Veränderung gegen Teile der Gesellschaft verbünden muß, die den Status quo wahren wollen. Dieses Beharren hat zu Anklagen geführt, die Befreiungstheologie verfechte den Klassenkampf. Ihre Vertreter hingegen sagen, daß sie die Teilung der Gesellschaft in eine wohlhabende Elite und eine verarmte Mehrheit nicht erfunden hätten. Die Kirche selbst trug dazu bei, diese soziale Ordnung in Lateinamerika zu schaffen: Katholische Missionare waren als Bekehrer für die europäischen Eroberer tätig, und die Kirchengewalten hielten es vierhundert Jahre lang mit den lokalen Eliten. Die Kirche war, kurz gesagt, niemals neutral. Der Punkt, um den es gehe, so die Anhänger der Befreiungstheologie, sei nicht, die Kirche in den Klassenkampf einzubinden, der durch die Situation in Lateinamerika gegeben sei. Ihr Ziel sei es, die Loyalität der Kirche umzuwandeln.
2. Institutionelle Gewalt. Auch dieser Begriff stammt aus dem Dokument von Medellín. Anhänger der Befreiungstheologie erkennen eine „versteckte Gewalt" in sozialen Ordnungen, die Hunger und Armut hervorbringen. Daher erwiderten Theologen häufig, als Kritiker sie in den achtziger Jahren weitgehend haltlos bezichtigten, revolutionäre Gewalt zu vertreten: „Aber die Kirche hat Gewalt immer toleriert." Damit meinten sie, daß Kirchenverantwortliche durch die Bekräftigung des Status quo in ein System einwilligten, daß Millionen von Menschen Gewalt antat. In einem solchen Zusammenhang schienen Beschuldigungen der „Anstiftung zu Gewalt" gegen diejenigen, die nach einer Veränderung strebten, unaufrichtig.
3. Strukturelle Sünde. Befreiungstheologen zielen darauf ab, das traditionelle katholische Verständnis von Sünde auszuweiten, das dazu neigt, individualistisch zu sein: Sünde als ein Vergehen einer Einzelperson, etwa Lügen oder Stehlen. Die Befreiungstheologen argumentierten, daß es ebenfalls eine soziale Dimension der Sünde gebe, die mehr sei als die Summe individueller falscher Taten. Häufig angeführte Beispiele schließen den Neokolonialismus ein wie auch das feudale Wesen der Beziehung zwischen der lateinamerikanischen Oligarchie und den

Bauern. In dieser Ausweitung muß die durch Christus erlangte Erlösung von der Sünde mehr sein als die Erlösung der Einzelseelen. Sie muß auch die sozialen Wirklichkeiten des menschlichen Lebens erlösen, umwandeln. Befreiungstheologen erkennen im Einklang mit allen christlichen Theologen an, daß das volle Ausmaß der Erlösung das Zweite Kommen erwarten muß, aber sie beharren auch darauf, daß Erlösung, wie der heilige Paulus sagte, in gewissem Sinne bereits vorhanden ist. Es ist die Verantwortlichkeit der Christen, darauf hinzuarbeiten, diese Erlösung innerhalb von Raum und Zeit auszudehnen, und daher ist das Streben, soziale Sünde aufzuheben, ein grundlegender Bestandteil dessen, was es heißt, Christ zu sein.

4. Orthopraxie. Dieser Begriff wurde von den Befreiungstheologen als Gegenstück zum traditionellen Beharren der Kirche auf „Orthodoxie" in der Bedeutung „rechter Glauben" geprägt. Befreiungstheologen vertreten, daß das, was am grundlegendsten ist, „rechte Handlung" sei; das heißt Bestrebungen, die zu menschlicher Befreiung führen. Die meisten Befreiungstheologen sagen, daß die Betonung der Orthopraxie eine Sache des Ausgleichs sei, nicht der Wahl zwischen Glauben und Tat. Sie wollten einem jahrhundertealten christlichen Hang abhelfen, den Glauben auf Kosten der Tat überzubetonen. Diese Unterscheidung aber liegt im Zentrum eines Großteils der Kritik Ratzingers. Er vertritt, daß zuerst die Glaubenslehre kommen müsse, daß man ohne vorhergehenden Glauben unfähig sei, zu bestimmen, welche Handlungen die richtigen seien. Durch die Leugnung des Glaubensvorrangs, so Ratzinger, relativierten die Befreiungstheologen die christliche Lehre.

Die Befreiungstheologie legt großen Wert auf die Analyse der Gesellschaft. Um der Ungerechtigkeit abzuhelfen, muß man zuerst die sozialen Mechanismen verstehen, die sie hervorbringen. In dieser Analyse wurden viele Befreiungstheologen zum Marxismus hingezogen. Begriffe wie Mehrwert, die Unterscheidung zwischen Löhnen,die Arbeitern bezahlt werden, und dem Marktwert ihrer Arbeit, scheinen in ihren Schriften von großer Bedeutung. Kritiker fanden das alarmierend und bestanden darauf, daß man nicht zwischen marxistischer „Wissenschaft" und ihrem ideologischen Unterbau Atheismus, Materialismus und Totalitarismus trennen könne.

Schließlich betonen Anhänger der Befreiungstheologie die seelsorgerische Dimension ihrer Arbeit. In Lateinamerika trat die Entwicklung ein, daß die Befreiungstheologie mit den „Basisgemeinden" gleichgesetzt wurde, Zehntausenden von christlichen Kleingruppen, gewöhnlich zehn bis dreißig Menschen stark, die zum Schriftstudium zusammenkommen und zur Reflexion, die sie zur Tat führen soll. Diese Gruppen treffen sich manchmal unter der Leitung eines Priesters, aber meistens werden sie von

Laien geführt. In den siebziger und achtziger Jahren identifizierten die Befreiungstheologen die Basisgemeinden als die Hauptwirkungskräfte der Veränderung in der lateinamerikanische Gesellschaft, den Ort, an dem die Armen zusammenkamen, um Verantwortung für ihr eigenes Schicksal zu übernehmen. Wie weit verbreitet das Phänomen der Basisgemeinden auf seinem Höhepunkt war, ist schwer zu sagen; in den achtziger Jahren behauptete der einflußreiche brasilianische Befreiungstheologe Carlos Alberto Libanio Christo (besser bekannt als Frei Betto, ein Dominikanerbruder), daß es zwischen 80.000 und 100.000 Basisgemeinden mit über zwei Millionen Beteiligten im Land gebe. John Burdick, der in *Looking for God in Brazil* über die Basisgemeinden schrieb, nimmt darauf als die allgemein akzeptierte Zahl Bezug. Andererseits sagte ein Forscher, der Anfang der neunziger Jahre tatsächlich versuchte, die Gemeinden zu zählen, daß er in der Erzdiözese São Paulo, in der immerhin ein Zehntel der Landesbevölkerung lebt und die ein Gebiet bezeichnet, in dem Basisgemeinden von Kardinal Evaristo Arns stark gefördert worden sind, lediglich 1.000 identifizieren konnte. Daher schätzte er, daß die Gesamtzahl kaum 10.000 übersteigen dürfte, was auf etwa 200.000 Mitglieder insgesamt hindeuten würde.[3]

Wie die soziologische Wirklichkeit auch aussehen mag, die Basisgemeinden waren und sind ein Kriterium der Bewegung. Viele Befreiungstheologen schlossen sich Basisgemeinden an oder legten Wert darauf, Zeit mit ihnen zu verbringen; in fortschrittlichen lateinamerikanischen Diözesen wurde der Kontakt zu den Basisgemeinden ein integraler Bestandteil der priesterlichen Ausbildung. Die Basisgemeinden betrafen auch unmittelbar die Wurzel dessen, was den Vatikan großenteils bezüglich der Befreiungstheologie in Alarmbereitschaft versetzte. Da sie unabhängig von der klerikalen Aufsicht existierten, schienen sie ein Modell der „Kirche von unten" zu repräsentieren; und so wurden sie auch wirklich manchmal von einigen ihrer enthusiastischeren Verfechter dargestellt. Ihrem eigentlichen Wesen nach aber umgibt die Basisgemeinden nichts Konträres, ein Punkt, den der Hauptstrom der Befreiungstheologen in den Kontroversen der achtziger Jahre immer wieder aufs neue wiederholte.

RATZINGERS VORBELASTUNG

Es war das historische Unglück der Befreiungstheologen, mit Joseph Ratzinger auf jemanden zu stoßen, der dazu prädisponiert war, ihr furchtbarer Gegner zu sein. Ratzingers Vorbelastung war sowohl persönlicher wie auch fachlicher Natur, und als die Auseinandersetzung andauerte, wurde es zunehmend schwierig, beides voneinander zu trennen.

Deutsche Wurzeln

Unter deutschen katholischen Theologen,auch unter denen, die mit der Befreiungstheologie sympathisieren, ist es ein Glaubensartikel, daß diese Bewegung ihre Ursprünge in Deutschland hat. Ratzinger hat einmal scherzhaft darauf hingewiesen, daß es Boffs Problem sei, daß er zuviel deutsche Theologie gelesen hätte. In einem Artikel über die Befreiungstheologie vom März 1984 sprach Ratzinger von keinem einheimisch gewachsenen Produkt, sondern einem europäischen Export. Diese Überzeugung ist in zwei Tatsachen verwurzelt. Die eine ist, daß Befreiungstheologen häufig deutsche Denker zitieren, vor allem Johann Baptist Metz aus München und Jürgen Moltmann aus Tübingen. Da Metz und Moltmann ihr Hauptwerk in den sechziger Jahren ablieferten, gibt es eine Tendenz zu der Annahme, *post hoc ergo propter hoc*: Weil die Befreiungstheologen nach ihnen auftraten, müssen sie von ihnen beeinflußt worden sein.

Metz war der Vorkämpfer der „politischen Theologie", die vertritt, daß das II. Vaticanum bedeutete, daß die Christen die „Zeichen der Zeit" in sozialen und politischen Bewegungen lesen und sich denen anschließen müssen, die die menschlichen Verhältnisse verbessern wollen. Moltmann, ein lutheranischer Theologe, zielte gleichermaßen darauf ab, eine extremere frühere Schicht der christlichen Tradition wiederzufinden, die unter Jahrhunderten gesellschaftlicher Schicklichkeit begraben lag. Er vertrat die Auffassung, daß der Glaube an den gekreuzigten Jesus die Christen von ihrer Ergebenheit den „falschen Göttern", vor allem aber dem sozialen Status quo, gegenüber befreie. Jesus biete eine echte Hoffnung auf soziale Umwandlung; daher nannte er seine Theorie eine „Theologie der Hoffnung".

Metz und die Befreiungstheologen übten einen wechselseitigen Einfluß aufeinander aus. In den siebziger Jahren verfaßte Metz Aufsätze über die Basisgemeinden, und 1980 schrieb er anläßlich dessen Reise nach Deutschland zur Entgegennahme eines Buchpreises eine Laudatio auf Ernesto Cardenal, den nicaraguanischen Priester, der für die Sandinisten Kulturminister war. In einem seiner jüngsten Aufsätze argumentiert Moltmann, daß die Befreiungstheologie, da der internationale Kapitalismus in den neunziger Jahren Kapitalfluß, Güter und Dienstleistungen globalisiert hat, ebenfalls globalisiert werden müsse. In diesem Zusammenhang tritt er für ein Bündnis zwischen den Befreiungstheologen der dritten Welt und den europäischen Schöpfern der politischen Theologie ein.

Der zweite Punkt, der die Vorstellung von den deutschen Ursprüngen der Befreiungstheologie stützt, ist die Tatsache, daß einige der Befreiungstheologen selbst in Deutschland studiert haben. Leonardo Boff verbrachte die Jahre von 1965 bis 1970 im Studium unter Karl Rahner an der Universität München. Als Boff seine Doktorarbeit vollendet hatte, schlug Rahner ihm vor, sie einem Kollegen zu zeigen, der die Arbeit mochte und ihm half, einen Verleger zu finden. Der Kollege war Joseph Ratzinger. Der Jesuit Jon Sobrino studierte ebenfalls in Deutschland und wurde in Frankfurt zum Priester geweiht. Gutiérrez unternahm eine Reise durch Europa und studierte dabei in Löwen, Lyon und Rom. Segundo erhielt Abschlüsse in Löwen und an der Universität Paris. Wenn die Kritiker der Befreiungstheologie wirklich jemanden in Europa verantwortlich machen wollen, wären die französischen Pioniere der *nouvelle theologie* die besseren Kandidaten. Ihre Bewegung der Arbeiterpriester bietet eine historische Voraussetzung für die Herangehensweise der Befreiungstheologen, und ihr Zugang in der Betonung der Fleischwerdung ist deren geistesverwandter als der Skeptizismus über „die Welt", der sich in einen großen Teil der deutschen Theologie einschleicht. Gutiérrez hat nach wie vor viele Bewunderer in Europa. 1998 erhielt er die Ehrendoktorwürde der Universität Freiburg, seine sechzehnte insgesamt; 1993 berief ihn der damalige Staatspräsident François Mitterand in die französische Ehrenlegion.

Für die Befreiungstheologen aber ist die Einschätzung, daß sie nicht mehr tun, als die Einflüsse deutscher Ideen wiederzugeben, äußerst frustrierend. Sie bestehen darauf, daß die Anfänge ihrer Bewegung in der Erfahrung mit der Armut in der dritten Welt liegen. Tatsächlich sehen es die meisten lateinamerikanischen Befreiungstheologen als einen Punkt an, auf den man stolz sein kann, daß, wenn auch die politische Theologie in Europa eine „wissenschaftliche" Angelegenheit ist, die Befreiungstheologie in der dritten Welt doch ein volksnahes Phänomen darstellt, das eng mit der seelsorgerischen Tätigkeit in Verbindung steht. Viele Vertreter der Befreiungstheologie haben Metz und Moltmann dafür gescholten, daß sie endlose Vorbemerkungen zur Handlung geschrieben hätten, ohne jemals etwas zu tun. Sie sind sich natürlich der bedeutenden Gestalten der katholischen Theologie bewußt, und sie mögen auch gewisse Sympathien für sie haben, aber das ist weit von der Erklärung entfernt, daß die Befreiungstheologie ein Abkömmling des europäischen Denkens ist.

Ratzinger jedoch ist ein hundertprozentiger Anhänger der Theorie des deutschen Ursprungs. Als er in das Amt der Kongregation für die Glaubenslehre trat, empfand er keine Notwendigkeit, sich über die Voraussetzungen oder die praktische Grundlage der Bewegung zu unterrichten. Er hatte das Gefühl, er kenne ihre Geschichte, ihre Postulate, besser vielleicht sogar als Personen wie Sobrino und Gutiérrez, weil er ihre Vorläufer kannte. Am wichtigsten aber ist, daß sich Ratzinger bereits über diese politisch engagierten Theologien klargeworden war. Auf der

Ebene der Theorie glaubt er, sie relativieren die christliche Lehre; als praktischer Tatbestand führen sie zu den verschiedensten Formen von revolutionärem Terrorismus. Auf beiden Ebenen sind sie eine Gefahr für den Glauben.

Marxismus

„Wenn sie im Vatikan über Marxismus reden, haben sie eine Reihe von Vorstellungen vor Augen, die bis zum Gulag in Sibirien reicht", bemerkte Boff einmal. Es besteht wenig Zweifel darüber, daß er bezüglich der Assoziationen recht hat, die der Begriff Marxismus in Ratzinger auslöst. Von den Geschichten über die Schrecken der Oktoberrevolution in Rußland von 1917 über die radikalen Studenten von 1968 und die RAF bis zur Unterdrückung in der ehemaligen DDR verbindet Ratzinger mit Marxismus Terrorismus und Gewalt. Die Südgrenze der früheren Karl-Marx-Stadt, des Herzens der ehemaligen DDR, lag nicht weit von seiner Heimat in Bayern, und er wußte von den Dingen, zu denen ein marxistischer Staat fähig war.

Die Versammlung lateinamerikanischer Bischöfe in Medellín, die der Befreiungstheologie ihren Segen gab, fand 1968 statt. Medellín muß Ratzinger wie eine weitere Auswirkung der großen Woge von linksgerichtetem Radikalismus erscheinen, die die Welt in jenem Jahr ergriff. Die Befreiungstheologen bestreiten das. Gutiérrez beharrte in einem Zeitungsinterview 1998 darauf, daß „der Kontext ein vollständig anderer war", und erklärte, daß die Wurzeln von Medellín in der seelsorgerischen Reflexion über die Armut gelegen hätten. Das scheint etwas unaufrichtig, denn Armut und Seelsorger gab es in Lateinamerika schon lange vor 1968. Doch selbst wenn die Stimmung der Zeiten dazu beigetragen hat, die Befreiungstheologie ins Rollen zu bringen, hat Gutiérrez recht, daß man die Bedeutung der Bewegung nicht auf einen Faktor in ihren Anfängen reduzieren kann.

Die Ereignisse in Lateinamerika boten jedoch gerade genug Bestätigung für Ratzingers Ängste, um seine heftige Ablehnung der Befreiungstheologie als einer Front marxistischer Revolution glaubwürdig zu machen. Eine Handvoll Priester griff zu den Waffen und schloß sich Guerillabewegungen an. Einige von ihnen wurden getötet und als Helden gefeiert, etwa Pater Camilo Torres, ein Freund von Gustavo Gutiérrez, der Perus Leuchtendem Pfad beitrat. Torres sagte zu dieser Zeit: „Ich empfinde den revolutionären Kampf als einen christlichen und priesterlichen Kampf. ... ich habe mich aus Nächstenliebe der Revolution überstellt." Einer ganzen Generation von Lateinamerikanern half die Diskussion um

Torres, ihre Vorstellung dessen zu formen, was es bedeutete, Katholik zu sein. Im selben Geist waren drei Priester in der Regierung der Sandinisten in Nicaragua als Minister tätig und verteidigten die Exzesse dieses Regimes im Namen der Befreiung.

Bischöfe wie Ivo Lorscheiter aus Brasilien betonten wiederholt, daß mit der Befreiungstheologie sympathisierende Katholiken „nicht zu gewalttätigen Methoden neigen oder zu Christologien, die bestimmte Ideologien wie den Marxismus verfechten". Diese Versicherungen klangen hohl in den Ohren Ratzingers, vor allem, wenn Lorscheiter damit fortzufahren pflegte, wie er es gewöhnlich auch tat, auf der Akzeptanz des Klassenkampfes als Teil der Wirklichkeit der lateinamerikanischen Situation zu beharren. Ratzinger schreckte vor einem solchen Phänomen wie dem „Abendmahlsstreik" zurück, bei dem mit der Befreiungstheologie verbundene Pfarrer dem Arbeitgeber oder „Vorarbeiter" in einem bestimmten Bereich das Sakrament zu verweigern pflegten, bevor er nicht auf die Forderungen der Bauern oder Arbeiter einging. Er deckte auch die Zweideutigkeit solch führender Gestalten wie Boff auf, der einerseits den staatlichen Sozialismus 1985 als „autoritär" brandmarkte, gleichzeitg aber in offenbar unehrlichen Worten über Castros Kuba sprach: „Es gibt keine Slums in Kuba."

Ratzingers Beharren auf der Verknüpfung zwischen der Befreiungstheologie und dem staatlichen Terror Osteuropas spiegelt sich in der meistzitierten Passage seiner Weisung zur Befreiungstheologie von 1984 wider. Dort schreibt er, daß der mit Mitteln revolutionärer Gewalt bewirkte Umsturz von Strukturen, die Gewalt hervorbringen, nicht ipso facto der Beginn einer gerechten Regierungsform sei. Ein wichtiger Tatbestand unserer Zeiten solle, so Ratzinger, all jene zum Nachdenken anregen, die ehrlich für die wahre Befreiung ihrer Brüder tätig sein wollten: daß nämlich Millionen Zeitgenossen sich gerechtfertigterweise nach der Wiedereinsetzung jener Grundfreiheiten sehnten, deren sie durch totalitäre und atheistische Regime beraubt worden seien, die durch Gewalt und revolutionäre Mittel die Macht ergriffen hätten, und zwar im Namen der Befreiung der Menschen. Diese Schande unserer Zeit darf ihm zufolge nicht ignoriert werden: Während sie behaupteten, ihnen Freiheit zu bringen, schreibt er weiter, hielten diese Regierungen ganze Völker in den Bedingungen der Knechtschaft, die der Menschheit unwürdig seien. Diejenigen, die sich, vielleicht unbeabsichtigt, zu Mittätern ähnlicher Unterjochungen machten, betrögen seiner Ansicht nach die Allerärmsten, denen sie zu helfen meinten.

Hier erfaßt man, warum der Kampf zwischen Ratzinger und den Verfechtern der Befreiungstheologie so intensiv war: Beide Seiten glaubten, daß sie es nicht mit wissenschaftlichen Fragen von theoretischem Interesse zu tun hatten, sondern mit lebenswichtigen Fragen wie Sklaverei und

Unterdrückung. Die Befreiungstheologen wollten, daß die Kirche dazu beiträgt, die Armen Lateinamerikas zu befreien, die durch die Ketten von Armut und Hunger gebunden waren; Ratzinger war von den Armen Osteuropas gebannt, die in von den Sowjets gestützten Polizeistaaten gefangengehalten wurden.

Ratzingers Zirkel

Freunde und gleichgesinnte Denker entwickelten im Laufe der siebziger Jahre einige der Konzepte, die Ratzinger später in seine Kritik der Befreiungstheologie einbauen sollte. Zwei Personen verdeutlichen diesen Punkt: Hans Urs von Balthasar und Boaventura Kloppenburg.

Im Verlauf der siebziger Jahre hielt Balthasar, Ratzingers Mitarbeiter und Mentor, beständig an seiner Kritik fest und richtete drei grundsätzliche Anklagen gegen die Befreiungstheologie.

1. Sie sei in ihrem Geist regional und national, sagt Balthasar; tatsächlich sei sie stolz darauf, so ausschließlich zu sein. Er bemerkt, daß viele Befreiungstheologen von der „Unmöglichkeit" gesprochen hätten, ihre Ideen in anderen sozialen Zusammenhängen einzusetzen. Doch müsse jede echte katholische Theologie universal sein: Es sei das Charakteristikum von Sekten und Häresien, sich ausgehend von einem bestimmten nationalen Umfeld zu definieren und mit der Ausbreitung zu beginnen, erklärt er.
2. Echte katholische Theologie bricht nie mit der Einheit der Kirche. Sie mag eine besondere Ausstrahlung haben, aber sie übt sie innerhalb der Einheit des einen Körpers aus. Balthasar spricht es so nicht aus, deutet aber an, daß die Befreiungstheologen diese Gemeinschaft gesprengt haben.
3. Katholische Theologie muß anerkennen, daß Gott „seine eigene Hermeneutik überbringt". Wir benötigten keine fremden Denksysteme wie den Marxismus, um die Offenbarung zu begreifen, denn die Offenbarung selbst enthalte den Schlüssel des Verständnisses. Ob sie nun von eher persönlicher oder eher sozialer Natur seien, schrieb Balthasar, Schemata für die Deutung der menschlichen Existenz ständen als Ganzes oft im Dienst einer nichtchristlichen oder antichristlichen Ideologie, und sie seien daher mit doppelter Sorgfalt hinsichtlich ihrer „Neutralität" und möglichen Nützlichkeit für die christliche Erklärung der Welt zu prüfen.

Balthasar warnt vor Versuchen, das Christentum zu politisieren: Wann immer eine Form des Christentums, die sich für erleuchtet halte, vergesse, daß Christi Kreuz und Auferstehung vollkommen die „utopische" Verheißung („Gott mit uns") des Alten Testaments erfüllt hätten, so schreibt er, sei das Ergebnis ein Abschwenken in eine judaisierende Denkweise, die nun das Neue Testament durch den Filter einer Meister-Sklave-Ideologie lese und die folgerichtig die Angelegenheit der völligen politisch-religiösen Befreiung der Menschheit ihrer eigenen Kontrolle unterziehe, im völligen Gegensatz zum ursprünglichen Verständnis von Israel im Alten Testament.

Balthasar besteht auf einem ausschließlich persönlichen Verständnis von Sünde. Gesellschaftliche Gegebenheiten könnten ungerecht sein, sagt er, nicht aber in sich selbst sündhaft. Nur die Personen können ihm zufolge sündhaft sein, die für die Existenz solcher Gegebenheiten verantwortlich sind und die sie weiterhin tolerieren, auch wenn sie sie abschaffen oder verbessern könnten.

Schließlich gibt Balthasar das Urteil ab, daß es die Kirche vorzugsweise mit den Armen halten müsse; ihre besten Mitglieder hätten das immer getan. Diese Option könne, so sagt er, aber nicht die Universalität des kirchlichen Angebots der Erlösung für alle gefährden, etwa derart, daß die Kirche zu einer politischen Partei werde. Sie könne daher ihr Abendmahl nicht nur mit denen feiern, die materiell arm seien, oder ihre katholische Einheit auf die „Partei" der Armen beschränken oder ihre Einheit erst nach einem erfolgreichen „Klassenkampf" auf alle ausdehnen. Da Balthasar und Ratzinger in den siebziger Jahren beide in der Internationalen Theologischen Kommission saßen und dazu beitrugen, deren Erklärung zur menschlichen Entwicklung und christlichem Heil von 1977 zu kreieren, kann man annehmen, daß Ratzinger zumindest bis zu einem gewissen Grad Balthasars Kritik teilte.

Boaventura Kloppenburg ist deswegen von Bedeutung, weil er als Mitglied der brasilianischen Hierarchie ein gewisses Privileg als Beobachter „vor Ort" genoß. 1919 in Molbergen geboren, wurde Kloppenburg Franziskaner. Als Auxiliarbischof in Rio de Janeiro war er einer der frühesten und erbittertsten Gegner Boffs. Er wurde später zum Bischof von Novo Hamburgo geweiht, wo er zu einem Führer des konservativen Flügels der brasilianischen Kirche avancierte. Kloppenburg war wie Ratzinger *peritus* auf dem II. Vaticanum, und wie er bewegte er sich zunächst in progressiven Kreisen, um später die Wendung nach rechts zu vollziehen. Beide waren in den siebziger Jahren für die Internationale Theologische Kommission tätig.

Der Umschwung in Kloppenburgs Denken über die Befreiungstheologie kann aus einer Monographie erschlossen werden, die er 1974 unter dem Titel *Temptations for the Theology of Liberation* schrieb.[4] Ironischerweise beginnt Kloppenburg damit, die Befreiungstheologie mit Rudolf Bultmann in Verbindung zu bringen, dessen Programm der „Entmythologisierung" erklärte, daß der historische Jesus von keinerlei Bedeutung für das Christentum sei, denn alles, was zähle, sei der „Christus des Glaubens". Kloppenburg sagt, daß die Befreiungstheologie in ihrem Beharren darauf, daß das Evangelium zum Hier und Jetzt spreche, diese Ansicht teile. Zumindest dieses Argument ließ sich nicht gut mit Ratzinger vereinbaren; er sollte später die Befreiungstheologen bezichtigen, genau das Gegenteil zu tun, eine zu starke Betonung auf den historischen Jesus zu legen.

Kloppenburgs Gedankengang lief aber mit dem Ratzingers in anderen Fragen zusammen. Kloppenburg weist darauf hin, daß die Befreiungstheologie zu eifrig darauf bedacht sei, sich weltlichen Befreiungsbewegungen anzuschließen. Wenn unsere Anwendungsbestrebungen darin endeten, daß uns ein vollkommenes „Verständnis" zuteil werde oder daß wir die „Härte der Welt" abschafften, brauche es keinen weiteren Beweis, daß wir vom Weg des Herrn abgekommen seien, schreibt er. In dieser neuen Hervorhebung der sozialen Umwandlung warnt er vor einer Vernachlässigung der inneren und persönlichen Spiritualität und klagt einige Befreiungstheologen einer Mißachtung der ontologischen Dimensionen der Theologie an. Er warnt vor dem Marxismus und sagt, ein Königreich Gottes, das vor Christi Wiederkunft seine völlige Realität auf Erden beanspruchte, wäre lediglich ein Fallstrick und eine Täuschung. Weiterhin betont Kloppenburg, daß Erlösung und Heil im christlichen Verständnis fundamental persönlich seien, sie aber ein soziales und sogar kosmisches Stadium hätten.

Doch hat Kloppenburg Ratzinger wahrscheinlich nicht in einem unmittelbaren Sinn beeinflußt. Wenn es tatsächlich eine Einflußlinie gibt, ist es gleichermaßen wahrscheinlich, daß sie in die entgegengesetzte Richtung verläuft. Entscheidend ist, daß es in der kirchlichen Gesellschaft, mit der Ratzinger in den siebziger Jahren Umgang pflegte – Theologen, die mit der Zeitschrift *Communio* in Zusammenhang standen und mit der anhebenden Reaktion gegen die Phase in der Kirche,die auf das II. Vaticanum folgte –, zu einer wachsenden Kritik an der Befreiungstheologie kam. Dieses theologische Klima trug dazu bei, für Ratzingers Angriff die Bühne zu schaffen. Sein Streben, die Befreiungstheologie zu vernichten, war keine Handlungsweise, zu der er sich entschloß, nachdem er das Amt übernommen hatte; es handelte sich um etwas, was er mit in sein Amt trug, bereit, es zu vollenden.

DIE THEOLOGISCHE KRITIK

Den Kern von Ratzingers Kritik bilden zwei theologische Motive, die in seinen Schriften zu anderen Themen wieder auftreten.

Wahrheit

Weil die Befreiungstheologen die Auffassung vertraten, daß theologisches Verständnis politischem Engagement folgen sollte, glaubte Ratzinger, daß sie damit sagten, die Praxis sei der Maßstab zur Bewertung der Richtigkeit der Lehre. Mit anderen Worten, man entscheidet, welche christlichen Lehren „wahr“ sind, auf der Basis, wie gut sie politische Bemühungen um soziale Gerechtigkeit unterstützen. Schon 1968 widersetzte sich Ratzinger in seiner *Einführung in das Christentum* der Tyrannei des Faktums, der Neigung, Wahrheit eher auf das zu reduzieren, was man *tut*, als auf das, was Wirklichkeit *ist*. Dieser Irrtum führt manche dahin, das Christentum als Mittel darzustellen, die Welt zu verändern, und den Glauben selbst „auf diesen Ort“ zu verlagern. Anders gesagt ist dann jede Lehre verdächtig, wenn sie nicht dem sozialen Wandel nützt.

Dieses Verständnis projizierte Ratzinger nicht einfach nur auf die Befreiungstheologen; einige vertraten diese Position wirklich. Juan Luis Segundos berühmtes Wort besagte, daß die einzige Wahrheit die Wahrheit sei, die für die Befreiung wirkungsvoll sei. Segundo Galilea veröffentlichte 1974 einen Artikel in der Juni-Ausgabe von *Concilium*, in dem er argumentierte, daß Moses ein besseres Beispiel für den politisch engagierten Gläubigen abgebe als Jesus, denn Moses integriere die Idee von politischer und religiöser Erlösung, wohingegen Jesus die „Lösung der Zeloten“ abgewiesen habe. Das erweckte sicherlich den Anschein, die Praxis als Höhenmarke für die Lehre einzusetzen, und eine radikalere Anwendung dessen, als die Entthronung Jesu als Mittelpunkt des Glaubens, ist kaum vorstellbar. Ob es das ist, wonach Galilea der Sinn stand, ist nicht von Belang; der Artikel konnte leicht diesen Eindruck vermitteln. In ähnlicher Form schrieb der Brasilianer Hugo Assmann 1976: „Die Bibel! Es gibt sie nicht. Die einzige Bibel ist die soziologische Bibel dessen, was ich hier und jetzt geschehen sehe.“[5]

Die Befreiungstheologen beharren in ihrer Hauptströmung darauf, daß zwischen Befreiungstheologie und Relativismus keine notwendige Verbindung besteht. Ratzinger konnte allerdings reichlich Bestätigung seiner Befürchtungen im Korpus ihrer Schriften finden. Es war deutlich, wohin seine Analyse führen würde. Der Punkt drückt sich in der Anweisung von 1984 aus. Dort heißt es, daß dieser neuen Konzipierung unweigerlich eine radikale Politisierung der Versicherungen des Glaubens und der theologischen Wertungen folge. Die Frage, so die Anweisung, habe nicht mehr einfach nur damit zu tun, Aufmerksamkeit auf die Folgerungen und politischen Verwicklungen von Glaubenswahrheiten zu lenken, die im voraus aufgrund ihres transzendenten Wertes geachtet würden. In diesem neuen System, heißt es weiter, sei jede Versicherung des Glaubens oder der Theologie einem politischen Kriterium untergeordnet, das wiederum vom Klassenkampf abhänge, der treibenden Kraft der Geschichte.

Das Schlüsselwort hier ist „transzendent“. Durch die Leugnung einer objektiven Wahrheit, glaubt Ratzinger, leugneten die Befreiungstheologen Transzendenz; und indem sie das täten, leugneten sie Gott oder machten aus der Frage nach Gott zumindest einen zweifelhaften Punkt.

Die Anklage, daß die Anhänger der Befreiungstheologie die Achtung vor der Wahrheit missen ließen, war besonders beleidigend für sie, da sie ja genau deswegen eingesperrt, geschlagen und getötet wurden, weil sie in der Entlarvung der Brutalität der Regime, die ihre Länder regierten, die Wahrheit aussprachen. Sie standen vor einer völlig simplen Wahl: Sprich, und du könntest sterben; schweig, und du kannst leben. Segundo schrieb davon, wie sehr die Wahrheit für die Befreiungstheologen einen heiligen Charakter hatte, gerade weil sie so oft eine Frage auf Leben und Tod war. Daher sah wieder jede der beiden Seiten etwas ganz Grundlegendes auf dem Spiel stehen. Ratzinger sah den Glauben, für den im Lauf der Jahrhunderte zahllose Märtyrer gestorben waren, dahingehend abgeändert, politischen Zielen zu dienen, während die Befreiungstheologen die Gründe, für die sie ein Martyrium auf sich nahmen, vom Vatikan ignoriert oder verstellt sahen. Ihnen schien Rom Angst zu haben, aus dem eigenen Glaubensbekenntnis die Konsequenzen zu ziehen. Der Zusammenprall zwischen diesen beiden Perspektiven war sowohl kirchlich als auch politisch vielleicht der bedeutendste im Katholizismus des 20. Jahrhunderts.

Eschatologie

Ratzingers grundsätzliche Klage über die Befreiungstheologie ist die, daß sie eine mißverstandene Vorstellung der Eschatologie verkörpert. Ihre Verfechter, so glaubt er, suchen nach dem Königreich Gottes auf dieser Erde und innerhalb dieser Geschichtsordnung. Diese Art von Utopismus ist seiner Ansicht nach nicht nur falsch, sie ist gefährlich. Wann immer eine soziale oder politische Bewegung absolutistische Behauptungen darüber aufstellt, was sie leisten kann, ist der Weg zum Totalitarismus nicht mehr weit. Das, so argumentiert Ratzinger, sei die Lektion Nazideutschlands und die Sowjetrußlands. Daher muß das Ziel des Christentums sein, der Eschatologie die Politik zu entziehen. 1987 formulierte er das in seinem Buch *Kirche, Ökumene und Politik* so, daß es dort, wo es keinen Dualismus gebe, Totalitarismus gebe.

Ratzinger ist sich darüber im klaren, daß sich die meisten Befreiungstheologen in dieser Beschreibung nicht wiedererkennen würden. Er weiß, daß sie die volle Verwirklichung des Königreichs in die nächste Welt legen.

Er weiß das, weil jede der großen Gestalten der Bewegung – Boff, Gutiérrez, Sobrino – zu verschiedenen Zeiten dazu gedrängt worden ist, ausführliche „Klarstellungen“ für ihn zu schreiben, und jede hat sich diesem Punkt zugewandt. Für Ratzinger aber geht ihr Beharren, daß sie nicht *tatsächlich* eine innerweltliche Erlösung postulieren, an der Sache vorbei. Ihr System führt notwendigerweise in diese Richtung, also ist ein Abbau des Systems geboten, nicht nur eine plötzliche Abweichung an einem kritischen Punkt.

Für Ratzinger ist diese Versuchung für das Christentum, die Eschatologie innerhalb innerweltlicher sozialer Erwartungen zum Kollaps zu bringen, von dauerhafter Natur. Seine Habilitationsschrift handelte von Bonaventura, vor allem von seinem Kampf mit den „spiritualen Franziskanern“. Diese Gruppierung stand in der Erwartung eines dritten Zeitalters des Heiligen Geistes innerhalb der Geschichte, basierend auf evangelikaler Armut und veranlaßt durch Franziskus selbst. In diesem Zeitalter würden die Armen erhoben und die Reichen erniedrigt. Da die Menschen unter der direkten Leitung des Heiligen Geistes stünden, wären die institutionellen Strukturen der Kirche weniger bedeutend. Ratzinger hatte von daher schon ein Modell für das Verständnis seines Kampfes mit den Befreiungstheologen gefunden.

In Ratzingers Urteil treten die Folgen der verzerrten Eschatologie der Befreiungstheologie auf mindestens vier Arten zutage.

1. Abfall vom Katholizismus. Durch das an die Armen gerichtete Versprechen einer Herrschaft der Gerechtigkeit, die niemals komme, so Ratzinger, habe die Befreiungstheologie sie tatsächlich vom Katholizismus entfremdet und viele von ihnen dazu gebracht, anderswo einen transzendenten Glauben zu suchen. In *Salz der Erde* sagte er: „Für die eigentlich Ärmsten war die so in Aussicht gestellte bessere Welt zu weit weg, so daß sie zutiefst an gegenwärtiger Religion, an einer in ihr Leben hereinreichenden Religion, interessiert blieben.“[6] Ratzinger hat diese Vernachlässigung des Hier und Jetzt mit dem Abfall zum Protestantismus in Zusammenhang gebracht. Die „Protestantisierung“ Lateinamerikas war lange eine Quelle der Besorgnis für die katholischen Autoritäten, und obwohl die Zahlen manchmal übertrieben wurden, ist die Tendenz Realität. Die meisten Beobachter schätzen, daß zwölf bis dreizehn Prozent der Lateinamerikaner inzwischen Protestanten sind, ein riesiger Zuwachs von geschätzten ein Prozent 1930 und vier Prozent 1960. Diese Entwicklung war ein Hauptinhalt der Kritik des rechten Flügels an der Befreiungstheologie, der die Progressiven anklagte, den Glauben zu politisieren und die Menschen zu vertreiben, vor allem in die Arme der sich schnell ausbreitenden evangelikalen Bewegungen und der Pfingstbewegungen. Als Beleg für das Argument dienen Bei-

spiele wie etwa der südmexikanische Staat Chiapas, in dem Bischof Samuel Ruiz wegen seiner Unterstützung der Aufstände unter Bauern und Ureinwohnern als „roter Bischof" bezeichnet wurde. Die Relation des Übertritts zum Protestantismus lag im Lauf der neunziger Jahre für ganz Mexiko bei zehn Prozent, in Chiapas aber bei etwa dreißig Prozent.[7]

Viele Fachleute glauben, daß die Befreiungstheologie nicht für die Kirchenaustritte in Lateinamerika verantwortlich gemacht werden kann. Wenn dem in Brasilien so wäre, bemerkt Comblin, würde es stärkere Verluste in der Erzdiözese São Paulo geben, einer Hochburg der Befreiungstheologie, als in Rio de Janeiro, wo sie nie große Unterstützung fand; tatsächlich aber ist das Umgekehrte der Fall. Nichtsdestotrotz ist es klar, daß Ratzinger eine Verbindung sieht.

2. Terror. Wenn man den Glauben zulasse, daß eine perfekte Gesellschaft das Werk menschlicher Hände sein könne, so denkt Ratzinger, dann würden diese Hände am Ende mit Blut befleckt sein. Diese Idee brachte er in einer Darstellung zum Ausdruck, in der er davon sprach, daß das „absolute Gute" (und das heißt hier die Errichtung einer gerechten sozialistischen Gesellschaft) zur moralischen Norm werde, die alles andere rechtfertige, eingeschlossen – wenn es darauf ankomme – Betrug, Gewalt und Mord. Und was den Anschein von „Befreiung" erwecke, fährt er fort, kehre sich in das Gegenteil und zeige sein teuflisches Antlitz in seinen Taten. Ratzinger beruft sich sogar auf militante islamistische Gruppierungen, etwa die Hisbollah, als Beispielfall und argumentiert, sie hätten den Islam in eine Form von Befreiungstheologie verkehrt, die Erlösung von Israel suche.
3. Abweichung. Ratzinger hat lange geglaubt, daß Katholiken, angeregt durch die Befreiungstheologie, eine Form von „Klassenkampf" wahrnehmen würden, und zwar zwischen denen, die die kirchliche Macht innehätten, und denen, die von ihr ausgeschlossen seien, und daher „Befreiung" von unterdrückenden Kirchenstrukturen fordern würden. In dem Versuch, die Kirche in ein Instrument der Revolution umzuformen, sagt Ratzinger, vergesse die Befreiungstheologie, daß Form und Struktur dieser Institution vielmehr „Gegebenheiten" seien, die aus der Offenbarung stammten, als ein Gesellschaftsvertrag. Ironischerweise dient dieser Relativismus tatsächlich den Zwecken totalitärer Regime. Die Kirche sei, so Ratzinger, genau deswegen eine Basis für Freiheit, weil ihre Form die einer Gemeinschaft sei, was ebenfalls eine allgemeinverbindliche Verpflichtung einschließe. Wenn man ihm zufolge daher gegen eine Diktatur aufsteht, tut man das nicht nur im eigenen Namen als private Einzelperson, sondern kraft einer inneren Stärke, die das eigene Selbst und die eigene Subjektivität übersteigt.

4. Verfall innerhalb der Kultur. Was für Ratzinger letztlich auf dem Spiel steht, ist sein augustinisches Verständnis der Unterscheidung zwischen Kirche und Kultur, das sich in einer starken lutheranischen Betonung der Sünde und der Gefallenheit der Welt vermittelt. Es sei an der Zeit, wieder zu dem Mut der Unangepaßtheit zu finden, der Fähigkeit, sich vielen der Modeerscheinungen der uns umgebenden Kultur zu widersetzen und sich von einer gewissen euphorischen nachkonziliaren Solidarität loszusagen, sagte er 1984. Mehr denn je müsse sich der Christ heute bewußt sein, daß er einer Minderheit angehöre und daß er zu all dem in Opposition stehe, was dem „Geist der Welt", wie ihn das Neue Testament nenne, gut, offenkundig, logisch erscheine. In dem Ausmaß, in dem die Befreiungstheologie ihre Hoffnungen eher auf weltlichen politischen Fortschritt übertrage als auf die Befreiung, die allein Christus vermitteln könne, sagt Ratzinger, verliere sie das Kreuz aus dem Blick.

DIE KAMPAGNE GEGEN DIE BEFREIUNGSTHEOLOGIE

Ratzingers Warnungen vor den Gefahren, die sich durch die Befreiungstheologie stellen, datieren tatsächlich seiner Ankunft im Vatikan vor, und die zunehmende Alarmierung des Vatikans über den populistischen Vorstoß der lateinamerikanischen Kirche datiert gleichermaßen vor Ratzinger. Als Ratzinger also ins Amt trat, hatten die Befreiungstheologie und Rom einander schon wachsam umkreist, und was nun noch ausstand, war der Beginn eines frontalen Konflikts.

Die siebziger Jahre

Die Kongregation für die Glaubenslehre legte erstmals 1975 eine Akte zu Leonardo Boff an, die Akte zu Jon Sobrino datiert von 1980. Vor den Warnungen, die von der Internationalen Theologischen Kommission in den siebziger Jahren ausgesprochen wurden, war es unvermeidlich, daß die führenden Befreiungstheologen einer Überprüfung unterzogen wurden. Zur gleichen Zeit bauten sich die Kräfte der Befreiungstheologie auf. Auf ihrer zweiunddreißigsten Allgemeinen Kongregation 1974 nahmen die Jesuiten eine Erklärung an, die sich folgendermaßen las: Die Förderung von Gerechtigkeit ist eine absolute Forderung. Der kleingewachsene baskische Jesuitenführer Pedro Arrupe, eine ungeheuer beliebte Persönlichkeit, damals in seiner vierten Wahlperiode, bemerkte zu der

Entscheidung: „Wenn man diesem Erlaß gemäß lebt, wird es Märtyrer geben." Die Menge an drangsalierten, geschlagenen und getöteten Jesuiten in den folgenden zwei Jahrzehnten sollte Arrupe auf bittere Weise bestätigen.

Ein Dokument der Internationalen Theologischen Kommission aus dem Jahre 1977 zur menschlichen Entwicklung und christlichem Heil bot eine überraschend ausgleichende Behandlung der Befreiungstheologie, wenn man bedenkt, daß sowohl Ratzinger als auch Kloppenburg Mitglieder der Körperschaft waren, die es entwarfen. Karl Lehmann, inzwischen Kardinal, war Vorsitzender des Unterausschusses, der das Dokument hervorbrachte. Es warnte davor, daß niemand die Befreiungstheologien kritisieren solle, wenn er oder sie nicht zur gleichen Zeit auf die Schreie der Armen höre und nach akzeptableren Wegen suche, zu reagieren. Das Dokument wies die Idee der strukturellen Sünde nicht von sich. Sünde, so besagte es, sei in erster Instanz persönlich, aber es stehe außer Frage, daß durch den Einfluß der Sünde Unrecht und Ungerechtigkeit soziale und politische Einrichtungen durchdringen könnten. Das Dokument erkannte an, daß sich politischer Einsatz für die Kirche nicht vermeiden lasse und daß die grundlegende Einheit zwischen menschlicher Entwicklung und durch Christus erlangter Erlösung nicht umgestoßen werden könne, da sie am Kern der Wirklichkeit liege.[8]

Nichtsdestotrotz entwarf das Dokument auch eine Anzahl von Vorbehalten gegenüber der Befreiungstheologie, die Ratzinger und andere Kritiker in den kommenden Jahren weiterentwickeln sollten. Der übernatürliche Charakter christlicher Erlösung darf nicht mit der weltlichen Geschichte vermischt werden; die Kirche darf nicht in der Welt zu Fall kommen; die christliche Verfechtung einer sozialen und politischen Reform darf nicht zu Gewalt führen; die Vergöttlichung der Politik führt zu Diktaturen; der Marxismus darf nicht „getauft" werden; Christen dürfen den Klassenkampf nicht befürworten; völlige Befreiung vollzieht sich erst in der nächsten Welt. Die Anweisung zur Befreiungstheologie der Kongregation für die Glaubenslehre von 1984 kann, wie wir unten sehen werden, wie eine Ausarbeitung dieser Punkte gelesen werden.

Sein offizielles Debüt als Kritiker der Befreiungstheologie hatte Ratzinger 1978, als Papst Johannes Paul I. ihn, damals noch Kardinal von München, für einen nationalen Marianischen Kongress in Guayquil in Ekuador zu seinem Gesandten machte. Der Zweck seiner Reise war es, eine Warnung vor dem Marxismus und der sozialen Revolution zu überbringen (was auch darauf hinweist, daß diejenigen, die sich vorstellen, eine länger währende Papstschaft Johannes Pauls I. hätte der Kirche den Kreuzzug gegen die Befreiungstheologie und andere progressive Fälle erspart, sich wahrscheinlich irren). Ratzinger begann seine Ansprache, indem er den Lateinamerikanern sagte, wie wichtig das, was in ihrer Kirche geschehe, sei, denn die Mehrheit der Katholiken in der Welt lebe jetzt auf dem amerikanischen Kontinent. Das bedeute, daß sich das Zentrum der Weltkirche nach Amerika verlagern werde, sagte er.

Es wäre ein schreckliches Unglück, fuhr Ratzinger in dieser Ansprache im September 1978 fort, wenn Amerika seine Seele verkaufen würde, verhext von europäischer Ökonomie und technischen Errungenschaften, und sich einer „Kultur des Habens" überstellte. Diese Kultur, warnte er, werde sich am wahrscheinlichsten in der Erscheinung des Marxismus zeigen. Er sagte, daß die beiden großen Rationalismen des Zeitalters – westlich positivistischer und östlich marxistischer – die Welt in eine tiefe Krise gestürzt hätten. Das zeige den unheilvollen Weg einer völlig rationalistischen Kultur. Die von beiden Systemen geteilte Betonung auf materiellem Erwerb und Verteilung habe die großen Nord-Süd-Probleme der letzten fünfundzwanzig Jahre nicht gelöst. Als Alternative schlug Ratzinger den Lateinamerikanern vor, ihre eigene Kultur von Eingebung und Herz zu fördern, die, wie er sagte, in anderer Form auch in Afrika existiere.[9]

Nachdem Johannes Paul I. gestorben war, gab Ratzinger der *Süddeutschen Zeitung* ein Interview, das sowohl seine Ekuadorreise als auch die Wahl eines neuen Papstes betraf. Am 6. Oktober 1978 veröffentlicht, bestimmt das Interview den Zeitpunkt seiner ersten unmittelbaren öffentlichen Kritik an der Befreiungstheologie. Während er von der Kirche in Lateinamerika sprach, sagte Ratzinger, es sei notwendig, nicht nur die wirtschaftlichen, sondern vor allem die sozialen Bedürfnisse zu befriedigen. Er vertrat die Auffassung, daß eine überhastete Einführung des Industriezeitalters in die Kultur zu einer Entwurzelung, einem Zusammenbruch der familiären Strukturen, einer vaterlosen Gesellschaft, einer Proletarisierung des akademischen Lebens und zu tiefen Spaltungen unter den Menschen geführt habe.

Wo die Evangelisierung vernachlässigt werde, sagte Ratzinger, und soziale Hilfe ihrer christlichen Grundlage beraubt sei, wo die vieldiskutierte Befreiungstheologie mit marxistischen Voraussetzungen verbunden werde, da sei die Tür den ideologischen Mitteln des Kampfes aufgetan. Er wies darauf hin, daß der Zulauf der Zeugen Jehovas und der Mormonen das Versagen von Marxismus und Revolution in diesem Bereich bezeuge, die spirituellen Bedürfnisse der Menschen zu befriedigen. Mit Blick auf die Papstwahl sagte Ratzinger, daß das negative Urteil Johannes Pauls I. über die Befreiungstheologie unter einem neuen Papst aufrechterhalten werden sollte.

Das entscheidende Ereignis des Jahres 1979 war, soweit es die Befreiungstheologie betraf, die Revolution der Sandinisten in Nicaragua. Der

Aufstand erfreute sich der Unterstützung der meisten Basisgemeinden und der progressiven Elemente in der katholischen Kirche des Landes. Drei Priester waren als Kabinettsminister tätig und einer als Botschafter bei der Organisation der Amerikanischen Staaten. Mehr als alles andere bestärkte das Ratzingers Glauben, daß die Perspektive der Befreiungstheologie auf den Klassenkampf nur über den Lauf eines Gewehres eingenommen werden könne.

Anfang 1979 besuchte Johannes Paul II. auf einer seiner ersten Reisen als Papst die Dominikanische Republik und Mexiko. In Mexiko sprach er zur Konferenz der CELAM (ein Verbund der katholischen Bischofskonferenzen in Lateinamerika) in Puebla, nahe der Grenze zu Guatemala. Das zweite Treffen der CELAM 1968 in Medellín hatte eine aufrüttelnde Bestätigung der Befreiungstheologie hervorgebracht. Konservative Mitglieder der Hierarchie, vor allem Kardinal Alfonso López Trujillo aus Kolumbien, wünschten dieses Mal eine Verurteilung. Die Bemerkungen des Papstes in Puebla schienen in Richtung der Konservativen zu gehen. Er verwarnte Priester, daß „sie keine sozialen oder politischen Führer oder Beamten einer weltlichen Macht sind", und sagte den Katholiken Lateinamerikas, daß sie einer „christlichen Idee von Befreiung" anhängen sollten, nicht einer „ideologischen". Am Ende war die resultierende „Erklärung von Puebla" ein Kompromiß. Sie wiederholte, daß die Kirche eine „Option für die Armen" bevorzuge, aber die Vorstellung war von Warnungen vor der Revolution eingesäumt. Die meisten Befreiungstheologen begrüßten das Dokument als Rechtfertigung und begannen sich auf „Medellín und Puebla" zu beziehen, als sei dort ein und derselbe Gedankengang verfolgt worden. Aus der historischen Perspektive stellt sich Puebla jedoch tatsächlich eher wie die Spitze vor einem Abhang dar, der Beginn einer Wende in der offiziellen Haltung der lateinamerikanischen Hierarchie der Befreiungstheologie gegenüber. Im weiteren Verlauf des Jahres 1979 sagte Johannes Paul II., er unterstütze die Idee einer Theologie der Befreiung, sie solle aber nicht ausschließlich an Lateinamerika oder die soziologisch betrachtet Armen gebunden sein. Er zitierte sinngemäß Balthasar, daß eine katholische Theologie eine „universale Reichweite" haben müsse.

1980

Zwei Ereignisse von 1980 verwiesen auf den Gang, den die gegen die Befreiungstheologie gerichtete Kampagne nehmen sollte. Um den 20. März herum entschieden drei Beamte des Vatikans – die Kardinäle Silvio Oddi von der Kongregation für den Klerus, Franjo Seper von der Kongregation für die Glaubenslehre und Sebastiano Baggio von der Kongregation für die Bischöfe –, zu empfehlen, daß der Papst Erzbischof Oscar Romero von El Salvador des Amts entheben sollte. Sie hatten das Gefühl, daß seine dauerhafte Kritik an der Regierung und seine „Option für die Armen" drohten, die Kirche dieses Landes auf verhängnisvolle Weise zu teilen. Romero fiel am 24. März einem Mordanschlag zum Opfer, noch bevor die Entscheidung zur Ausführung komme konnte. Allein der Plan, Romero abzusetzen, aber war ein Zeichen dafür, daß Rom nicht mit Wohlwollen auf die politische Richtung der lateinamerikanischen Kirche blickte.[10]

Im Januar 1979, unmittelbar vor dem Treffen von Puebla, hatte Romero den Präsidenten von El Salvador wegen seines Versagens, die Ermordung von Priestern und Laien zu beenden, exkommuniziert. Derartige prophetische Gesten hatten den früher konservativen Romero schon zuvor mit Rom in Konflikt gebracht; in sein Tagebuch vom August 1979 notierte er, daß er angeklagt werde, ein „Marxist" und ein „Subversiver" zu sein. Im Frühjahr 1979 bat der Heilige Stuhl die Universität Georgetown in Washington, D.C., Pläne, Romero mit der Ehrendoktorwürde auszuzeichnen, fallenzulassen. Der Präsident von Georgetown, der Jesuit Timothy Healy, weigerte sich und reiste nach San Salvador, um die Auszeichnung zu verleihen.

Im Verlauf der nächsten Jahre sollte Rom eine Anzahl fortschrittlicher Bischöfe versetzen, ablösen oder zum Stillhalten nötigen, mit dem eindeutigen Ziel, die progressiven Kräfte in der lateinamerikanischen Kirche zu schwächen. Romero gab in seinem Tagebuch zu Protokoll, daß das eigentliche Problem darin bestehe, daß er wie viele andere Priester um Treue zum II. Vaticanum bemüht sei, „das sich für Lateinamerika in Medellín und Puebla übersetzt hat". Bis zum heutigen Tag haben sich die Autoritäten im Vatikan geweigert, Romero als Märtyrer anzuerkennen oder ihn zum Heiligen zu machen. Für einen Papst, der fast drei Viertel so viele Heilige kanonisiert hat wie alle seine Vorgänger zusammen, ist das eine bemerkenswerte und vielsagende Unterlassung.

Später, im Jahr 1980, unternahm Johannes Paul II. seinen ersten seelsorgerischen Besuch in Brasilien, dem größten katholischen Land der Welt und der Heimat der begeistertsten episkopalen Anhänger der Befreiungstheologie. Sein Gastgeber für den größten Teil der Reise war Kardinal Evaristo Arns aus São Paulo, für die brasilianischen Katholiken ein Held, da er der Mann war, den man am stärksten mit dem Widerstand gegen die Militärregierung identifizierte. Zu einem früheren Zeitpunkt des Jahres hatte Arns einen Zusammenstoß mit Beamten des Vatikans wegen seines Wunschs gehabt, eine Konferenz zu „Theologie in der dritten Welt" in São Paulo zu veranstalten. Rom forderte ihn auf, von dem Vorhaben abzusehen, und als er mit der Vorbereitung fortfuhr, gingen Briefe vom Vatikan an Bischöfe der Länder, in denen Theologen Einladungen erhalten hatten, die sie dazu aufforderten, ihre Theologen von der Teilnahme abzuhalten. Ein päpstlicher Nuntius besuchte darüber hinaus jeden der angeschriebenen Bischöfe. Daher hatte Arns, als Johannes Paul II. in Brasilien ankam, Grund zur Vorsicht. Trotzdem verteidigte er seinen Standpunkt. Zu einem bestimmten Zeitpunkt auf der Reise boten Militärbeamte dem Papst einen Flug zu seinem nächsten Aufenthalt an, was ihm eine holperige Überlandfahrt in kirchlichen Fahrzeugen erspart hätte. Als der Papst und seine Begleiter sich zum Flugzeug aufmachen wollten, nahm Arns ihn beiseite und sagte ruhig, aber bestimmt: „Wenn Sie mit dem Militär gehen, gehen Sie allein." Johannes Paul II. wandte sich um und ging mit Arns. Es war ein Zeichen der Dinge, die kommen sollten: In Brasilien hatte die Befreiungstheologie starke Verfechter, die sowohl mit dem Willen als auch mit der geistigen Fähigkeit ausgestattet waren, einen Kampf aufzunehmen. Ratzinger erkannte, daß der Kampf, würde er die Bewegung brechen wollen, vornehmlich auf brasilianischem Boden stattfinden müßte.

1981

1981 überging Johannes Paul II. die Satzung der Jesuiten, um eine ihm genehme Führerschaft über den Orden einsetzen zu können, und verzögerte ihre nächste allgemeine Kongregation um zwei Jahre, bis er sich sicher fühlte, eine neue Wahl zulassen zu können. Der Papst beschuldigte die Jesuiten, sich in die Politik einzumischen, säkularisiert zu werden und vor allem in Lateinamerika die traditionelle priesterliche Ausbildung durch die Einbindung in eine „Volkskirche", bestehend aus Basisgemeinden, zu ersetzen. Johannes Paul II. war der Ansicht, daß er wegen des unverhältnismäßigen Einflusses der Jesuiten auf die Kirche an ihnen ein Exempel statuieren müsse.

Der Papst erlaubte den Jesuiten bis September1983 nicht, sich in einer Allgemeinen Kongregation zu versammeln, auf der sie dann Pater Peter-Hans Kolvenbach, einen hochangesehenen niederländischen Gelehrten und Fachmann für den Mittleren Osten, an ihre Spitze wählten. In einer Ansprache an eine Versammlung der Jesuiten schlug Johannes Paul II. 1985 immer noch einen warnenden Ton an: „Sie müssen aufmerksam darüber wachen, daß die Gläubigen nicht durch zweifelhafte Lehren verwirrt werden, durch Veröffentlichungen oder Reden, die im offenen Widerspruch zum Glauben und der Ethik der Kirche stehen."

1982

Die Antipathie, die der rechte Flügel der lateinamerikanischen Kirche gegenüber der Befreiungstheologie empfand, wurde 1982 stärker spürbar, beispielhaft ist dafür ein Artikel, den Kloppenburg in *Communio* über Boff veröffentlichte.

Darin hob Kloppenburg Boffs 1981 erschienenes Buch *Kirche, Charisma und Macht* als besonders kritikwürdig heraus. (Das Buch war eigentlich eine Sammlung von Aufsätzen, die in der Phase von 1972 bis 1981 geschrieben worden waren.) Kloppenburg legte zur Last, daß Boff eine Kirche ohne Institution, ohne Macht, ohne Hierarchie, ohne Dogmen und ohne Kirchenrecht wolle. Boff hatte in dem Buch über den institutionellen Katholizismus geschrieben, er sei in solch einer Weise absolutistisch geworden, daß er dazu neige, sich selbst an die Stelle Jesu Christi zu setzen oder sich als ihm gleichwertig zu verstehen. Spannungen würden meistens durch eine Unterdrückung erstickt, die oft gegen die grundlegenden Menschenrechte verstoße, die selbst von offiziell atheistischen Gesellschaften geachtet würden.

Die Regierungsverwaltung des US-Präsidenten Ronald Reagan nahm von der Befreiungstheologie 1982 in einem Dokument Notiz, das den Titel „Eine neue zwischenamerikanische Politik für die achtziger Jahre" trug, gemeinhin als „Santa-Fe-Dokument" bezeichnet, nach der Stadt, in der es Reagans Beraterstab ausarbeitete. Roger Fontaine, Reagans späterer Mittelamerikaberater im nationalen Sicherheitsrat, und Lewis Tambs, Botschafter in Costa Rica, bis er gezwungen wurde, wegen der Iran-Contra-Affäre zurückzutreten, waren im Stab. Das Dokument erklärte, daß die Befreiungstheologie für die katholische Kritik an einem „produktiven Kapitalismus" in Lateinamerika verantwortlich sei, und schlug als amerikanische Politik die Unterstützung protestantischer Gruppierungen zur „Schwächung" des progressiven Katholizismus vor. Es gibt kein Zeugnis dafür, daß Johannes Paul II. je ein geheimes Bündnis mit Reagan geschlossen hat, wie Carl Bernstein und Marco Politi einmal behauptet haben, aber sicherlich entlockten Ratzingers Bemühungen, die Befreiungstheologie zu unterjochen, Reagan ein Lächeln.[11]

1983

Im Februar 1983 schickte Ratzinger einen Brief an die peruanischen Bischöfe, in dem er sie aufforderte, eine Untersuchung gegen Gustavo Gutiérrez einzuleiten. Ratzinger zählte mehrere angebliche Fehler in Gutiérrez Schriften auf: (1) eine marxistische Geschichtssicht; (2) eine selektive Lesart der Bibel mit Überbetonung der Armen; (3) die Behandlung des Heiligen Geistes als eine von Kirchentradition und Amt für die Lehre getrennte Quelle der Offenbarung; (4) eine klassenbeherrschte Theologie; (5) eine Betonung der Errichtung des Königreiches durch Klassenkampf, ein Prozeß, der auch eine Veränderung der Strukturen der Kirche einschließt; (6) die Wandlung der Kirche in eine Partisanengruppe, eine Vorstellung, „die die Hierarchie und ihre Rechtmäßigkeit gefährdet"; (7) eine Vernachlässigung der Seligpreisungen; und (8) eine marxistische Verdrehung des Evangeliums. „Es gibt Grund, tief besorgt zu sein" über die Theologie, die Gutiérrez vertrete, schloß Ratzinger.

Solange Kardinal Juan Landázuri, ein Progressiver, der auf Gutiérrez als Berater in Medellín vertraut hatte, in Lima blieb, konnte Gutiérrez auf etwas Unterstützung rechnen, aber er entschied sich, das Unvermeidliche nicht abzuwarten. Er fragte Ratzinger, ob er nach Rom kommen könne, um ihn zu treffen. Ratzinger erklärte sich einverstanden, und im März unternahm Gutiérrez die Reise. Er kam entmutigt zurück und erzählte, Ratzinger sei freundlich gewesen, aber der Kampf um die Befreiungstheologie sei „weit von einem Ende entfernt". Im Juni 1983 legte Gutiérrez den Bischöfen eine sechzigseitige Verteidigungsschrift seines Werks vor. Auf ihren Vollversammlungen im August und wieder im Januar kamen ihre Überlegungen, wie es weitergehen sollte, an einen toten Punkt.

1983 stattete der Papst Mittelamerika einen seelsorgerischen Besuch ab und hielt sich auch in Nicaragua auf. Was er da sah, gefiel ihm nicht. Bei einer Messe unter freiem Himmel blickte Johannes Paul II. auf Transparente mit der Aufschrift „Dank sei Gott und der Revolution", und er warnte seine Zuhörer vor „ideologischen Kompromissen und innerweltlichen Lösungen". Als die Menschen „Frieden" riefen, gab der Papst ihnen zurück: „Seid still! Die Kirche ist die erste, die Frieden fördert." Das berühmteste Bild von der Reise 1983 stammt vom Papstempfang in Managua, wo Pater Ernesto Cardenal, einer der drei Priester im sandinistischen Kabinett, versuchte, den Papst zu begrüßen. Entschlossen, den Abweichlern kein „Pressefoto" zu geben, zog der Papst seine Hand zurück und drohte mit seinem Finger gegen Cardenal, wobei er sagte: „Bereinige erst Deine Situation mit der Kirche." Obwohl Cardenal die Geste später als „bedeutungslos" verwarf, sollte die Bereinigung ihm letztlich doch aufgezwungen werden.

Das war ein Jahr später im Dezember 1984 der Fall, als der Vatikan bekanntmachte, daß Cardenals Bruder Fernando, der Erziehungsminister der Sandinisten, von den Jesuiten ausgeschlossen worden war. Ernesto Cardenal und ein weiterer Priester, Edgar Parrales, der Botschafter bei der Organisation der Amerikanischen Staaten, wurden unfreiwillig ihres Status als Geistliche enthoben. Ironischerweise hatte Parrales für sich schon vor mehr als einem Jahr eine Bittschrift eingereicht, von seinen Gelübden entbunden zu werden. Zur gleichen Zeit entsprach der Maryknoll-Orden den vatikanischen Anweisungen, Pater Miguel D'Escoto auszuschließen, der damals als Außenminister für die Sandinisten tätig war. Der Obere des Ordens, Pater William Boteler, sagte, daß er mit der Entscheidung nicht übereinstimme, aber keine Wahl habe.

Am 18. und 19. Oktober 1983 veranstaltete der US-Senator Jeremiah Denton, der im Senat dem Unterausschuß für Sicherheit und Terrorismus vorsaß, Anhörungen zur Befreiungstheologie. Hauptzeuge war ein konservativer Priester, Pater Enrique Rueda, der die Befreiungstheologie als Teil des sowjetischen Versuchs beschrieb, den „schwachen Unterleib" der Vereinigten Staaten in Lateinamerika gefügig zu machen. Denton gab der Hoffnung Ausdruck, daß die Politiker diese Bedrohung ernst nehmen würden.

1984

1984 stellt für die Bewegung der Befreiungstheologie das *Annus Mirabilis* dar, das Jahr, in dem sich die Auseinandersetzung zwischen dem Vatikan und den Verfechtern der Befreiungstheologie vor dem Blick der Öffentlichkeit entlud. Es begann am 14. März mit einem Aufsatz, den Ratzinger in der italienischen Zeitschrift *30 Giorni* veröffentlichte, die mit konservativen Kreisen in Verbindung steht. Er wies im einzelnen darauf hin, daß die Befreiungstheologie die Kirche mit einer neuen Art von Häresie konfrontiere, die aus der Regel falle. Die Bewegung „paßt nicht in die herkömmlichen Einteilungen von Häresie, denn sie akzeptiert den gesamten vorherrschenden Sprachgebrauch, verleiht ihm aber eine neue Bedeutung". Mit anderen Worten leugnen die Verfechter der Befreiungstheologie die Kernlehren nicht, etwa die Erlösung oder die unmittelbare Gnade, aber sie legen einen vollkommen anderen Inhalt in diese Begriffe, so daß ihre Häresie sowohl unterschwelliger als auch systematischer ist. Der Aufsatz lief auf Ratzingers offizielle Kriegserklärung hinaus, denn jetzt war seine Einschätzung ganz deutlich – die Befreiungstheologie ist nicht nur gefährlich oder unorthodox, sondern auch häretisch.

Ratzinger sagte, daß die Befreiungstheologie sich auf den Marxismus stütze und das Christentum als ein politisches Programm des Klassenkampfes zur Emanzipation der Armen deute. Ihm zufolge entzieht sie den Kategorien des Glaubens – Sünde, Gnade, Erlösung – ihren traditionellen Inhalt und bläst sie mit einer neuen soziopolitischen Bedeutung auf. Er warnte, daß im Denken der Befreiungstheologen das „Volk Gottes" der „Hierarchie" entgegengestellt werde, womit ein Klassenkampf innerhalb der Kirche angelegt sei. Die Lehren des Magisteriums der Kirche würden darin dann die Seite der Reichen und Herrschenden vertreten und im Gegensatz zu den Armen stehen. Auch wenn die Bewegung meistens mit Lateinamerika in Zusammenhang gebracht wird, warnte Ratzinger davor, daß es Varianten in Indien, Sri Lanka, auf den Philippinen, in Taiwan und Afrika gebe. Er nannte Assman, Gutiérrez und Sobrino als beispielhaft gefährliche Denker.

Der Aufsatz war offensichtlich als Ansprache an eine Versammlung der Kongregation für die Glaubenslehre abgefaßt worden. Die Umstände, unter denen es dazu kam, daß er in *30 Giorni* veröffentlicht wurde, bleiben im dunkeln. Der US-Theologe Virgilio Elizondo sagte unter Berufung auf Gutiérrez einem Nachrichtendienst, daß Ratzinger Gutiérrez erklärt habe, daß der Aufsatz ein aus seinem Schreibtisch gestohlener grober Entwurf gewesen sei und seine Gedanken nicht vollständig darstelle. Es kam aber in keiner Form zu einem Widerruf, und im weiteren Protokoll weist nichts darauf hin, daß Ratzinger sich nicht mit diesen Vorstellungen identifizierte. Auf einer Pressekonferenz, die zur Klärung der Dinge einberufen wurde, lobte er die Befreiungstheologie in dem Maße, daß sie die notwendige Verantwortung des Christen für die Armen und Unterdrückten ins rechte Licht rücke. Er fügte aber auch hinzu, daß die besondere Option der Kirche für die Armen niemanden ausschließe.

Im März 1984 fand ein besonderes Treffen zwischen Mitgliedern der Kongregation für die Glaubenslehre und Repräsentanten der CELAM in Bogotá in Kolumbien statt. Hinter den Kulissen erhofften die Gegner der Befreiungstheologie eine unverblümte Verurteilung, wurden aber durch die Weigerung mehrerer Bischöfe, darauf einzugehen, enttäuscht. Am Ende wurde eine Erklärung erlassen, die der Befreiungstheologie eine laues Lob zollte, aber eine marxistische Analyse verwarf. Eine Zeitung zitierte einen lateinamerikanischen Erzbischof, der sich über den Vatikan beklagte: „Sie können nicht akzeptieren, daß irgend etwas Neues oder Schöpferisches aus der dritten Welt kommen könnte." Hans Küng veröffentlichte unmittelbar im Anschluß einen Bericht über das Treffen in Bogotá, in dem er einen Bruch zwischen Ratzinger und dem fortschrittlichen Flügel in der Mitgliedschaft der CELAM dokumentierte. Darío Castrillón Hoyos (damals Generalsekretär der CELAM und jetzt Schriftführer der Kongregation für den Klerus des Vatikans) ließ Küng jedoch in einem später im Bulletin der CELAM veröffentlichten Brief wissen, daß die Bischöfe Lateinamerikas „in völligem Einklang" mit Ratzingers Sicht der Befreiungstheologie ständen.

Im Januar stimmten die peruanischen Bischöfe mit einunddreißig zu fünfzehn Stimmen für eine wie auch immer geartete Kritik an Gutiérrez, ohne sich auf einen Wortlaut einigen zu können. Ein Umschwung ereignete sich im März, als Kardinal Landázuri einen Brief von Karl Rahner erhielt. Dieses auf den 16. März datierende Schreiben war genau zwei Wochen vor Rahners Tod im Alter von achtzig Jahren verfaßt worden. Darin sprach Rahner Gutiérrez eine aufrüttelnde Bestätigung aus. Er sei von der Orthodoxie des theologischen Werkes von Gustavo Gutiérrez überzeugt, schrieb er. Die Befreiungstheologie, die dieser vertrete, sei vollkommen orthodox. Heutzutage beständen verschiedene Schulen, und so sei es immer gewesen. Es wäre bedauerlich, wenn dieser legitime Pluralismus durch administrative Mittel beschränkt werden sollte, schloß Rahner. Landázuri gab den Brief an andere peruanische Bischöfe weiter, und er hatte eine gewaltige Auswirkung darauf, den Impuls einer Verurteilung abzuwehren.[12]

Am 15. Mai sandte Ratzinger Leonardo Boff einen sechsseitigen Brief, in dem er ihn ersuchte, seine Ansichten zu klären, vor allem sofern sie mit der Herausforderung der hierarchischen Autorität durch die „Kirche des Volks" zu tun hätten. Er bezichtigte Boff eines erbarmungslosen extremen Angriffs auf die institutionelle Kirche. Gleichzeitig entzog Erzbischof Eugênio Sales von Rio de Janeiro Boffs Bruder Clodovis und einem Kollegen, Pater Antonio Moser, die *missio canonica.* Sales klagte die beiden Männer der Anwendung einer marxistischen Analyse an. Seine Maßnahme zeitigte einen offiziellen Protest der brasilianischen Bischofskonferenz, deren Mitglieder bemerkten, daß Moser ihrem Ausschuß zur Glaubenslehre diente. Sales blieb ungerührt.

Die Feindseligkeit konservativer Zugehöriger der lateinamerikanischen Hierarchie gegenüber der Befreiungstheologie, etwa Sales', López Trujillos und Kloppenburgs, führte einige Beobachter im Lauf der Jahre zu der Schlußfolgerung, daß die Rolle des Vatikans in der Zersprengung übertrieben worden sei, daß die schlimmsten Feinde aus dem eigenen Land kämen. Doch repräsentierten diese lokalen Gegner im Verlauf der achtziger Jahre eine Minderheit innerhalb ihrer Bischofskonferenzen. Ihre Hoffnung lag auf Rom, und das hieß auf Ratzinger.

Sales Klagen an den Vatikan hatten sich lange Zeit auf Arns in São Paulo konzentriert und waren vor allem gegen sein Programm der priesterlichen Ausbildung gerichtet, von dem Sales behauptete, es komme einer Schule für Revolutionäre gleich. Im Sommer 1984 machte Ratzinger Kardinal Joseph Höffner von Köln zu seinem Beauftragten, die Ausbildungsprogramme in São Paulo zu „inspizieren". Höffner war der Hauptgegner Küngs in der deutschen Bischofskonferenz gewesen und hatte als ausgesprochener Feind eines demokratischen Sozialismus diesen als inakzeptabel marxistisch bezeichnet. Er wurde abgesandt, ohne daß die brasilianische Bischofskonferenz davon in Kenntnis gesetzt war, obwohl Ratzinger den Brasilianern zuvor versprochen hatte, daß keine Untersuchung ohne ihre Zustimmung unternommen würde.[13]

Arns hatte seine Seminaristen auf elf kleine Ausbildungshäuser verteilt, von denen jedes aus sieben oder acht jungen Männern bestand. Sie wurden in die Basisgemeinden einbezogen und kamen während des Studiums auch noch Tätigkeiten nach, damit sie ihre Familien unterstützen konnten. Auf einer Pressekonferenz in Brasilien sagte Höffner den Medien, er sei beeindruckt von dem, was er gesehen habe. Er merkte an, daß es nur neun Seminaristen gegeben habe, als Arns 1970 in São Paulo angekommen sei, Mitte der achtziger Jahre aber seien es nun dreiundneunzig. Das Programm, so sagte er, könne anderen Ländern als Beispiel dienen. Doch als er nach Deutschland zurückgekehrt war, legte er Ratzinger einen weitgehend negativen Bericht vor. Im selben Sommer hielt Ratzinger eine Ansprache auf dem deutschen Katholikentag. Jugendliche Protestierende unterbrachen die Rede und entfalteten ein Transparent mit der Aufschrift: „Trotz der Inquisition, die Befreiungstheologie lebt, Herr Ratzinger."

Dann ließ Ratzinger seine größte Bombe platzen: die *Anweisung für bestimmte Aspekte der Befreiungstheologie*, offiziell auf den 3. September 1984 datierend, aber erst Ende August herausgegeben. Sie warnte vor neuem Elend und neuen Formen der Sklaverei, die die Befreiungstheologie zu schaffen drohe. Während anerkannt wurde, daß Christen in den Kampf für Gerechtigkeit einbezogen werden sollten, und behauptet wurde, das Dokument sollte nicht als Entschuldigung für diejenigen dienen, die an einer Gleichgültigkeit gegenüber menschlichem Elend festhielten, beharrte es darauf, daß die Befreiungstheologie die Theologie durch die Anwendung marxistischer Vorstellungen dem Klassenkampf unterwerfe. Es ließ verlauten, daß die Befreiungstheologie dazu neige, die Transzendenz und die Belohnung der Befreiung in Jesus Christus mißzuverstehen oder zu eliminieren, ebenso die Unangreifbarkeit der Gnade und das wahre Wesen der Mittel der Erlösung, vor allem der Kirche und ihrer Sakramente. Die Befreiungstheologie bringe die heilige Geschichte in der weltlichen Geschichte zum Zusammenbruch. Darüber hinaus fördere sie Anarchie in der Kirche. Wenn die autoritative Deutung der Kirche aufgehoben werde, entferne man sich zur gleichen Zeit von der Tradition, hieß es.

Nachdem die Befreiungstheologie der unkritischen Einführung marxistischer Analysemittel bezichtigt wurde, teilte die Anweisung einen rhetorischen K.-o.-Schlag aus: Dieses System sei eine Verkehrung der christlichen Botschaft, wie Gott sie seiner Kirche anvertraut habe. Das Dokument wurde vom Papst persönlich bestätigt.

Daß die Anweisung Ratzingers persönliche Belange ausdrückte und nicht nur eine Übereinstimmung unter römischen Theologen, kann aus dem Vergleich mit der oben besprochenen Erklärung der Internationalen Theologischen Kommission von 1977 geschlossen werden. All die negativen Warnungen vor der Befreiungstheologie sind verschärft worden, vor allem die Anklage der übermäßigen Bezugnahme auf die marxistische Analyse. Diese Frage hatte im Dokument der Internationalen Theologischen Kommission einen Abschnitt eingenommen; vom Umfang der aus 10.000 Worten bestehenden Anweisung kamen ihr über 4.000 Worte zu. Die wichtigsten positiven Komponenten des Dokuments von 1977 waren nicht vorhanden. An keiner Stelle räumte die Anweisung ein, daß die institutionelle Kirche unausweichlich einen politischen Einsatz vollzieht oder daß sie diese Einsätze zugunsten der Armen anstrengen sollte. Das Dokument von 1977 bekräftigte nochmals die Lehre von *Gaudium et spes*, daß in Gottes Königreich nicht nur die Liebe bleiben wird, sondern auch die Anstrengung der Liebe, was bedeutet, daß die Menschen in dieser Seinsordnung mit der Errichtung des Königreichs beginnen. Es betonte auch die grundlegende Einheit zwischen menschlicher Entwicklung und christlicher Erlösung. Die Anweisung andererseits nannte die meisten Formen der Befreiungstheologie eine Verneinung des Glaubens der Kirche.

Eine Flut von Reaktionen folgte. Der Staatssekretär des Vatikans, Agostino Casaroli, sagte, daß er nicht zu Rate gezogen worden sei, und er bedauerte den „negativen" Tonfall der Anweisung. Ein positives Dokument, so führte er weiter aus, wäre „wünschenswerter" gewesen. Gerüchte begannen umzugehen, daß der Papst unglücklich sei; offenbar hatte er den Eindruck gehabt, das Dokument sei von den Ausschüssen zur Glaubenslehre der lateinamerikanischen Bischöfe diskutiert worden, und als er erfuhr, daß das nicht der Fall gewesen war, wies er darauf hin, daß es als „Arbeitsvorlage der Glaubenskongregation" betrachtet werden sollte. Viele Beobachter des Vatikans glauben, daß Johannes Paul II. hinter den Kulissen Kardinal Roger Etchegaray anwies, den Vorsitzenden des Päpstlichen Rates für Gerechtigkeit und Frieden, damit er daranging, eine positivere Erklärung zu entwerfen. Auf der ganzen Welt reagierten viele katholische Führer mit Zorn. Der dominikanische Theologe Nicholas Lash aus England sagte, Ratzinger hätte „ein System errichtet, das nicht existiert".

Unter den Befreiungstheologen war die typische Reaktion, sich nicht angesprochen zu fühlen, weil man keine der Glaubensvorstellungen vertrete, vor denen das Dokument warnte. Sie bekräftigten den Marxismus als politisches System nicht, sie wiesen nicht die Gnade Christi zurück, auch sie sahen die Sakramente und die Kirche als wesentlich an. Einige Befreiungstheologen fühlten sich tatsächlich ermutigt, denn sie schlossen, daß, wenn das Ratzingers Sorgen wären, seine Kritik nichts mit ihnen zu tun hätte. Ihr Fehler lag in dem Versäumnis, Ratzingers systematischer Herangehensweise genügend Glaubwürdigkeit zukommen zu lassen. Ihn kümmerte es nicht, ob sie *tatsächlich* diese Positionen vertraten; sein Standpunkt war, daß ihre theologischen Voraussetzungen zu solchen Schlußfolgerungen führten, ob einzelne Theologen dies anerkannten oder nicht. Man stehe daher einem wirklichen System gegenüber, auch wenn einige zögerten, der Logik bis zu ihrem Schluß zu folgen.

Eine Ausnahme stellte Segundo dar, der sagte, die Befreiungstheologen könnten Ratzingers Schlag nicht dadurch ausweichen, daß sie behaupteten, das Gesagte lasse sich auf sie nicht anwenden, und daß das Dokument ein direkter Angriff auf ihre Arbeit sei, der als solcher ernst genommen werden müsse. Wenn Ratzinger recht habe, dann hätte er unrecht, sagte Segundo. Der Marxismus, so argumentierte er, sei ein Ablenkungsmanöver; der wirkliche Unterschied bestehe in der Kirchenlehre. Segundos Behauptung lautete, daß Ratzinger tatsächlich die Lehre des II. Vaticanums leugnete, wie sie in *Gaudium et spes* ausgedrückt sei, daß nämlich Gottes Gnade und Erlösung universal seien und die Kirche daher in Partnerschaft mit anderen Menschen und sozialen Kräften arbeiten müsse, wenn sie Gottes Absichten wahrnehme.

Einige Tage nachdem die Anweisung erlassen worden war, kam Leonardo Boff zu einem am 7. September stattfindenden Gespräch nach Rom, zu dem er von Ratzinger geladen worden war, um die Einwände der Kongregation gegen sein Buch *Kirche, Charisma und Macht* zu diskutieren. Durch einen ironischen Streich der Geschichte ist der 7. September der brasilianische Unabhängigkeitstag. Im August hatte Boff an Ratzinger geschrieben, um vorzuschlagen, den Austausch in Brasilien stattfinden zu lasssen, aber dieser hatte abgelehnt. Ratzinger hatte darauf bestanden, daß ein Fahrzeug der Kongregation Boff aufnehmen und ihn zu seinem Aufenthaltsort in Rom bei den Franziskanern zurückbringen sollte; das Ziel dabei war ohne Zweifel, den Medien aus dem Weg zu gehen, denn Boffs Ankunft auf dem Flughafen Fiumicino in Rom am 2. September hatte eine spontane Pressekonferenz ergeben. Monsignor Josef Clemens, Ratzingers Privatsekretär, war als Fahrer tätig, und keinem von Boffs Mitfranziskanern war es gestattet, ihn zu begleiten. Als Clemens ankam, fragte Boff scherzhaft, ob Handschellen vonnöten sein würden. Drei Mitglieder der brasilianischen Hierarchie – Arns, Kardinal Alósio Lorscheider und Bischof Ivo Lorscheiter, Präsident der brasilianischen Bischofskonferenz – baten darum, an dem Gespräch teilnehmen zu dürfen, wurden aber von Ratzinger abgewiesen. Nach einigen Verhandlungen wurde ihnen gestattet, bei der zweiten Hälfte der Unterredung anwesend zu sein.

Edward Schillebeeckx sagte einmal, zum peinlichsten Moment bei solch einer Befragung komme es bei dem Versuch, beim Kaffeetrinken eine belanglose Unterhaltung zu führen. In Boffs Fall brachte Ratzinger die Sache ins Rollen, indem er darauf hinwies, daß Boff eine Soutane gut stehe und er öfter eine tragen solle, da sie auch ein Zeichen der Zeugenschaft sei; Boff sagte darauf, daß sie auch ein Symbol der Macht sein könne. Als das Gespräch ohne Erwähnung eines Verweises abgebrochen wurde, dachten die Brasilianer, sie hätten gewonnen; als sie den Gesprächsort verließen, hob Arns vor einem Wall von Fernsehkameras sogar die Finger zum Siegeszeichen V für „Victory". Doch das Schlimmste sollte erst noch kommen.[14]

Im gleichen Monat fand ein besonderes Treffen der peruanischen Bischöfe in Rom statt. Einmal mehr bemühte sich Ratzinger um eine Maßnahme gegen Gutiérrez. Er wünschte eine Verurteilung in drei Punkten: die Anwendung des Marxismus, eine Überbetonung der sozialen Sünde und eine Weigerung, von Gewalt abzurücken. Zu diesem letzten Punkt zitierten Gutiérrez und andere *Populorum progressio* von Paul VI., das sich weigerte, Gewalt als eine letzte Möglichkeit gegen eine offenkundig lang andauernde Tyrannei auszuschließen. Vielleicht durch Rahners Brief bestärkt, vielleicht durch das Beispiel der couragierten Verteidigung Boffs durch die brasilianischen Bischöfe ermutigt, zeigten sich die Peruaner widerspenstig.

Das Treffen begann mit dem Vorschlag Ratzingers, daß er dabei als Vorsitzender tätig werden würde; Landázari erwiderte aber, daß es sich um kein offizielles Treffen der Bischofskonferenz handeln würde, wenn nicht er den Vorsitz übernehme. Am Ende erließen die Bischöfe keine Verurteilung gegen Gutiérrez. Ihr Abschlußdokument, das schließlich am 26. November verabschiedet wurde, brachte eine Wertschätzung der durch die Befreiungstheologie geförderten „spirituellen Tiefe" zum Ausdruck, erkannte die Realität sozialer Sünde an, behandelte den Klassenkampf als Tatsache und forderte eine ausgleichendere Gerechtigkeit. Es sprach sogar voller Stolz von der Befreiungstheologie als einer Bewegung, die „auf unserem Boden geboren wurde". Ratzinger hatte offenbar darauf gesetzt, daß er das bekommen könnte, was er wollte, indem er eher die peruanischen Bischöfe bearbeitete, als direkt mit Gutiérrez die Konfrontation zu suchen. In diesem Fall ging der Schuß nach hinten los.

Mit der Berufung des Jesuiten Augusto Vargas Alzamora als Nachfolger Landázaris in Lima 1989 änderten sich die Dinge. Vargas Alzamora, der Verbindungen zu Opus Dei pflegt, hat eine härtere Linie gegen Gutiérrez verfolgt. Dieser Übergang demonstriert, daß, solange die Auswahl der Bischöfe ausschließlich den Beamten des Vatikans vorbehalten bleibt, es keine Niederlage gibt, die sie nicht letztendlich wieder umkehren können.

Bei einem Besuch in Lateinamerika Ende 1984 nahm Johannes Paul II. in jedem seiner Aufenthaltsorte Bezug auf die Befreiungstheologie. In Venezuela, Ekuador und Trinidad warnte der Papst die Massen vor Alkohol, Drogen, Gewalt, Untätigkeit, Prostitution und wahllosem Sex. Er ermahnte Regierungen, ihre staatlichen Finanzen zur Verbesserung des Lebens der Armen einzusetzen, und er lobte die Bischöfe der CELAM für ihre bevorzugte Option für die Armen. Er gab aber auch Ratzingers Argument wieder, daß diese Option nicht für eine „Klasse" gelte und daß sie allen offenstehe. Er forderte, daß die Bischöfe „von der Gemeinde die Irrtümer fernhalten, die sie bedrohen".

Im Oktober 1984 sandte Ratzinger dem Jesuiten Jon Sobrino aus El Salvador einen Brief, der ihn dazu verpflichtete, der Kongregation für die Glaubenslehre eine umfassende Klarstellung seiner eigenen Ansichten zu Befreiung und Erlösung zukommen zu lassen. Sobrino, ein Theologe an der Fakultät der von Jesuiten betriebenen Universität von Mittelamerika, war Berater Romeros gewesen und hatte ihm geholfen, viele seiner Hirtenbriefe zu entwerfen. Rasch erhielt Sobrino eine Bestätigung des Jesuiten Juan Alfaro der Gregorianischen Universität in Rom, der ihn als einen „sehr orthodoxen Theologen" bezeichnete.

1985

López Trujillo und sein Kreis beriefen 1985 ein Treffen in der Umgebung Santiagos in Chile ein. Wenn auf die Bischofskonferenzen Lateinamerikas bezüglich der Verurteilung der Befreiungstheologie kein Verlaß war, so war diese spontan zusammengerufene Gruppe konservativer Prälaten zumindest dazu entschlossen, sich Gehör zu verschaffen. Sie brachten eine Erklärung hervor, die die Befreiungstheologie als eine marxistische Verkehrung des Glaubens anklagte. Sie sagten, sie verfechte einen Konflikt zwischen der „Volkskirche" und der „hierarchischen Kirche". Im von Pinochet kontrollierten staatlichen Fernsehen wurde ausführlich über die Sitzung berichtet, und das chilenische Militär berief sich auf die Erklärung in seiner Verteidigung der nachfolgenden Verhaftung von Pater Renato Hevia, Herausgeber einer progressiven Zeitschrift namens *Mensaje*. Die Gruppe, die die Erklärung hervorgebracht hatte, traf sich erneut im Januar 1986 in Lima, und dieses Mal gesellte sich Darío Castrillón Hoyos aus Kolumbien dazu, der von Leonardo Boff sagte: „Boff wird Gott um Vergebung bitten müssen, und wenn Gott antwortet, werden der Papst und ich wissen, ob ihm vergeben werden soll oder nicht."

Am 11. März 1985 erließ die Kongregation für die Glaubenslehre einen formalen Kurzbericht zu Boffs Buch *Kirche, Charisma und Macht*. Das Buch gefährde den Glauben, so sagte die Kongregetion, in seinem Begriff von der Lehre, seinem Verständnis von heiliger Macht und seiner Überbetonung der prophetischen Rolle der Kirche. Am 26. April verordnete Ratzinger ein offizielles Mundverbot für Leonardo Boff; die Bekanntmachung fand am 9. Mai statt. Er durfte bis auf weiteres nicht veröffentlichen, lehren oder öffentlich sprechen. Boff akzeptierte die Entscheidung und lehnte es eine Zeitlang sogar ab, Telefongespräche von Kollegen entgegenzunehmen. „Ich ziehe es lieber vor, mit der Kirche als alleine mit meiner Theologie zu gehen", sagte er. In einer verwirrenden Bemerkung erklärte Balthasar am 25. Oktober 1985 der *Frankfurter Allgemeinen*, daß die Entscheidung, Boff das Mundverbot aufzuerlegen, nicht von Ratzinger gekommen sei und daß Ratzinger keine Wahl gehabt hätte, als ihr zuzustimmen. Der frühere Student Ratzingers, Hermann Häring, forderte in einem Aufsatz von 1986 öffentlich eine Klärung dieser Äußerung, aber dazu kam es nie.[15]

Seit dem II. Vaticanum war Boff der zweite, dem ein Mundverbot auferlegt wurde; der erste, der davon betroffen war, war der französische Dominikaner Jacques Pohier, seiner Anschauungen zur Auferstehung wegen. Im Sommer 1985 plante ein katholisches Verlagshaus in Brasilien, einen Band zu veröffentlichen, der die gesamte zwischen Boff und Ratzinger hin und her gehende Korrespondenz enthalten sollte, ebenso wie die Abschrift des Gesprächs vom 7. September in Rom, Ratzinger aber schritt ein und unterband die Veröffentlichung.

Im August 1985 geriet Gutiérrez in einen erneuten Konflikt mit Ratzinger, als er nach Nicaragua reiste, um seiner Solidarität mit Miguel D'Escoto Ausdruck zu verleihen, dem Außenminister der Sandinisten und seines Amts enthobenen Priester. D'Escoto hatte einen Hungerstreik begonnen, um gegen die gegen Nicaragua gerichtete Gewalt zu protestieren, die von den USA geschürt wurde. Gutiérrez sagte, er stimme zu, daß „die große Bedrohung für Nicaragua" von den USA komme. Er nannte die Revolution der Sandinisten einen „Befreiungsprozeß", trotz der Existenz einiger „historischer Ungewißheiten". Über D'Escoto sagte er: „Er ist für mich kein Freund, er ist für mich ein Bruder."

Auf der Bischofsynode von 1985, die einberufen worden war, um das Erbe des II. Vaticanums zu bestimmen, hielt der brasilianische Bischof Ivo Lorscheiter eine Rede, in der er sagte, daß die Befreiungstheologie „marxistische Ideologie nicht rechtfertigt oder mit der katholischen theologischen Tradition bricht". Dieser Punkt tauchte in der offiziellen vatikanischen Zusammenfassung der Erkenntnisse der Synode nicht auf.

1986

Für eine kurze Zeit des Jahres 1986 schien es, als ob die Befreiungstheologie sich wieder erstarkt in Szene setzen könnte. Im Januar bekräftigte der umjubelte katholische Autor Graham Greene die Befreiungstheologie. Während er durch Nicaragua reiste, sagte er auch, er hätte das Gefühl, daß die religiöse und politische Freiheit unter den Sandinisten respektiert würde. Im selben Monat statteten einige brasilianische Bischöfe ihren *ad-limina*-Besuch in Rom ab, eine Reise nach Rom, um den Papst zu treffen, zu der alle Bischöfe im Fünfjahrestakt verpflichtet sind. In seiner Ansprache warnte der Papst vor „schwerwiegenden Abweichungen", die die Befreiungstheologie in den Glauben einführen könne, und beharrte darauf, daß die Kirche nicht auf ihre soziopolitische Rolle reduziert werden dürfe. Die einzig wahre Befreiung, sagte er, sei die individuelle Befreiung von der Sünde. Doch am 13. März, als eine weitere Abordnung von Brasilianern nach Rom kam, schlug der Papst einen ganz anderen Ton an. Er drängte die Bischöfe, ihre Arbeit für soziale Gerechtigkeit fortzusetzen. „Von Elementen, die sie verwässern können, gereinigt",sagte er, „ist die Befreiungstheologie nicht nur orthodox, sondern notwendig."

Das Beste sollte erst noch kommen. Am 12. April 1986 sprach der afrikanische Kardinal Bernadin Gantin, damals der Vorstehende der Kongregation für die Bischöfe, auf einer Einkehr für die Mitglieder der brasilianischen Bischofskonferenz. Er brachte einen Brief des Papstes ein, der besagte, daß die Befreiungstheologie „nicht nur angemessen sei, sondern nützlich und notwendig". Teilnehmer der Einkehr sagten, daß, als Gantin diese Worte las, unter den Bischöfen „Halleluja"-Rufe zu hören waren. Einige hätten Tränen in den Augen gehabt. Ein Bischof sagte später: „Der Papst hat den Bischöfen die Befreiungstheologie zurückgegeben."

Die positiven Strömungen setzten sich Mitte 1986 fort, als ein Teil einer geplanten fünfzig Bände umfassenden Reihe zu Theologie und Befreiung aus dem Druck kam. Unter Einbeziehung der Werke sämtlicher bekannten Theologen der Bewegung, einschließlich Boffs, erschien die Reihe mit der offiziellen Bestätigung von hundertneunzehn katholischen Bischöfen, davon neunundsiebzig allein aus Brasilien.

Im April wurde das langerwartete zweite vatikanische Dokument zur Befreiungstheologie verabschiedet. Als *Anweisung zur christlichen Freiheit und Befreiung* betitelt, schien der Text eine positivere Sichtweise zu bieten. Die Suche nach Freiheit und das Streben nach Befreiung, die sich in der modernen Welt unter den hauptsächlichsten Zeichen der Zeit fänden, hätten im christlichen Erbe ihre erste Quelle, stand darin zu lesen. Diejenigen, wurde weiter erklärt, die durch Armut bedrückt seien, seien Gegenstand einer vorrangigen Liebe seitens der Kirche, die seit ihrem Anfang und zum Trotz der Verfehlungen vieler ihrer Mitglieder nicht davon abgelassen habe, für deren Unterstützung, Verteidigung und Befreiung zu arbeiten. Sie habe dies, so die Anweisung, durch zahllose Werke der Nächstenliebe getan, die immer und überall unerläßlich blieben, und zusätzlich habe sie durch ihre Soziallehre, um deren Anwendung sie bemüht sei, versucht, strukturelle Veränderungen in der Gesellschaft zu fördern und menschenwürdige Lebensbedingungen zu sichern. Der Text akzeptierte den bewaffneten Kampf als äußerste Reaktion auf eine anhaltende Tyrannei, und er applaudierte sogar den Basisgemeinden als Quelle großer Hoffnung für die Kirche.

Boff hieß das Dokument willkommen. Er schrieb einen Brief an Ratzinger (in der Ansprache „Lieber Bruder Ratzinger"), in dem er die neue Anweisung als ein entscheidendes und historisches Schriftstück bezeichnete, das die Befreiungstheologie schütze. Nun könne nicht länger irgendein Zweifel herrschen: Rom stehe an der Seite der Unterdrückten und all derer, die gegen Ungerechtigkeit kämpften, schrieb Boff. Der Brief war auch von seinem Bruder Clodovis unterzeichnet.

Ein nüchterneres Lesen des am 5. April 1986 veröffentlichten Dokuments zeigt, daß es weit zweideutiger ist. In ihren Anfangszeilen bemerkt die Erklärung, daß dieses Streben nach Befreiung sowohl auf der theoretischen wie auf der praktischen Ebene manchmal Formen annehme, die nicht immer im Einklang mit der den Menschen betreffenden Wahrheit ständen, wie sie sich im Lichte seiner Schöpfung und Erlösung offenbare. Aus diesem Grund habe es die Kongregation für die Glaubenslehre für nötig erachtet, die Aufmerksamkeit auf Abweichungen oder Gefahren der Abweichung, die dem Glauben und dem christlichen Leben schadeten, zu lenken. Weit davon entfernt, überholt zu sein, würden diese Warnungen mehr denn je zeitgerecht und von Belang erscheinen. Sie fährt in der Argumentation damit fort, daß die Befreiungstheologie in ihrem philosophischen Unterbau ein Verständnis von Wahrheit und von Freiheit in sich geschlossen habe, das eher knechte als erlöse. In einer weithin beachteten Wendung wurde die „bevorzugte Option für die Armen" eine „bevorzugte *Liebe* für die Armen", eine Nuance, die viele Menschen als eine mitenthaltene Nichtanerkennung des Klassenkampfes verstanden.

Kurz vor Ostern wurde das Boff auferlegte Mundverbot aufgehoben. Er bezog sich auf diese Entscheidung als eine im Einklang mit dem Geiste der neuen Anweisung „logische Haltung Roms". In der Verbindung der Entscheidung mit den Osterfeierlichkeiten erklärten seine Freunde: „Bruder Leonardo ist auferstanden!" Die Begeisterung dieser Zeit war derart, daß einige Anhänger der Befreiungstheologie die Handlung sogar als „Kapitulation" seitens des Vatikans bezeichneten. Tatsächlich war dies aber einfach nur die Ruhe vor dem Sturm. Im Verlauf der nächsten sechs Jahre wurde Boff wiederholt aufgefordert, seine Anschauungen zu klären und/oder umzuformen, bis er sich 1992 in der Folge der Auferlegung eines Lehrverbots dafür entschied, die katholische Priesterschaft aufzugeben.

Immer wieder haben Spekulationen die Frage umrankt, wie Leonardo Boff zum „Staatsfeind Nummer eins" innerhalb Ratzingers gegen die Befreiungstheologie geführter Kampagne werden konnte. Gutiérrez war international bekannter, und sowohl Sobrino als auch Segundo verfolgten einen größeren geistigen Rahmen. Und doch war Boff der einzige Befreiungstheologe, der ein Untersuchungsverfahren in Rom erlebte, dem ein Mundverbot auferlegt wurde, dessen Schriften wiederholt verurteilt wurden, dessen Bewegungen von Rom aus mit hartnäckiger Genauigkeit verfolgt wurden. Boff beschrieb Ratzingers „Spionagenetzwerk" in der Phase seines Mundverbots 1985 in einen Interview mit *Newsweek* vierzehn Jahre später. „Einmal begab ich mich zu einem entlegenen Amazonasdorf, um an einer religiösen Einkehr teilzunehmen", erzählte er. „Drei Tage später hatte die Kunde davon den Vatikan erreicht."

Warum Boff? Es gibt vier wahrscheinliche Faktoren. Der erste und wahrscheinlich wichtigste ist der, daß Boff die begrifflichen Mittel der Befreiungstheologie auf die Kirche anwandte. Er vertrat, daß eine „klerikale Aristokratie" dem Volk Gottes die Mittel religiöser Produktion enteignet und daher sein Recht der Entscheidungsfällung unterschlagen hätte. 1984 warnte er öffentlich, daß, „komme es zu einem Schisma von der Basis" in Lateinamerika aus, der „Vatikan die Verantwortung dafür zu tragen hat".

Im Februar 2000 bestätigte Ratzinger in einer Rede auf einer Konferenz hinter verschlossenen Türen in Rom, die zum Rückblick auf die Umsetzungen des II. Vaticanums veranstaltet wurde, diese Analyse. Ratzinger sagte, in Bemerkungen, die durch einen katholischen Nachrichtendienst übermittelt wurden, daß Boff der erste öffentliche Prüfstein gewesen sei, wie der potentiell zweideutige Sprachgebrauch des Konzils über die Kirche interpretiert werden würde. In *Lumen gentium*, dem Dokument des II. Vaticanums zur Kirche, hieß es, die „einzige Kirche Christi ... *ist verwirklicht in* [*subsistit in*] der katholischen Kirche". Ratzinger sagte, daß Boff und andere dies so verständen, daß sich die eine Kirche Christi auch außerhalb des Katholizismus verwirklichen könne, daß der historische Jesus tatsächlich niemals beabsichtigt hätte, überhaupt eine institutionelle Kirche zu begründen. Diese These, so Ratzinger, könnte als „Relativismus in der Kirchenlehre" bezeichnet werden. So bescheinigt Ratzinger selbst, daß sich der Fall Boff nicht hauptsächlich um die Befreiungstheologie drehte, sondern genauso darum, wie man die Kirche versteht.

Zweitens war Boff Brasilianer. Der amerikanische Pater Charles Curran, selbst eine Zielscheibe Ratzingers in den achtziger Jahren, drückte den Punkt in einem mir 1999 gegebenen Interview so aus: „Das war eine politische Entscheidung. Brasilien war eine große, einflußreiche Kirche, und Ratzinger wollte eine Botschaft übermitteln. Uruguay [Segundos Heimat] ist sicherlich nicht der Ort, das zu tun." Zusätzlich war die brasilianische Hierarchie Mitte der achtziger Jahre der Vision der Befreiungstheologen fest verhaftet. Wenn Ratzinger Erfolg haben wollte, war es Brasilien, wo der Kampf ausgetragen werden mußte.

Drittens verfügte Boff nicht über einen sympathisierenden örtlichen Bischof mit genug Macht, um eine Störung des Vorgehens Roms in der gleichen Art zu betreiben, in der es bei Gutiérrez in den frühen Stadien seiner Konflikte der Fall war. Mag die Mehrheit der brasilianischen Hierarchie auch hinter Boff gestanden haben, so hatte sein eigener Bischof, Kardinal Eugênio Sales, doch in den frühen achtziger Jahren eine Maßnahme gegen ihn gefordert.

Schließlich gibt es noch eine persönliche Dimension. Ratzinger kannte Boff, hatte als Student mit ihm zusammengearbeitet. Boff ist eine große schillernde Persönlichkeit in einer Art und Weise, in der es Gutiérrez, Sobrino und Segundo nicht waren. Er hatte etwas von der natürlichen Begabung Hans Küngs, in der Presse Aufsehen zu erregen, wenn er auch weit weniger überlegt auf Konfrontationskurs ging als der Schweizer Theologe. In den späten achtziger Jahren forderte er beispielsweise die Aufhebung der nationalen Souveränität des Vatikans und die Abberufung eines jeden päpstlichen Nuntius. In gewissem Sinne lud Boff Ratzinger praktisch dazu ein, ihn zu verfolgen.

Im Jahr 1986 jedoch war diese Zukunft nicht so deutlich abzusehen. Die drei Ereignisse dieses Jahres zusammennehmend – der scheinbar positivere Charakter der neuen Anweisung, die Aufhebung des Boff auferlegten Mundverbots und die päpstliche Bestätigung, daß die Befreiungstheologie „nicht nur angemessen ist, sondern nützlich und notwendig" –, sagte Gutiérrez Ende 1986 tatsächlich: „Die Debatte ist vorüber." Damit meinte er, die Befreiungstheologie habe gewonnen. Wenn dem so war, sollte es lediglich ein Pyrrhussieg sein.

1987

1987 erließ Johannes Paul II. seine Enzyklika *Sollicitudo rei socialis,* ein Dokument, das so viele Interessen, die von Boff und anderen Lateinamerikanern vertreten wurden, zusammenfaßte, daß ein Kommentator bemerkte: „Es hätte von den Befreiungstheologen geschrieben sein können." Johannes Paul II. schrieb, das Streben nach Freiheit sei etwas Edles und Legitimes. Es sei das Ziel der Entwicklung. Er berief sich sogar auf mehrere von den Befreiungstheologen bevorzugte Bibelstellen, etwa Matthäus 25, 31–46, und gebrauchte sie, wie es die Befreiungstheologen selbst tun, als einen Aufruf zu einer sozialen Reform. Seine kritische Herangehensweise sowohl an den Kapitalismus als auch an den Kommunismus führte einige westliche Kritiker dazu, den Papst des „moralischen Relativismus" zu bezichtigen, weil er die Sowjets nicht verurteilte.

Gutiérrez erwiderte die Annäherung von Johannes Paul II. und sagte im Oktober in einem Interview mit Radio Vatikan, daß das Magisterium eine „Pflicht und ein Recht" habe, Kritik an der Befreiungstheologie auszudrücken. Er bezeichnete die beiden Anweisungen als „nützlich" und sagte, sie würden den Befreiungstheologen dabei helfen, einige Begriffe zu korrigieren, die nicht ganz richtig seien. „Wir sollten ihnen unsere Aufmerksamkeit schenken", sagte er.

Doch wiesen zwei Ereignisse von 1987 darauf hin, daß bedrohliche Tage kommen sollten. Ratzinger unterband die Veröffentlichung eines neuen Buchs von Boff, was eine Erneuerung von Roms konträrer Haltung nahelegte. Unheilvoller war das Treffen einer Gruppe im November, die sich „Conference of American Armies" nannte und sich aus militärischen Vertretern von fünfzehn westlichen Staaten, die USA und El Salvador eingeschlossen, zusammensetzte, um einen Bericht über die Befreiungstheologie zu besprechen. Hier wurde die Bewegung verurteilt, und einige ihrer führenden Repräsentanten wurden als extreme Marxisten bezeichnet, die „die Operationsziele der kommunistischen Revolution" stützen würden. Die Aufzählung schloß den Jesuiten Ignacio Ellacuría ein, der später einer der sechs Jesuiten sein sollte, die an der Universität von Mittelamerika ermordet wurden. Andere Befreiungstheologen, deren Namen die Aufzählung erfaßte, waren Pablo Richard, José Comblin und Hugo Assmann. Eine Menschenrechtsorganisation bezeichnete später den entsprechenden Bericht, der mit „Strategie der Internationalen Kommunistischen Bewegung in Lateinamerika in verschiedenen Vorgehensweisen" betitelt war, als „fast schon ein Todesurteil".

1988

Drei Ereignisse aus dem Jahr 1988 bekräftigten, daß Gustavo Gutiérrez' Einschätzung von 1986 – „die Debatte ist vorüber" – verfrüht war. Zunächst bestätigte der Vatikan eine Maßnahme, über die schon einige Zeit ein Gerücht im Umlauf war. Vier neue Diözesen sollten von Kardinal Arns' Erzdiözese in São Paulo abgespalten werden: Osasco, Itapecerica da Serra, Santo Amaro und São Miguel Paulista. Auch wenn Bevölkerungsverlagerungen in der Erzdiözese diesen Zug rechtfertigten, hatten Arns und seine Anhänger das Gefühl, daß er hauptsächlich seinen Einfluß reduzieren sollte. Die meisten der ärmsten Gebiete der Erzdiözese und damit die stärksten Lager zur Unterstützung der Befreiungstheologie wurden vier neuen Sitzen unterstellt. Ihnen wurden Bischöfe zugeteilt, die keine starken Verfechter der Befreiungstheologie waren. Arns wurde die wohlhabende Innenstadt gelassen. Diese Maßnahme war ein Zeichen dafür, daß die Anhänger der Befreiungstheologie, selbst auf höchster Ebene, nicht gefeit gegen vom Vatikan ausgeübten Druck waren. Jeder Zweifel darüber, was auf dem Spiel stand, wurde von Kloppenburg weggewischt, der aussagte, daß der Vatikan gegen diejenigen etwas unternehmen müsse, „die sich weigern, den Richtlinien des Papstes zu folgen, und Positionen einnehmen, die mit der offiziellen Lehre unvereinbar sind". Er sagte, es sei „deutlich" und „offensichtlich", daß die Maßnahme in São Paulo in diesem Sinne vollzogen worden sei.

Im September unternahm Ratzinger den ungewöhnlichen Schritt, einem Bischof das Mundverbot aufzuerlegen: Bischof Pedro Casaldaliga von der Diözese in São Felix. Casaldaliga wurde angewiesen, nicht öffentlich zu sprechen und zu schreiben oder seine Diözese ohne ausdrückliche Erlaubnis zu verlassen. Die Entscheidung erfolgte auf eine Befragung Casaldaligas durch Ratzinger und Gantin. Als Gründe für die Maßregelung führten sie folgendes an: (1) Casaldaligas Verfehlen, seinen erforderlichen *ad-limina*-Besuchen in Rom nachzukommen; (2) seine der Befreiungstheologie gewogenen Schriften; (3) seine Reise nach Nicaragua zur Unterstützung von Miguel D'Escotos Hungerstreik (wie schon vorher erwähnt, brachte dies auch Gutiérrez Schwierigkeiten ein); (4) die von ihm veröffentlichten „Revisionen" der Messe für Indios und Schwarze; (5) seine Bezugnahme auf Oscar Romero als „Märtyrer", noch vor einer offiziellen Erklärung der Kirche. Der in Spanien geborene Casaldaliga war von Ratzinger und Gantin aufgefordert worden, eine Erklärung zu unterschreiben, in der er versprechen sollte, sich nicht mehr der verstoßenden Verhaltensweisen zu befleißigen. Seine Weigerung veranlaßte drei Monate später das auferlegte Mundverbot.

Ratzinger veröffentlichte 1988 einen Kommentar zur Anweisung des Vatikans von 1986 und bot damit den Lesern einen Einblick, wie er dieses Dokument deutete. Er nahm Bezug auf vom Marxismus erfüllte Formen der Praxis der Befreiung, die von der Lehrautorität der Kirche zurückgewiesen worden seien. Er beklagte, daß die meisten Leser des Dokuments von 1986 die Abschnitte zu Wahrheit und Freiheit nicht zur Kenntnis genommen und es vorgezogen hätten, direkt zu dem überzugehen, was es über den Kampf um Befreiung zu sagen habe. Indem sie das getan hätten, darauf wies er hin, sei ihnen entgangen, wie sehr die Befreiungstheologie mit den Grundüberzeugungen des christlichen Glaubens uneins sei. Die von ihr versprochene „Befreiung" ende in Anarchie, und letztlich in Tyrannei, vertritt Ratzinger. Jeder, der denke, daß das, was hierin eigentlich enthalten sei, kleine spitzfindige Unterscheidungen seien, die im großen Kampf gegen die Tyrannei nicht ins Gewicht fallen sollten, verfehle es, den Abgrund zu erkennen, der sich zwischen den beiden grundlegenden Visionen von Freiheit und Menschenwürde auftue, die die verschiedenen Formen der Praxis leiten würden. Wenn Ratzinger es auch nicht ausspricht, ist die Schlußfolgerung doch offensichtlich: Diese beiden Visionen sind der orthodoxe Katholizismus auf der einen Seite und die Befreiungstheologie auf der anderen.

1989 bis 1990

Zwei Ereignisse gaben den Jahren 1989 bis 1990 den Anschein des Endes der Ära der Befreiungstheologie in der lateinamerikanischen Geschichte. Das eine war der Fall der Berliner Mauer. Damit schien der alte sozialistische Traum in Mißkredit gebracht und der demokratische Kapitalismus gerechtfertigt. 1990 entfaltete sich in Lateinamerika der zweite Akt dieses Schauspiels, als die Sandinisten in Nicaragua von der Macht abgewählt wurden. Ihre sozialistische Utopie überdauerte kaum ein Jahrzehnt und wurde von den Menschen zurückgewiesen, deren Sehnsüchte sie zu erfüllen beansprucht hatte.

Das Epizentrum der revolutionären katholischen Kirche Nicaraguas in den siebziger und achtziger Jahren war die Gemeinde Santa Maria de los Angeles in Managua unter dem Franziskaner Uriel Molina gewesen. Den Altarraum zierte ein Wandgemälde eines Guerilla in olivgrünem Tarnanzug, der ein Kreuz und die Fahne der Sandinisten trug, während ein habgierig dreinblickender Amerikaner versuchte, den nicaraguanischen Wald auszubeuten. Im Jahr 1990 fand das Ganze aber auch ein Ende, denn der Vatikan beorderte Molina aus der Gemeinde. 1996 wurde er aus dem Orden der Franziskaner ausgeschlossen.[16]

Gewisse Dynamiken änderten sich nicht, etwa die Bereitschaft der lateinamerikanischen Militärs, zur Unterdrückung von Abweichung Gewalt anzuwenden. Am 16. November 1989 wurden sechs Jesuiten – Ignacio Ellacuría, Ignacio Martin-Baro, Segundo Montes Mozo, Amando López Quintana, Juan Ramon Moreno und Joaquin López y López – zusammen mit ihrer Köchin, Julia Elba Ramos, und deren fünfzehnjährigen Tochter, Celina Ramos, an der Universität von Mittelamerika in San Salvador erschossen. Diese sechs Jesuiten wurden ermordet, weil sie und die Universität selbst weithin als Regierungsgegner angesehen wurden. Vor allem Ellacuría hatte in den Kreisen der Befreiungstheologie den Ruf eines klugen Denkers.

1989 veranstaltete auch die Gruppe um López Trujillo, die bereits 1985 eine Erklärung herausgebracht hatte, eine weitere Sitzung in Lima. Sie schlug als Alternative zur Befreiungstheologie eine sogenannte „Aussöhnungstheologie" vor. Außer Trujillo nahmen Kardinal Miguel Obando y Bravo von Managua und Bischof Oscar Rodriguez von Honduras, damals als Generalsekretär der CELAM tätig, an dem Treffen teil. Im Anschluß sagte Trujillo zu Reportern: „Die Befreiungstheologie hat einen materialistischen, keinen humanistischen Standpunkt. Es existiert keine christliche Herangehensweise in dieser theologischen Strömung." Um dieselbe Zeit verkündete Limas neuer Erzbischof Augusto Vargas in einer Presseverlautbarung vom 17. September, daß er Gustavo Gutiérrez helfen wolle, „jegliche Schwierigkeiten bezüglich der Glaubenslehre völlig hinter sich zu lassen". Zu diesem Zweck, sagte er, habe er Gutiérrez angewiesen, all seine theologischen Schriften vor einer Veröffentlichung vorzulegen.

In Haiti gab es einen weiteren Versuch praktischer Befreiungstheologie. Jean-Bertrand Aristide, ein Priester und Sozialreformer, war 1988 „wegen Anstachelung zu Gewalt, sozialem Haß und Klassenkampf" aus dem Salesianerorden ausgeschlossen worden. Die Bewegung, die sich unter seiner Führerschaft gebildet hatte, war einflußreich genug, um den Diktator Haitis, „Baby Doc" Duvalier, zu stürzen und Aristide in der Folgezeit zum Präsidenten zu wählen, aber nicht stark genug, um ihn davor zu bewahren, kurz danach in einem Militärputsch außer Landes gejagt zu werden.

In einem Zug, über den noch immer viele Haitianer bestürzt und schockiert sind, war der Vatikan der einzige Staat der Welt, der das Militärregime nach seiner Machtergreifung im Putsch von 1991 anerkannte. Anhänger Aristides reagierten darauf, indem sie die Residenz des päpstlichen Nuntius attackierten und in Brand setzten, wobei ein sich dort aufhaltender Priester aus Zaire schwer verletzt wurde. Dem Militär wurden über 3.000 politische Morde zur Last gelegt, bis eine Intervention der Vereinigten Staaten 1994 Aristide wieder in die Macht einsetzte. Vielen Haitianern erschienen Ratzingers Warnungen, die Befreiungstheologie führe zu Terror, besonders gehaltlos, da es sich zeigte, daß der Vatikan einen Terror von viel grausamerer und systematischerer Art bekräftigte. Aristide trat in der Folgezeit aus der Priesterschaft aus, heiratete seine amerikanische Rechtsberaterin und hat inzwischen Kinder mit ihr.

1991 bis 1992

1991 holte Ratzinger erneut gegen Boff aus, diesmal mit der Forderung nach seiner Aufgabe der Leitung von *Vozes*, der franziskanischen Zeitschrift, die er in Petrópolis betrieb. Boff nahm die Entscheidung hin, aber Freunden war es klar, daß er langsam die Geduld verlor. 1992 erteilte Ratzinger Boff das Lehrverbot und erlegte allen seinen Schriften eine vorbeugende Zensur auf, wobei er darauf beharrte, daß Boff seine Kirchenlehre noch immer nicht von den Elementen der Abweichung und des inneren Klassenkampfes gereinigt hätte, die schon 1984 zur Debatte standen. Das war einfach zu viel. Am 26. Mai 1992 erklärte Boff, daß er das katholische Priesteramt aufgeben werde. Sein abschließendes Wort ist erinnerungswürdig: „Kirchliche Macht ist grausam und unbarmherzig. Sie vergißt nichts. Sie vergibt nichts. Sie verlangt alles."

Boff erzählte 1999 ironischerweise, daß er nie irgendein Schriftstück vom Vatikan erhalten habe, das seinem Abtritt eine feste Form gegeben hätte, so daß er aus kirchenrechtlicher Sicht weiterhin Priester und Mönch sei. Er sagte in diesem Interview mit *Newsweek*, daß er sich als Mitglied der Kirche sehe, aber „eher als franziskanisch denn römisch-katholisch". Nach wie vor schreibt er und hält in großem Umfang Vorträge.

Im Oktober 1992 wurde die vierte Versammlung der CELAM in Santo Domingo abgehalten. Dieses Mal konnten die Verfechter der Befreiungstheologie den Vorstoß nicht umgehen, den sie schon in Puebla gefürchtet hatten. Der Vatikan bestand darauf, daß die von ihm dazu Bestimmten, der Staatssekretär Angelo Sodano und der chilenische Kardinal Jorge Medina Estévez, den Vorsitz der Sitzung übernahmen. Medina war ein Feind der Befreiungstheologie, der lange Zeit mit Chiles General Augusto Pinochet auf gutem Fuß gestanden hatte. Als Pinochet 1999 für einen möglichen Prozeß wegen der Anklage des Verstoßes gegen die Menschenrechte in London festgehalten wurde, überzeugte Medina das Staatssekretariat, sich zu seinen Gunsten bei der englischen Regierung zu verwenden. Unter der Leitung von Sodano und Medina schlug das Abschlußdokument in Santo Domingo in der Behandlung der Befreiungstheologie einen von Ratzinger her sehr vertrauten Ton an.[17] Die Bischöfe brandmarkten offiziell jegliche Identität des Königreichs Gottes mit einem soziopolitischen System, „wie manche moderne Theologien sie behauptet haben". Sie erklärten, das Königreich könne nur im „Mysterium einer Verbindung" zwischen Christen und Jesus erblickt werden, nicht in irgendeiner greifbaren Sozialordnung.

Für die Befreiungstheologen bezeichnet Santo Domingo eine Art Waterloo für die in Medellín in Gang gesetzte und in Puebla halbwegs gestützte Bewegung. Die progressive Übereinstimmung, die einst den lateinamerikanischen Katholizismus bestimmt hatte, gehörte der Vergangenheit an, und die „offizielle" Spiritualität der Kirche erkannte Erlösung einmal mehr weitgehend in den Formen individueller Erfahrung und nicht in den gemeinschaftlichen Bestrebungen der Armen nach Gerechtigkeit.

Der letzte Streich des Jahres 1992 ereignete sich, als die Diözesanseminare, die von Dom Helder Cámara, dem legendären Bischof von Olinde-Recife in Brasilien, geschaffen worden waren, durch den neuen Bischof José Cardoso Sobrinho geschlossen wurden. Cámaras Herangehensweise, die der Bewegung der Befreiungstheologie tatsächlich vordatierte, war als ein Programm priesterlicher Ausbildung für eine ländliche Bevölkerung entworfen worden. Die Seminaristen lebten in kleinen Gemeinschaften und widmeten sich der seelsorgerischen Arbeit, während sie zugleich studierten, ganz ähnlich dem Vorgehen unter Arns in São Paulo. Die meisten beteiligten sich in irgendeiner Form an der landwirtschaftlichen Arbeit, um ihren Leuten zur Seite zu stehen. Cámara bezeichnete das ganze als die „Theologie der Hacke". Diese Seminare bildeten auch Laienverantwortliche aus, um in den Basisgemeinden und herkömmlichen Kirchengemeinden seelsorgerische Verpflichtung zu übernehmen. Ein großer Teil des theologischen Unterbaus für die Seminare wurde von José Comblin ausgearbeitet.

1987 setzte Johannes Paul II. den konservativen Lucas Moreira Neves als Bischof von São Salvador ein, was ihn zum Metropoliten von Olinda-Recife machte, teilweise, damit er Cámara unter Kontrolle halten konnte. Die Schließung der Seminare war für Cámara schmerzlich und schwebte als persönliche Ablehnung über dem Ende seiner Laufbahn, aber er protestierte nie öffentlich. Er starb 1999.[18]

1993 bis 1999

Nach 1992 wurde die Schlacht um die Befreiungstheologie größtenteils zu einer Säuberungsaktion. Konservative wurden dahin berufen, wo vorher fortschrittliche Bischöfe Befreiungstheologen geschützt hatten: Fernando Saenz Lacalle, ein Priester von Opus Dei, beispielsweise nach San Salvador und José Freire Falcáo nach Brasília. 1996 besuchte Johannes Paul II. El Salvador und bot etwas, was nach einem Postmortem klang: „Die Befreiungstheologie war eine einigermaßen marxistische Ideologie … Heutzutage ist die Befreiungstheologie in der Folge des Sturzes des Kommunismus auch ein wenig gestürzt." Er verkündete, daß die „Ära der der Befreiungstheologie vorüber ist".

Nach wie vor wurden disziplinarische Maßnahmen von der Kongregation für die Glaubenslehre vorgenommen. 1995 wurde Ivone Gebara, Theologin und Mitglied der Schwestern von Notre-Dame, geboten, vom öffentlichen Sprechen, Lehren und Schreiben für zwei Jahre Abstand zu nehmen. Gebara, die versuchte, das Denken der Befreiungstheologie mit Ökologie und Feminismus zu verbinden, wurde außerdem von Ratzinger aufgefordert, nach Frankreich zu gehen und „traditionelle Theologie" zu studieren. Ebenso wie bei Boff war auch bei Gebara ihre Kritik an der Kirche der Brennpunkt. Das Christentum habe ein patriarchalisches System angenommen, schrieb sie, und die Armen seien zu den größten Abnehmern des Patriarchats geworden, „wegen der Tröstung, die es verschafft". „Unser Verständnis von Gott muß sich ändern", sagte sie. „Wir können nicht länger von einem Wesen für sich selbst sprechen, allmächtig, über allem stehend. Wir können nicht länger ‚jemandem da oben' gehorchen.

Das ist der Gott, der durch das Patriarchat geschaffen wurde. Ganzheitlicher Ökofeminismus stellt Theologien in Frage, die Gott als über allen Dingen stehend sehen."

Johannes Paul II. blieb seiner Gespaltenheit hinsichtlich der Befreiungstheologie treu. Im Januar 1999 besuchte er Mexiko, um ein Dokument vorzustellen, das offiziell die „Synode für Amerika" abschloß, die Ende 1997 in Rom stattgefunden hatte. Darin bezog sich der Papst auf „soziale Sünden" und kritisierte den Neoliberalismus scharf. Er forderte Gerechtigkeit für Arme und Ureinwohner. Doch als Johannes Paul II. unterwegs im Flugzeug der Air Italia nach Bischof Ruiz und den Unruhen in Chiapas gefragt wurde, wandte er sich wieder dem alten Lied von Befreiungstheologie als Marxismus zu: Die Kirche stimme damit offensichtlich nicht überein und schlage einen anderen Weg vor, den der Solidarität und des Dialogs.

Der ein oder andere Widerhall der alten Kontroversen ließ sich auch noch Ende der neunziger Jahre vernehmen. Der mexikanische Bischof Arturo Lona Reyes von Tehuantepec weigerte sich zum Beispiel 1998, aus dem Amt zu treten, und behauptete, daß die Kirchengewalten ihn wegen seiner Unterstützung der Befreiungstheologie nicht mehr haben wollten. „Ich bin bei den Ärmsten der Armen, und sie bezichtigen mich der Spaltung der Kirche ... Ich habe nie den Neoliberalismus unterstützt, und ich ziehe die Armen vor, die, die vom System ausgeschlossen sind", sagte er Journalisten. Er erklärte, er würde nur abtreten, wenn der Papst ihn dazu in der Anwesenheit zweier Zeugen auffordern würde. Doch als der emeritierte Bischof von Oaxaca alle Bischöfe Mexikos dazu aufrief, Lona Reyes zu unterstützen, war das Schweigen ohrenbetäubend. Die Tage, in denen eine lateinamerikanische Bischofskonferenz sich Rom zu widersetzen pflegte, wie es in Brasilien wegen Boff oder in Peru wegen Gutiérrez der Fall gewesen war, gehörten längst der Vergangenheit an.

EINE INVENTUR

Ratzinger trat mit der Überzeugung ins Amt, daß die Befreiungstheologie eine Bedrohung für den Glauben darstelle. Im Lauf der Zeit bezeichnete er sie als „Häresie", als „atheistisch" und als „unchristlich". Er konstatierte, daß ein Abgrund sich auftue, der sie von der Orthodoxie trenne. In seiner ersten Dekade an der Macht, grob gesagt von 1981 bis 1991, war seine Kampagne, die Befreiungstheologie zu demontieren, weitgehend erfolgreich. 1998 beschrieb Comblin die Lage folgendermaßen: „Man kann in Europa oder den Vereinigten Staaten von Befreiungstheologie sprechen, aber man kann dies nicht in Lateinamerika tun, ohne sofort in eine Randexistenz gedrängt zu werden ... Wir kehren in Lateinamerika zu einer starren Polarisierung zurück: klerikaler Integralismus gegen charismatische Frömmigkeit – mit nahezu nichts dazwischen. Die Alternative des christlichen Humanismus, die auf dem II. Vaticanum so gegenwärtig war, ist zum Schweigen gebracht worden."

Diese Diagnose mag übermäßig pessimistisch sein: Immer noch treffen sich Basisgemeinden, Bücher zur Befreiungstheologie werden geschrieben, ihre Ideale dauern in vielen verschiedenen Formen fort. Wie Gutiérrez 1997 sagte: „Solange die Armen Unterdrückung erdulden, wird die Befreiungstheologie nicht sterben." Wenn beispielsweise sechzehn katholische Bischöfe von Schuldner- und Gläubigerstaaten 1999 zu einem G-7-Treffen nach Bonn fliegen, um Schuldenerlaß für die ärmsten Länder der Welt zu fordern, erkennt man das Erbe der Befreiungstheologie. Die Sorge um die soziale Gerechtigkeit ist zum Teil der Berufsbeschreibung für katholische Verantwortliche geworden.

Doch die progressive Übereinstimmung, die die Befreiungstheologie zur herrschenden Theologie Lateinamerikas gemacht hatte und die gewichtig genug schien, die soziale Wirklichkeit dieser Region umzuwandeln, ist heute eine Sache der Vergangenheit. Die Frage stellt sich, was uns dieser Kreuzzug über Ratzinger sagt und was er für die Kirche und die Welt bedeutete.

Lektionen über Ratzinger

Drei Dinge scheinen deutlich. Das erste ist, daß Ratzinger fähig ist, kleinlich zu sein, wenn seine vollen emotionalen Kräfte in einen Kampf eingebunden sind. Als er Gutiérrez dafür zurechtwies, daß er seiner Solidarität mit Tissa Balasuriya Ausdruck verlieh, wenige Tage bevor die Kongregation Balasuriyas Exkommunikation aufhob, als er Gutiérrez und Casaldaliga für die Unterstützung des Hungerstreiks ihres Freundes Miguel D'Escoto einen Verweis erteilte, als er Casaldaliga zur Last legte, Romero einen „Märtyrer" zu nennen, und als er Leonardo Boffs Franziskanerbrüdern nicht einmal zugestand, mit ihm im Auto zu den Amtsgebäuden der Glaubenskongregation fahren zu dürfen, in all diesen Fällen entblößte Ratzinger einen niederen Anflug, der mit seinem Ruf, als anständig und gerecht zu gelten, nicht in Übereinstimmung zu bringen ist.

Der zweite Punkt ist der, daß es sich in der katholischen Kirche lohnt, Joseph Ratzingers Freund zu sein. Seine lateinamerikanischen Verbündeten im Kampf gegen die Befreiungstheologie sind in hohe Kirchenämter befördert worden. Vier von ihnen betreiben nun selbst ein Amt der Kurie: Trujillo führt den Päpstlichen Rat zur Familie, Castrillón die Kongregation für den Klerus, Neves die allmächtige Kongregation für die Bischöfe und Medina Estévez die Kongregation für die göttliche Anbetung und die Sakramente. Alle vier werden heute als *papabile*, als potentielle Kandidaten für das Papsttum, genannt. Freire Falcão ist Kardinal in Brasília. Kloppenburg hat seine eigene Diözese in Novo Hamburgo.

Gegner sind inzwischen an den Rand gedrängt worden: Miguel D'Escoto, Ernesto Cardenal, Jean-Bertrand Aristide und Leonardo Boff sind nicht mehr im Priesteramt. Uriel Molina betreibt eine Vorschule in Nicaragua, und Fernando Cardenal ist in der Exerzitienpraxis der Jesuiten tätig. Der Pate der Bewegung, Gustavo Gutiérrez, hält sich in Lima relativ bedeckt, um Zusammenstöße mit seinem dem Opus Dei angehörenden Bischof zu vermeiden. Der Gegensatz ist für jeden Katholiken ersichtlich, der mit offenen Augen durch die Welt geht.

Das große Ausmaß von Ratzingers Vernichtung der Befreiungstheologie erweist auch, daß, trotzdem er mit Johannes Paul II. eng auf einer Linie liegt, die beiden Männer ihre Differenzen haben. Der Papst hat Ratzingers Kampagne nicht angetrieben. Johannes Paul II. hatte wenig Geduld mit ungehorsamen Priestern, aber er hat auch einige der Hauptthemen der Befreiungstheologie in seine eigenen Reden und Enzykliken aufgenommen. Er bezeichnete die Befreiungstheologie als „nützlich und notwendig", und er hat die Abfassung des Textes angeregt, der auf Ratzingers Verurteilung der Bewegung von 1986 folgend als positivere Erklärung zur Befreiungstheologie beabsichtigt war. Einige der Freunde und Berater von Johannes Paul II., etwa Kardinal Franz König aus Österreich, diskutierten mit dem Papst darüber, ob die Befreiungstheologie eine lateinamerikanische Version der Solidanosc-Bewegung in Polen sei. Doch Ratzinger arbeitete hartnäckig weiter, und am Ende bestimmte seine Sichtweise das Ergebnis. Ratzinger ist nicht Rasputin. In anderen Punkten, in denen er von Johannes Paul II. abwich – zur Ratsamkeit einer so hohen Zahl von Heiligsprechungen oder zu Verwicklungen in der Lehre durch Gebetssitzungen mit Führern anderer Religionen –, hat der Papst an seinem eigenen Ratschluß festgehalten. In bezug auf die Befreiungstheologie jedoch hat die Intensität von Ratzingers Leidenschaft und die Festigkeit seines Entschlusses in Kombination mit der Gespaltenheit von Johannes Paul II. ihr Schicksal besiegelt. Ratzinger ist daher imstande, Dinge ohne die Initiative oder gar die volle Unterstützung des Papstes geschehen zu lassen.

Ratzingers Schützling Joseph Fessio sagte mir 1999 in einem Interview, daß die Disziplinarmaßnahmen des Kardinals „objektiv, nicht persönlich" seien. „Es handelt sich um eine urkundliche Frage. Er beschäftigt sich mit dem, was auf seinem Schreibtisch landet." Die Geschichte der Kampagne gegen die Befreiungstheologie veranschaulicht, daß Fessio bestimmt recht hat; Ratzingers Analyse eines Schriftstellers oder einer Bewegung beginnt und endet am Studiertisch, wo die theoretischen Folgerungen einer Idee zu ihren logischen Schlüssen geführt werden können. Die Frage lautet nicht, ob diejenigen, die die Idee vertreten, *in Wirklichkeit* Revolutionäre, Marxisten, Atheisten oder Anarchisten sind. Die Frage lautet, ob aus der Sicht der abendländischen Philosophie und Theologie, in der Ratzinger seine Ausbildung genossen hat, ihre Ideen zu diesen Resultaten führen. Ratzinger scheint zu glauben, daß die Persönlichkeit von Theologen, wer sie tatsächlich sind und was sie eigentlich tun und sagen, für eine Beurteilung ihrer Ideen nicht von großem Belang ist.

Für die Kirche und für die Welt

Segundo schrieb 1985, daß das, was bezüglich der Befreiungstheologie auf dem Spiel stehe, nicht der Marxismus oder der Klassenkampf sei. Die Schwierigkeit war die Kirchenlehre des II. Vaticanums. Für das Konzil, das *Gaudium et spes* erließ, bedeutete es eine konkrete Theologie, daß Gott durch das universale menschliche Verlangen nach Gerechtigkeit wirkt. Die Kirche muß „Fleisch werden", indem sie sich sozialen Bewegungen anschließt, die nach der Errichtung einer Ordnung streben, die die menschliche Würde reflektiert. Was Thomas von Aquin im 13. Jahrhundert getan hat, wollten die Urheber von *Gaudium et spes* für das späte 20. Jahrhundert tun: die Wiedereinsetzung eines dritten theologischen Begriffs, „Natur", zwischen den Polen „Sünde" und „Gnade". In seiner Abschlußrede an das Konzil am 7. Dezember 1965 stellte Paul VI. die rhetorische Frage, ob diese kopernikanische Hinwendung auf die Welt als Mittelpunkt des christlichen Lebens einen Verrat am früheren Denken der Kirche darstelle. „Hat all dies und alles andere, was wir über den menschlichen Nutzen des Konzils sagen konnten, vielleicht das Bewußtsein der Kirche auf die anthropozentrische Ausrichtung der modernen Kultur hin abgelenkt? Abgelenkt, nein; gelenkt, ja", sagte der Papst.

Die Kirchengewalten sind hinsichtlich einer solch konkreten Theologie schon immer wachsam gewesen. In den Jahren vor dem II. Vaticanum brach Pius XII. den Stab über dem französischen Katholizismus, wegen dessen Arbeiter-Priester-Bewegung und der Verwendung moderner abstrakter Kunst in Gotteshäusern. Der Grund dafür ist klar: Kirchenautoritäten leiten ihre Macht von der Kontrolle über die Mittel der Erlösung her. Wenn Erlösung nun „da draußen" in der Welt ebenso wie „hier drinnen" in der Kirche zu finden ist, wird diese Macht geschwächt.

Was die Auswirkung von Ratzingers Kampagne auf die politische Entwicklung Lateinamerikas betrifft, besteht keine Möglichkeit, zu bestimmen, was gewesen wäre, wenn er soviel Kraft auf die Unterstützung der Befreiungstheologie verwendet hätte, wie er auf ihre Aushöhlung verwendet hat. Es gibt aber einen Vergleichspunkt: Polen. Hier wurde das volle Gewicht einer Unterstützung des Vatikans einer Bewegung zuteil, die die Kirche in einen gemeinschaftlichen Kampf mit anderen Gruppierungen einband, um eine Veränderung zu bewirken. Eine scheinbar unbändige Sozialordnung wurde durch diese Kombination aus Energie und Kühnheit zu Fall gebracht. Polen ist heute zu einem großen Teil deswegen frei, weil der Vatikan, das Episkopat und das Laientum sich in ein gemeinsames Projekt der gesellschaftlichen Umwandlung einbanden. Hätte ein solches Zusammenspiel auch in Lateinamerika Früchte getragen? Vielleicht nicht. Aber für diejenigen, die glauben, daß Treue, nicht Erfolg, das Maß sein muß, legt die Frage nach der „Praktizierbarkeit" der Vision der Befreiungstheologen die Betonung auf die falsche Stelle. Wie Comblin schrieb, mag das ein Zeichen dafür sein, daß zuvor die evangelikale Option für die Armen mit der Option für den Sieg verwechselt wurde.

Nach einem Jahrzehnt angeblichen neoliberalen Erfolgs in den neunziger Jahren ist die Armut immer noch in Lateinamerika beheimatet. Im allgemeinen hat der Kontinent nur den Stand gehalten. Entsprechend einem Bericht eines regionalen Instituts lebten sechsunddreißig Prozent der lateinamerikanischen Haushalte 1999 unterhalb der Armutsgrenze, statistisch identisch mit den fünfunddreißig Prozent, für die das 1980 der Fall war. Das bedeutet, daß zweihundert Millionen Menschen in der Region „arm" sind, wobei neunzig Millionen als bedürftig eingestuft werden. Die Tatsache, daß Lateinamerika keinen statistischen Einschnitt hinsichtlich der Armut in einer Dekade steigenden Wirtschaftswachstums vorzuweisen hat, bezeugt ein sich ausweitendes Mißverhältnis. Die neunziger Jahre brachten viele Menschen, vor allem Universitätsabsolventen, der US-amerikanischen und europäischen Lebensart, der sie immer nachzueifern versuchten, näher denn je. Aber die Verlierer des neuen Spiels, die Ungebildeten und die Ungelernten, wurden in noch größere Not gedrängt.

Fast die Hälfte der weltweit eine Milliarde Katholiken sind Lateinamerikaner. Die beiden größten katholischen Länder der Welt, Brasilien und Mexiko, befinden sich in dieser Region. Wo die katholische Kirche eine solch dominante Kraft darstellt, ist man berechtigt, eine Sozialordnung zu erwarten, die die Wertvorstellungen des Evangeliums besser wiedergibt. Das Evangelium in Kontakt mit der Gesellschaft zu bringen sollte so sein, wie ein unter Strom stehendes Kabel in einen Teich zu werfen; in jeder Ecke sollte der Stoß zu spüren sein. Daß der lateinamerikanische Katholizismus in den neunziger Jahren keine solche Wirkung ausübte, ist in großem Maß von Joseph Ratzinger zu verantworten.

Als die Anweisung zur Befreiungstheologie von 1984 herausgebracht wurde, sagte der herausragende dominikanische Theologe Edward Schillebeeckx aus Belgien: „Die Diktatoren Lateinamerikas werden [sie] mit Freude aufnehmen, denn sie wird ihren Zwecken dienen. Ob es beabsichtigt war oder nicht, diese Anweisung ist tatsächlich zu einem politischen Mittel in den Händen der Mächtigen in Lateinamerika gewandelt worden, die wiederum durch die starken ausländischen Mächte gestützt werden, um das System zu konsolidieren, das die Armen zugunsten einiger Reichen unterwürfig hält. Ist das die gute Nachricht, die wir von Rom haben erwarten können?" Heute wird Lateinamerika nicht von Diktatoren, sondern von Präsidenten beherrscht, und die starken Mächte sind internationale Finanzinstitute und Gesellschaften; in ihren Grundlagen aber bleibt Schillebeeckx' Analyse gültig.

Theologisch kann die Parteinahme für einen ungerechten Status quo nur wie eine Entstellung der christlichen Botschaft scheinen. So formulierte ein Theologe 1962, als er zum Thema der freien Meinungsäußerung in der Kirche schrieb, daß die Bedeutung der Prophetie nicht so sehr in der Vorhersage der Zukunft als im prophetischen Protest gegen die Selbstgerechtigkeit der Institutionen liege. Gott habe im Laufe der Geschichte nicht auf der Seite der Institutionen gestanden, sondern auf der der Leidenden und Verfolgten.[19]

Der Theologe war Joseph Ratzinger.

4 EIN KÄMPFER IN DER KULTUR

Am Morgen des 13. Januar 1998 kurz vor acht Uhr begab sich ein neununddreißigjähriger Sizilianer namens Alfredo Ormando unauffällig auf den Petersplatz in Rom. Es war ein klarer Wintermorgen außerhalb der Tourismussaison, so daß der Platz leer lag. Ormando legte seine Jacke ab, öffnete einen Behälter Benzin, übergoß sich damit und zündete sich dann selbst an. „Wie eine riesige Fackel", so formulierte es ein Augenzeuge, begann er sich in Richtung auf den Petersdom zuzubewegen. Eine Frau, die einen der Brunnen des Platzes reinigte, rannte los und stieß auf zwei Polizeibeamte, die Ormando abfingen, gerade als er die Stufen der großen Kirche erreichte. Sie rangen ihn zu Boden und löschten die Flammen, die zu diesem Zeitpunkt seine Körperoberfläche schon bis auf ein Zehntel verbrannt hatten.Ormando lebte noch und murmelte: „Ich habe es nicht einmal geschafft, mich umzubringen." Er wurde in ein nahe gelegenes Krankenhaus gebracht, in dem er noch zehn Tage dahinsiechte, bevor er starb.

Ormando war, wie sich herausstellte, homosexuell. Er war in einem armen Dorf im Herzen Siziliens geboren worden, wo Homosexualität immer noch zutiefst gebrandmarkt ist. Niedergeschlagen und frustriert durch die Weigerung seiner Familie, ihn zu akzeptieren, zog Ormando nach Palermo, wo er eine Karriere als Schriftsteller anstrebte, „ein Intellektueller aus einer Arbeiterfamilie", wie sich sein Vermieter erinnerte. Er hatte kaum Erfolg, nur ein Buch von ihm wurde von einem kleinen lokalen Verleger herausgebracht. Er schrieb sich an der Universität in Palermo ein und bemühte sich um einen Abschluß in Literatur, den er an dem Morgen, an dem er sich selbst anzündete, noch nicht vollendet hatte. Kein Mitglied aus Ormandos Familie kam zu Besuch ins Krankenhaus, eine letzte Ablehnung der Art, die sein gesamtes Leben durchzogen hatte.

Die römische Polizei erklärte, sie habe Briefe in Ormandos Jacke gefunden, die seine Tat mit der Weigerung seiner Familie und der Gesellschaft begründeten, Homosexuelle zu akzeptieren.Ein Gerücht, daß er in einem weiteren Brief dem Vatikan Schuld zugewiesen hätte, stellte sich als falsch heraus. Homosexuelle Aktivisten und Sympathisanten aus ganz Italien sagten jedoch, daß Ormandos Wahl des Petersplatzes auch bei Nichtvorhandensein eines solchen Briefes kaum als Zufall betrachtet werden könne: Am Ende trug er seine Probleme zu ihrer Wurzel zurück. „Es war früher oder später zu erwarten, daß jemand eine Verzweiflungstat begehen würde, um die Phobie der Kirche bezüglich der Homosexualität anzuprangern", sagte ein Verantwortlicher der italienischen Organisation für die Rechte Homosexueller, Arcigay. „In Italien sind die antihomosexuellen Positionen der Kirche eine Quelle des Leidens."

Ormandos Tod verdeutlicht auf dramatische Weise die Bedeutung des römischen Katholizismus und der gesellschaftlichen Einstellungen, zu deren Formung er beiträgt, in bezug zu den beiden kontroversen Bürgerrechtskämpfen des späten 20. Jahrhunderts: der Befreiungsbewegung der Homosexuellen und der Frauenbewegung. Seit den siebziger Jahren haben der Feminismus und der Vorstoß auf rechtliche und gesellschaftliche Anerkennung der Homosexualität die Frontlinien der „Kulturkämpfe" in der industriellen Welt bestimmt. Die Positionen, die Ratzinger in Reaktion auf diese Bewegungen deutlich gemacht hat, haben den Katholizismus dem am nächsten gebracht, was üblicherweise als die religiöse Rechte bekannt ist.

Katholische Führer haben die kulturelle Auswirkung des Feminismus in seiner häufigen Verknüpfung mit Kontroversen um Verhütungs- und Abtreibungsrechte öffentlich angeklagt. Die Kirche hat auch erklärt, sie könne Frauen nicht zum Priester weihen. Diese Verweigerung wurde von manchen Frauen als eine Form sexueller Diskriminierung gedeutet. In bezug auf Homosexuelle hat die Kirche gegen Homosexuelle gerichtete Gewalt streng verurteilt, hat aber homosexuelles Verhalten als unmoralisch gebrandmarkt und hat sogar einige Formen der rechtlichen Diskriminierung bekräftigt.

Unter der Papstschaft Johannes Pauls II. wurde das Verbot der Frauenpriesterschaft in den Status einer de facto unfehlbaren Lehre erhoben, und einer weiteren Diskussion über die Ordination von Frauen wurde Einhalt geboten. Millionen katholischer Frauen akzeptieren den Sprachgebrauch des Vatikans von der „Komplementarität" als Grundlage ihres Ausschlusses von der Priesterschaft nicht, die Vorstellung, daß beide Geschlechter gleichwertig wichtige, aber verschiedene Rollen einnehmen. Medizin und Justiz, militärische und politische Ämter – diese Berufssparten verfügten auch einmal über Grundsätze, die den Ausschluß von Frauen rechtfertigten. Bei genauerer Betrachtungsweise stellte sich eine solche Politik gewöhnlich als eine nachträgliche Geltendmachung zur Rechtfertigung eines Vorurteils heraus.

Ratzinger hat dem Widerstand gegen das Eindringen des Feminismus obersten Vorrang verschafft. Sein Freund, der lutheranische Theologe Wolfhart Pannenberg, sagte 1997 nach einer Sitzung mit dem Kardinal, daß er „den Eindruck hinterließ, daß die Ordination von Frauen das große Hindernis für jeden ökumenischen Fortschritt überall darstellt".

Das ist um so zutreffender, als Ratzinger den Anstoß zur Frauenpriesterschaft von „Sprecherinnen für extreme Feministinnen, besonders für lesbische Frauen", betrieben sieht.[1]

Das Verhältnis zwischen Homosexuellen und der Kirche war unter Ratzinger sogar noch feindseliger. Offiziell lehrt die Kirche, daß homosexuelle Handlungen in sich schlecht sind, homosexuelle Personen aber mit Mitleid behandelt werden müssen. Die meisten Homosexuellen finden diese Unterscheidung hingegen unhaltbar, denn sie verurteilt sie dazu, entweder ein sexuell unerfülltes Leben zu führen oder in den Augen der Kirche zu sündigen. Viele katholische Homosexuelle legen die Position der Kirche als Form einer Toleranz einem Vorurteil gegenüber aus.

Katholische Frauen und katholische Homosexuelle möchten sich zum größten Teil nicht zwischen ihrer Kirche und ihrem Gewissen entscheiden müssen. Sie wollen, daß der Katholizismus dieselben Gleichheitsgrundsätze widerspiegelt, die sie innerhalb der Zivilgesellschaft fordern. Da Joseph Ratzinger der theoretische Denker vorderster Front hinter dem Debattenschluß der Kirche bezüglich der Sehnsüchte dieser beiden Gruppen gewesen ist, symbolisiert er in den Augen vieler katholischer Frauen und katholischer Homosexueller all das, was sie an der Kirche in Wut versetzt.

In einem Brief, der das von Johannes Paul II. 1994 ausgesprochene Verbot einer weiteren Diskussion über die Frauenpriesterschaft verteidigte, erklärte Ratzinger, daß jemand, der das Thema aufdränge, sich womöglich zu stark vom Geist des Zeitalters bestimmen lasse. Das ist ein Eckpfeiler seines Denkens in diesem Bereich: Die Kirche darf es nicht zulassen, daß sie von der Welt tyrannisiert wird. Der Feminismus und die Bewegung für die Rechte Homosexueller sind Ausdruck einer Kultur, die ihre Fähigkeit verloren hat, die Grenzen zu akzeptieren, die durch die Autorität auferlegt und in der Offenbarung begründet sind. Wie kann sich die Kirche in einer gefallenen Welt einfach den „Zeichen der Zeit" anschließen?, fragt Ratzinger.

RATZINGER UND FRAUEN

An einem wunderschönen nordkalifornischen Abend am Samstag, den 13. Februar 1999, hielt Ratzinger eine Lesung am St.-Patricks-Seminar in Menlo Park in Kalifornien, die einem dreitägigen Treffen mit Vertretern der Ausschüsse zur Glaubenslehre der Bischofskonferenzen der Vereinigten Staaten, Kanadas, Australiens, Neuseelands und der pazifischen Inseln folgte. Unter den versammelten Prälaten befanden sich solche

Größen wie Kardinal Aloysius Ambrozic von Toronto, Erzbischof Daniel Pilarczyk von Cincinnati und ihr Gastgeber Erzbischof William J. Levada von San Francisco. Während ihrer Sitzungen hatten die etwas mehr als zwanzig Männer – es waren *ausschließlich* Männer – einige überraschend positive Dinge über Frauen zu sagen. Ambrozic bezeichnete auf einer Pressekonferenz am Tag vor Ratzingers Lesung das Verhältnis zwischen der Kirche und dem feministischen Gedanken als „gegenseitig bereichernd". Der positive Ton schien einen Fortschritt Ratzingers zu bezeichnen, der einiges seiner heftigsten Kritik dem „extremen Feminismus" vorbehalten hat. Ambrozics Bemerkungen erhielten in amerikanischen und kanadischen Zeitungen vom 12. Februar gute Kritiken, und einigen katholischen Frauen schien es, als ob die Kirche einen Ölzweig reiche.

Am folgenden Abend hielt Ratzinger seine Lesung zur Enzyklika *Fides et ratio* von Johannes Paul. Auch wenn er nicht über den Feminismus oder Frauen betreffende Fragen sprach, schien immer noch eine freundliche Stimmung in der Luft zu liegen. Während er auf eine Menge blickte, in der sich ein anglikanischer Erzbischof und ein buddhistischer Mönch befanden, lobte Ratzinger andere Glaubensrichtungen für ihre Förderung solcher Haltungen wie Ehrfurcht, Hoffnung und Nächstenliebe. Später posierte er auf einem Empfang für ein Foto mit einem buddhistischen Mönch, Heng Sure aus San Francisco, und die beiden gaben ein interessantes Pärchen ab: der eine in eine schwarze Soutane gekleidet mit roter Kopfbedeckung und scharlachrotem Umhang, der andere in pink- und weißfarbenen wallenden Roben.

Die Geselligkeit verbreitete sich jedoch kaum über den Eingangsbereich der Empfangshalle hinaus. Gerade als Ratzinger das Podium bestieg, wurde einer kleinen Gruppe katholischer Frauen von grimmig dreinblickenden Geistlichen, die in Walkie-talkies raunten, geheißen, „unseren Besitz" St. Patrick „zu verlassen". Die fünf Frauen waren zu einer als öffentliche Lesung ausgeschriebenen Veranstaltung gekommen, um dann zu erfahren, daß sie nur für geladenen Gäste stattfand. Die Sicherheitsvorkehrungen waren hermetisch. Jeder Eingang zu der Veranstaltung war von jungen Männern mit römischen Kollaren besetzt, und Einladungen mußten vorgelegt werden, bevor man eintreten konnte. Da sie die Idee aufgeben mußten, hineinzugehen und Ratzinger direkt zu begegnen, entfalteten die Frauen ein Transparent und begannen Postkarten auszuteilen, auf denen die Leute zu einer „inklusiven Liturgie" eingeladen wurden, die sie eine Woche später in Oakland planten.

Die Frauen wurden aufgefordert zu gehen. Victoria Rue, eine der Organisatorinnen, erwiderte, daß sie als die Messe besuchende Katholikinnen in der Erzdiözese dazu beigetragen hätten, für die Kosten des Seminars aufzukommen, und sich daher berechtigt fühlten, anwesend zu sein, aber die kirchlichen Gendarme blieben ungerührt. Die fünf Frauen wurden auf die Straße vor dem Haupteingang zurückgedrängt, wo sie damit fortfuhren, Postkarten auszuteilen, während die Geistlichen die Leute durchwinkten. Ob ein Auto anhielt oder nicht, wurde zu so etwas wie einem Volksentscheid zur Haltung der Fahrer gegenüber Frauen in der Kirche. Dazu gedrängt, zu erklären, warum diese fünf harmlosen Frauen nicht eher eine Ecke des großen Gebäudes des Seminars besetzen konnten, anstatt auf einer befahrenen Straße stehen zu müssen, sagte ein Sprecher der Erzdiözese: „Diese Logik könnte man ins Extrem steigern, und das hieße, daß jeder die Kanzel in Beschlag nehmen könnte."[2]

Weniger als vierundzwanzig Stunden, nachdem eine Gruppe katholischer Prälaten dem Dialog mit Frauen Hoffnung geboten zu haben schien, wurden so fünf dieser Frauen durch den Klerus vom Grundstück des Seminars vertrieben. Man könnte sich kaum ein deutlicher schmerzliches Beispiel dafür vorstellen, warum sich viele katholische Frauen entfremdet fühlen. In dieser Nacht gab es, während sich Ratzinger hinter den Mauern des Seminars aufhielt, für diese Frauen wortwörtlich keinen Platz in der katholischen Kirche.

Ordination

Der Ausgangspunkt für die moderne katholische Diskussion zur Ordination von Frauen ist *Inter insigniores,* das am 15. Oktober 1976, dem Festtag der hl. Theresa von Avila, von Ratzingers Vorgänger, dem kroatischen Kardinal Franjo Seper, herausgegeben wurde. Das Dokument, das im Zuge der Entscheidung der Episkopalkirche der Vereinigten Staaten, Frauen zu Priestern zu weihen, erlassen wurde, beginnt mit einer Einführung zur Rolle der Frauen in der modernen Gesellschaft und in der Kirche und ist dann im folgenden in sechs Teile gegliedert. Sein wichtigster Gedankengang faßt folgendes Argument zusammen: Die katholische Kirche habe nie empfunden, daß die priesterliche oder episkopale Weihe gültigerweise Frauen erteilt werden könne. Sowohl die Schrift als auch die Kirchenväter, erklärt das Dokument, stimmten darin überein, daß das Sakrament der Ordination Männern vorbehalten sei.

Bevor wir zu Ratzingers Einstellungen zur Frage kommen, lohnt es sich, darüber nachzudenken, warum diese Lehre für viele Katholiken schwer zu akzeptieren ist. Wie Karl Rahner in einem Aufsatz zur Weihe von Frauen aus den späten siebziger Jahren festgehalten hat, bestehen zwei Arten der Tradition in der Kirche: eine, die verpflichtend ist, weil sie aus der göttlichen Offenbarung stammt, die andere aus dem menschlichen

Brauchtum, die sich einfach lange Zeit nicht hinterfragt weiterleitet. Die letztere ist im Prinzip immer für Veränderung offen. Rahner wies darauf hin, daß es keineswegs klar sei, daß das Verbot der Ordination von Frauen nicht von der zweiten Art ist.

Andere Kritiker glauben, daß die „ungebrochene Tradition" des Frauenausschlusses aus dem heiligen geistigen Stand, auf die sich der Vatikan beruft, eher ein Produkt der Ideologie als der sorgfältigen historischen Studie sei. Beispielsweise bezieht sich der hl. Paulus in Römer 16 auf eine Frau namens Junia, als „angesehen unter den Aposteln". In vielen Abschriften und Übersetzungen wurde ihr Name in Junias abgeändert, um ihm eine männliche Form zu geben. Das sei veranschaulichend, so die Gegner der vatikanischen Position, für die Art und Weise, in der Frauen seit zweitausend Jahren aus der Kirchengeschichte hinausgeschrieben worden seien.

Inter Insigniores argumentiert, daß die Kirche, da Jesus nur männliche Apostel auswählte, nicht über die Macht verfüge, etwas anderes zu tun. Doch stimmen die Schriftforscher heute allgemein darin überein, daß „die Zwölf" für die frühen Christen als symbolisches Gegenstück zu „den zwölf" Patriarchen des alten Israel fungierten, den Vätern der zwölf Stämme. Als die Gründerväter des neuen auserwählten Volks haben die zwölf Apostel keine Nachfolger. Im Amt und in der Dienerschaft an der Gemeinde – der einzige Bereich, in dem die „apostolische Nachfolge" einen Sinn ergibt – gesellten sich den Zwölfen hingegen sowohl Männer als auch Frauen zu. Dieses Verständnis überlebte in der Kirchengeschichte weit länger als gemeinhin angenommen. Der englische Theologe John Wijngaards hat beispielsweise zahlreich Fälle belegt, in denen Frauen über mehrere Jahrhunderte hin zu Diakonen geweiht wurden.[3]

Doch muß man für Beispiele katholischer Frauen, die das priesterliche Amt ausüben, gar nicht auf die fernliegende Vergangenheit zurückgreifen. In der tschechischen Republik weihte ein Bischof namens Felix Davidek in der Zeit der kommunistischen Unterdrückung eine Handvoll Frauen zu Priestern und Diakonen. Die wahrscheinliche Anzahl beläuft sich auf jeweils sechs. Die bekannteste von Davideks weiblichen Priestern ist Ludmilla Javorova, die in der südtschechischen Stadt Brünn lebt, wo sie heute als Katechetin in einer Grundschule tätig ist. Javorova, deren Vater ein enger Freund Davideks war, diente nach ihrer Ordination als Vikarin des Bischofs bis zu dessen Tod 1988. Sie und Davidek standen sich sehr nahe; es ist verschiedenerseits berichtet worden, daß sie als Mann und Frau zusammenlebten, obwohl Javorova sagt, dies sei ein Gerücht gewesen, das der Rundfunkanstalt Voice of America von den Kommunisten eingegeben worden sei. In der kleinen undurchlässig verknüpften Welt der tschechischen „Kirche der Stille" handelten Javorova und die anderen Frauen als Priester und waren weithin als solche akzeptiert.

Nach dem Zusammenbruch des Kommunismus, als sich die Lage der tschechischen Kirche normalisiert hatte, wurden die Frauen von den Kirchenbehörden angewiesen, ihre Funktion als Priester aufzugeben. Einige fügten sich, andere aber teilen in aller Stille weiterhin die Sakramente unter Freunden und Anhängern aus. Der päpstliche Sprecher Joaquin Navarro Valls, 1995 über die Ordinationen befragt, sagte, daß sie aufgetreten sein mochten, wenn dem so sei, aber ungültig wären. Die meisten der von Davidek ordinierten Frauen zeigten sich nicht willens, über ihre Erfahrungen zu sprechen, aus Furcht vor Repressalien von seiten der Kirche oder von seiten von Menschen in ihren Gemeinden. Selbst Javorova, die auf Einladung der Konferenz für die Ordination von Frauen, einer Gruppe von Aktivisten zur Unterstützung der Idee weiblicher Priester, die USA bereiste, will über ihre Geschichte nur in mittelbarster Weise sprechen.

Ich erfuhr das aus erster Hand, als ich Javorova Ende September 1999 in ihrer Wohnung in Brünn aufsuchte. Das Interview war über die Konferenz für die Ordination von Frauen zustande gekommen, und Javorova hatte über die tschechisch sprechende Verbindungsperson der Organisation nur unter der Bedingung zugestimmt, mich zu sehen, wenn ich das Versprechen geben würde, nichts aus dem Gespräch zu veröffentlichen. Später entließ sie mich zu einem Teil aus dem Versprechen, indem sie mir zugestand, daß ich meinen Besuch in „allgemeinen Worten“ beschreiben könnte. Unsere Begegnung schien unter einem schlechten Stern zu stehen. Ich hatte eine zweistündige Fahrt nach Brünn von Wien aus zurückzulegen, aber mir war einige Tage zuvor zu Ohren gekommen, daß der mir vor meiner Abreise aus den USA zugesagte Übersetzer von seiner Aufgabe zurückgetreten war. Ich wandte mich mit diesem Problem an einen Freund, der für die österreichische Bischofskonferenz tätig ist, aber alles, was er mir bieten konnte, war der Name einer Person Hunderte von Kilometern entfernt in der Slowakei, den er mir erst eine Stunde, bevor ich aufbrechen mußte, weitergeben konnte. Also machte ich mich in meinem Mietwagen auf den Weg, lediglich mit einer aufgekritzelten Adresse ausgestattet und ohne eine Vorstellung davon, wie ich Javorova finden, geschweige denn mit ihr reden sollte.

Glücklicherweise entdeckte ich, als ich in das Zentrum von Brünn einfuhr, ein riesiges Best-Western-Hotel samt Kasino. Ich parkte und stellte mich dem Portier vor, der keinen Grund hatte, zu bezweifeln, daß ich ein Gast war. Ich legte meine Situation dar, und im Handumdrehen engagierte er einen Übersetzer von einer englischen Sprachschule am anderen Ende der Straße. Ich rief ein Taxi, las meinen Übersetzer auf, und wir kamen knapp vor der verabredeten Zeit bei Javorovas Wohnung an, die in einem gewaltigen grauen Plattenbau aus der Sowjetzeit in einem heruntergekommenen Stadtteil lag.

Javorova erwartete uns mit Kaffee und krümeligem Kuchen an einem kleinen Eßtischchen unter einem großen Bild von Davidek in ihrem winzigen Wohnzimmer. Langsam fing sie an, ihre Geschichte zu erzählen. Sie erklärte, daß die Entscheidung, Frauen zu ordinieren, für Davidek weniger eine feministische Aussage dargestellt habe, als vielmehr eine Strategie zur Seelsorge von Frauen, die von den Kommunisten eingesperrt worden seien. Davidek war selbst ins Gefängnis gekommen, nachdem er sechs Monate versteckt gelebt hatte, wobei er sich tagsüber wie eine Frau gekleidet hatte, um der Verhaftung zu entgehen. Er wurde an einem Ort festgehalten, an dem die Männer in einem Bereich und die Frauen in einem anderen zu bleiben hatten und nur im Hof miteinander in Kontakt kamen. Dort trennte sie noch eine Mauer voneinander. Davidek pflegte die Messe zu lesen, während er im Hof umherging, wobei er hochsprang und die Worte der Weihe laut über die Mauer rief, damit die Frauen sie hören konnten. Er erkannte, daß das unzureichend war, und wollte eine kleine Zahl von Frauen darauf vorbereiten, die Sakramente im Gefängnis spenden zu können, in der Annahme, daß einige von ihnen, da sie im Untergrund für die Kirche aktiv waren, letztendlich eingesperrt würden. Er fühlte sich befugt, das zu tun, weil Papst Pius XII. tschechischen Bischöfen die Erlaubnis erteilt hatte, Priester im geheimen zu weihen, wenn es ihnen unmöglich war, den Kontakt mit den kirchlichen Behörden aufrechtzuerhalten.

Nach ihrer heimlichen Weihe verbrachte Javorova Jahre in der Erwartung, von der Geheimpolizei abgeholt zu werden, und übte die ganze Zeit im geheimen das Amt für eine kleine Gruppe von Gläubigen im Untergrund aus. Verständlicherweise glaubt sie, daß ihre Treue und ihr Mut des Priesteramtes würdig seien. Auch wenn sie es nicht wirklich ausgesprochen hat, denke ich, daß sie etwas Hoffnung hegt, eines Tages als Priesterin vor dem Papst Anerkennung zu finden. (Ihre Hoffnung mag sich verringert haben: Sie gab mir im Februar 2000 die Erlaubnis, soviel von ihrer Geschichte zu berichten, als eine Erklärung des Vatikans über Priester im Untergrund in der Tschechischen Republik verlauten ließ, daß ernsthafte Zweifel an der Gültigkeit einiger Priesterweihen beständen, insbesondere an denen, die von Bischof Felix Maria Davidek durchgeführt wurden.)

Verfechter einer Ordination von Frauen argumentieren, daß es von Junia bis Javorova eine dauerhafte, wiewohl weitgehend unterdrückte Tradition weiblicher Priester in der katholischen Kirche gebe. Darüber hinaus weisen beträchtliche Anzeichen darauf hin, daß die Katholiken weltweit bereit wären, diese Tradition ans Licht zu holen. 1992 wies eine Versammlung der Bischöfe von Quebec darauf hin, daß es an der Zeit sein könnte, die Weihe von Frauen in Betracht zu ziehen, und 1999 stimmte eine Synode in der Diözese Montreal dafür, diese Botschaft nach Rom zu tragen. In Österreich und Deutschland sammelte eine Petition für eine Reform in der Kirche 1995 fast drei Millionen Unterschriften, wobei sich die Ordination von Frauen unter den fünf Hauptforderungen befand. Umfragen unter amerikanischen Katholiken zeigen, daß es heute zwei Drittel gern sähen, wenn Frauen zur Priesterschaft zugelassen würden, ein Anstieg von fast zwanzig Prozent gegenüber vergleichbaren Umfrageergebnissen aus den achtziger Jahren. Weder die Argumentation mit der Tradition noch die Erhebungsdaten haben aber die Verantwortlichen in der Kirche davon überzeugt, die Frage zu überdenken. Ratzinger hat die Lehre zur Frauenweihe auf aggressive Weise durchgesetzt, unter besonderer Berücksichtigung der Vereinigten Staaten, die von den meisten Beamten des Vatikans für eine Nation gehalten werden, deren politische Kultur sich in einer feministischen Knechtschaft ohnegleichen befindet.

Im Jahr 1981, kurz nachdem Ratzinger sein Amt übernommen hatte, eröffnete der Ausschuß zur Glaubenslehre der Bischofskonferenz der USA auf sein Ansuchen hin eine Untersuchung von *Catholicism* von Pater Richard McBrien. Es handelt sich dabei um ein gewaltiges Buch – 1.184 Seiten in zwei Bänden –, und sein Anspruch ist es, eine klare Summierung des katholischen Glaubens wie auch eine Zusammenfassung gegenwärtiger theologischer Reflexion zu wichtigen Themen vorzulegen. Das Werk hatte mit über 100.000 verkauften Exemplaren und Übersetzungen in mehrere Sprachen einen phänomenalen Erfolg. Der Jesuit Tom Reese, Herausgeber der ordenseigenen Zeitschrift *America*, sagt, daß der Hauptunterschied zwischen einem konservativen und einem liberalen Priesterseminar dieser Tage darin bestehe, daß die Konservativen den allgemeinen Katechismus verwendeten und die Liberalen McBrien. Zu Ratzingers hauptsächlichen Anklagepunkten bezüglich *Catholicism* zählte, daß es den Eindruck vermittelte, daß sich die Kirchenlehre zur Ordination von Frauen und zur Empfängnisverhütung ändern könnte.

McBrien, ein Theologe an der Universität Notre-Dame, hatte Glück, daß der Vorsitz des Ausschusses zur Glaubenslehre zu dieser Zeit von dem gemäßigten Erzbischof John Quinn aus San Francisco geführt wurde, der inzwischen im Ruhestand ist. Als der Bericht des Ausschusses 1985 verabschiedet wurde, führte er einige „möglicherweise verwirrende“ Abschnitte an und bezeichnete andere Passagen als „hypothetisch“, besagte aber auch, daß das Buch über „viele positive Züge“ verfüge, und ordnete keine disziplinarische Maßnahme an. Trotzdem schien die Botschaft klar genug: Theologen, die die Lehre zur Ordination von Frauen in Frage stellen oder auch nur die Berechtigung ihrer Infragestellung verteidigen, tun dies auf eigene Gefahr.

In den USA war das hauptsächliche Forum für die Debatte über Frauen in der Kirche in den achtziger Jahren der unglückliche Versuch der Bischofskonferenz, einen Hirtenbrief zu Frauen zu entwerfen. Die Idee wurde erstmals 1982 von Bischof Michael McAuliffe von Jefferson City in Missouri ins Rollen gebracht. Ein Jahr später begann ein aus sechs Bischöfen bestehendes Komitee unter der Leitung von Bischof Joseph Imesch aus Joliet in Illinois mit der Arbeit. Imesch und seine Kollegen waren entschlossen, daß ihr Dokument die Erfahrungen und Perspektiven von Frauen reflektieren sollte, und zu diesem Zweck verbrachten sie einen Großteil der Jahre 1985 und 1986 in übers ganze Land verstreuten Beratungen. Etwa 75.000 Frauen beteiligten sich.[4]

Im April 1988 brachte das Komitee einen ersten Entwurf hervor, der die „ungefilterten“ Wortmeldungen von Frauen enthielt. Einige Stimmen waren kritisch; manche brachten sogar die Ordination zur Sprache. Das Komitee trat in ein zweites Stadium von Beratungen ein, um Reaktionen auf den ersten Entwurf zu sammeln. Mittlerweile reagierte Johannes Paul auf einem Treffen mit den Bischöfen der USA im September 1988 auf das Dokument, wobei er sie dazu drängte, das Thema der Komplementarität, daß Männer und Frauen verschiedene, aber „komplementäre“ Rollen einnähmen, zu betonen, ein Argument, das vom Vatikan häufig beschworen wird, um das Verbot der Priesterweihe von Frauen zu rechtfertigen. Viele katholische Frauen finden die Vorstellung der Komplementarität beleidigend, weil sie eine wesentlich feminine Natur nahelegt, die die den Frauen offenstehenden gesellschaftlichen und kirchlichen Rollen sowohl formt als auch begrenzt. Ein zweiter Entwurf wurde im März 1990 erlassen. Er fügte eine starke neuerliche Bekräftigung der Kirchenlehre zur Empfängnisverhütung hinzu, ließ eine Klausel einfließen, daß die Erfahrungen der Frauen zur Kirchenlehre der Sexualität beitragen würden, und trennte scharf zwischen „christlichem Feminismus“ und „extremem Feminismus“.

Diese Veränderungen waren nicht genug, um die Befürchtungen des Vatikans zu zerstreuen. Die Bischöfe der USA hatten geplant, das Dokument im November 1991 zu bestätigen, aber die Behörden der Kurie erbaten eine Verzögerung, damit eine Delegation von der Konferenz zu einer Beratung nach Rom kommen könnte. Beobachter sagen, Rom hätte wahrgenommen, wie sich zwei vorhergehende Hirtenbriefe der Bischöfe der USA von 1983 und 1986 weltweit verbreitet hätten, und wollte nicht, daß dieser Brief zu Frauen den feministischen Druck auf den Katholizismus in anderen Ländern verschärfte.

Ratzinger stand dieser zweitägigen Sitzung im Vatikan im Herbst 1991 vor. Unter den kirchlichen Größen, die Ratzinger für eine Konfrontation mit den Amerikanern versammelt hatte, befanden sich der deutsche Bischof Walter Kasper, der australische Erzbischof Eric D'Arcy und der irische Erzbischof Desmond Connell. Ein Bischof aus den USA, der in den Entwurf eingebunden war, erzählte mir, erstmalig über das Treffen sprechend: „Wir waren vorbereitet. Ich dachte, wir sollten dorthin gehen und die Führungsschichten anderer Länder in Kenntnis setzen, ihnen mitteilen, was unsere Frauen uns zu sagen hatten. Statt dessen wurde ich in die Mangel genommen. Es gab keine Möglichkeit, eine offene Anhörung bekommen zu können." Ratzinger war unempfänglich: Die Bischöfe aus den USA durften ihren Brief, so wie er jetzt stand, nicht verwenden.

Der amerikanische Bischof, der nicht wollte, daß seine Identität in diesem Buch preisgegeben wird, weil er weitere Drangsalierungen durch Ratzingers Amt befürchtete, sagte, er hätte auf diesem Treffen die Wut beschrieben, die ihm von gebildeten und selbstbewußten katholischen Frauen zu Ohren gekommen sei. Als er geendet hätte, habe ihm ein italienischer Prälat platt gesagt: „In Italien haben wir dieses Problem nicht." Wie um ihn Lügen zu strafen, veranstalteten italienische Frauen Tage später eine Demonstration in Rom, um gegen ihre Diskriminierung in der Kirche zu protestieren.

Jener amerikanische Bischof sagte, Ratzinger habe zwei große Vorbehalte gegen das Dokument zum Ausdruck gebracht: erstens, daß es nicht deutlich genug bezüglich des Verbots zur Ordination von Frauen sei; zweitens, daß es sich zu weit auf eine inklusive Sprache zubewege, also die Vermeidung geschlechtsspezifischer Worte, wo es in Liturgie und Bibel möglich ist, zum Beispiel die Bevorzugung von „Mensch" anstelle von „Mann". Mit dem Versuch, auf diese Kritik zu reagieren, ohne zuviel der gesammelten Eingaben katholischer Frauen zu opfern, ging das Komitee erneut an die Arbeit. Im März 1992 ging daraus eine dritter Entwurf zur Begutachtung hervor. Dieser ging in den vom Vatikan beanstandeten Punkten zu einer schärferen Sprache über, verurteilte aber die „Sünde des Sexismus" und wies darauf hin, daß die Unfähigkeit eines Priesterseminaristen, mit Frauen zusammenzuarbeiten, als ein „negativer Indikator" für die Weihe bedacht werden sollte.

Selbst das war für einige Stimmen in der Konferenz noch zuviel. Auf ihrem Treffen im Juni 1992 entschieden sich die Bischöfe dafür, doch noch einen weiteren Entwurf hervorzubringen. Dieses Mal wurde Erzbischof William Levada von San Francisco abgeordnet, das Schriftstück aufzusetzen, ein Konservativer, der in den frühen achtziger Jahren unter Ratzinger in der Kongregation für die Glaubenslehre tätig war. Zu der Zeit, als im November 1992 Levadas Version zur Abstimmung kam, war das Dokument so weit nach rechts geschwenkt – Verurteilung der sexuellen Revolution, von Formen des Feminismus und von Gesetzen, die Männer und Frauen als gleich behandeln –, daß viele Frauen hofften, die Bischöfe würden das ganze Projekt fallenlassen. Im Sitzungssaal verfehlte der Entwurf die zu seiner Annahme nötige Zweidrittelmehrheit.

Nach zehn Jahren war erstmalig in der Geschichte der Konferenz ein Hirtenbrief in einer offenen Abstimmung zurückgewiesen worden. Auch wenn es eine Anzahl anderer ins Gewicht fallender Faktoren gab, ist es wahrscheinlich gerecht, zu sagen, daß Joseph Ratzingers Einschreiten den einen entscheidenden Grund dafür darstellt, daß die amerikanischen Bischöfe keinen Hirtenbrief zu Frauen verabschiedeten. Dieser Fall ist nicht nur für die Frauenfrage in der Kirche bedeutend, sondern auch für die Zukunft der Bischofskonferenz der USA selbst. Die Zeit umfassender Hirtenbriefe, die eine breitangelegte Beratung widerspiegelten und sich gesellschaftlich kritischen Themen zuwandten, kam im November 1992 effektiv zu einem Ende. Die Bischöfe der USA hatten 1983 – zu Nuklearwaffen – und erneut 1986 – zur Ökonomie – enorme Beiträge zu einer ethischen Analyse öffentlicher politischer Fragen in der amerikanischen Kultur geleistet. Daß sie eine derartige Wirkung nicht wieder haben sollten, verdankt sich im großen Maße Ratzinger.

Mit alldem soll nicht gesagt werden, daß die Kirche unter Johannes Paul II. und Ratzinger zu Frauen geschwiegen hat. Der Papst brüstet sich tatsächlich seines Verständnisses für Frauen und hat ihnen zwei Enzykliken, *Redemptoris mater* (1987) und *Mulieres dignitatem* (1988), gewidmet. Doch die Urkunde, für die ihn wahrscheinlich die meisten katholischen Frauen in Erinnerung behalten werden, ist *Ordinatio sacerdotalis* vom 22. Mai 1994, ein echter Paukenschlag aus Rom. Das Dokument umfaßte in seiner Länge nur wenige Abschnitte, was darauf hindeutet, daß Johannes Pauls Ansinnen klipp und klar dargelegt werden sollte. Die priesterliche Weihe, die das von Christus seinen Aposteln anvertraute Amt der Lehre, der Weihe und der Leitung der Gläubigen weitergebe, sei in der katholischen Kirche von Anfang an allein den Männern vorbehalten gewesen, heißt es da. Diese Tradition sei auch von den östlichen Kirchen treu beibehalten worden. In Bezugnahme auf die Tatsache, daß die heilige Jungfrau Maria nicht als Apostel erwählt war, sagt der Papst, das bezeuge, daß die Nichtzulassung von Frauen zur Priesterweihe nicht bedeuten könne, daß Frauen von geringerer Würdigkeit seien, und es könne auch nicht als eine Diskriminierung ihnen gegenüber gedeutet werden.

Dann ging er zur grundlegenden Linie über: Damit alle Zweifel bezüglich einer Angelegenheit von großer Bedeutung behoben seien, einer

Angelegenheit, die die göttliche Verfassung der Kirche selbst beträfe, erkläre er kraft seines Amtes, daß die Kirche nicht über die Gewalt verfüge, die Priesterweihe in welcher Form auch immer Frauen zu erteilen, und daß an diesem Urteil endgültig festzuhalten sei, von allen, die der Kirche treu seien. *Ordinatio sacerdotalis* wurde dem Sinn nach so gedeutet, daß nicht nur die Ordination von Frauen kein Thema mehr ist, sondern daß auch ihre Verfechtung untersagt wird. Diese Anordnung zum Debattenschluß forderte im Mai 1995 ihr erstes Opfer, als das St.-Meinrads-Seminar in Indiana die Barmherzige Schwester Carmel McEnroy ausschloß, eine von landesweit 1.000 Katholiken, die einen Appell an Johannes Paul unterzeichneten, die Debatte zu diesem Thema erneut zu eröffnen. Ihre Entlassung, die zu einem erfolglosen Zivilprozeß gegen das Seminar führte, stand für die Reaktion der Kirche.[5]

Am 28. Oktober 1995 erließ Ratzinger ein kurzes Dokument, eigentlich als Erwiderung auf ein *dubium*, eine Frage, konzipiert, über die Lehrkraft von *Ordinatio sacerdotalis*. Die Frage, um die es sich handelte, lautete: Ist diese Lehre unfehlbar? Ratzingers Antwort war bejahend: Diese Lehre fordere eine endgültige Zustimmung, vertritt er, da sie, begründet im niedergeschriebenen Wort Gottes und von Anfang an in der Tradition der Kirche durchgängig bewahrt und angewandt, durch das ordentliche und allgemeingültige Magisterium unfehlbar dargelegt worden sei. So habe unter den gegenwärtigen Umständen der römische Papst in der Ausübung des ihm eigenen Amtes, schrieb er weiter, eben diese Lehre durch eine offizielle Erklärung weitergeleitet und deutlich festgestellt, was immer, überall und von allen als zum Grundsatz des Glaubens gehörend einzuhalten sei. Die Erklärung wurde vom Papst bestätigt.

In einem Begleitbrief, der am selben Tag vorgelegt wurde, breitete Ratzinger seinen Gedankengang aus. Zunächst erklärte er, daß *Ordinatio sacerdotalis* bezüglich des Standpunkts der Kirche viele beruhigt hätte. Das Gewissen vieler, die in gutem Glauben eher durch Zweifel als durch Ungewißheit verwirrt worden seien, habe dank der Lehre des Heiligen Vaters einmal mehr zu seiner Ruhe gefunden. Jedoch, so sagte Ratzinger, halte die Debatte an. Etwas an Verwirrung habe sich fortgesetzt, nicht nur unter denen, die in Distanz zum katholischen Glauben die Existenz einer Autorität in der Lehre innerhalb der Kirche nicht akzeptierten – eines Magisteriums, das gnadenbringend mit der Autorität Christi ausgestattet sei –, sondern auch unter einigen der Gläubigen, denen es weiterhin erschienen sei, als stelle der Ausschluß der Frauen vom Priesteramt eine Form von Ungerechtigkeit oder Diskriminierung ihnen gegenüber dar.

Ratzinger sagte, die Kirche vertrete sowohl die Würde der Frau als auch die Unmöglichkeit, sie zu ordinieren. Wenn aber einer behaupten sollte, daß zwischen diesen beiden Wahrheiten ein Widerspruch bestehe, würde der Weg des Fortschritts im Denken des Glaubens verlorengehen. Die Debatte um die Ordination, so Ratzinger, beruhe oft auf einem unzutreffenden Begriff vom Priesteramt. Um zu begreifen, daß diese Lehre keine Ungerechtigkeit oder Benachteiligung gegen Frauen umfasse, müsse man das Wesen der kirchlichen Priesterschaft selbst bedenken, das einen Dienst und keine Stellung der Privilegierung oder der menschlichen Macht über andere darstelle. Wer auch immer, ob Mann oder Frau, sich die Priesterschaft in Begriffen persönlicher Bestätigung vorstelle, als Ziel oder Ausgangspunkt einer Laufbahn menschlichen Erfolgs, sei in einem tiefen Irrtum befunden, denn die wahre Bedeutung christlicher Priesterschaft, sei es die allgemeine Priesterschaft der Gläubigen oder, in der speziellsten Art, die kirchliche Priesterschaft, könne nur in der Hingabe des eigenen Seins in der Einheit mit Christus gefunden werden, im Dienst der Brüder und Schwestern.

Zur genauen Frage der Unfehlbarkeit vertritt Ratzinger, daß *Ordinatio sacerdotalis* für sich genommen keine Ausführung von Unfehlbarkeit gewesen sei; es bezeugte vielmehr die präexistente Unfehlbarkeit einer Lehre, die immer, überall und von jedem aufrechtzuerhalten sei. In diesem Fall bezeuge eine Handlung des ordentlichen päpstlichen Magisteriums, in sich nicht unfehlbar, die Unfehlbarkeit der Lehre eines Glaubensgrundsatzes, in dessen Besitz die Kirche schon gewesen sei, schrieb er. Diese Analyse der Unfehlbarkeit hat einen weitläufigen theologischen Streit nach sich gezogen. John Coleman, Jesuit, Theologe und Soziologe, bezeichnete diese Herangehensweise als „päpstlichen Fundamentalismus" – durch die Behandlung einer päpstlichen Erklärung als ipso facto unfehlbar. Einige prägten dafür den Begriff „schleichende Unfehlbarkeit".

Andere verteidigten Ratzinger genau nur in diesem Punkt und spekulierten, daß er durch die Verkündung des Verbots von weiblichen Priestern als de facto unfehlbar der Kirche eine voll entfaltete offizielle Unfehlbarkeitserklärung erspart haben könnte. Sie verwiesen auf einen Artikel des konservativen Kardinals Joachim Meisner im katholischen Wochenblatt *Rheinischer Merkur*, der zur selben Zeit wie Ratzingers *dubium* erschien. Meisner vertrat, daß *Ordinatio sacerdotalis* eine unfehlbare päpstliche Erklärung sei, die die einmütige Lehre des episkopalen Kollegiums bestätige. Einigen deutete der Artikel an, daß katholische Konservative eine offizielle *ex-cathedra*-Erklärung des Papstes gewünscht hatten. Der Theologe Leo Scheffczyk, von dem bekannt ist, daß er dem Papst nahesteht, veröffentlichte im Juni 1995 einen Artikel, in dem er beklagte, daß es der Papst versäumt habe, die Lehre als unfehlbar *ex cathedra* zu erklären.

Es ist unmöglich, diese Szenerie zu belegen; der päpstliche Biograph George Weigel, der sich eines beispiellosen Zugangs zum Papst erfreute, verneint sie. Nur Johannes Paul weiß, was seine eigentlichen Absichten waren. Es findet sich aber kein Hinweis im Protokoll, daß Ratzinger sich nicht völlig mit dem Verbot weiblicher Priester und dem Anspruch identifiziert, daß dies eine dauerhafte und unveränderbare Lehre sei.

Die katholische Theologische Gesellschaft von Amerika, die führende Fachgesellschaft katholischer Theologen in Nordamerika, nahm im Juni 1997 eine Erklärung an, die Ratzingers Schluß in Zweifel zog. Mit einer Stimmenzahl von zweihundertsechzehn zu zweiundzwanzig bei zehn Enthaltungen bestätigte die Gruppe eine aus 5.000 Worten bestehende straff argumentierende Studie, die den 1.300 Mitgliedern der Gesellschaft Monate vorher vorgelegt und seitdem umfassend nachgeprüft worden war. „Es bestehen ernstliche Zweifel", ließ sie verlauten, an der Grundlage der Verfechtung, daß die Lehre zur Ordination unfehlbar und Teil des „Grundsatzes des Glaubens" sei, etwas, dem alle Katholiken zustimmen müßten. Das Dokument rief zu „weiterem Studium, Diskussion und Gebet hinsichtlich dieser Frage" auf. Die Gesellschaft für Kirchenrecht Englands zog 1996 gleichermaßen die Schlußfolgerung, daß die päpstliche Lehre zu weiblichen Priestern nicht unfehlbar gewesen sei.

Im Januar 1997 veröffentlichte die Kongregation für die Glaubenslehre neben Aufsätzen von Theologen und Historikern eine Sammlung von Dokumenten zur Unterstützung ihrer Beweisführung zur Ordination von Frauen. Auf einer Pressekonferenz zur Präsentation der Sammlung wandte sich Ratzinger der Frage zu, ob Katholiken, die glaubten, daß Frauen Priester werden sollten, Häretiker seien. Eigentlich, so sagte er, beziehe sich der Begriff *Häresie* auf die Leugnung einer offenbarten Wahrheit, etwa der Fleischwerdung oder der Auferstehung. Das Verbot der Frauenpriesterschaft sei hingegen ein Lehrschluß, der sich aus der Offenbarung ableite, und als solches seien diejenigen, die es leugneten, nicht im eigentlichen Sinne Häretiker. Aber sie würden eine irrige Lehre unterstützen, die mit dem Glauben nicht zu vereinbaren sei, und sich selbst aus der Gemeinschaft mit der Kirche ausschließen. Solche Katholiken sind mit anderen Worten exkommuniziert.

Im Juli 1998 erließ Johannes Paul einen Brief, *Ad tuendam fidem*, in dem er ins Kirchenrecht Bestrafungen für eine Abweichung von seiner neuen Kategorie „endgültiger Lehren" einfügte. Ratzinger brachte einen fünfseitigen Begleitkommentar zu *Ad tuendam* heraus, in dem er Beispiele für Lehren aufzählte, die in diese Reihe „endgültig unfehlbarer" Lehren fallen würden: das Verbot weiblicher Priester, das Verbot der Sterbehilfe, die Unmoralität von Prostitution und Unzucht, die Rechtmäßigkeit eines einzelnen Papstes oder ökumenischen Konzils, die Heiligsprechung und die Ungültigkeit der Weihe anglikanischer Priester. Er deutete sogar an, daß die gänzlich männliche Priesterschaft auf dem Weg sein könnte, eine formal erklärte unfehlbare Lehre zu werden. Viele Beobachter, etwa McBrien, wiesen darauf hin, daß Ratzingers Behauptung, diese Lehren seien unfehlbar, nicht selbst eine unfehlbare Erklärung sei, und daher der Debatte offenstehe.

Die Kampagne, die Diskussion zu beenden, setzte sich fort. Im Herbst 1998 setzte Ratzinger Bischof John Kinney von St. Cloud in Minnesota unter Druck, der Liturgical Press seiner Diözese zu verordnen, das Buch *Women at the Altar* des Englischen Fräuleins Lavinia Byrne zurückzuziehen. In ihrem Buch bringt Byrne Argumente für die Ordination von Frauen vor. Sie bezeichnet weibliche Priester als eine „tiefgehend katholische Vorstellung“, basierend auf der Idee, daß „das Wort Gottes vom Körper einer Frau empfangen und zu unser aller Rettung hervorgebracht wurde“. Anfänglich deuteten Nachrichten an, daß die 1.300 Exemplare tatsächlich verbrannt werden sollten, aber der Verleger von Liturgical Press sagte später, daß Ratzingers Anweisungen lediglich dahin gingen, daß die Bücher nicht in Umlauf gebracht werden sollten. Sie waren weiterhin in England erhältlich, wo sie von einem nicht der Kirche unterstehenden Verlag veröffentlicht wurden. Byrne selbst, eine bekannte Gestalt im britischen Rundfunk, kehrte dem Ordensleben letztendlich den Rücken.[6]

Das Recht zur Fortpflanzung

Ebenso wie in der Frage der Ordination von Frauen ging lange Zeit das Gerücht, daß Ratzinger Johannes Paul II. davon abgehalten habe, die Lehre von *Humanae vitae* formal für unfehlbar zu erklären. Eine Version des Gerüchts vertritt, daß Johannes Paul in einem frühen Entwurf seiner Enzyklika *Veritatis splendor* von 1993 tatsächlich das Verbot für unfehlbar erklärte, unter Ratzingers Einfluß aber davon Abstand genommen habe. Diese Hypothese fußt fast gänzlich auf einem Interview, das Ratzinger 1992 kurz vor dem Erscheinen von *Veritatis splendor* der Zeitung *Die Welt* gab. Zur Empfängnisverhütung befragt, sagte Ratzinger damals, es werde zu einer Entwicklung in unserem Denken kommen müssen, um an den Kern des Problems zu gelangen. Er sagte auch, die Unterscheidung in künstliche und natürliche Empfängnisverhütung sei verwirrend und habe die eigentlichen Probleme undeutlich werden lassen. Die kirchliche Lehre, so Ratzinger weiter, habe nichts in irgendeiner Form wirklich Hilfreiches zum Gegenstand der weltweiten Überbevölkerung hervorgebracht. Er erläuterte keine dieser Bemerkungen, aber sie reichten so schon aus, daß einige schlossen, daß er Zweifel an *Humanae vitae* habe. Als *Veritatis splendor* dann ohne die Erklärung der Unfehlbarkeit herauskam, zogen einige die Folgerung, daß er dafür verantwortlich sei.

Wiederum ist es unmöglich, die Wahrheit dieser Behauptung zu beurteilen. Es ist es aber wert, zu vermerken, daß der führende Verfechter der Hypothese, daß Ratzinger eine Erklärung der Unfehlbarkeit unterbunden haben soll, Hans Küng ist. Warum glaubt Küng, Ratzinger habe das getan? Weil, so Küng, Ratzinger stark von seiner Kritik an der Unfehlbarkeit beeinflußt worden sei. Wer sonst, wenn nicht Ratzinger, werde sich der Fragestellung erinnern, die er, Küng, als sein damaliger Kollege in Tübingen 1970 unter dem Titel *Unfehlbar?* aufgeworfen habe und die noch nicht zu einem Ende gebracht worden sei – und des Aufsehens, das folgte? Küng mag richtigliegen, aber es fällt schwer, das Argument nicht als eigendienlich einzuschätzen, dem Gedanken folgend, in seinem Herzen wisse Ratzinger, daß er, Küng, recht habe.

In jedem Fall unterstützt Ratzinger deutlich den Kern der Lehre zur Empfängnisverhütung, selbst wenn er mit der Art und Weise Probleme hat, wie sie formuliert worden ist. Eine von Ratzingers Grundvorstellungen ist die, daß die westliche Kultur zu besessen von ihrer eigenen Macht ist, zu unwillig, „Gegebenheiten" zu akzeptieren, seien es solche der Offenbarung oder solche der Biologie. In *Salz der Erde* sagte er: „Das ist, glaube ich – auch jetzt unabhängig von der Empfängnisverhütung –, eine unserer großen Gefahren. Daß wir auch das Menschsein mit Technik bewältigen wollen und verlernt haben, daß es menschliche Urprobleme gibt, die nicht durch Technik gelöst werden können, sondern die einen Lebensstil und gewisse Lebensentscheidungen verlangen."[7] Sein Argument lautet, daß die Kultur, nicht die Technik, die einzig zuverlässige Lösung der meisten Probleme auf der gesellschaftlichen Ebene ist. Doch zögert er auch, Paare, die Verhütungsmittel verwenden, zu verurteilen. Hierbei, würde er sagen, handele es sich um Fragen, die mit dem eigenen Seelsorger, dem eigenen Priester besprochen werden sollten, denn sie könnten nicht abstrakt dargestellt werden.

Zu Ratzingers systematischster Behandlung von Fragen der Fortpflanzung kam es in einem *Donum vitae* (Das Geschenk des Lebens) betitelten Dokument der Kongregation für die Glaubenslehre von 1987. Auch wenn es die Verbote zur Empfängnisverhütung und zur Abtreibung wiederholte, wandte sich das Dokument hauptsächlich dem ethischen Dilemma zu, das durch neue Techniken der Fortpflanzung aufgeworfen wurde, etwa künstliche Befruchtung, Samenspende und Leihmutterschaft, ebenso wie durch verwandte Sachverhalte wie Klonen und Experimente mit Embryonen. Ratzinger ist auf das Dokument stolz; er zählte es 1996 in *Salz der Erde* neben den Anweisungen zur Befreiungstheologie und dem Katechismus unter die bedeutendsten Leistungen seiner Amtszeit.

Man könne Kriterien zur Anleitung nicht aus der reinen technischen Wirksamkeit ableiten, aus dem möglichen Nutzen der Forschung für einige auf Kosten der anderen, oder noch schlimmer, aus vorherrschenden Ideologien, schreibt Ratzinger. In einer charakteristischen Redewendung warnt er: Wissenschaft ohne Gewissen könne nur zur Vernichtung des Menschen führen. Das Dokument verurteilt die Anwendung einer pränatalen Diagnose vor dem Hintergrund einer möglichen Abtreibung, Experimente mit Embryonen, es sei denn zu strikt therapeutischen Zwecken, und die Praktik, Embryonen für experimentelle oder kommerzielle Zwecke am Leben zu halten. Zur Frage einer medizinisch unterstützten Befruchtung vertritt Ratzinger als grundlegende moralische Norm, daß das Geschenk des menschlichen Lebens in der Ehe durch den spezifischen und ausschließlichen Akt von Ehemann und Ehefrau verwirklicht werden müsse, entsprechend den Gesetzen, die ihren Personen und ihrer Einheit eingeschrieben seien. Der eheliche Akt von Ehemann und Ehefrau verknüpft dann die vereinigenden und zeugenden Zwecke der Sexualität; jede andere Form der Fortpflanzung trennt sie.

Auf der Grundlage dieser Überlegungen muß künstliche Befruchtung in allen Formen abgelehnt werden. Zum einen würden die meisten ihrer Formen die Vernichtung „überschüssiger" Embryonen einschließen. Die Geisteshaltung der Abtreibung, die dieses Verfahren ermöglicht habe, führe daher, ob man nun wolle oder nicht, zur menschlichen Herrschaft über Leben und Tod der eigenen Mitmenschen und könne in ein System radikaler Eugenik münden. Das Verbot künstlicher Befruchtung würde aber selbst dort erhalten bleiben, wo dieser Mißbrauch vermieden werde, denn das Vorgehen stehe, wie es heißt, im Gegensatz zur Einheit der Ehe, zur Würde der Gatten, zu der der Elternschaft angemessenen Berufung und zum Recht des Kindes, in der Ehe und durch die Ehe empfangen und auf die Welt gebracht zu werden. Künstliche Insemination wird gleichermaßen abgewiesen, es sei denn, sie verhilft dem ehelichen Akt zur Erreichung seiner natürlichen Ziele, eine Einwendung, die einigen Arten von Medikamenten zugestanden wird. Unter diesem Zusatz bestätigte der Vatikan den Gebrauch des eine Erektion herbeiführenden Medikaments Viagra. Wenn künstliche Insemination allerdings den ehelichen Akt ersetzen sollte, könne sie nicht gebilligt werden. Wenn Sperma dann beispielsweise durch Masturbation erhalten wird, ist das Vorgehen unmoralisch. Ratzinger vertritt, daß das zivile Recht die Spende von Eizellen zwischen unverheirateten Personen, Embryobanken und die Leihmutterschaft verbieten müsse.

Ratzinger räumt ein, daß einige dieser Schlußfolgerungen eine Last auf unfruchtbare katholische Ehepaare legen würden. Er erinnert sie daran, daß die Ehe den Gatten nicht das Recht auf ein Kind übertrage, und empfiehlt mit sich ringenden Paaren, in ihren Schwierigkeiten eine Gelegenheit zu erkennen, auf eine besondere Weise am Kreuz des Herrn teilzuhaben. In einer Bemerkung, die ins Herz von Ratzingers Theologie trifft, sagt er, daß die Kirche durch diese Verbote den Menschen gegen die Auswüchse seiner eigenen Macht verteidige.

Donum vitae spiegelt einen sorgfältigen Gedankengang wider. Ratzinger überwindet den Quasi-Fundamentalismus eines Teils der katholischen Moraltheologie, indem er feststellt, daß Eingriffe in die Fortpflanzung nicht auf der Grundlage zurückzuweisen seien, daß sie künstlich seien. Als solche, meint er, legten sie Zeugnis für die Möglichkeiten medizinischer Kunst ab. Trotzdem ist seine allumfassende Zurückweisung künstlicher Befruchtung, selbst wenn die fortpflanzenden Stoffe von zwei Gatten aus dem Zusammenhang einer liebenden Ehe stammen, für viele Katholiken, vor allem für Frauen, schwer mit der das Leben befürwortenden Haltung der Kirche und ihrem Lobpreis der Mutterschaft zu versöhnen.

Ratzingers unmittelbares Engagement in der Abtreibungsfrage wurde durch einen Streit hervorgerufen, in den die katholische Kirche in Deutschland für den größten Teil der späten neunziger Jahre verwickelt war. Die Wiedervereinigung hinterließ zwei unterschiedliche Ansätze im Land: ein liberaler Zugang zur Abtreibung im Osten, eingeschränkte Regelungen im Westen. Keine kulturelle Frage war umstrittener als die nach der Harmonisierung der zwei Herangehensweisen, wobei die konservative CDU unter dem katholischen Bundeskanzler Kohl auf das restriktivere westdeutsche Gesetz drängte. Letztendlich einigte man sich 1995 auf eine Legalisierung der Abtreibung innerhalb der ersten zwölf Wochen der Schwangerschaft. Viele Frauen, vor allem in der alten Bundesrepublik, waren darüber verbittert, weil sie es als einen Machtzugriff durch die katholische Kirche empfanden.

Nach dem neuen Gesetz sind Frauen dazu verpflichtet, den Nachweis eines Beratungsgesprächs zu erbringen, bevor sie eine Abtreibung legal vornehmen lassen können. Es gibt Hunderte von übers Land verstreuten Beratungszentren, die über die Lizenz zur Ausstellung einer Bescheinigung verfügen; etwa zweihundertsechzig von ihnen werden durch die katholische Kirche betrieben (die meisten durch den Sozialdienst der Caritas), mit Subventionen aus sämtlichen Bundesländern. Viele Katholiken glauben, daß das Beratungssystem der Kirche erlaubt, Frauen in Not ihr seelsorgerisches Gesicht zu zeigen. Auch vertreten Anhänger die Ansicht, daß das System funktioniert. Von 20.000 Frauen, die jährlich eine Beratung von einem kirchlichen Zentrum erhielten, entschieden sich etwa 5.000 dafür, ihre Schwangerschaft nicht abzubrechen. Viele Verfechter der das Leben befürwortenden Haltung der Kirche glauben, daß das 5.000 Abtreibungen sind, zu deren Verhinderung die Kirche jedes Jahr beigetragen hat. Gegner wie Ratzinger sehen jedoch 15.000 Abtreibungen im Jahr, zu deren Ermöglichung die Kirche beigetragen hat.

Im Dezember 1997 schrieb Johannes Paul II. an die deutschen Bischöfe und wies sie an, die Kirche aus dem Beratungssystem zu lösen. Der Brief veranlaßte einen zwei Jahre währenden Prozeß der Diskussion und Verhandlung zwischen dem Vatikan und den Bischöfen, in dem Ratzinger eine zentrale Rolle einnahm. Das war ungewöhnlich für einen Vorstehenden in der Glaubenslehre. Da das Beratungssystem eine politische Frage darstellte, die sich mit dem richtigen Verhältnis zwischen Kirche und Staat beschäftigt, fiel sie eigentlich in die Kompetenz des Staatssekretärs Kardinal Angelo Sodano. Viele Deutsche glauben, Sodano habe innerhalb des Vatikans einen gemäßigten Gegenstandpunkt zu Ratzinger eingenommen. Nichtsdestotrotz war Ratzinger der Beamte, der die Korrespondenz führte und die Treffen abhielt, und es war deutlich, daß er derjenige war, auf dessen Urteil sich der Papst am stärksten stützte. Im Lauf der Jahre hat sich Ratzinger in die Angelegenheiten der deutschsprachigen Kirchen in einer Art und Weise eingebunden, die weit über seine Rolle als Verantwortlicher für die orthodoxe Glaubenslehre hinausgeht. Die *Frankfurter Allgemeine* berichtete im August 1998, daß Ratzinger in den Augen vieler Deutscher zum päpstlichen Sonderbeauftragten für Deutschland geworden sei und zu einer Art päpstlichen Stellvertreters für deutschsprachige Katholiken.

Ungeduldig wegen einer scheinbaren Verzögerungstaktik der Bischöfe, schickte Ratzinger dem Präsidenten der Konferenz, Bischof Karl Lehmann, inzwischen Kardinal, am 20. Mai 1998 einen Brief mit der Forderung, daß die Bischöfe dem Vatikan bis Herbst 1998 ein Lösungsmodell zur Durchsicht vorlegen sollten. Unterdessen verlangten die gutorganisierten katholischen Laiengruppierungen, daß ihre Bischöfe ein offenbar funktionierendes System verteidigen sollten. Die Reaktion auf Ratzingers Brief war fast einhellig negativ. Das gewöhnlich behutsame Zentralkomitee der deutschen Katholiken schickte Lehmann ebenfalls einen Brief und bat ihn, den Papst aufzufordern, Ratzinger aus der Debatte zurückzuziehen. Ein derartiges Ansuchen sei berechtigt, so sagten sie, weil Ratzinger den Konsens der Gemeinden in der Kirche in Deutschland beeinträchtige.

Im Februar 1999 flog Lehmann nach Rom, um Gespräche mit Ratzinger und anderen Beamten des Vatikans zu führen. Zeitungsberichten zufolge hoffte er, eine Grundlage für einen Kompromiß zu finden. Auf ihrem Treffen im Februar war es den Bischöfen nicht möglich, sich auf eine allgemeine Lösung zu einigen, und so entschieden sie statt dessen, dem Papst vier Modelle vorzuschlagen und zu sehen, welches davon er auswählte. Die Vorschläge reichten von der Erlaubnis für kirchliche Beratungsstellen, mit der Ausstellung von Bescheinigungen unter Beifügung einer Liste von Diensten für Frauen, die ihr Baby behalten wollten, fortzufahren, bis zur Durchsetzung, daß die Zentren die Ausstellung von Bescheinigungen abbrechen sollten, und der Erlaubnis für Frauen, Ärzte selbst darüber zu informieren, daß sie eine Beratung erhalten hätten. Dieser Entwurf hätte eine Gesetzesmodifikation erfordert.

Im Anschluß an diese Sitzung im Februar wartete man auf eine Reaktion des Heiligen Stuhls. Im Hintergrund fand eine starke Einflußnahme von Interessengruppen statt. Führer der in enger Verbindung zur Kirche stehenden CDU reisten in den Vatikan, um das Beratungssystem zu unterstützen. Ein Mitglied dieser Delegation, Hermann Küs, erzählte später der *tageszeitung* (*taz*), daß die Gruppe sich sowohl mit Ratzinger als auch mit Sodano getroffen habe, wobei sie letzterer zu unterstützen schien, denn er sagte der Gruppe, daß er glaube, daß das gegenwärtige Beratungssystem in angemessener Weise das ungeborenen Leben schütze. Küs sagte auch, daß Ratzinger den Papst gebeten hätte, ihn nicht in die Abschätzung der vier von den Bischöfen vorgeschlagenen Modelle einzubinden. Er hoffe, das sei nicht einfach nur Taktik, sagte Küs. Die *taz* berichtete, Ratzinger habe Kollegen im Vertrauen gesagt, daß er nicht in die Überprüfung mit einbezogen werden müsse, weil er bereits sichergestellt hätte, daß der Papst sich für die von ihm bevorzugte Haltung entscheiden würde.

Am 3. Juni kam es zu einer päpstlichen Entscheidung. Wenn die Bescheinigungen überhaupt von katholischen Beratungszentren ausgestellt werden sollten, müßten sie sinngemäß mit dem Wortlaut versehen sein: „Diese Bescheinigung kann nicht dafür verwendet werden, eine legale Abtreibung vornehmen zu lassen." Der Brief wurde nicht vor dem 22. Juni der Öffentlichkeit zugänglich gemacht, einem Tag, nachdem die Bischöfe ein Treffen in Würzburg eröffnet hatten, auf dem sie dafür stimmten, die Beratungszentren innerhalb des staatlich betriebenen Systems zu belassen, aber auch, den päpstlichen Widerruf auf allen Bescheinigungen abzudrucken. Das Abstimmungsergebnis war einstimmig. Viele Beobachter deuteten das als eine Niederlage für Ratzinger, aber sie sollte nur von kurzer Dauer sein.

Kurz nach der Sitzung in Würzburg brachte der konservative Kardinal Joachim Meisner von Köln dem Papst gegenüber Vorbehalte zum Ausdruck, die indirekt ihren Widerhall bei Erzbischof Johannes Dyba von Fulda fanden, der der Kirche in seiner Diözese nie genehmigte, Bescheinigungen anzubieten. In der Folge reiste eine Sonderabordnung bestehend aus Meisner, Lehmann und den Kardinälen Friedrich Wetter von München und Georg Sterzinsky von Berlin am 16. September nach Castelgandolfo. Sie trafen sich dort mit dem Papst, mit Sodano und Ratzinger. Das Ergebnis war noch ein weiterer Brief an die Bischofskonferenz, dieses Mal von Sodano und Ratzinger mit unterschrieben, der feststellte, daß der neue Kompromiß inakzeptabel sei.

Ein weiteres Mal erbaten sich die Bischöfe Zeit. In einer Demonstration von Entschlossenheit wählten sie auf ihrem Treffen im Herbst Lehmann mit einer Zweidrittelmehrheit wieder in den Vorsitz. Eine Erklärung ließ verlautbaren, daß sie für die gegenwärtige Zeitdauer bis auf weiteres im Beratungssystem bleiben würden. Im April 2000 trat jedoch das Unvermeidliche ein: Die Bischöfe gaben bekannt, daß sie sich aus dem staatlichen System zurückziehen würden. Sie sagten, sie würden irgendwie versuchen, die Beratungszentren am Leben zu halten, wobei unklar bleibt, wie sie genau Frauen interessieren wollen, ohne Bescheinigungen anzubieten. In der Presse wurde das Ergebnis als ein maßgebender Sieg für Ratzinger über die Mehrheit in der Bischofskonferenz gewertet.

Die Debatte über das Beratungssystem warf ein klassisches ethisches Dilemma auf: Ist es besser, für die Gelegenheit, Gutes zu tun, das Risiko einzugehen, das Böse zu fördern, oder eine Gelegenheit, Gutes zu tun, auszulassen, um sicherzugehen, nichts Böses zu fördern? Der Streit bot auch einen Testfall für die Ausarbeitung der Folgerungen von *Gaudium et spes*. Sollte die Kirche eine Partnerschaft mit der weltlichen Gesellschaft eingehen, in der Akzeptanz, daß sie deren Bedingungen nicht diktieren kann, um die Wertvorstellungen des Königreichs Gottes zu fördern; oder sollte sich die Kirche aus einer solchen Partnerschaft zurückziehen, wenn diese die Lehre oder die Moral der Gefahr einer Zweideutigkeit aussetzt? Auf beiden Ebenen lag Ratzingers deutliche Bevorzugung auf einem Nichtengagement.

Inklusive Sprache

In Spike Lees Film *Malcolm X* gibt es eine beeindruckende Szene, in der sich der junge Malcolm Little, der gerade im Begriff steht, unter den Einfluß eines Mitgliedes der Nation of Islam zu geraten, in der Gefängnisbibliothek aufhält. Sein neuer Mentor stellt eine Standardversion eines Wörterbuchs vor ihn hin und fordert ihn auf, das Wort „weiß" nachzuschlagen. Während er liest, stellt er fest, daß es Bedeutungen wie „rein", „makellos" und „gut" in sich schließt. Dann schlägt er „schwarz" nach und stellt fest, daß es „gefährlich", „bedrohlich" und „böse" mitbezeichnet. Das ist ein aufrüttelndes Erlebnis für Malcolm: Zum ersten Mal erkennt er, daß eben die Sprache, die er spricht, dazu gebraucht wurde, ihn seiner vollen Menschlichkeit zu berauben.

Als das feministische Denken in den sechziger und siebziger Jahren über die Wurzeln des gesellschaftlichen und kulturellen Ungleichgewichts reflektierte, wurde es sich darüber klar, daß Frauen in ähnlicher Weise Opfer der Sprache geworden waren. Offensichtliche Formen der Diskriminierung, etwa Ungleichheiten im Lohn oder bei den Aufstiegschancen, waren nur der deutlichste Ausdruck eines tiefer liegenden Problems, das sie unter dem Begriff „patriarchalisch" fassen sollten, ein gesellschaftliches und geistiges System, in dem Männer Frauen beherrschen und wenige Männer alle. Von feministischer Seite wurde darauf hingewiesen, daß das Patriachat wie jede Sozialstruktur durch eine Reihe von Gebräuchen und Postulaten bekräftigt werde, darunter falle auch der Gebrauch der Sprache. Wenn in der englischen Sprache beispielsweise das Wort „man" benutzt wird, um sich auf alle Menschen zu beziehen,präsentiert das Maskulinität als Menschheitsideal. Manche Feministinnen erkennen auch in der maskulinen Sprache über Gott ein Beispiel für patriarchales Denken: Warum muß Gott männlich sein? Warum kann Gott nicht ebenso eine „Sie" wie ein „Er" sein?

Zur selben Zeit, zu der von feministischer Seite diese Kritik vorgebracht wurde, wiesen Bibel- und Sprachforscher darauf hin, daß, nur weil die Grammatik alter Sprachen von Nomen eine geschlechtliche Bezeichnung forderte, es nicht bedeute, daß die Reichweite der Wörter in alten Sprachen tatsächlich auf das eine oder andere Geschlecht beschränkt gewesen sei. Das lateinische Wort *homines* ist beispielsweise männlich, bedeutet aber gewöhnlich „Menschen" im Sinne von sowohl Männern als auch Frauen. Das Wort in die heutige deutsche Sprache als „Männer" zu übersetzen ist daher meist unrichtig.

Der Zusammenfluß dieser beiden Denkströmungen – die eine wachsam bezüglich des politischen Gebrauchs von Sprache, die andere bezüglich der linguistischen Richtigkeit – brachte die Bewegung der inklusiven Sprache in der biblischen und liturgischen Forschung hervor. Der Drang nach inklusiver Sprache ist kaum auf den katholischen oder auch nur religiösen Schauplatz beschränkt; von akademischen und journalistischen Schriften bis zur Umformung von Berufsbezeichnungen werden seit langem Anstrengungen für eine nicht geschlechtsspezifische Terminologie unternommen. 1997 widmete beispielsweise die kanadische Medizinische Gesellschaft ein Thema ihrer Zeitschrift der Debatte, ob die Bevölkerung im Gebrauch geschlechtsneutraler Sprache geschult werden sollte. Doch wurde der Frage innerhalb des Katholizismus ein besonderer Nachdruck verliehen, denn sie trat etwa zur selben Zeit auf, zu der die Kirche entschied, ihre Liturgie in die Landessprachen zu übersetzen. Das hieß, daß in den siebziger Jahren eine große Anzahl liturgischer Texte in Landessprachen hervorgebracht und im Anschluß regelmäßig durchgesehen werden mußte.Das Konzil entschied, es den einzelnen Bischofskonferenzen zu überlassen, das Vorgehen zu bestimmen, dem sie bis zum Ziel der Übersetzungen folgen wollten, auf der Basis, daß die der einzelnen Muttersprache Mächtigen und die regionalen Seelsorger in der besten Position waren, zu bestimmen, wie sich die Bibel oder die Messe in Englisch, Russisch oder Japanisch anhören sollte. Rom verlangte nur, daß die resultierenden Übersetzungen der zuständigen Behörde der Kurie – gewöhnlich die Kongregation zur göttlichen Anbetung – zur *recognitio*, einer offiziellen Anerkennung, vorgelegt werden müßten, ohne auszusprechen, ob die *recognitio* einfach ein Weg sein sollte, dem neuen Text einen offiziellen rechtskräftigen Status zu verleihen, oder ob sie eine Form von Überprüfung in Rom beinhalten sollte.

Eine Schar englischsprachiger Bischöfe entschied auf dem II. Vaticanum, eine Vermittlungsstelle zu schaffen, bestehend aus den besten Sprach-, Bibelforschern und Liturgikern, die einen Beitrag zu Übersetzungen leisten sollten. Aus diesem Austausch entstand die Internationale Kommission zu englischer Sprache in der Liturgie. Mit Sitz in Washington, D.C., repräsentiert die Kommission heute einundzwanzig Bischofskonferenzen, in denen Englisch eine Hauptsprache ist.

In den ersten zwei Dekaden nach dem Konzil stellte sich unter den mit der Übersetzung der Liturgie befaßten Gruppen, diejenigen, die mit der Internationalen Kommission zusammenarbeiteten, eingeschlossen, ein inoffizieller Konsens darüber ein, daß der Gebrauch irgendeiner Form inklusiver Sprache eine notwendige Bearbeitung darstellte. Es ergab sich eine Unterscheidung zwischen einer „horizontalen" inklusiven Sprache, die sich auf den Sprachgebrauch hinsichtlich der Menschheit bezog (eher „Mensch" als „Mann"), und einer „vertikalen" Sprache über Gott („des Herrn" statt „sein"). Die meisten katholischen Liturgiker und Schriftforscher hatten die Empfindung, daß die horizontale inklusive Sprache im größten Teil der Fälle angewandt werden sollte und vertikale inklusive Sprache in Maßen angemessen sei. In keinem Fall sollte die Genauigkeit geopfert werden, aber das war selten die Gefahr. In den meisten Beispielen stellte sich die inklusivere Übersetzung auch als die genauste heraus. Der Konsens wurde 1990 offiziell zum Ausdruck gebracht, als die Bischöfe der USA ein Schriftstück ihrer Kriterien für die Beurteilung inklusiver Sprache veröffentlichten. Damit war beabsichtigt, Bischöfen bei der Abschätzung biblischer Übersetzungen, die zum Gebrauch in der Liturgie vorgeschlagen wurden, zu helfen. Das Dokument stellt fest, daß es zwei Grundprinzipien für die Bewertung von Übersetzungen zum liturgischen Gebrauch gibt: „das Prinzip der Treue zum Wort Gottes und das Prinzip der Achtung für das Wesen der liturgischen Versammlung."

Gerade als die Bischöfe aber ihre Erklärung in den Druck gaben, bereitete Ratzinger einen Gegenschlag vor. Der Einsatz inklusiver Sprache machte auf ihn den Eindruck eines weiteren Falles, in dem aus einer soziologischen Sichtweise der Kirche die „Gegebenheiten" des Glaubens nicht zur Kenntnis genommen werden – in diesem Fall ging es konkret darum, daß der Gehalt der Offenbarung umgeschrieben werde –, um ihn für „die Welt" akzeptabler zu machen. Zusätzlich hatte Ratzinger besondere Gründe dafür, die Beibehaltung gewisser Formen eines maskulinen Sprachgebrauchs zu wünschen. Er empfand zum Beispiel den Gebrauch maskuliner Pronomen in den Psalmen des Alten Testaments als wichtig, damit die Kirche sie weiterhin als Erwartungen Jesu lesen konnte.

Auf diesen Interessen fußend, entwickelte die Kongregation für die Glaubenslehre in den frühen neunziger Jahren ihre eigene Reihe von Normen zur Bewertung der Angebrachtheit von Übersetzungen mit inklusiver Sprache, zur großen Frustration vieler Liturgiker, Übersetzer und Schriftforscher wurden diese Normen aber nicht vor 1997 veröffentlicht. Im allgemeinen vertraten sie eine weit strengere Sichtweise der Angebrachtheit von Inklusivität.[8]

In den Vereinigten Staaten war die konservative liturgische Gruppierung Adoremus besonders energisch in der Verfechtung einer „traditionelleren" Sprache. Adoremus verfügt über einen dreiköpfigen Aufsichtsrat, dem der Jesuit Joseph Fessio angehört, Ratzingers früherer Doktorand aus Regensburger Zeiten. Viele Gruppierungen der katholischen Rechten sahen in der inklusiven Sprache den Vorstoß einer breiter angelegten feministischen Bestrebung, den Katholizismus umzuformen; und genauso sahen es auch einige feministische Gruppierungen, die vertraten, daß Sprache zur Formung von Haltungen beitrage und daß daher ein Mehr an inklusiver Sprache im Gottesdienst auch zur Schaffung einer Kirche beisteuern könnte, die allgemein für Frauen inklusiver sei. Im Hintergrund der Debatte ragte ständig die größere Frage nach der Ordination von Frauen auf, wobei das viele Übersetzer und Liturgiker frustrierte, die den Bereich der Sprache um seiner selbst willen beurteilt wissen wollten und nicht als Teil des dornigen Themas weiblicher Priester.

Die gespannte Lage bezüglich der inklusiven Sprache verdeutlichte sich an der englischen Übersetzung des neuen *Katechismus der katholischen Kirche*, die sich zwei Jahre lang verzögerte, während der Vatikan in Hunderten von Fällen darauf beharrte, die inklusive Sprache zu tilgen. Dabei handelte es sich jedoch nur um ein Vorspiel zu der Auseinandersetzung über eine neue amerikanische Übersetzung des Kollektenbuchs, der Sammlung von Lesungen aus der Bibel, die zum Gebrauch in der Messe zusammengestellt sind. Im November 1991 bestätigten die Bischöfe der USA ein neues Kollektenbuch, das drei Grundtexte beinhaltete: die neue amerikanische Bibelversion des Neuen Testaments von 1986, die neue amerikanische Bibelversion des Alten Testaments von 1970 und den 1991 verbesserten neuen amerikanischen Bibelpsalter, die Sammlung der Psalmen. Jeder dieser Texte wurde für „gemäßigt" inklusiv gehalten, wobei sich der Psalter am weitesten auf eine geschlechtsneutrale Sprache zubewegte. Im Mai 1992 bestätigte die Kongregation für die göttliche Anbetung das neue Kollektenbuch. Im Juni 1994 wurden die Bischöfe der USA jedoch in Kenntnis gesetzt, daß die Bestätigung auf Drängen der Kongregation für die Glaubenslehre zurückgezogen worden sei, die darauf hingewiesen hätte, daß ernsthafte Schwierigkeiten beständen.

Es folgte eine Reihe von Briefwechseln, Treffen und Beratungen, die ihren Höhepunkt in einer in der Geschichte der katholischen Kirche der USA einmaligen Aktion fanden: Die sieben zu dieser Zeit aktiven Kardinäle der USA reisten im Dezember 1996 nach Rom, in dem Versuch, den Streit zu lösen. Bei ihrem Treffen mit Ratzinger sagte dieser, es sei an der Zeit, den Ablauf zu straffen. In einer Rede, die später an die Mitglieder der Bischofskonferenz der USA weitergeleitet wurde, sagte Ratzinger den Kardinälen, daß bezüglich der ersten Abfolge liturgischer Texte in der Landessprache die Übersetzungen vielleicht nicht so angemessen gewesen seien, wie sie hätten sein können, aber daß ein echtes seelsorgerisches Bedürfnis bestanden hätte, sie schnell hervorzubringen. Bei Texten einer „zweiten Abfolge", etwa dem neuen amerikanischen Kollektenbuch, so Ratzinger, müsse man aber größere Sorgfalt walten lassen. „Diese werden den biblischen Sprachschatz formen und daher die Grundlage in der Lehre für künftige Generationen von Gläubigen bilden", sagte er. Die Botschaft war klar: Dieses Mal sollte es keine willenlose Absegnung geben. Auch brachte Ratzinger die Frage für die Prälaten der USA auf den Punkt. „Ich denke, wir alle erkennen, daß die prinzipielle Frage aus der Sichtweise der Lehre der Gebrauch der inklusven Sprache ist", sagte er.

In der Folge dieser Sitzung wurde eine elfköpfige Sonderarbeitsgruppe geschaffen, um das amerikanische Kollektenbuch in seine engültige Form zu bringen. Diese Arbeitsgruppe traf sich in der Zeit vom 24. Februar bis zum 8. März 1997 in den Amtsräumen der Kongregation für die göttliche Anbetung. Sie bestand aus vier Erzbischöfen, fünf Beratern und zwei Protokollanten. Drei Teilnehmer vertraten die Vereinigten Staaten: Levada, Erzbischof Justin Rigali aus St. Louis und Bischof Jerome Hanus von Dubuque in Iowa. Den Vorsitz der Gruppe führte Kardinal Francis Stafford, früher in Denver tätig und jetzt Leiter des Päpstlichen Rates für die Laienschaft. Ratzinger berief die Gruppe ein und hielt eine Eröffnungsansprache, nahm aber nicht an ihren Beratungen teil. Die anderen Teilnehmer waren Marist Anthony Ward, der Jesuit Mario Lessi-Ariosto, Pater Thomas Fucinaro, Pater Charles Brown und Michael Waldstein. Ward, Lessi-Ariosto und Fucinaro arbeiten für die Kongregation zur göttlichen Anbetung und zu den Sakramenten, während Brown, ein Amerikaner aus der New Yorker Erzdiözese, für die Kongregation für die Glaubenslehre tätig ist. Waldstein, ein österreichischer Laie, der zu dieser Zeit an der Universität von Notre-Dame lehrte, war der einzige Fachmann von außen. Die Gruppe wurde von den beiden Protokollanten abgerundet: Pater James Moroney, Leiter des bischöflichen Sekretariats für die Liturgie in den USA, und Pater Joseph Hauer, Diözesan-Kanzler von Hanus in Dubuque.

Im November 1998 veröffentlichte ich im *National Catholic Reporter* einen Artikel, der die Namen und die Hintergründe der Teilnehmer der Arbeitsgruppe beinhaltete. Darin stellte ich fest:

- nur einer der elf Männer verfügte über einen Abschluß in Schriftstudien;
- zwei Mitglieder der Gruppe hatten Englisch nicht als Muttersprache und ein drittes stammte aus Großbritannien, ohne eine ins Gewicht fallende Zeit in den USA verbracht zu haben – was, wie einige sagen, für das Verständnis der Spracheigentümlichkeit des amerikanischen Englisch entscheidend sei;
- mindestens einer der Berater war zur Zeit des Treffens Doktorand;
- mehrere Teilnehmer der Gruppe hatten in ihrer Vergangenheit Widerwillen gegen Übersetzungen mit inklusiver Sprache gezeigt, darunter zwei der amerikanischen Erzbischöfe und der einzige Schriftforscher.

Dem Benediktiner Joseph Jensen zufolge, geschäftsführender Sekretär der Katholischen Bibelgesellschaft, waren in den USA an der Vorbereitung der Texte, die die Grundlage für das Kollektenbuch bildeten, fast hundert Schriftforscher beteiligt gewesen: einundzwanzig für das Neue Testament, vierzig für das Alte Testament und sechsunddreißig für den Psalter. Nun lag das Schicksal des Projekts in den Händen dieser Gruppe, die direkt durch Ratzinger ausgewählt wurde und die, um die Meinung vieler Fachleute in den USA offen auszusprechen, nicht dazu qualifiziert war, die einbegriffenen Feinheiten zu erfassen.

Während ihrer zweiwöchigen Sitzung entschied die Gruppe, den inklusiveren Psalter von 1991 zugunsten einer leicht abgewandelten Übersetzung aus der Zeit um 1950 zu kippen. Am Rest des Alten Testaments und am Neuen Testament nahm die Arbeitsgruppe Hunderte von Veränderungen vor, manche eher inklusiv, manche weniger. Bei Römer 5,12 entschied sie sich beispielsweise dafür, von der Formulierung „Durch eine einzige Person kam die Sünde in die Welt" zu „Durch einen einzigen Menschen" zurückzukehren, um besser zu reflektieren, daß es sich nicht einfach um eine einzelne Person handelte, die zu Fall kam, sondern um die ganze Menschheit. Allgemeiner nahm die Gruppe die Position des Vatikans an, daß es nicht zulässig sei, zum Besten der Inklusivität Pronomen aus dem Singular („sein") in den Plural („ihr") zu verändern. Sie entschied aber auch, die Übersetzung des Begriffs *adelphoi* aus dem griechischen

Neuen Testament als „Brüder und Schwestern" in vielen Fällen eher zuzulassen als das ausschließlichere „Brüder".

Rom bestätigte ihre Ergebnisse, wie auch die Bischöfe der USA im Juni 1997, mit der Verfügung, daß die Sache nach Ablauf von fünf Jahren erneut überprüft werden sollte. Es war die Entscheidung über den Psalter, die viele Verfechter der inklusiven Sprache am meisten in Wut versetzte. Ein Rundschreiben des amerikanischen bischöflichen Ausschusses zur Liturgie vom Juli, das die Ergebnisse der Arbeitsgruppe zusammenfaßte, besagte, daß die hebräischen Psalmen über wenige maskuline Pronomen für Gott verfügten; die Übersetzung von 1991 aber, die maskuline Pronomen zusammenstrich, wurde in jedem Fall abgelehnt. Die Benediktinerin Ruth Marlene Fox, die die Debatte in den neunziger Jahren genau verfolgt und für verschiedene Publikationen über sie geschrieben hatte, sagte, die Arbeitsgruppe „bevorzugte es, die Bibel eher ungenau zu übersetzen, als den Anschein zu erwecken, den Forderungen nach einer inklusiveren Wortwahl Zugeständnisse zu machen".

Auf dem Treffen der Bischöfe der USA im Juni 1997 beklagte Bischof Donald Trautman von Erie in Pennsylvania, daß das neue Kollektenbuch sogar weniger inklusiv sei als die jüngsten Übersetzungen für biblische Fundamentalisten. „Wenn selbst fundamentalistische Traditionen eine inklusive Sprache verwenden können, wir aber nicht, was sagt das dann über unsere Schriftforschung?" fragte er. Das Kollektenbuch sei „substantiell und radikal abgeändert" worden, sagte Trautman.

Daß ein Gelehrter wie Joseph Ratzinger bereit war, die Karten bezüglich dieser Frage genau so zu mischen, daß er auf Leute zurückgriff, von denen er wußte, daß sie für die Aufgabe nicht wirklich die Richtigen waren, nur um das gewünschte Ergebnis zu erhalten, legt nahe, daß in diesem Falle etwas sehr Tiefgehendes auf dem Spiel stand. Man möchte schließen, daß der Feminismus für Ratzinger eine Form der Befreiungstheologie für die entwickelte westliche Welt ist – eine „Interessengruppe", die in der Kirchenlehre gewillt ist, die Wahrheit dem politischen Ziel zu opfern.

HOMOSEXUALITÄT

Joseph Ratzingers Wohnung in Rom befindet sich in einem Stockwerk unmittelbar über einer Bushaltestelle der Linie 64, nur einen kurzen Fußweg vom Petersplatz entfernt. Vielleicht blickte er an jenem Tag des Jahres 1990 sogar gerade aus seinem Fenster, als ein achtundzwanzigjähriger deutscher Soziologe namens Thomas Migge mit der Linie 64 unterwegs war. Migge war als Tourist in Rom und fuhr gerade zufällig mit dem Bus, als er einen Stoß in sein Gesäß spürte. Zunächst dachte er, es handele sich um den Regenschirm irgendeines Fahrgastes, aber schließlich wandte er sich um, um zu sehen, was es war. Seine Augen fielen auf einen älteren Priester mit römischem Kollar, der, wie Migge die Szene später beschrieb, lüstern grinste und über den Rücken des jüngeren Mannes streichelte.

Migge, aus einer katholischen Familie aus Westfalen stammend, war befremdet, wie ein Priester in freier Sicht zum Petersdom so unverschämt sein konnte. Er beschloß, aus der Erfahrung ein Forschungsprojekt zu machen, und in den nächsten eineinhalb Jahren schickte er sich an festzustellen, wie viele homosexuelle Kontakte er in der Umgebung des Vatikans knüpfen könnte. Sein Plan sah vor, die römischen Lokalitäten zu durchstreifen, an denen sich Homosexuelle treffen (Piazza Navona, der Park Monte Caprino und der Strand bei Castelfusano), und Anzeigen in Zeitschriften für Homosexuelle zu setzen (junger deutscher Priester, allein in Rom, sucht Kontakt). Er mischte sich außerdem unter die Studenten der Gregorianischen Universität. Migge pflegte so lange zu flirten, bis er eine Aufforderung erhielt, und versuchte dann den Kleriker in ein Gespräch zu verwickeln, wobei er die Wahrung der Anonymität versprach. Im Verlauf von achtzehn Monaten stellte er vierundsechzig solcher Kontakte her, die er im Nachrichtenmagazin *Der Spiegel* und erneut in seinem Buch von 1993 *Kann den Liebe Sünde sein? Gespräche mit homosexuellen Geistlichen* beschrieb.[9]

Migge machte drei Arten von Kontakten unter diesen vierundsechzig aus. Die erste Gruppe, bestehend aus insgesamt sechzehn Personen, waren die Schnellen, Geistliche, die schnell und ohne viel zu reden Sex haben wollten, um dann zum täglichen Leben eines Kirchenmannes zurückzukehren. Diese Priester schienen sich in Leugnung des Konflikts zwischen ihrem Verhalten und ihrem Stand zu befinden. Typisch für diese Kategorie war ein amerikanischer Priester, der Migge in die dunkle Seitenkapelle einer römischen Kirche führte. Als er erfaßte, daß Migge nur ein Gespräch suchte, knöpfte er seine Hose zu und schritt hinaus. Er sei nicht zum Reden hergekommen, sagte er und beschimpfte Migge als dummen Jungen. Die nächste Gruppe, bestehend aus siebenunddreißig Personen, bezeichnete Migge als Sinnenmenschen, Geistliche, die frei heraus zugaben, daß sie mit der Lehre der Kirche in Konflikt lebten. Sie lebten auf einer rein sinnlich-ästhetischen Ebene. Roberto, ein deutscher Franziskaner, erzählte Migge, daß er Mönch geworden sei, weil dies ein leichtes Leben ohne viel Arbeit bedeute, das er sexuell erfüllt verbringen könne. Die letzte Gruppe von elf Fällen setzte sich aus Geistlichen zusammen, die den Widerspruch zwischen ihrem Verhalten und der Lehre der Kirche anerkannten und die von dieser Lehre persönlich abwichen. Sie hätten sich dafür entschieden, dem Willen Gottes entsprechend zu leben, nicht dem Willen der Amtsträger der Kirche entsprechend, sagte Migge. Ein Dominikaner namens Klaus, der zu einem Kreis homosexueller Priester in Deutschland gehörte, erzählte Migge, sie hätten viele Ideen für Veränderungen, die sie gern vollziehen würden, aber größer sei ihre Angst, entdeckt zu werden. In gewisser Weise gehe es ihnen wie den ersten Christen in den Katakomben. Sie würden es nicht wagen, öffentlich zu kämpfen.[10]

Die Ironie, die darin liegt, daß das erwähnte Initialerlebnis sozusagen unter Ratzingers Fenster stattfand, ist treffend, und es ist symbolisch für die Art und Weise, in der das Thema der Homosexualität der katholischen Kirche in seiner Amtszeit in Rom aufgedrängt wurde. Kein Leiter der Glaubenslehre hat je so ausführlich zu Homosexualität geschrieben und gesprochen, wie es Ratzinger getan hat, größtenteils deswegen, weil Homosexuelle nie über die Freiheit, sich zu organisieren, verfügt haben und die Anerkennung fordern konnten, derer sie sich heute erfreuen. Die Psychiatrische Gesellschaft Amerikas strich beispielsweise bis 1973 Homosexualität nicht von ihrer Liste geistiger Krankheiten. Darüber hinaus hat sich das wissenschaftliche Verständnis von Homosexualität in den letzten dreißig Jahren erheblich entwickelt. Geht die Debatte auch weiter, so neigt die Medizinergemeinde heute doch dazu, Homosexualität als genetisch bedingte Eigenschaft zu sehen. Dieser Wandel im Verständnis hat der katholischen Annäherung an Homosexualität, die eher körperliche Handlungen in den Mittelpunkt stellt als eine innerliche psychosexuelle Neigung, einen ungeheuren Druck auferlegt.

Aus diesen Gründen sahen sich Ratzinger und die katholische Kirche erstmals dazu gezwungen, mit Homosexualität als einer Frage des bürgerlichen Rechts umzugehen. Um dieser neuen Herausforderung zu begegnen, hat Ratzinger ein altes Konzept in Anspruch genommen: die objektive Unmoral homosexueller Handlungen unabhängig von Zusammenhang oder Absicht.

Ratzingers Kampagne, die Linie bezüglich der Homosexualität beizubehalten, geht auf das Jahr 1983 zurück, als die Kongregation zur Glaubenslehre die Veröffentlichung von *A Challenge to Love: Gay and Lesbian Catholics in the Church*, eine Anthologie, herausgegeben von Robert Nugent, zu unterbinden versuchte. Die seelsorgerische Betätigung des Salvatorianerpriesters für homosexuelle Katholiken und Katholikinnen, oft in Zusammenarbeit mit Schwester Jeannine Gramick ausgeübt, hatte bereits Kritik auf sich gezogen. Sie sollte in den besseren Phasen von zwei Dekaden kontrovers bleiben, bis Ratzinger 1999 der seelsorgerische Arbeit sowohl von Nugent als auch von Gramick ein lebenslanges Verbot auferlegte. Es gelang Ratzinger nicht, die Publikation von *A Challenge to*

Love zu verhindern, aber er hatte darin Erfolg, den Bischof Walter Sullivan aus der Diözese Richmond in Virginia dazu zu bewegen, seinen Namen zurückzuziehen. Sullivan hatte eine Einführung zu dem Buch geschrieben.

Im Mai 1984 ersuchte Ratzinger Erzbischof Peter Gerety von Newark in New Jersey, seine Druckerlaubnis für *Sexual Morality* von Philip S. Keane zurückzuziehen. Der Verlag Paulist Press aus Geretys Erzdiözese hatte seit seinem ersten Erscheinen 1977 über 28.000 Exemplare des Buches verkauft. Die Entscheidung lag zeitgleich mit Ratzingers Anweisung, Gerety solle auch die Druckerlaubnis zu *Christ among Us* widerrufen, einem progressiven, dem II. Vaticanum folgenden Katechismus, von dem über 1,6 Millionen Exemplare verkauft worden waren. In diesem Fall erklärte Paulist Press, sie würden die Veröffentlichung des Buches einstellen, das dann unmittelbar vom Verlag Harper in San Francisco ins Programm genommen wurde.

Im Vorwort zu *Sexual Morality* hatte Keane geschrieben, daß die katholische Tradition, wenn sie auch „einen sehr wertvollen Standpunkt zur menschlichen Sexualität" vertrete, doch zugleich „verarmt" sei „aufgrund gewisser historischer Verzerrungen". Sie müsse als „immer offen für einen besseren Ausdruck" erkannt werden. Keane legte nahe, daß manche Praktiken, etwa Masturbation, Homosexualität, vorehelicher Verkehr, künstliche Verhütung und Abtreibung, nicht absolut unmoralisch seien, sondern eher „ontische Übel" darstellten, die „nur" dann unmoralisch würden, „wenn die Handlung ohne einen angemessenen Grund vollzogen wird". Ratzingers Maßnahme diente der Zurkenntnisnahme, daß solch ein Verständnis im öffentlichen Diskurs der Kirche nicht willkommen war.

1986 wurde für katholische Homosexuelle durch die Verknüpfung dreier Ereignissen zu einem „Jahr, in dem man gefährlich lebte". Im September verkündete Erzbischof Raymond Hunthausen von Seattle, daß er in Entsprechung zu Anweisungen aus dem Vatikan die letztgültige Machtbefugnis in der Diözese in fünf Bereichen auf seinen neuen Auxiliarbischof Donald Wuerl übertragen habe: Ungültigkeitserklärung von Ehen, Liturgie, Sterilisationen in katholischen Krankenhäusern, Ausbildung von Geistlichen und kirchlicher Dienst an Homosexuellen. Es war klar, daß es sich um eine Strafmaßnahme handelte, denn sie folgte auf zwei vom Vatikan geforderte voneinander getrennte Untersuchungen Hunthausens: Eine wurde von einem Erzbischof durchgeführt, die andere von einen Ausschuß, bestehend aus zwei Kardinälen und einem Erzbischof.

Da Hunthausen im Ruf eines Friedensaktivisten stand, nahmen viele amerikanische Katholiken an, daß seine Probleme seine politische Einstellung betrafen. Hunthausen bezeichnete einmal eine nahe gelegene Einrichtung für Atomwaffen als „Auschwitz von Puget Sound" und hielt die Hälfte seiner Einkommensteuer aus Protest gegen militärische Ausgaben zurück. Wenn diese Aktivitäten auch unzweifelhaft eine Rolle spielten, hatte der Ursprung für Ratzingers Interesse an Hunthausen doch mit Homosexualität zu tun.

Hunthausen erfuhr im Herbst 1983 erstmals, daß er unter Beobachtung stand, als er an der Nationalen Konferenz der katholischen Bischöfe teilnahm, die sich in Chicago trafen. Erzbischof Pio Laghi, der päpstliche Vertreter für die Vereinigten Staaten, sagte ihm, daß sein geistliches Amt überprüft werden würde. Nur wenige Monate zuvor hatte Hunthausen einer Vereinigung katholischer Homosexueller namens Dignity erlaubt, eine Messe in der Kathedrale zu Seattle abzuhalten. Diese Messe war von dem Jesuiten John McNeill gefeiert worden, der später aus seinem Orden gezwungen wurde, weil er für Veränderungen in der Lehre der Kirche zur Homosexualität eintrat. Dignity, 1969 gegründet, war unter konservativen Katholiken zum Streitfall geworden, weil die Gruppierung, lehnte sie auch die Lehre der Kirche nicht offen ab, doch die Verbote von sexuellen Handlungen herunterspielte und eine Theologie der Schöpfung betonte, in der die homosexuelle Veranlagung als positiv zu verstehen ist. „Auch sie sind Katholiken", sagte Hunthausen zu dieser Zeit. „Sie brauchen einen Platz zum Beten."

Hunthausens Befugnis wurde ein Jahr später wiedereingesetzt. Im Mai 1987, nach fast vier Monaten persönlicher Befragungen und Verhandlungen mit dem dreiköpfigen Bischofsausschuß, wurde Wuerl abberufen, und Bischof Thomas J. Murphy wurde unter dem Titel Ko-Adjutor-Erzbischof zu Hunthausens neuem Beistand ernannt. Obwohl das Resultat als Sieg für Hunthausen aufgenommen wurde, hatte eine klare Disziplinierung seiner Person stattgefunden. Darüber hinaus waren die Bischöfe davon in Kenntnis gesetzt worden, daß der seelsorgerische Dienst an Homosexuellen, wenn er nicht auf Basis einer klaren Verurteilung homosexuellen Verhaltens geschieht, ernste Schwierigkeiten mit Rom herbeiführt.

Der zweite Schlag des Jahres 1986 ereignete sich am 1. Oktober, als Ratzinger *Homosexualitatis problema*, einen Brief an die Bischöfe der katholischen Kirche zur Seelsorge an homosexuellen Personen, herausgab. An die universale Kirche gerichtet, wurde der Brief vom Pressebüro des Vatikans lieber in englisch als in italienisch veröffentlicht, was nahelegte, daß er speziell auf die Vereinigten Staaten zielte. Die meisten Beobachter glaubten, daß der Brief durch die Hunthausen-Affäre, das Auftreten solcher Gruppierungen wie Dignity und die wachsende Beliebtheit von Nugents und Gramicks Dienst veranlaßt wurde.

Ratzingers Ziel in diesem Brief war es, jede Zweideutigkeit zu beheben, die aus einer Erklärung zur sexuellen Ethik, die die Kongregation für die Glaubenslehre 1975 erlassen hatte, hervorgegangen war. Jenes Dokument hatte zwischen einer flüchtigen homosexuellen Veranlagung und einer endgültigen unterschieden, was einigen andeutete, daß sich die Kirche auf eine Toleranz der Letztgenannten gegenüber zubewegen könnte. Jede solche Spekulation wurde von Ratzinger nun zurückgewiesen: In der Diskussion, die der Veröffentlichung der Erklärung folgte, schrieb er, wurde dem Zustand der Homosexualität an sich jedoch eine übermäßig zuträgliche Deutung zuteil, wobei einige soweit gingen, ihn als wertfrei oder gar als gut zu bezeichnen. Auch wenn die jeweilige Neigung der homosexuellen Person keine Sünde darstelle, handele es sich, so Ratzinger weiter, doch um eine mehr oder weniger starke Tendenz, die sich auf ein wesentliches moralisches Übel ausrichte; und daher müsse, schließt er, die Neigung selbst als ein objektives Übel erkannt werden. Auf das durch Dignity und andere vorgebrachte Argument, daß Homosexualität nicht böse sein könne, wenn sie in der Natur eine Gegebenheit darstelle, antwortete Ratzinger wirklich: Sie hätten den Einschlag der Sünde extrem unterschätzt.

Um die Behandlung von Homosexualität als objektives Übel zu verteidigen, bringt Ratzinger drei Argumente vor: Das erste zieht er aus der Heiligen Schrift. Er findet in der Bibel eine klare Konsequenz in der Verurteilung homosexueller Handlungen vor; er sagt, Paulus finde keine deutlicheren Beispiele für Disharmonie als homosexuelle Beziehungen. Dann behauptet Ratzinger, daß die Kirchentradition diese Position stütze. Schließlich zieht er die Systematische Theologie heran und vertritt, daß Homosexualität den göttlichen Plan der gegenseitigen Ergänzung von Mann und Frau umstoße. Die Schlußfolgerung ist unverblümt: Allein in der ehelichen Beziehung könne die Anwendung der sexuellen Möglichkeit moralisch gut sein. Eine Person, die sich in ein homosexuelles Verhalten einbinde, handele daher unmoralisch.

Ratzinger warnt die Bischöfe, vor Druck ausübenden homosexuellen Gruppierungen auf der Hut zu sein, die diese Glaubenslehre aufzulösen suchten. Jene, die innerhalb der Kirche in dieser Art argumentierten, schreibt er, hätten oft enge Verbindungen zu jenen, die ähnliche Ansichten außerhalb der Kirche verträten. Sie spiegelten, fährt er fort, selbst wenn nicht völlig bewußt, eine materialistische Ideologie wider, die das transzendente Wesen der menschlichen Person leugne, ebenso wie die übernatürliche Berufung jedes einzelnen. Solche Abweichler, meint er, ignorierten entweder die Lehre der Kirche oder versuchten, sie irgendwie zu unterhöhlen. Er betont, daß die Lehre der Kirche nicht auf Druck der zivilen Gesetzgebung oder momentaner Modeerscheinungen abgeändert werden könne.

Ratzingers Rede erhitzt sich im Verlauf des Dokuments. Selbst wenn die Praktik der Homosexualität ernsthaft das Leben und Wohlergehen einer großen Anzahl von Menschen bedrohen könnte, schreibt er, ließen sich ihre Verfechter nicht abschrecken und weigerten sich, das Ausmaß der damit verbundenen Gefahren zu bedenken. Andrew Sullivan, ein homosexueller Katholik und Herausgeber bei der *New Republic* sollte später beobachten, daß dieser Kommentar, der auf dem Höhepunkt der Aids-Krise geäußert wurde, „außerordenlich seines Mangels an Mitleid wegen" gewesen sei. Ratzinger hingegen sagt, daß die Kirche über jene besorgt sei, die in Versuchung geführt worden sein könnten, der falschen Propaganda der Verfechter der Homosexualität zu glauben. Er behauptet, daß Homosexualität einen direkten Einschlag im gesellschaftlichen Verständnis des Wesens und der Rechte der Familie hinterlasse und sie einer Gefährdung aussetze. Er warnt davor, daß eine gesellschaftliche Toleranz der Homosexualität andere böse Kräfte freisetze: Weitere entstellte Ideen und Praktiken würden an Boden gewinnen, und vernunftswidrige und gewalttätige Reaktionen würden sich mehren. Diese harte Sprache, die einige der abstrusesten Erdichtungen über Homosexuelle zu bestätigen schien (Aids als Homosexuellenkrankheit, Homosexualität als eine Art psychologisches Problem), schockierte viele Leser. „Einige der Vorbehalte lesen sich erschaudernd wie vergleichbare Kirchendokumente, die im Europa der dreißiger Jahre des 20. Jahrhunderts hervorgebracht wurden", schrieb Sullivan.

Ratzinger ermahnt die Bischöfe, sich vor seelsorgerischen Programmen für Homosexuelle zu hüten, die als Spitze des Eisbergs einer Kampagne zur Veränderung der Lehre der Kirche fungieren könnten. Diese Kongregation wünsche, die Bischöfe darum zu bitten, besonders vorsichtig bezüglich irgendwelcher Programme zu sein, die danach trachten könnten, die Kirche zu einer Veränderung ihrer Lehre zu drängen, auch wenn sie nicht behaupteten, das tun zu wollen, schrieb er in einem Kommentar, in dem einige eine Bezugnahme auf Nugent und Gramick sahen. Er warnte vor einer durchdachten Zweideutigkeit in Erklärungen und öffentlichen Vorstellungen. Kein wahres seelsorgerisches Programm, schrieb er, werde Organisationen einschließen, in denen sich homosexuelle Personen miteinander verbündeten, ohne die deutliche Feststellung, daß homosexuelle Betätigung unmoralisch sei.

Sowohl Ratzinger als auch Katholiken, die in den seelsorgerischen Dienst an Homosexuellen eingebunden sind, betonen Mitleid. Für Ratzinger bedeutet Mitleid jedoch, Homosexuellen die volle Wahrheit über die Lehre der Kirche zu sagen, anstatt eher zu dem anzuhalten, was er als eine Flucht aus der Realität einschätzt. Für die meisten in der Seelsorge Tätigen bedeutet es, nicht die kirchliche Verurteilung der Homosexualität auf Kosten ihrer positiven Erklärungen zu Liebe und Annahme gegenüber homosexuellen Personen zu betonen. Die Wahrheit ist, daß viele Katholiken glauben, daß die Lehre der Kirche zur Homosexualität sich verändern sollte, und diejenigen Katholiken, die sich für den Dienst an Homosexuellen entscheiden, suchen wahrscheinlich, wie Ratzinger es zur Last legt, Schutz hinter verschiedenen Formen durchdachter Zweideutigkeit. Ohne Zweifel war das bei Nugent und Gramick der Fall, die es immer sorgsam vermieden, Erklärungen über ihre persönliche Meinung zur Lehre der Kirche abzugeben. Aber Ratzinger ist unredlich darin, sie einer Ausflucht zu bezichtigen, wenn sein Amt es ihnen unmöglich macht, offen zu arbeiten. Darauf zu bestehen, daß geweihte Katholiken die Kirche verlassen sollen, um ihren geistlichen Dienst durchzuführen, erscheint ein bißchen so, wie das Dorf zu zerstören, um es zu retten.

Ratzinger beendet seinen Brief mit der Aufforderung zum Bruch. Jeglichen Organisationen, die die Lehre der Kirche auszuhöhlen versuchten, sollte alle Unterstützung entzogen werden, schrieb er. Besondere Aufmerksamkeit sollte der Praktik, Gottesdienste einzuplanen, zukommen und der Nutzung von kirchlichen Gebäuden durch diese Gruppen, einschließlich der Möglichkeiten an katholischen Schulen und Hochschulen. Einigen möge solch eine Erlaubnis der Nutzung des kirchlichen Eigentums nur recht und wohltätig scheinen, so Ratzinger; in Wirklichkeit aber, meint er, stehe dies im Widerspruch zum Zweck, für den diese Einrichtungen gegründet worden seien, sei es irreführend und oft anstoßerregend. Im unmittelbaren Anschluß verkündeten Bischöfe mehrerer amerikanischer Städte, daß Dignity nicht länger willkommen sei. Innerhalb weniger Monate war die Organisation überall auf dem Eigentum der Kirche unerwünscht.

In Reaktion auf Ratzingers Dokument brach McNeill ein öffentliches Mundverbot, das ihm unter dem Druck von Ratzingers Vorgänger auferlegt worden war.

McNeill, ein Priester und Psychotherapeut, hatte 1976 *The Church and the Homosexual* veröffentlicht. Darin trat er für eine Veränderung in der Lehre der Kirche ein und zog Zeugnisse aus der Schrift, aus der Kirchengeschichte, der Psychologie, der Soziologie und der Moraltheologie heran. Er verfocht, daß homosexuelle Beziehungen mit denselben Maßstäben beurteilt werden sollten wie heterosexuelle Beziehungen. McNeills Buch erschien mit der Genehmigung der Jesuiten, aber ein Jahr später erhielt die Gesellschaft Order vom Vatikan, diese Genehmigung rückgängig zu machen. McNeill wurde auch aufgetragen, diese Fragen nicht in der Öffentlichkeit zu diskutieren.

„Da die meisten homosexuellen Menschen ihre Veranlagung als Teil der Schöpfung erfahren, müssen sie, wenn sie diese Lehre der Kirche akzeptieren, Gott als sadistisch erkennen, da er sie mit einer wesentlichen Veranlagung zum Bösen geschaffen hat", erklärte McNeill in einer Stellungnahme in Reaktion auf das Dokument Ratzingers. „Nach meiner über zwanzigjährigen seelsorgerischen Erfahrung mit Tausenden von homosexuellen Katholiken und anderen Christen sind die homosexuellen Männer, die am wahrscheinlichsten ihr sexuelles Bedürfnis in einer ungeschützten,zwanghaften Art ausleben und sich daher dem HIV-Virus aussetzen, genau die Personen, die den Selbsthaß verinnerlicht haben, der ihnen durch ihre Religionen auferlegt wird."

Am 19. Oktober setzte der Ordensleiter der Jesuiten, Pater Hans-Peter Kolvenbach, McNeill davon in Kenntnis, daß er seinen öffentlichen geistlichen Dienst an homosexuellen Menschen aufgeben müsse oder daß er anderenfalls von den Jesuiten ausgeschlossen werden würde. McNeill sagte, er könne nicht davon Abstand nehmen, und wurde daher aus seiner Gemeinschaft verstoßen und in Auswirkung auch aus der Priesterschaft. Da McNeill, einer der Mitbegründer von Dignity, für die meisten homosexuellen Katholiken das lebende Symbol der Hoffnung auf eine Veränderung innerhalb der Kirche war, stellte sein Ausschluß so etwas wie eine Wasserscheide dar. Für die homosexuellen Katholiken, die zurückblieben, war es an der Zeit, sich in die Katakomben zurückzuziehen.[11]

Noch vor Ablauf des Jahres 1986 aber stand eine weitere Niederlage bevor. Im Dezember erhielt Bischof Matthew Clark von Rochester in New York einen Brief von Ratzinger mit der Anweisung, seine Druckerlaubnis für ein Buch zurückzuziehen, das beabsichtigte, Eltern dabei zu helfen, mit ihren Kindern ins Gespräch zu kommen. Unter dem Titel *Parents Talk Love: The Catholic Family Handbook about Sexuality* war das Buch von Pater Matthew A. Kawiak und Susan K. Sullivan, einer katholischen Hochschullehrerin, verfaßt worden. Ratzingers Brief führte die Behandlung dreier Themen in diesem Buch an: Homosexualität, Masturbation und Empfängnisverhütung. Clark erklärte, er habe keine Wahl in der Zurücknahme der Druckerlaubnis, wobei seine Maßnahme die Buchläden nicht davon abhielt, weiterhin Exemplare des zwei Jahre alten Titels zu verkaufen.

Die Aids-Krise stellte die Kirchenbehörden vor eine Reihe neuer Probleme. Im Dezember 1987 verabschiedete der Verwaltungsausschuß der Bischofskonferenz der USA ein Dokument zur Antwort des Evangeliums auf Aids. Die Bischöfe regten an, daß unter bestimmten Umständen die Benutzung von Kondomen zur Bekämpfung der Verbreitung des HIV-Virus gerechtfertigt sein könnte. Das Dokument entfesselte einen Streit innerhalb der Konferenz; eine Gruppe von etwa vierzig Konservativen kritisierte den Text dafür, daß er für die Gutheißung einer Form von Verhütung eintrat. Am 29. Mai 1988 schickte Ratzinger Pio Laghi, dem päpstlichen Nuntius in den Vereinigten Staaten, einen Brief, den er an die Bischöfe weiterleiten sollte. Ratzinger warnte die Bischöfe dahingehend, daß sie sich mit Rom beraten sollten, bevor sie ein Dokument erließen: An erster Stelle und auf einer allgemeineren Ebene, schrieb er, müsse man an das Problem denken, das durch die weltweite Reaktion aufgeworfen werde, die gewisse von den verschiedenen episkopalen Konferenzen verabschiedete Dokumente begleite. Mindestens in einigen Fällen, in denen die zur Diskussion stehenden Themen für die universale Kirche von Interesse seien, würde es ratsam erscheinen, so Ratzinger, im voraus den Heiligen Stuhl zu konsultieren.

Ratzinger zitierte dann aus einem Artikel des *L'Osservatore Romano* über Aids, dessen Urheberschaft weithin bei ihm selbst vermutet wird: „Eine Lösung des Problems der Ansteckung darin zu erkennen, den Gebrauch von Vorbeugungsmitteln zu fördern, hieße, einen Weg einzuschlagen, der nicht nur ungenügend verläßlich vom technischen Standpunkt aus, sondern auch und vor allem anderen inakzeptabel vom moralischen Aspekt her ist. Ein derartiger Vorschlag eines ‚geschützten' oder zumindest ‚geschützteren' Sex – wie man es nennt – ignoriert die eigentliche Ursache des Problems, nämlich die Zulässigkeit, die im Bereich der Sexualität ... den sittlichen Charakter der Menschen verfallen läßt." Ratzinger sagt, daß katholische Einrichtungen in voller Treue zur Lehre der Kirche nicht den Eindruck des Versuchs vermitteln dürften, Praktiken zu entschuldigen, die unmoralisch seien, etwa durch technische Anweisungen im Gebrauch von Vorbeugungsmitteln. Es sei entscheidend, anzumerken, so Ratzinger weiter, daß die einzigen medizinisch sicheren Mittel zur Vorbeuge gegen Aids genau die Arten von Verhalten seien, die mit dem göttlichen Gesetz und mit der Wahrheit über den Menschen übereinstimmten, die die Kirche schon immer gelehrt habe und zu deren couragierter Lehre sie auch heute noch aufgefordert sei. Der Brief löschte die Erklärung des Verwaltungsausschusses effektiv aus und ließ die Kirche mit einer Position zu Kondomen zurück, die ihren Gebrauch selbst bei verheirateten Paaren verneint, sogar wenn einer der Partner HIV-positiv ist und das Ziel doch die Vermeidung der Ausbreitung der Krankheit sein soll.

Zu einem der wenigen Fälle, in denen Ratzinger öffentlich mit Teilen einer Gruppe konfrontiert wurde, die er in Wut versetzt hatte, kam es am 28. Januar 1988, als er in New York auftrat, um eine Lesung zur biblischen Forschung zu halten. Seine Rede, die der Öffentlichkeit zugänglich war, wurde für etwa zehn Minuten durch Protestierende unterbrochen, die für die Homosexuellen Partei ergriffen und sich im Publikum verteilt hatten. Sie riefen „Er ist kein Mann Gottes", „Inquisitor" und „Nazi". Der New

Yorker Kardinal John O'Connor saß während der Störung mit düsterem Ausdruck da. Polizei und Zivilbeamte schoben sich durch die Zuhörerschaft in der lutheranischen St. Peters Kirche und drängten die Demonstranten nach draußen. Sechs von ihnen wurden schließlich in Gewahrsam genommen.

Unterdessen wurde die Kampagne, der eigenen Linie treu zu bleiben, fortgesetzt. Pater Andre Guindon, ein Theologe an der Universität St. Paul im kanadischen Ottawa, erhielt im Februar 1992 von Ratzinger eine dreizehn Seiten umfassende Kritik seines Buches *The Sexual Creators*. Das Buch stand seit 1988 unter Überprüfung. Ratzinger forderte Guindon auf, seine Ansichten in drei Feldern zu klären: vorehelicher Sex, Empfängnisverhütung und Homosexualität. In einem unüblichen Vorgehen wurde die Kritik an Guindon im *L'Osservatore Romano* veröffentlicht, was nahelegte, daß es keinen großen Spielraum für einen Kompromiß gab. In einem Interview, das Guindon 1986 einer kanadischen Zeitung gegeben hatte, hatte er eindringlich vertreten, daß die Lehre der Kirche zur Sexualität einer Reform bedürfe. „Sie könnten ihren Nächsten töten, und das wäre eine Sünde, eine echte Sünde aber wäre sexueller Natur", sagte er über die traditionelle katholische Sichtweise. „Sobald jemand sein Geschlechtsteil berührt, soll Gott, der Allmächtige, vor Schreck direkt vom Himmel fallen." In *The Sexual Creators* schrieb er, daß David und Jonathan zu den biblischen Gestalten gehörten, die homosexuelle Liebende gewesen seien, und weiterhin, daß wenige Berichte einer heterosexuellen Liebe die sinnliche Zuneigung ihrer Beziehung erreichten. Er schloß: „Die ethisch relevante Frage zu gleichgeschlechtlicher Sexualität hatte wenig mit der Ebene der sexuellen Betätigung oder ihren Techniken zu tun. Sie sollte sich eher dem Punkt der dem Menschen angemessenen Qualität und Bedeutung dieses sinnlichen Festes zuwenden." Viele Mitglieder der theologischen Gemeinschaft erwarteten, daß Guindon ein Mundverbot erteilt würde, aber er starb, bevor die Untersuchung vollzogen war.

Anfang der neunziger Jahre, als die Aids-Krise leicht abzuebben schien, beschäftigte sich die neue gesellschaftliche Diskussion um die Homosexualität mit den gesetzlichen Rechten von Homosexuellen in Bereichen wie Haushaltsgründung, Beschäftigung und Adoption. Das Recht, zu heiraten und Kinder aufzuziehen, schien vielen Homosexuellen in Sichtweite. Im Juli 1992 schrieb Ratzinger erneut die Bischöfe an, dieses Mal, um zu gewährleisten, daß sie gegen jede solche gesellschaftliche Entwicklung eingenommen würden. Er erinnerte sie an die Lehre seines Briefes von 1986, in dem er über die Homosexualität als in sich moralisch sündhaft geschrieben hatte. Dann merkte er an, daß manch einer versucht sei, mit den Homosexuellen zu sympathisieren, in Reaktion auf verschiedene durch Haß motivierte Verbrechen, die gegen sie gerichtet würden. Wiederum zitierte er das Dokument von 1986 und vertrat, daß die angemessene Reaktion auf Verbrechen, die gegen homosexuelle Personen verübt würden, nicht die Behauptung sein sollte, daß der Zustand der Homosexualität keine Abirrung sei. Sobald solch eine Behauptung aufgestellt sei, schrieb Ratzinger, und sobald homosexuelle Betätigung infolgedessen entschuldigt werde oder sobald die bürgerliche Gesetzgebung darauf eingestellt sei, ein Verhalten zu schützen, auf das niemand auch nur ein erdenkliches Recht habe, gewännen andere entstellte Ideen und Praktiken an Boden.

Ratzinger wies die Bischöfe an, daß es Bereiche gebe, in denen es keine ungerechte Benachteiligung darstelle, die sexuelle Veranlagung in Rechnung zu stellen, zum Beispiel in der Überstellung von Kindern zur Adoption oder Pflegeelternschaft, in der Anstellung von Lehrern oder Betreuern und in der militärischen Rekrutierung. Er behauptet, daß die Rechte von Homosexuellen für objektiv liederliches Verhalten legitimerweise beschnitten werden könnten, und vertritt, daß jeder rechtliche Schutz für sie auf den allgemeinen Menschenrechten basieren müsse und nicht auf einem nicht bestehenden Recht auf Homosexualität. Der Weg von der Anerkennung der Homosexualität als Faktor, auf dessen Grundlage eine Benachteiligung illegal sei, könne, schreibt er, leicht, wenn nicht automatisch, zum gesetzgebenden Schutz von Homosexualität führen. Ratzinger fordert, daß sich Kirchenverantwortliche solchen Maßnahmen wie Gesetzen zur familiären Partnerschaft oder Adoptionsrechten für Homosexuelle widersetzen sollen, auch wenn die kirchlichen Einrichtungen davon nicht betroffen seien. Die Kirche hat ihm zufolge die Verantwortlichkeit, die öffentliche Moral der gesamten bürgerlichen Gesellschaft auf Grundlage fundamentaler sittlicher Gesetze zu fördern, nicht einfach nur die, sich selbst vor der Auferlegung schädigender Gesetze zu schützen.

Ratzinger gab dann eine Anregung, die nur befremdend erscheinen kann: daß nämlich sexuelle Veranlagung als eine Basis des rechtlichen Schutzes nicht analog zu Rasse oder Geschlecht sei, weil es sich nur um aufdringliche Homosexuelle handele, die das Problem verursachten. Homosexuelle Personen, die Ansprüche auf ihre Homosexualität erhöben, so Ratzinger weiter, neigten dazu, genau diejenigen zu sein, die homosexuelles Verhalten oder eine solche Lebensweise entweder als völlig harmlos beurteilten oder gar als vollständig gut und daher als der öffentlichen Bestätigung würdig. In dieser Richtung fände man wahrscheinlicher jene, so meint er, die versuchten, die Kirche dadurch zu manipulieren, daß sie hinsichtlich einer Veränderung ziviler Statuten und Gesetze die oft gutgemeinte Unterstützung ihrer Geistlichen gewännen.

Joseph Ratzinger ist ein belesener Mann, weit informierter über gesellschaftliche Strömungen, als es verstimmte westliche Katholiken oft glauben. Er hat nicht in dem Sinne den Kontakt zu den Dingen verloren, wie seine Kritiker gewöhnlich meinen. Doch kann man sich bezüglich der Homosexualität des Eindrucks nicht entziehen, daß er sich nicht bemüht hat, die Probleme zu meistern. Seine beiden wichtigen Dokumente sind von bemerkenswert unverarbeiteten Vorurteilen durchzogen: Aids als Homosexuellenkrankheit, Homosexuelle als Zerstörer der Familie, Homosexualität als Ursache von Gewalt und Unordnung, die „falsche Propaganda“ der Homosexuellenbewegung und schließlich die Vorstellung, daß die Forderung nach Bürgerrechten nur von „sich erklärenden“ Homosexuellen stamme. Es ist seine Sprache in Fragen der Homosexualität, die Ratzinger tatsächlich in äußerste Nähe zu der Art von Kulturkampf rückt, die von der religiösen Rechten in den USA artikuliert wird. Gleichzeitig zeigte eine Umfrage, daß achtundsiebzig Prozent der US-Katholiken gern einen Beschäftigungsschutz für Homosexuelle sehen würden.

Der Sekretär der Kongregation für die Glaubenslehre, Erzbischof Tarcisio Bertone, veröffentlichte im Dezember 1996 einen Artikel im *L'Osservatore Romano*, in dem er erklärte, daß bestimmte päpstliche Lehren als unfehlbar erachtet werden sollten, auch bei Nichtvorhandensein einer offiziellen *ex-cathedra*-Erklärung. Bertone zählt drei päpstliche Dokumente auf: *Veritatis splendor*, *Ordinatio sacerdotalis* und *Evangelium vitae*. Da *Veritatis splendor* insbesondere den homosexuellen Zustand zum wesentlichen Übel erklärt, beansprucht hier ein kirchlicher Beamter erstmalig, wenn auch indirekt, daß diese Lehre unfehlbar ist.

Der größte Teil von Ratzingers Aufmerksamkeit für die Homosexualität war auf die Vereinigten Staaten gerichtet, weil dort viel von der Dynamik der Bewegung für die Rechte Homosexueller ihren Ursprung hat. Es handelt sich aber um eine Bewegung mit weltweiter Tragweite, und selbst in den Hinterhöfen des Vatikans hallt es Widerspruch. Dieser Punkt wurde im Februar 1997 bestätigt, als der Vatikan einen neuen Leiter für den religiösen Orden der Pauliner einsetzte, eine Gemeinschaft mit Basis in Mailand, die eine große Anzahl beliebter italienischer Veröffentlichungen vertreibt, darunter eine der weitverbreitetsten Zeitschriften des Landes, *Famiglia Cristiana*.Bischof Antonio Buoncristiani, ein früherer Diplomat des Vatikans und Soziologieprofessor, wurde vom Papst ernannt, die Gemeinschaft zu übernehmen und eine konservativere redaktionelle Politik wiedereinzusetzen. Der Vatikan war besonders durch einen Artikel in *Famiglia Cristiana* betrübt, der Eltern dazu riet, einem erwachsenen Sohn nicht die eigenen Ansichten aufzuzwingen, wenn er sich für die Homosexualität entschieden habe, auch wenn sie damit nicht einverstanden seien. Die päpstliche Maßnahme folgte einem Brief von Ratzinger an die Pauliner von 1991, in dem er sie ermahnte, dem, was sie in sittlichen Fragen veröffentlichten, „größere Aufmerksamkeit" zukommen zu lassen.

Teile der Bischofskonferenz der USA glaubten noch immer, daß es möglich sei, einen seelsorgerischeren Kurs gegenüber der Homosexualität einzuschlagen: sie nicht als in sich sündhaft abzulehnen, sondern Annahme und Toleranz zu betonen. Die Frucht dieser Anstrengung wurde am 1. Oktober 1997 in Form eines Dokuments des Ausschusses für Ehe und Familienleben unter dem Titel *Always our children* vorgelegt. Eltern und Aktivisten begrüßten seinen Aufruf, Unterstützung von homosexuellen Kindern über eine moralische Verurteilung zu stellen. Im Hintergrund hatten Nugent und Gramick bedeutende Rollen beim Entwurf des Dokuments gespielt.

Der Brief empfiehlt Mitleid, auch wenn er die traditionelle Lehre über die Sündhaftigkeit „gleichgeschlechtlichen Verhaltens" unterstreicht. Inmitten all der starken Emotionen, die Eltern oft erlebten, wenn homosexuelle Kinder ihr „Coming-out" hätten, sollten sie doch vermeiden, sich von ihren Kindern zu distanzieren, drängte der Ausschuß und merkte an, daß Ablehnung die Gefahr von Selbstmord und Drogenmißbrauch erhöhen könne. Oft empfänden Eltern Wut, Angst, Schuld, Einsamkeit und Scham. „Ihre Liebe kann durch diese Realität auf die Probe gestellt werden, sie kann aber auch stärker werden durch Ihr Ringen darum, liebevoll zu reagieren", schrieb der Ausschuß. Er drängte Eltern dazu, homosexuelle Kinder als „beschenkt und zu einem Zweck in Gottes Plan berufen" zu betrachten und sich um eine „angemessene Leitung" zu bemühen.

Der Brief wich vorsichtig davon ab, Homosexualität als wesentliche sittliche Abirrung einzuschätzen. „Es gibt anscheinend keine einzelne Ursache für eine homosexuelle Veranlagung. Eine unter Fachleuten übliche Meinung besagt, daß es eine Vielzahl an Faktoren gibt – genetische, hormonelle, psychologische –, die ihr Auftrieb geben kann. Allgemein wird eine homosexuelle Veranlagung als Gegebenheit erfahren, nicht als etwas freiwillig Gewähltes. Für sich genommen kann eine homosexuelle Veranlagung daher nicht als sündhaft erachtet werden, denn sittliches Verhalten setzt Wahlfreiheit voraus." Er schien auch die Hoffnung zu bieten, daß homosexuelle Katholiken auf kirchlichem Eigentum willkommen geheißen werden könnten. „Alle homosexuellen Personen haben ein Recht, in die Gemeinschaft aufgenommen zu werden, das Wort Gottes zu hören und Seelsorge zu empfangen. Homosexuelle Personen, die ein züchtiges Leben führen, sollten Gelegenheiten erhalten, die Gemeinde zu führen und ihr zu dienen. Die Kirche hat hingegen das Recht, Personen öffentliche Rollen des Dienstes und der Leitung zu verweigern, seien sie nun homo- oder heterosexuell, deren öffentliches Verhalten klar gegen ihre Lehren verstößt."

Kaum war die Tinte jedoch trocken, als schon der Gegenschlag einsetzte. Nugent wies darauf hin, daß der Bischof Edward Egan von Bridgeport in Connecticut, gerade als der Brief verabschiedet wurde, sich weigerte, katholischen Eltern von Homosexuellen eine Einkehr auf dem Eigentum der Diözese zu gewähren. Ironischerweise empfiehlt *Always our children* die „Teilnahme an einer für katholische Eltern homosexueller Kinder geplanten Einkehr". Später wurde Egan als Nachfolger O'Connors zum Erzbischof von New York ernannt.

Im Juli 1998 befand sich der Ausschuß für Ehe und Familienleben in der unangenehmen Situation, unter dem Druck Ratzingers zur Abänderung des Briefes gezwungen zu sein. Die Änderung, die die meiste Aufmerksamkeit von seelsorgenden Geistlichen auf sich zog, betraf einen einzelnen Ausdruck; der revidierte Text wandelte die Beschreibung der sexuellen Veranlagung von „einer grundlegenden Dimension der eigenen Persönlichkeit" in „eine tiefsitzende Dimension", wodurch die Vorstellung von Homosexualität als „Gegebenheit" abgeschwächt schien.

Ein zweiter Abschnitt hatte sich auf Heranwachsende bezogen, „die mit einigen homosexuellen Verhaltensweisen experimentieren, als Teil des Prozesses, sich über ihre sexuelle Identität klar zu werden". Hier wurde vertreten, daß „isolierte Handlungen jemanden nicht homosexuell machen", und es wurde vorgeschlagen, daß es im Verlauf einer solchen jugendlichen Verwirrung „manchmal die beste Herangehensweise sein kann, eine abwartende Haltung einzunehmen, während man versucht, eine vertrauende Beziehung beizubehalten und für verschiedene Formen von Unterstützung, Information und Ermutigung zu sorgen". Die revidierte Fassung bezieht sich auf einen Heranwachsenden, „der Charakterzüge offenbart, die einem Sorge bereiten, etwa Inhalte in Medien, für die sich das Kind entscheidet, intensive Freundschaften und andere solcher beobachtbaren Eigenarten und Neigungen". Hier heißt es nun: „Was von seiten der Eltern gefordert ist, ist eine Herangehensweise, die nicht voraussetzt, daß das eigene Kind eine homosexuelle Veranlagung entwickelt hat, und die einem helfen wird, eine liebevolle Beziehung beizubehalten, während man für Unterstützung, Information, Ermutigung und moralische Leitung sorgt. Eltern müssen bezüglich des Verhaltens ihrer Kinder immer wachsam sein und ein verantwortungsvolles Eingreifen gewährleisten, wenn es nötig ist."

Eine dritte Modifikation stellte die Beifügung einer Fußnote zu dem Abschnitt dar, in dem es heißt, daß eine homosexuelle Veranlagung in sich selbst nicht als sündhaft erachtet werden kann.

Die Fußnote zitiert aus dem *Katechismus der katholischen Kirche*: „diese Veranlagung … für die meisten von ihnen stellt sie eine Prüfung dar." Eine vierte Modifikation war die Tilgung eines Zitats des *Katechismus* aus dem Text: „Jeder … muß seine Geschlechtlichkeit anerkennen und annehmen."

Im Anschluß an einen Abschnitt über den Aufruf zur Züchtigkeit an alle Menschen unabhängig von ihrer Lebenslage und zur Notwendigkeit, die Sünde zu bekämpfen und Kraft aus den Sakramenten der Buße und der Eucharistie zu beziehen, fügt die revidierte Fassung noch einen Absatz hinzu: Außerdem würden homosexuelle Personen, während sie ihr Leben dem Verständnis des Wesens des an sie ergangenen persönlichen Rufs Gottes widmeten, fähig werden, das Sakrament der Buße in größerer Treue zu begehen und die hierin so frei gebotene Gnade des Herrn zu empfangen, um ihr Leben vollständiger auf seinen Weg zu überführen. Damit wurde aus Ratzingers Brief von 1986 zitiert. Eine sechste Abänderung behandelt die Erklärung des Dokuments: „Nichts in der Bibel oder in der katholischen Lehre kann dazu herangezogen werden, vorurteilsvolle oder benachteiligende Haltungen und Verhaltensweisen zu rechtfertigen", und zwar denen gegenüber, die über eine homosexuelle Veranlagung verfügen.Die Revision fügt eine Fußnote hinzu: In Fällen, in denen die sexuelle Veranlagung eine klare Erheblichkeit habe, rechtfertige es das Gemeinwohl, daß dies berücksichtigt werde, wie es in Ratzingers Brief von 1992 angemerkt war.

Die letzte Revision kürzt einen ursprünglichen Abschnitt, der den Menschen im kirchlichen Dienst einen Rat gab: „Gebrauchen Sie die Worte *homosexuell*, *schwul* und *lesbisch* in anständiger und sorgfältiger Weise, vor allem von der Kanzel aus. Auf verschiedenen und feinfühligen Wegen können Sie Menschen die Erlaubnis erteilen, unter sich über Fragen der Homosexualität zu sprechen, und lassen Sie sie wissen, daß auch Sie bereit sind, mit ihnen darüber zu sprechen." Der revidierte Abschnitt lautete einfach: „Wenn Sie öffentlich sprechen, gebrauchen Sie die Worte *homosexuell*, *schwul* und *lesbisch* in anständiger und sorgfältiger Weise."

Während die Bischöfe und Unterstützer der katholischen Homosexuellen versuchten, in Anbetracht der Situation ihr bestmögliches Gesicht aufzusetzen, war es deutlich, daß *Always our children* ein wirkungsloser Brief war, soweit es die seelsorgerischen Prioritäten der Bischöfe der USA betraf. Darüber hinaus glauben viele Analytiker, daß die Kontroverse um den Brief dazu beitrug, daß der Vatikan 1998 das Dokument *Apostulos suos* erließ, das Bischofskonferenzen effektiv untersagte, im Namen der Kirche zu lehren, wenn sich ihre Dokumente nicht der einstimmigen Unterstützung der Teilnehmer der Konferenz erfreuten oder im voraus durch Rom bestätigt worden seien.

Der Eindruck, daß das Menetekel für den Versuch auf der Wand stand, homosexuelle Katholiken seelsorgerisch zu erreichen, wurde am 31. Mai 1999 bestätigt, als Ratzinger dem seelsorgerischen Dienst an Homosexuellen durch Nugent und Gramick ein lebenslanges Verbot auferlegte. Er verbot ihnen auch, in irgendeiner Form eine verantwortliche Position in ihren religiösen Gemeinschaften einzunehmen. Hier trat eine auffallende Ähnlichkeit zum Verbot, das Ende der siebziger Jahre McNeill auferlegt worden war, zutage. Die Entscheidung krönte eine zwanzigjährige Untersuchung.[12]

Auf Ersuchen der vatikanischen Kongregation für religiöse und weltliche Einrichtungen hatten die religiösen Gemeinschaften von Nugent und Gramick deren Arbeit dreimal einer Untersuchung unterzogen, einmal 1977 und noch zweimal vor 1985. Jedesmal waren ihre seelsorgerischen Betätigungen und ihre Veröffentlichungen als orthodox beurteilt worden. 1984 waren beide von Kardinal James Hickey von Washington, D.C., aufgefordert worden, sich vom New Ways Ministry loszulösen, begründet durch Nugent und Gramick, um die Bedürfnisse katholischer Homosexueller zu decken. Eine offizielle Untersuchung durch den Vatikan setzte 1988 ein, ruhte dann bis 1994, als Kardinal Adam Maida von Detroit mit der Durchführung einer schärferen Nachprüfung beauftragt wurde. Nach einer Reihe von Anhörungen ging Maidas Bericht nach Rom.

Da der Fall dahingehend bewertet wurde, über „die Lehre betreffende Aspekte" zu verfügen, gelangte er in Ratzingers Büro. Verhandlungen führten zu einem durch Rom ausgesprochenen Ultimatum: „Entweder Sie unterzeichnen ein Glaubensbekenntnis, oder Sie sehen sich vor Disziplinarmaßnahmen gestellt." Die wichtigsten Worte dieses Bekenntnisses lauteten:

> Ich erkenne auch entschlossen an und vertrete, daß homosexuelle Handlungen immer objektiv sündhaft sind. Auf der festen Begründung eines fortwährenden biblischen Zeugnisses, das homosexuelle Handlungen als Handlungen von schwerer Verderbtheit darstellt ... Die Tradition hat immer erklärt, daß homosexuelle Handlungen eine wesentliche Abirrung sind ... Ich halte mit dem religiösen Gehorsam des Willens und des Geistes an der Lehre fest, daß die homosexuelle Neigung, wenn auch in sich selbst keine Sünde, eine Tendenz in sich enthält, die sich auf ein Verhalten ausrichtet, das in sich sündhaft ist und daher als objektiv verirrt erachtet werden muß.

Gramick weigerte sich auf der Stelle, zu unterzeichnen, wohingegen Nugent versuchte, das Bekenntnis umzuformulieren. Seine Unternehmung wurde zurückgewiesen, was zu der Maßnahme vom 31. Mai führte.

Ratzingers Bekanntmachung faßte die Gründe für die Maßnahme zusammen: Von Anfang an hätten Pater Nugent und Schwester Gramick in der Darstellung der Lehre der Kirche zur Homosexualität beständig zentrale Bestandteile dieser Lehre in Frage gezogen ... Aufgrund ihrer Erklärungen und Betätigungen hätten die Kongregation für die Glaubenslehre und die Kongregation für religiöse und weltliche Einrichtungen zahlreiche Klagen und dringende Bitten um eine Klarstellung von Bischöfen und anderen aus den Vereinigten Staaten von Amerika erreicht. Es sei deutlich gewesen, daß die Betätigungen von Schwester Gramick und Pater Nugent in nicht wenigen Diözesen Schwierigkeiten verursachten und daß sie weiterhin die Lehre der Kirche als eine mögliche Option unter anderen und als offen für einen grundlegenden Wandel darstellen würden ... Die Förderung von Irrtümern und Zweideutigkeiten sei nicht mit einer christlichen Haltung wahren Respekts und wahren Mitleids vereinbar: Personen, die mit Homosexualität ringen würden, hätten nicht weniger als alle anderen das Recht, von denen, die ihnen dienten, die authentische Lehre der Kirche zu empfangen.

Nugent behauptete, daß sich der Schwerpunkt der vatikanischen Untersuchung im Lauf der Jahre verschoben habe, und zwar von einer Prüfung seiner öffentlichen Erklärungen und kirchlichen Dienste zu einer Forderung, daß er sein Gewissen zum Gegenstand der Homosexualität erkläre. „Ich glaube, daß am Schluß des zehnjährigen Prozesses kein zwingender Beweis zum Vorschein gekommen ist, um irgendeine Anklage einer nachhaltigen öffentlichen Abweichung von irgendeiner Ebene der Lehre der Kirche zur Homosexualität zu stützen, die solch eine schwere Bestrafung verdienen würde", sagte er in einer Stellungnahme. „Nachdem keine ernsthaften Unzulässigkeiten in meinen öffentlichen Darstellungen gefunden wurden, die von mir nicht in meiner Antwort auf die *contestatio* geklärt oder korrigiert worden wären, ist das ursprüngliche Ziel der Durchführung jetzt zu einem Versuch geworden, mir durch ein außerordentlich entworfenes Glaubensbekenntnis mein inneres Festhalten an einer endgültigen Glaubenslehre zweiter Ebene zu entlocken, die durch eine unbestimmte Handlung des ordentlichen und universalen Magisteriums für unfehlbar erachtet wird."

Wenn man die kirchliche Fachsprache beiseite läßt, vertrat Nugent, daß Ratzinger keine Grundlage in seinen Schriften finden konnte, um ihn zu bestrafen, so daß er ihm mit dem nachstellte, was er nicht sagen *würde*.Trotz seiner offensichtlichen Überzeugung, daß der Prozeß nicht gerecht gewesen sei, akzeptierte Nugent seinen Ausgang. „Als Sohn der Kirche, als Priester und Mitglied einer kirchlichen Vereinigung mit einem Gehorsamsgelübde nahm ich die Entscheidung der Kongregation für die Glaubenslehre an und brachte meine Absicht zum Ausdruck, ihr entsprechend zu handeln", sagte er.

Gramick teilte Nugents Kritik an dem Prozeß.

Was als Untersuchung meiner öffentlichen Erklärungen und Schriften zur Homosexualität begann, wurde am Ende eine Befragung über meine persönlichen inneren Überzeugungen zu dem Gegenstand. Meine persönlichen Überzeugungen sind zuvor in den Anhörungen der vatikanischen Kommission außen vor gelassen worden, als Kardinal Adam Maida, der Vorsitzende der Kommission, danach fragte, dann aber schnell erkannte: „Das ist vielleicht keine faire Frage." ... Ich stehe bereit, meine Zustimmung zu all den grundsätzlichen Überzeugungen unseres Glaubens zu erklären. Darüber hinaus sollte mein Status als religiös Geweihte und als öffentlich seelsorgerische Dienerin mich nicht des Rechts berauben, das jedem Gläubigen zu eigen ist, um in Belangen, die für unseren Glauben nicht zentral sind, die Privatsphäre des inneren Gewissens zu wahren. Unaufgefordert in den heiligen Bereich des Gewissens eines anderen einzudringen ist sowohl respektlos als auch falsch.

Sie bediente sich einer schärferen Sprache über die Ungerechtigkeit, die sie wahrnahm, als Nugent. „Ich habe einen starken Glauben an die Notwendigkeit von Autorität, und ich achte diejenigen, die mit ihrer Ausübung betraut sind. Gleichzeitig war meine Erfahrung bei dieser Untersuchung die, daß hier aufgrund eines Mangels an einem gerechten und offenen Verfahren nicht der Gerechtigkeit gedient wurde. Das Volk Gottes verdient unvoreingenommene Anhörungen und Verhandlungen für jeden Angeklagten. Es besteht ein Interessenkonflikt, wenn irgendeine Vertretung die Rolle des Klägers, der Jury und des Richters in ein und demselben Fall ausfüllt, wie es bei der vatikanischen Untersuchung meines geistlichen Dienstes geschah." Am Ende entschied sich Gramick dafür, das Verbot zu akzeptieren und für seine Aufhebung tätig zu werden.

Nur ein Jahr später, im Mai 2000, wurden Nugent und Gramick erneut nach Rom zitiert. Sie wurden von ihren religiösen Oberen darüber informiert, daß ihnen nun folgendes verboten sei:

- über das Verbot oder die kirchlichen Verfahren, die zum ihm führten, zu sprechen oder zu schreiben;
- über mit Homosexualität in Verbindung stehende Sachverhalte zu sprechen oder zu schreiben;
- gegen das Verbot zu protestieren oder die Gläubigen dazu anzuhalten, öffentlich ihrer Abweichung vom Magisterium der Kirche Ausdruck zu verleihen;
- das Magisterium in irgendeiner öffentlichen Form zu kritisieren, in allem, was Homosexualität oder verwandte Fragen betreffe.

Das war eine offensichtliche Erweiterung des vorhergehenden Verbots den kirchlichen Dienst betreffend, die wahrscheinlich durch die Tatsache ausgelöst wurde, daß sowohl Nugent als auch Gramick in den USA Erklärungen abgegeben hatten, die die gegen sie unternommenen Maßnahmen kritisierten. Nugent fügte sich den neuen Anordnungen, während Gramick sie verweigerte, wodurch sie sich einem möglichen Ausstoß aus ihrer Gemeinschaft (die Schulschwestern von Notre-Dame) aussetzte.

Der Großteil der bestehenden Gruppierungen, die katholische Homosexuelle unterstützen, etwa New Ways Ministry und Dignity, gelobte weiterzukämpfen, und einige ihrer Führer erklärten sogar zuversichtlich, daß Ratzinger vergebens darum ringe, den Strom aufzuhalten, die meisten aber räumten ein, daß die Verurteilung der beiden Gründergestalten der Bewegung zutiefst entmutigend sei. Die nahezu unausweichliche Folge, so gestanden sie ein, sei die, daß viele homosexuelle Katholiken nach Kirchen suchen würden, in denen sie willkommener seien. Andere würden in der Kirche bleiben, aber abgesondert und unfähig, ihr tiefstes Inneres mit ihrer Glaubensgemeinschaft zu teilen. Wieder andere würden ihren Glauben vollständig verlieren, wütend über Gott und über die Kirche, und würden diese Wut in Form eines sie selbst oder andere zerstörenden Verhaltens verinnerlichen.

DER SCHADEN

Wie viele Homosexuelle sind wegen der katholischen Lehre aus der Kirche vertrieben worden, daß ihr Zustand in sich sündhaft ist? Wie vielen männlichen und weiblichen homosexuellen Paaren war es unmöglich, Kinder aufzuziehen, weil Menschen wie Ratzinger vertreten, daß dies inakzeptabel sei? Die Zahl kann nicht übersehen werden. Aber man kann diese Fragen vom anderen Ende her angehen und darüber spekulieren, wie die Welt aussehen würde, wenn die Kirche Homosexuelle in ihrer Sehnsucht annehmen und unterstützen würde, ethisch und rechtlich nach denselben Maßstäben beurteilt zu werden wie Heterosexuelle.

In Brasilien, einer Nation mit einer überwältigenden katholischen Mehrheit (mit fünfundsiebzig Prozent von hundertzweiundsechzig Millionen Menschen verfügt Brasilien über mehr Katholiken als jede andere Nation der Welt), nehmen herumstreichende Jugendbanden regelmäßig Homosexuelle ins Visier, um sie zusammenzuschlagen. Schlägertrupps mit Namen wie „Schwarze Reiter“ und „Al Koran“ ermorden homosexuelle Prostituierte. Die Polizei versagt oft darin, solcher Gewalt vorzubeugen, und verweigert Untersuchungen, zum Teil weil viele Beamte dieselben Vorurteile gegen Homosexuelle haben wie die Täter. Opfer reklamieren, daß die Polizei manchmal sogar an diesen Gewaltaktionen teilnehme. Laut einer nationalen Gruppe für die Rechte Homosexueller sind in Brasilien seit 1980 1.600 homosexuelle Männer ermordet worden, trotz der Tatsache, daß städtische Metropolen wie Rio de Janeiro den offenen Ausdruck von Homosexualität sogar bereitwilliger tolerieren als die meisten amerikanischen Städte. Seit 1995 wurde mehreren brasilianischen Homosexuellen in den USA politisches Asyl gewährt, weil sie die Einwanderungsbehörden überzeugen konnten, daß ihre Angst vor Verfolgungen in ihrem Heimatland wohlbegründet ist. Auch in Kanada, Großbritannien und Australien wurde brasilianischen Homosexuellen Asyl gewährt. Dieses feindselige Klima in Brasilien fußt zu einem großen Teil auf den Haltungen katholischer Verantwortlicher. Der beliebteste Fernsehprediger der Nation sagte seinem Publikum 1998: „Viele Vorstellungen werden sich an dem Tag verändern, an dem es sich erweist, daß Homosexualität eine Krankheit ist.“[13]

Ähnliche Bedingungen herrschen in Italien. Römische Polizeiberichte zeigen, daß seit 1990 achtzehn homosexuelle Männer unter ungeklärten Umständen ermordet worden sind, und zehn dieser Fälle bleiben ungelöst. Vor dem Hintergrund extrem starker gesellschaftlicher Vorurteile gegen Homosexualität in Italien glauben örtliche Gruppen für die Rechte Homosexueller, daß diese achtzehn Fälle bloß die Spitze des Eisbergs darstellen; eine der Gruppen, Arcigay, meint, daß bis zu zweihundert undokumentierte Morde jährlich geschähen, bei weiteren zweihundert Selbstmorden Jugendlicher, denen es unmöglich werde, mit ihrer Homosexualität zurechtzukommen.[14]

Homosexuelle sind auf der ganzen Welt Opfer von Gewalt; Brasilien und Italien aber scheinen von besonderer Relevanz, denn in beiden Ländern übt der Katholizismus einen sehr starken Einfluß auf die Kultur aus. Man stelle sich die kulturelle Revolution vor, die folgen würde, wenn die katholische Kirche unzweifelhaft erklärte, daß Homosexualität moralisch haltbar und akzeptabel sei. Man stelle sich die gesellschaftliche Tragweite von kirchlichen Hochzeiten homosexueller Paare vor, in Entsprechung der Erklärung von Leo XIII. in *Rerum novarum* (1891), kein menschliches Gesetz könne überhaupt in irgendeiner Form das natürliche und ursprüngliche Recht auf Heirat jedes menschlichen Wesens nehmen. Man stelle sich den gleichwertig mächtigen Symbolismus von Taufen für von homosexuellen Eltern adoptierte Kinder vor. Solche Gesten könnten nur einen umwandelnden Einschlag in kulturellen Haltungen hinterlassen.

Wie viele Frauen haben Gewalt erlitten wegen der patriarchalen Werte, für die der Katholizismus als Träger fungierte? Wie viele Frauen mußten ihre Lebensmöglichkeiten als unnötig eingeengt oder spirituell vermindert erkennen, während sie am Altar die Inbesitznahme der Männer beobachteten? Wiederum kann man nur darüber spekulieren, wie anders die Welt sein könnte, wenn die Kirche anders wäre. Eugene Kennedy wandte sich der Frage im *National Catholic Reporter* vom 28. Mai 1999 phantasiereich zu. Er fragte: Was hätte die Priesterweihe von Frauen für eine Auswirkung auf die Debatte um die Abtreibung? „Auf der Ebene, auf der die Dinge wirklich geschehen – derjenigen, die unterhalb unserer Gespräche und Rationalisierungen unserer Einstellungen und unseres Verhaltens liegt –, würde diese Veränderung die Fesseln der Dynamik der durch Männer ausgeübten Kontrolle von Frauen zerschlagen, die, worüber, wenn überhaupt, selten im Katholizismus gesprochen wird, nahe am Innersten der Debatte um die Abtreibung liegt", schrieb er. „Viele Frauen haben das Gefühl, daß die institutionelle Kirche ... ihnen feindlich gegenübersteht, daß die Männer die Frauen in Angelegenheiten der Lehre und der Kirchenzucht so lange beherrscht haben, daß diese männliche Überwachung ihres innersten Lebens natürlich scheint, tatsächlich sogar übernatürlich – als die Art und Weise, in anderen Worten, in der Gott die Dinge gewollt hat. Dieser unterirdische Kampf dagegen, von Männern überwältigt zu werden, motiviert viele Frauen, die die Befürwortung der Abtreibung vertreten. Vielleicht aber sind mehr Frauen, als uns bekannt ist, nicht so sehr für die Abtreibung, als sie gegen das sind, was sie als eine historische Unterdrückung ihrer Seite durch Männer erfahren haben."

Die Folgerungen von Kennedys Argumentation übersteigen die Abtreibungsfrage. Wenn die katholische Kirche sich umwenden und Frauen für alle verantwortlichen Positionen die Tür öffnen würde – wenn der Katholizismus weibliche Priester hätte, weibliche Bischöfe, weibliche Kardinäle, eines Tages sogar einen weiblichen Papst –, wäre der Einschlag, den das im Selbstverständnis von Frauen und in gesellschaftlichen Einstellungen Frauen gegenüber hinterlassen würde, revolutionär. Eine Priesterweihe für Frauen in der katholischen Kirche würde die Unterdrückung von Frauen vielleicht nicht an der Wurzel beheben, aber sie würde sicherlich die Zahl der unterdrückten Frauen verringern. Ob dieser Punkt eine theologische Bedeutung hat, ist offen für die Debatte. Ratzinger selbst könnte, um gerecht zu sein, gut und gern zugestehen, daß eine stärkere Billigung von seiten der Kirche gesellschaftliche Haltungen Homosexuellen und Frauen gegenüber beeinflussen würde. Er würde aber sagen, daß man ein gutes Ziel nicht mit einem falschen Mittel verfolgen könne, und genau so wäre es, würde man die Lehre der Kirche ignorieren. Was jedoch keine Partei der Debatte leugnen kann, ist, daß es, soweit es die Haltung der Kirche Frauen und Homosexuellen gegenüber angeht, Joseph Ratzinger ist, auf den es ankommt.

5 HEILIGE KRIEGE

Assisi in Italien, der Heimatort des hl. Franziskus, ist im Verlauf der sieben Jahrhunderte seit der Geburt seines berühmtesten Sohnes zu einer Wegkreuzung für den menschlichen Geist geworden. Als Mystiker, als Friedensstifter, als Liebhaber der Erde wird Franziskus leicht zum zugänglichsten katholischen Heiligen, und alle Arten von Suchenden – von New-Age-Anhängern über Ökoaktivisten und Charismatiker bis zu Pazifisten, Konservative wie Liberale, Katholiken oder nicht – haben den Drang verspürt, zu seinem Geburtsort zu pilgern. Doch sogar im Lichte dieser Geschichte war die Gruppe, die sich im Oktober 1986 in Assisi versammelte, einzigartig. Zu ihr zählten Rabbis, die einen Yarmulke trugen, Sikhs mit Turbanen, Muslime, die auf dicken Teppichen beteten, und ein Zoroastrier, der ein Ritualfeuer entzündete. Robert Runcie, der anglikanische Erzbischof von Canterbury, tauschte Scherze mit dem Dalai Lama aus, und orthodoxe Bischöfe plauderten mit Alan Boesak, dem südafrikanischen Antiapartheidsaktivisten und Präsidenten der World Alliance of Reformed Churches.

Diese Versammlung von mehr als 200 Religionsführern war auf Einladung Johannes Pauls II. nach Assisi gekommen, nicht um „zusammen zu beten" – das wäre den Beratern des Papstes zufolge theologisch problematisch geworden, da Gebet Übereinstimmung in der Lehre voraussetzt –, sondern um „zusammenzusein und zu beten", und zwar zum Besten des Friedens. Johannes Paul sah diese Versammlung als Ausdruck seiner Mission, die Einheit zu fördern, obwohl er unter starkem Druck stand, diese Idee aufzugeben.

Zu einem bestimmten Zeitpunkt des Tages wurde jeder der verschiedenen Glaubensrichtungen eine der zahlreichen Kirchen zugeteilt, die sich über Assisi verteilen, um ihre religiöse Ausübung vollziehen zu können. Buddhisten sangen und schlugen Trommeln, während Shintoisten eingängige Melodien auf dünnen Pfeifeninstrumenten aus Bambusrohr spielten. Anschließend versammelten sie sich alle mit dem Papst und bildeten einen Kreis, um ihre eigenen Friedensgebete darzubieten. Zwei Animisten aus Afrika beteten: „Allmächtiger Gott, Du Großer Daumen, den wir, welchen Knoten wir auch knüpfen, nicht auslassen können, Du Krachender Donner, der gewaltige Bäume spaltet, Du Alles Sehender Herr in der Höhe, der selbst die Spuren einer Antilope auf einem Felsen hier auf Erden erkennt ... Du bist der Eckstein des Friedens."

John Pretty-on-Top, ein Medizinmann der Crow-Indianer aus Montana, brachte in vollem Kopfschmuck und eine Friedenspfeife rauchend folgendes dar: „Oh Großer Geist, ich erhebe meine Pfeife zu Dir, zu Deinen Boten, den vier Winden, und zur Mutter Erde, die für Deine Kinder sorgt ... ich bete, daß Du all meinen Brüdern und Schwestern auf dieser Welt Frieden bringst." Nachdem die Gebete beendet waren, versammelten sich die geistlichen Oberhäupter zu einer Mahlzeit, bestehend aus Brot, Pizza, Gemüse, Cola und Wasser, in einem Kloster der Franziskaner. In einem für italienische Verhältnisse seltenen Zugeständnis wurde kein Wein serviert, um diejenigen Gläubigen, für die Alkohol verboten ist, nicht zu brüskieren.

Vor dem Hintergrund, daß die römisch-katholische Kirche früher in diesem Jahrhundert viele dieser Glaubensrichtungen als „heidnisch" oder „häretisch" gebrandmarkt hatte, war diese interreligiöse Versammlung 1986 eine atemberaubende Geste von ihrer Seite. Die Entscheidung von Johannes Paul, gleichzeitig mit dieser gemischten Gruppe zu beten, wenn auch nicht mit denselben Worten, war gleichfalls verwirrend, wenn man in Betracht zieht, daß es Katholiken bis nach dem II. Vaticanum nicht einmal erlaubt war, das Vaterunser mit anderen Christen zusammen zu sprechen. Es war kaum zu glauben, daß es sich hier um dieselbe Kirche handelte, die 1217 auf dem Vierten Laterankonzil erklärt hatte, es gebe tatsächlich eine universale Kirche der Gläubigen, außerhalb derer niemand je gerettet werde.

Für die Medien war das Ereignis eine Sensation, voller Kontroversen und großartiger Bilder. Einige säkulare Linksgerichtete, die in dem Treffen nur leeren Symbolismus sahen, trugen Plakate mit der Aufschrift „Für Frieden betet man nicht, man muß für ihn kämpfen". Andere progressive religiöse Oberhäupter beklagten, daß die Geste von Johannes Paul wenig dazu beitragen würde, Spaltungen zu überbrücken, solange der Katholizismus auf der Überlegenheit des eigenen Herantretens an die Wahrheit beharre. Die bei weitem lauteste Kritik an dem Treffen in Assisi kam jedoch von der Rechten: Anhänger des schismatischen katholischen Bischofs Marcel Lefebvre, die die Neuerungen in der Liturgie und in der Lehre seit dem II. Vaticanum ablehnten, verteilten Flugblätter, die den Papst als Apostaten brandmarkten. Zwei Jahre später, als Lefebvre mit der Ordination seiner eigenen Bischöfe offiziell ins Schisma trat, erklärte er sogar, daß er so handle, um den Katholizismus vor dem „Geist des II. Vaticanums und dem Geist von Assisi" zu schützen. Carl McIntire, ein fundamentalistischer Protestant aus den USA, ließ ein Echo Lefebvres vernehmen, indem er das Treffen von Assisi „die eine große Schändlichkeit der Kirchengeschichte" nannte. Konservative Kritiker hatten einen großen Tag, als Nachrichten darüber durchsickerten, daß einige

Buddhisten in der ihnen zugewiesenen Kirche in Assisi unbeabsichtigt ihre religiösen Objekte oben auf den Tabernakel plaziert hätten. (Der Tabernakel enthält geweihte Hostien – Brotstücke, von denen Katholiken glauben, daß sie die reale Präsenz Christi verkörpern – und wird für einen der heiligsten Gegenstände in einer Kirche gehalten.)

Einige Mitglieder der römischen Kurie, die engsten Berater des Papstes, äußerten ebenfalls Vorbehalte. Ratzinger selbst erklärte später einer Zeitung, daß das kein Modell sein könne. Auf einer Pressekonferenz 1987 führte er aus, es sei falsch, die Ereignisse in Assisi dahingehend zu interpretieren, daß die Teilnehmer mehrere, auf verschiedener historischer Erfahrung basierende Reihen von Glaubensgrundsätzen als gültig anerkannten. Das sei eine entschiedene Zurückweisung der Wahrheit, und die Debatte um Religionen müsse noch einmal ganz von vorn begonnen werden. Die Kategorie der Wahrheit und der Dynamismus der Wahrheit seien weggewischt worden, denn die Haltung, die besage, daß wir alle über Werte verfügten und daß niemand die Wahrheit besitze, drücke eine statische Position aus und stehe dem wahren Fortschritt entgegen. Eine derartige historische Gleichheit anzunehmen, hieße, sich dem Historizismus zu verhaften.[1]

In der Kurie wurde erneut Nervosität deutlich, als der Vatikan Ende Oktober 1999 eine ähnliches Treffen in Assisi veranstaltete. An diesem Tag wurden Journalisten jedoch abgeschreckt, auch nur anzureisen, es gab keine nichtkatholischen Verehrungen in den Kirchen, und es gab kein verbindendes Gebet. Religiöse Führer wurden eingeladen, gemeinsam für einen Augenblick der Stille vor dem Grab des hl. Franziskus innezuhalten, passenderweise außerhalb der Reichweite von Fernsehkameras und Aufnahmegeräten.[2]

Bei einem derartigen Widerstand ist es kaum überraschend, daß die auf der ersten Versammlung in Assisi erzeugte Hoffnung auf interreligiöse Harmonie in den seitdem vergangenen Jahren vor den harten Realitäten der Glaubenslehre auflief. Vor der zweifachen Front des Ökumenismus, also der Beziehungen zwischen den verschiedenen Zweigen des Christentums, und des interreligiösen Dialogs, also der Verständigung unter den verschiedenen Religionen der Welt, wurde Ratzinger in den neunziger Jahren zunehmend darüber in Alarmbereitschaft versetzt, daß der Drang nach Einheit der Reinheit der Lehre vorauseilen würde. In der Zeit um 1996 warnte er dann, daß die Theologie eines religiösen Pluralismus – der Versuch, eine theologische Grundlage zur Bestätigung der religiösen Vielfalt der Menschheit zu finden – die Befreiungstheologie als die schwerste Gefahr für den Glauben in der aktuellen Zeitperiode abgelöst habe. Im Verlauf der Jahre seit dieser Rede von 1996 sind mindestens sechs verschiedene katholische Denker ihrer Betätigung im religiösen Pluralismus wegen einer Untersuchung unterzogen, verurteilt oder exkommuniziert worden.

Ratzinger stellt nicht in Frage, daß Angehörige anderer Religionen gerettet werden können. In *Salz der Erde* äußerte er: „Das kann durchaus möglich sein, daß jemand von seiner Religion die helfenden Weisungen empfängt, durch die er ein lauterer Mensch wird, durch die er auch, wenn wir das Wort nehmen wollen, Gott gefällt und zum Heil gelangt ... das wird es sicher in einem großen Maße geben."[3] Die eigentliche Debatte, wie es der Jesuit und Theologe Jacques DuPuis in seinem Buch *Toward a Christian Theology of Religious Pluralism* 1997 umschrieb, dreht sich darum, ob religiöser Pluralismus de jure ebenso wie de facto Bestand hat und die verschiedenen Religionen also Teil des göttlichen Heilsplans sind. Auf die einfachsten Worte gebracht, lautet die Frage, ob Anhänger anderer Religionen trotz ihres nichtchristlichen Glaubens gerettet werden, oder in ihm und durch ihn.

Vor dem Hintergrund, daß religiöse Differenzen oft todbringend sind, ein Punkt, der vom Kosovo bis nach Kashmir mit Blut bezeugt ist, können Ratzingers große Vorbehalte bezüglich des „Geistes von Assisi" nur bedeutende Konsequenzen für die diesseitige Welt haben.

DAS II. VATICANUM UND DER RELIGIÖSE PLURALISMUS

Die theologischen Fragen, die durch Spaltungen unter Christen und den religiösen Pluralismus der Welt aufgeworfen sind, traten auf dem II. Vaticanum in vier Dokumenten zutage: *Nostra aetate*, die Erklärung zu nichtchristlichen Religionen; *Ad gentes divinitus*, das Dekret zur missionarischen Tätigkeit; *Dignitas humanae*, die Erklärung zur Religionsfreiheit; und *Unitatis redintegratio*, die Erklärung zum Ökumenismus. Die Fragen tauchten auch in der Debatte um den achten Artikel von *Lumen gentium* auf, des Dokuments zur Kirche. Dieser Abschnitt besagt, daß die Kirche Christi „in" der römisch-katholischen Kirche „verwirklicht" ist. Weiterhin heißt es da, daß viele Elemente der Heiligung und der Wahrheit außerhalb der sichtbaren Strukturen der katholischen Kirche gefunden werden können, wobei diese Elemente eigentlich zur Kirche Christi gehören und daher von selbst „auf die katholische Einheit hin" drängen. Zusammengenommen ließen diese Texte die Kirche in einer unaufgelösten Spannung zurück. Das Konzil bestätigte, daß Wahrheit in anderen Religionen gefunden werden kann, und erkannte das Recht auf Religionsfreiheit an. Doch es forderte auch zu neuerlichen missionarischen Anstrengungen auf, denn nur die katholische Kirche verfüge über die

Fülle der Mittel zur Erlösung. Die Überlegung, ob diese Positionen völlig miteinander vereinbar sind und welche denn nun das Denken der Kirche bestimmen sollte, bildet den Kern der Debatte um den religiösen Pluralismus, die sich seitdem entfaltet hat.

Ratzingers Einstellung auf dem Konzil kann zum Teil aus den öffentlichen Erklärungen von Kardinal Frings geschlossen werden. Während der Diskussion über *Lumen gentium* auf der zweiten Sitzung applaudierte Frings dem „ökumenischen Geist" des Dokuments und seiner irenischen Annäherung an Nichtchristen. Er lobte die Erklärung von Paul VI., die Rolle der katholischen Kirche bei der Schaffung von Spaltungen unter Christen zu bedauern, und drängte darauf, daß eine ähnliche Sprache in den Text eingearbeitet werden müsse. Später sprach Frings für den Ökumenismus, als er für die kirchliche Anerkennung von Mischehen, die in Anwesenheit eines nichtkatholischen Geistlichen geschlossen werden, und für die Aufhebung aller kirchlichen Bestrafungen solcher Ehen eintrat.

Doch ist es klar, daß Frings und Ratzinger nicht dazu geneigt waren, den Anspruch des Christentums aufzugeben, „wahr" zu sein, in dem Sinne, anderen Glaubensrichtungen überlegen zu sein, noch dazu, bekehrende Bemühungen zu verringern. In der Debatte um das Schema zur missionarischen Betätigung während der dritten Sitzung forderte Frings ein umfassenderes Dokument. Er bestand darauf, daß „Mission" nicht nur auf die Wiederbekehrung abgefallener Katholiken bezogen werden sollte, sondern in erster Linie die Verkündigung des Evangeliums an jene außerhalb der Kirche bleiben müßte. Er beantragte einen jährlichen Beitrag von älteren Diözesen zur Unterstützung missionarischer Bemühungen, da es ungerecht gegenüber Missionsbischöfen sei, daß sie einen so großen Teil ihrer Zeit darauf verwenden müßten, um finanzielle Hilfe zu bitten.

Frings' Rede besiegelte das Schicksal des bestehenden Entwurfs zur missionarischen Betätigung, und das Konzil entschied, ein vollständig neues Dokument in Auftrag zu geben. Ratzinger wurde als Frings' *peritus* angewiesen, neben Yves Congar und einer Reihe anderer Theologen den neuen Text auszuarbeiten. *Ad gentes divinitus* legte letztlich zwei Punkte fest, die sowohl Ratzinger als auch Frings für wesentlich hielten: Zum einen muß Bekehrung, in der Bedeutung der bekehrenden Verkündigung des Evangeliums, vor Sozialarbeit und anderen „vorevangelisierenden" Aktivitäten als Herz des missionarischen Werks beibehalten werden. Zum anderen muß die Unterstützung der Mission eine gemeinschaftliche, für alle Bischöfe verbindliche Verantwortlichkeit darstellen.

Das Dokument zur Religionsfreiheit lief fast auf eine völlige Umkehrung der kirchlichen Lehre zum Thema hinaus. Obwohl vatikanische Beobachter anwesend waren, als die Vereinten Nationen 1948 ihre Allgemeine Erklärung der Menschenrechte annahmen, die eine Garantie der Religionsfreiheit einschloß, war diese Idee zu Beginn des Konzils offiziell für Katholiken immer noch häretisch. Die maßgebliche Lehre war 1832 von Papst Gregor XVI. zum Ausdruck gebracht worden, der das Prinzip, daß man jedem Gewissensfreiheit zusichern und garantieren müsse, als falsch und absurd oder besser noch verrückt beschrieb. Dies, so Gregor, sei einer der verderblichsten Irrtümer. Damit verknüpft sei die Pressefreiheit, die gefährlichste Freiheit, eine zu verabscheuende Freiheit, die niemals genügend Schrecken einflößen könne. Noch bis Pius X. und der antimodernistischen Kampagne des frühen 20. Jahrhunderts wurden diese Anathemen energisch geltend gemacht. Sie waren Teil der Reaktion des Katholizismus gegen die Aufklärung.

Daher wurde die Erklärung des II. Vaticanums, daß der Mensch ein Recht auf religiöse Freiheit hat, auf der ganzen Welt als aufsehenerregender und dramatischer Aufbruch begrüßt. Ratzinger spielte keine unmittelbare Rolle beim Entwurf des Dokuments, aber Frings hielt am 15. September 1965 während der Eröffnungsrunde der Diskussion eine Rede. Darin bestätigte er das Dokument in groben Zügen, äußerte aber Vorbehalte, die Ratzinger später ausführen sollte. Zunächst sagte Frings, daß das Konzil nicht für religiöse Freiheit auf der Grundlage eines Naturgesetzes streiten solle, solche Fragen sollten einer Debatte der Philosophen überlassen bleiben – Aufgabe des Konzils aber sei es, die Folgerungen der Offenbarung zu entfalten. Dann betonte Frings, daß Freiheit von staatlichem Zwang und Freiheit von der ethischen Verpflichtung, Christus zu folgen, nicht als gleiche Vorstellung behandelt werden dürften. Schließlich trat er dagegen ein, einen Rückblick auf die Kirchengeschichte bezüglich der Lehre und Praxis der Religionsfreiheit in das Dokument einzubeziehen. Zusammengefaßt deuten die Bemerkungen darauf hin, daß für Frings und durch Erweiterung für Ratzinger Religionsfreiheit als politischer, nicht als theologischer Begriff zu verstehen war: Der Staat sollte religiösen Glauben nicht aufzwingen, aber die Kirche darf nicht von ihrem Anspruch zurücktreten, der einzige Weg zur Erlösung zu sein.

DIE AFFÄRE HALBFAS

Während Ratzingers Tübinger Jahren trat ein Streit auf, der die Distanz zwischen seinem Verständnis von religiösem Pluralismus und der Richtung hervorhob, in die sich die Kirche nach Meinung vieler Katholiken diesbezüglich wandte. Die Kontroverse konzentrierte sich auf Hubertus

Halbfas, einen populären Theologen und Religionslehrer, der an der Hochschule in Reutlingen lehrte, etwas über zwanzig Kilometer von Tübingen entfernt. Halbfas ist heute im Ruhestand und lebt in Drolshagen.[4]

Halbfas' Karriere verlief in mancherlei Hinsicht ähnlich wie die Ratzingers. 1932 in eine Bauern- und Arbeiterfamilie geboren, erlangte er ein Doktorat in Katholischer Theologie an der Universität München und machte 1957 seinen Abschluß. Er wurde zum Priester geweiht und war von 1957 bis 1960 in Brakel als Vikar tätig. 1960 wurde er als Dozent in Theologie an die Hochschule Paderborn berufen. Im Sommer 1967 zog er nach Reutlingen, wo er gerade einmal ein Jahr verbrachte, bevor ihm eine ähnliche Stelle in Bonn angeboten wurde.

Halbfas wurde jedoch in eine Kontroverse verwickelt, bevor er die Stellung antreten konnte. Im Februar 1968 wurde sein Buch *Fundamentalkatechetik: Sprache und Erfahrung im Religionsunterricht* in theologischen Kreisen zur Sensation. Darin zielte er auf die Verdeutlichung der Folgen der exegetischen Wissenschaften, vor allem der modernen Bibelkritik, für die katholische Lehre ab. Wegen seiner Herangehensweise an Glaubensgrundsätze, etwa die Auferstehung, die Halbfas nicht als historische Tatsache behandelte, sondern als Verständnis, das sich im Lauf der Zeit in der frühen Kirche entwickelte, setzte das Buch teilweise das in Bewegung, was Halbfas einen Lehrstreit nennt, also eine Kontroverse in der Glaubenslehre. Der explosivste Bestandteil des Buchs lag jedoch in der Art, in der er den Zweck der christlichen missionarischen Betätigung festlegte. Sie solle nicht auf Bekehrungen abzielen, sondern dazu beitragen, den Hindu einen besseren Hindu werden zu lassen, den Buddhisten einen besseren Buddhisten und den Muslim einen besseren Muslim. In einem Austausch via E-Mail 1999 schrieb mir Halbfas, daß sein Argument besonders kontrovers war, weil er in der religiösen Erziehung tätig war. Zur Frage wurde, welches Verständnis die Kirche an die nächste Generation weiterleiten sollte.

Fundamentalkatechetik wurde ohne Druckerlaubnis veröffentlicht, kurz nach der Veröffentlichung aber wurde es von Kardinal Frings und Bischof Josef Höffner, Frings' späterem Nachfolger, öffentlich angeklagt. Im Juli 1968 verabschiedete die deutsche Bischofskonferenz eine förmliche Verurteilung des Buchs, wobei sie seine Position zur missionarischen Betätigung anführte. Bonn, wo Halbfas eine Stelle als Lehrer angeboten bekommen hatte, ist Suffragansitz von Köln, und so war es für Kirchenkenner keine Überraschung, als der dortige Hauptvikar sein Veto gegen Halbfas' Berufung an die Hochschule einlegte. Halbfas sagte mir, daß Ratzinger seines Wissens keine Rolle in einer dieser Entscheidungen spielte.

Eine weitverbreitete Empörung unter Katholiken folgte den Nachrichten, daß Halbfas effektiv von den Bischöfen zensiert worden war. In Bonn und Reutlingen gingen Studenten auf die Straße, um ihn zu unterstützen. Fünfzig Theologistudenten an der Universität München schrieben einen offenen Brief an Kardinal Julius Döpfner von München, damals der Vorsitzende der Bischofskonferenz, und forderten, daß Halbfas die Berufung nach Bonn genehmigt würde. Die Bischöfe gaben nicht nach. Tatsächlich forderten sie, daß er sein Buch zurückziehen und die ärgerniserregenden Abschnitte tilgen solle. Die Unterstützung für Halbfas in der theologischen Gemeinschaft war nicht uneingeschränkt, nicht einmal unter den Progressiven: Karl Rahner beispielsweise sagte, das Buch leugne den wesentlichen kirchlichen Charakter der theologischen Berufung. Trotzdem war die öffentliche Stimmung innerhalb der Kirche zum größten Teil stabil auf der Seite von Halbfas, und als ihm im November 1969 seine *missio canonica* als katholischer Theologe entzogen wurde, löste das eine weitere Protestwelle im ganzen Land aus.

Die Reaktion kann anhand von drei Kräften erklärt werden. Erstens führte das II. Vaticanum viele Katholiken zu der Erwartung, daß die Zeiten der Aufhebung einer Druckerlaubnis für Bücher und der Entziehung theologischer Lizenzen vorbei wären. Der Fall Halbfas war in Deutschland das erste Zeichen dafür, daß die Katholiken diese Absichten mißdeutet hatten. Zweitens hatten viele Katholiken angenommen, daß sich die Kirche darauf zubewege, sich dem religiösen Pluralismus zu öffnen, und der Fall Halbfas entzog dieser Erwartung die Grundlage. Schließlich beschleunigte der allgemeine revolutionäre Verlauf der späten sechziger Jahre die Tendenz, sich gegen jede Ausübung von Autorität zu erheben. Als Halbfas in einem Artikel in *Christ und Welt* im Dezember 1968 die deutschen Bischöfe bezichtigte, zeitgenössische Ausdrucksformen des Glaubens mit jahrhundertealten Kriterien zu messen, begegnete sein Argument daher einer breiten Zustimmung der deutschen katholischen Gemeinschaft.

Auf den katholischen und evangelischen Theologiedozenten in Tübingen lastete ein starker Druck, den Kollegen im nahe gelegenen Reutlingen zu unterstützen. Studenten teilten zu Beginn des Wintersemesters 1968 Flugblätter aus, in denen sie fragten, was die Dozentenschaft in „der Halbfas-Affäre" zu tun gedenke. Viele Dozenten in Tübingen stimmten darin überein, daß sie etwas unternehmen müßten. Küng erinnerte sich, daß sie diesen Mann verteidigen wollten und sehr darüber besorgt waren, was ihm widerfuhr. Er sagte, daß der Wunsch, Halbfas zur Seite zu stehen, in der katholischen Dozentenschaft fast einheitlich vorhanden gewesen sei, mit alleiniger Ausnahme von Ratzinger, der in diesem Jahr gerade als Dekan tätig war.

Halbfas erzählte mir, daß Ratzinger ihn zu einem persönlichen Gespräch mit den Dozenten der Katholischen Theologischen Fakultät in seine Wohnung in Tübingen einlud. Ratzinger erklärte ihm, so Halbfas, daß man sicherlich das Recht habe, die in seinem Buch vertretenen Positionen einzunehmen, aber dann solle man das nicht als katholischer Theologe tun. Laut Halbfas blieb Ratzinger dabei höflich, und der Austausch hatte „keine in irgendeiner Form erkennbaren Folgen" für die Beziehung zwischen den beiden Männern. Die Haltung, die Ratzinger in dem Gespräch einnahm, war für Halbfas vielleicht nicht überraschend: Trotz des progressiven Tons, den er in seinen Kommentaren zum II. Vaticanum angeschlagen hatte, hatte er in seiner Monographie zur vierten Sitzung von 1966 geschrieben, daß der vorherrschende Optimismus, der die Weltreligionen in gewisser Art als Erlösungskräfte verstehe, schlicht unvereinbar mit der biblischen Einschätzung dieser Religionen sei.

Küng berichtet, die Fakultätsdozenten hätten sich später getroffen, um den Fall lange zu diskutieren, wobei sich Ratzinger unerbittlich jedem Ausdruck der Unterstützung für Halbfas oder jeglichem Einschreiten zu seinen Gunsten bei Bischof Karl-Josef Leiprecht von Rottenburg widersetzte, dessen Diözese Tübingen und Reutlingen umfaßte. Küng erinnert sich, wie aufgeschreckt er von Ratzingers strenger Haltung war: „Es war das erste Mal, daß ich erlebte, wie Ratzinger dazu fähig ist, eine Position mit nur jedem ihm in die Hände fallenden Argument zu verteidigen, selbst wenn sich diese gegenseitig widersprechen", sagte er. „Er gebrauchte jedes nur mögliche Argument."[5]

Der frühere Doktorand Ratzingers, Charles MacDonald, heute Professor in Nova Scotia, erinnert sich an die Kontroverse um Halbfas als einen bestimmenden Moment für Ratzinger: Als die Halbfas unterstützenden Proteste zunahmen, habe Ratzinger das Gefühl gehabt, eine öffentliche Erklärung zur Begründung seines Standpunkts abgeben zu müssen, und so habe er eine außerordentliche öffentliche Vorlesung zur Angelegenheit Halbfas angesetzt. Über 700 Menschen kamen, um Ratzingers Darstellung der Positionen von Halbfas wie seiner eigenen zu hören. Es kam dann zu einer für damals überraschenden Geste, als Ratzinger, nachdem er geendet hatte, Fragen aus dem Saal zuließ. MacDonald erzählte, daß die meisten Fragen feindselig gewesen seien, aber doch Respekt für Ratzingers Bereitschaft gezeigt hätten, sich dem Zorn zu stellen. Der Schlüsselmoment sei eingetreten, so MacDonald, als Ratzinger bezüglich einer Frage darüber, wie Halbfas eine Glaubenslehre verstehe, sagte: „Wenn ich das glauben würde, könnte ich nicht mehr aufrichtig das Glaubensbekenntnis sprechen." Da, so MacDonald, habe er erkannt, wie „tiefgehend existentiell" das ganze für Ratzinger gewesen sei. MacDonald erzählt weiter, daß Ratzinger, als er während Hans

Küngs Seminar zur Unfehlbarkeit 1972 als Gastredner aufgetreten sei, dieselben Worte hinsichtlich einer Position Küngs zu den Ursprüngen der Kirche benutzt habe: „Wenn ich das glauben würde, könnte ich nicht das Glaubensbekenntnis sprechen."

1970 trat Halbfas aus der Priesterschaft aus, um zu heiraten. Er lehrte weiterhin in Reutlingen, wo er nun zum Professor für religiöse Erziehung statt für Theologie wurde. Etwa zur selben Zeit, so Halbfas, griff Ratzinger seine Ansichten zur missionarischen Tätigkeit in einer Weise an, daß Halbfas das Gefühl einer Entstellung dessen, was er geschrieben hatte, befiel. Er reagierte nicht darauf, vielleicht seiner Empfindungen wegen, gerade erst vom Priesteramt zurückgetreten zu sein. Die progressive katholische Zeitschrift *Publik-Forum* hingegen veröffentlichte eine lange Reihe von Leserbriefen, die sich mit Ratzingers Kritik an Halbfas befaßten und zum großen Teil Partei für Halbfas ergriffen.

Der Streit um Halbfas ebbte nach und nach ab. Er trat im weiteren als Verfasser mehrerer theologischer Werke hervor, darunter *Das Dritte Auge* von 1982, das, guten Anklang findend, seine Vorstellungen zur Katechese wie zum religiösen Pluralismus entwickelte. „Die Affäre Halbfas" bietet einen wichtigen Einblick in Ratzingers Einstellung zur Frage des religiösen Pluralismus und, gleichfalls bedeutend, zu Rechten und Pflichten kirchlicher Amtsträger, Disziplinarmaßnahmen einzuleiten, wenn Theologen zu weit gehen. Für Ratzinger bedeutete die Frage der Missionstätigkeit schon 1968 eine solche Grenze. Evangelisierung, wie Ratzinger es sieht, heißt, mehr Menschen zu Christen zu machen, nicht zu besseren Hindus.

RATZINGER UND DER ÖKUMENISMUS

Johannes Paul II. sieht das 3. Jahrtausend als eine Periode der Wiedervereinigung der getrennten Zweige des Christentums vor sich, beginnend mit den fünfzehn orthodoxen Kirchen, damit das Christentum wieder „mit beiden Lungen atmen" kann, nämlich Ost und West. Sein Pontifikat hat bislang wenig konkrete Durchbrüche erzielt – sein Biograph George Weigel glaubt, daß das Verfehlen, einen bedeutsamen Fortschritt bezüglich des orthodoxen Zweigs erreicht zu haben, wahrscheinlich die größte Enttäuschung des Papstes ist –, aber das Bemühen hat der Regierung von Johannes Paul trotzdem seinen Stempel aufgedrückt.

Es gibt kaum ein Anzeichen dafür, daß Ratzinger dieses Gefühl der Verpflichtung zur Wiedervereinigung teilt. Er betrachtet den Ökumenismus als wünschenswert, aber er ist viel skeptischer in den Aussichten und viel stärker auf der Hut vor Kompromissen. In vielen Fällen hat Ratzinger als Bremse in Johannes Pauls ökumenischem Antrieb fungiert. Die einsame, aber doch ungewisse Ausnahme stellt der katholische Dialog mit den Lutheranern dar, in dem Ratzinger selbst einen tiefen persönlichen Gewinn im Gespräch spürt.

Ratzinger behandelte den Ökumenismus am ausführlichsten in einer Aufsatzsammlung, die 1988 als *Kirche, Ökumene und Politik* veröffentlicht wurde. In einem Aufsatz über Europa nach dem Kommunismus warnt er vor dem Kapitalismus, der, kaum besser als der Nationalismus oder der Kommunismus, ebenfalls einen falschen Götzen aufstelle (nämlich den Wohlstand, im Unterschied zu Volk bzw. Staat). Ratzinger vertritt, daß Europa zwei Elemente seiner Vergangenheit wiederentdecken müsse, um eine humane Zivillisation zu errichten: sein klassisches griechisches Erbe und seine gemeinsame christliche Identität. In der klassischen Ära sollte Europa objektive und ewige Werte wiederentdecken, die über der Politik ständen und der Macht Grenzen setzten. Ratzinger verwendet den griechischen Ausdruck *eunomia*, um diesen Begriff des Guten zu beschreiben, und in diesem Sinne ließe sich sagen, daß er eher ein eunomisches als ein ökonomisches Modell der europäischen Integration vorschlägt.

Die christliche Anthropologie, so meint Ratzinger, solle die Werte für diese neue eunomische Zivilisation Europas liefern. Innerhalb dieses Strebens, ein solches neues Europa zu errichten, läßt er die größte Hoffnung für eine ökumenische Zusammenarbeit zu. Katholiken, Orthodoxe, Anglikaner, Lutheraner und die anderen Zweige des Christentums könnten zusammenarbeiten, um eunomische Ideale zu verbreiten. Daher legt Ratzinger die Betonung auf eine nach außen gerichtete Zusammenarbeit, nicht auf eine innere Übereinstimmung in der Lehre.

In seinem Aufsatz zu ökumenischen Problemen, der den zweiten Teil von *Kirche, Ökumene und Politik* umfaßt, bestimmt Ratzinger das Ziel der katholischen Betätigung im Ökumenismus: die Umformung der gegenwärtig getrennten Kirchen in einzelne Kirchen in Gemeinschaft mit Rom. Seiner Meinung nach habe das II. Vaticanum zu Recht zur Arbeit auf dieses Ziel hin angehalten, dabei aber vielleicht unrealistische Erwartungen geschaffen. Die christlichen Teilungen würden nicht schon, so glaubt er, in naheliegender Zeit miteinander verschmelzen, und es sei zwecklos, in einem Versuch, die Wiedervereinigung zu beschleunigen, Notlösungen zu verfolgen. Er sagt voraus, daß es wahrscheinlich nicht innerhalb der Lebensspanne der gegenwärtigen Generation zu einer vollen Gemeinschaft kommen werde.

Ratzinger lehnt drei solche Lösungen ab, die er in der ökumenischen Diskussion im Umlauf sieht. Die erste ist die Lösung von unten. Die Idee ist, daß in den verschiedenen christlichen Traditionen beheimatete Gläubige, die ungeduldig über die theologischen Verzögerungstaktiken sind, einfach beginnen würden, sich zur gemeinsamen Verehrung zu versammeln. In dieser Szenerie wären die Hierarchien dazu gezwungen, sich der neuen Wirklichkeit an der Basis anzupassen. Ratzinger findet an dieser Herangehensweise zwei Probleme: Sie verletze den Begriff von der Kirche als Gemeinschaft, indem sie eine Trennung zwischen der Hierarchie und den Gläubigen postuliere, die sich aus der weltlichen politischen Theorie ableite. Zusätzlich sei diese Art von „Weltkirche", die man sich hier vorstelle, zu fließend und unstabil, um eine dauerhafte Einheit zu gewährleisten.

Die zweite Möglichkeit ist eine Wiedervereinigung von oben. Dieses Modell, das von katholischen Theologen wie Heinrich Fries und Karl Rahner in verschiedenen Formen vorgeschlagen wurde, ruft die Verantwortlichen in der Kirche dazu auf, die normalen Vorbedingungen zum Eintritt in die katholische Gemeinschaft auszusetzen, unter der Voraussetzung, daß, wenn einmal neue Mitglieder in das Kirchenleben integriert wären, sich ihre die Lehre bertreffenden Einwände dem Katholizismus gegenüber verflüchtigen würden. Sie würden so in das katholische Dasein hineinwachsen.

Interessanterweise lehnt Ratzinger diesen Vorschlag als auf einer übertriebenen Vorstellung päpstlicher Autorität beruhend ab. Der Papst ist dem Glauben verpflichtet, er kann sich nicht einfach etwas herbeiträumen und es in die Praxis umsetzen. Der Punkt erinnert an die Diskussion während des II. Vaticanums, als Paul VI. den Einschub einer Zeile in *Lumen gentium* vorschlug, die besagen sollte, daß der Papst in der Ausübung seiner kirchlichen Gewalt durch nichts beschränkt sei. Die theologische Kommission des Konzils wies den Vorschlag zurück und merkte an, daß der Papst tatsächlich durch viele Dinge gebunden sei: durch die Offenbarung, durch die Erklärungen ökumenischer Konzilien, durch unfehlbare Erklärungen vorhergehender Päpste, durch die Wahrheit. Er könne nicht anordnen, daß zwei und zwei fünf ist. Auf einem vatikanischen Symposium zum Papsttum in den neunziger Jahren zitierte der amerikanische Jesuit und Theologe Michael Buckley eine Zusammenfassung dieser Diskussion aus Ratzingers Kommentar zu *Lumen gentium.* Ratzinger hatte zwar den Bezug vergessen, stimmte aber zu, daß die Theologie korrekt sei.[6]

Schließlich lehnt Ratzinger die Vorstellung einer Wiedervereinigung „von der Seite" ab, in der die verschiedenen Zweige des Christentums als gleichwertig gültige Traditionen betrachtet werden, während die Frage beiseite gelassen wird, welche von ihnen „am wahrsten" ist. Ratzinger vertritt, daß diese Herangehensweise eine Verordnung zur Stagnation, nicht zum Fortschritt sei. Wenn es keinen objektiven Maßstab gebe, dem zufolge voneinander abweichende Lehren und Politiken beurteilt werden können, worüber sollte dann zu sprechen sein? In diesem Sinne argumentiert er, daß milde Toleranz die Christen tatsächlich der Historizität verhaftet sein lasse. Wir steckten mit unseren Unterschieden fest, weil es keine Kriterien gebe, durch die eine Veränderung gerechtfertigt werden könnte.

Anstelle dieser drei Alternativen sagt Ratzinger, daß wahrer Ökumenismus gleichzeitig von unten, von oben und von der Seite kommen müsse. Aus der gegenseitigen Durchdringung und langsamen Reife der Einsichten jeder dieser drei Positionen werde die wirkliche Wiedervereinigung Schritt für Schritt hervortreten. Es handele sich um einen langsamen bedächtigen Prozeß ohne Erfolgsgarantie. In der Zwischenzeit sollten Christen in Sozialarbeit gemeinsam tätig sein und in der Darbietung eines gemeinsamen ethischen Zeugnisses.

Ratzingers Wirkung auf den Ökumenismus kann aus der Untersuchung seines Umgangs mit drei verschiedenen christlichen Kirchen geschlossen werden: orthodoxe Kirche, Anglikanismus und lutheranische Kirche.

Orthodoxe Kirche

Ratzinger kennt die orthodoxe Kirche gut. Er würdigte russisch-orthodoxe Theologen für ihren Einfluß auf die Wiederherstellung der eucharistischen Kirchenlehre des II. Vaticanums und hat moderne Angriffe auf den „Klerikalismus" innerhalb des Katholizismus mit dem Schisma der *raskolniki* (oder „Altgläubigen") im Rußland des 16. Jahrhunderts verglichen. Auf dem II. Vaticanum kritisierte Ratzinger ein übermäßig westliches Gefühl der Kirche unter der Neoscholastik und hoffte auf einen größeren Ausgleich durch eine Restauration östlicher Einsichten und Praktiken. Seiner Empfindung nach trat ein krönender Moment in den Liturgien des Konzils ein, als das Evangelium in Griechisch verkündet wurde. Bei mehreren Gelegenheiten hat Ratzinger darauf hingewiesen, daß Roms einzige Bedingung für eine Gemeinschaft mit den Orthodoxen die sein sollte, daß sie die Lehren des 1. Jahrtausends zum Primat des Papstes akzeptieren.

In einem Brief an die Bischöfe der Welt vom 28. Mai 1992 zu Aspekten der als Gemeinschaft verstandenen Kirche sagt Ratzinger, daß in jeder rechtskräftigen Feier der Eucharistie die eine heilige katholische und apostolische Kirche wahrhaftig gegenwärtig werde. Eine rudimentäre Gemeinschaft mit allen christlichen Kirchen, die die verschiedenen Brüche der Geschichte überstanden hat, besteht demzufolge vor allem mit den Orthodoxen.

Im Verlauf des Pontifikats von Johannes Paul II. ist es nur zu Durchbrüchen von relativ geringem Wert mit den Orthodoxen gekommen: Die katholische Kirche und die armenisch apostolische Kirche unterzeichneten 1996 eine gemeinsame Erklärung zur Christologie, und 1999 wurde Johannes Paul II. zum ersten Papst, der vorwiegend orthodoxe Länder besuchte, als er nach Rumänien und zum Jahresende in die frühere Sowjetrepublik Georgien reiste. Doch hat es kaum einen Fortschritt auf eine Einheit hin gegeben, wobei das Gespräch vor allem in der Frage stockte, was das „Primat" des Nachfolgers von Petrus bedeutet. In *Ut unum sint* wies Johannes Paul darauf hin, daß dies der *einzige* Punkt sei, der Rom und die orthodoxen Kirchen noch trenne, eine Position, die die meisten orthodoxen Oberhäupter nicht bestätigt haben. 1997 sagte der Ökumenische Patriarch Bartholomäus, daß „die Art und Weise, in der wir existieren, sich ontologisch voneinander geschieden hat", was auf eine tiefgehendere Trennung hinzuweisen scheint.

Ratzinger hat zwei vatikanische Symposien zum päpstlichen Primat gefördert: eines 1989 zum historischen Zeugnis, das sich mit der Ausübung des päpstlichen Primats im 1. Jahrtausend befaßte, und ein weiteres 1996 zur theologischen Dimension dieser Geschichte. Der Ertrag der beiden Symposien war ein Dokument vom November 1998 zum Primat des Petrus im Mysterium der Kirche. Obwohl das Dokument nicht im besonderen an die orthodoxen Kirchen gerichtet ist, wurde es von orthodoxen Oberhäuptern mit starkem Interesse aufgenommen. Darin erklärt Ratzinger, daß ein starkes Papsttum nicht nur dem Willen Christi entspreche, es schütze auch Bischöfe und örtliche Kirchen vor einer politischen Einmischung von seiten des Staates. Die Sorge vor einer derartigen Einmischung hätte in der Tat dazu beigetragen, im Frankreich und Deutschland des 19. Jahrhunderts den Drang entstehen zu lassen, die päpstliche Unfehlbarkeit zu erklären.

Ratzinger vertritt, daß die episkopale Gemeinschaftlichkeit, wie die durch die Patriarchen in den orthodoxen Kirchen ausgeübte, nicht im Gegensatz zur persönlichen Ausübung des Primats stehe und sie auch nicht relativieren sollte. Er argumentiert, daß Gottes Fügung von Anfang an eine Verknüpfung zwischen den historischen Patriarchensitzen wie Antiochia, Alexandria und Rom beinhaltete. Das Primat des Papstes könne nicht auf ein Primat der Ehre reduziert werden, ebensowenig wie es als eine politische Monarchie verstanden werden könne, die in dem Vermögen stehe, rein symbolisch zu sein. Der Papst müsse über die volle und höchste Gewalt in der Kirche verfügen, um sie vor Willkür und Anpassung zu bewahren. Er müsse die legitime Vielfalt schützen und in der Ausübung seiner Macht auf die universale Kirche hören, am Ende aber sollten Entscheidungen von ihm allein gefällt werden.

Ratzinger behauptet, daß jede rechtmäßige Feier der Eucharistie, womit er vornehmlich die orthodoxe Liturgie meint, objektiv nach voller Einheit mit Rom verlange, weil das Primat des Papstes Teil der Innerlichkeit der eucharistischen Kommunion sei. Er gesteht zu, daß dieses Primat im Lauf der Jahrhunderte in verschiedenen Arten ausgeübt worden sei, und läßt die Aussicht offen, heutzutage neue Formen zu finden, doch warnt er davor, daß dies nicht dadurch geschehen könne, auf die geringste Zahl von Funktionen, die historisch ausgeübt worden sei, zu sehen.

Ratzinger sagt, daß die Erinnerung an diese wesentlichen Punkte es dem ökumenischen Dialog gestatten werde, Verstrickungen zu umgehen, die in der Kirchengeschichte bereits als inakzeptabel erkannt worden seien. Er erwähnt den Febronianismus (eine Bewegung im Deutschland des 18. Jahrhunderts, die zu einer deutschen katholischen Kirche unabhängig von Rom aufrief), den Gallikanismus (eine ähnliche Bewegung in Frankreich, wenn auch mit dem Einschlag staatlicher Kontrolle), den Ultramontanismus (womit Ratzinger vermutlich eine übermäßige Betonung des päpstlichen Primats bezeichnet) und den Konziliarismus (die Ansicht, daß eher ein ökumenisches Konzil die höchste Gewalt innehält als der Papst).

Neben dem Primat gibt es zwei weitere Hindernisse im katholisch-orthodoxen Dialog. Das erste stellen die sogenannten uniierten Kirchen dar, Gemeinschaften mit östlichen Liturgien und Traditionen, die das Primat des Papstes unter den Bedingungen der Union von Brest von 1596 anerkennen. Unter den Sowjets wurden die uniierten Kirchen besonders unterdrückt, weil sie als Brückenkopf zum Westen eingeschätzt wurden. Ein großer Teil ihres Besitzes wurde konfisziert und den Orthodoxen übereignet. Nach dem Zusammenbruch des Kommunismus forderten sie die Rückgabe ihrer Gemeinden, Ikonen und anderer Objekte. Rom unternahm in dieser Frage einen Drahtseilakt, wollte man doch weder die Uniierten betrügen noch die Orthodoxen veräußern.

Der bei weitem schwierigste Punkt, der den römische Katholizismus und die Orthodoxen heute trennt, ist die missionarische Bestrebung. Orthodoxe Oberhäupter wünschen sich vom Vatikan ein Versprechen, von Konvertierungen auf ihrem Gebiet abzusehen. Eine derartige Übereinkunft wurde tatsächlich 1990 durch eine gemeinsame Kommission für den theologischen Dialog zwischen lokalen orthodoxen Kirchen und der römisch-katholischen Kirche hervorgebracht, die sich in Freising, dem alten Sitz von Ratzingers Münchner Erzdiözese, versammelte. Die Kommission verabschiedete eine Erklärung, die besagte, daß das Streben der Uniierten als eine Form des Bemühens um Einheit zurückzuweisen sei, weil sie mit der gemeinsamen Tradition der eigenen Kirchen nicht übereinstimmten. Hinzugefügt wurde, daß jeder Versuch, die Gläubigen einer Kirche zu einer anderen zu konvertieren – Proselyten zu machen –, als eine Verzerrung seelsorgerischer Betätigung ausgeschlossen sein solle.[7]

Obwohl die Erklärung als Durchbruch begrüßt wurde, zog sie doch auch von allen Seiten Kritik auf sich. Viele aus den uniierten Kirchen erkannten darin einen Treubruch, während die meisten orthodoxen Oberhäupter Rom weiterhin verdächtigten, missionarische Aktivität zu fördern, weil Übertritte zum Katholizismus, entweder offenkundig oder über die uniierten Kirchen, im Laufe der neunziger Jahre in Osteuropa stiegen. Konservative aus dem Vatikan hatten das Gefühl, die Übereinkunft sei ein Ausverkauf, und vertraten, daß die Kirche niemals ihr Recht, das Evangelium zu predigen, aufgeben dürfe. In der Praxis hat die Übereinkunft sowohl an der Basis als auch in den Beziehungen zwischen katholischen und orthodoxen Führern kaum etwas verändert.

Anglikanismus

In *Kirche, Ökumene und Politik* umreißt Ratzinger seine Ansichten zum katholischen Dialog mit der anglikanischen Gemeinschaft. Auf der Ebene des gesunden Menschenverstandes, schreibt er, scheine es einem, daß der Anglikanismus, weil er episkopal strukturiert ist, die Hoffnung eines schnellen Fortschritts im Gespräch mit Rom biete. In Wirklichkeit, so Ratzinger, praktiziere der Anglikanismus eine zerstreute Autorität, wodurch niemand tatsächlich für die Anglikaner im ganzen sprechen könne. Darüber hinaus habe sich das anglikanische Verständnis in Kernlehren des Glaubens umgeformt. Anglikanische Kirchenführer erkennen beispielsweise die Unfehlbarkeit ökumenischer Konzilien nur insofern an, als sie mit der Schrift übereinstimmen. Ratzinger erwidert darauf, daß man kaum zuerst ein Konzil brauche, wenn jemand außerhalb eines Konzils den Sinn der Schrift besser bestimmen kann. Für Anglikaner impliziert „die Tradition" die Glaubensbekenntnisse und andere Dokumente der kirchlichen Vergangenheit, Ratzinger dagegen sagt, daß sie für Katholiken heute auch die lebendige Stimme des Magisteriums bezeichne. So scheinen die Trennungen zwischen Rom und Canterbury, folgt man Ratzinger, tiefer zu gehen, als die meisten Menschen denken.

Inmitten der Entscheidung der Episkopalkirche der Vereinigten Staaten von 1976, Frauen zu Priestern zu weihen, sagte Ratzinger, daß durch zwei Umstände eine neue Situation herbeigeführt worden sei: die Ausweitung des Mehrheitsprinzips auf Fragen der Lehre und das nationalen Kirchen ausgesprochene Vertrauen, Entscheidungen in der Lehre zu fällen. Beides ist Ratzinger zufolge in sich sinnlos, denn eine Glaubenslehre ist für ihn entweder wahr oder nicht wahr. Letzten Endes sagt er, daß das, was der Anglikanismus biete, nur eine starke katholische Potenz sei, nicht die Bereitschaft zur vollen Gemeinschaft, wie man sie bei den Orthodoxen finde.

Seit dem II. Vaticanum hat unter dem Namen ARCIC (die Anglikanisch/Römisch-Katholische Internationale Kommission) ein offizieller Dialog mit dem Anglikanismus Bestand. Im März 1982, nur vier Monate, nachdem Ratzinger die Kongregation für die Glaubenslehre übernommen hatte, lehnte er einen Bericht der ARCIC ab, der zwölf Jahre in Vorbereitung war. Er behandelte eine große Bandbreite an Fragen, etwa die Glaubenslehre von der Eucharistie, den kirchlichen Dienst und die Priesterweihe und die Autorität in der Kirche. Das Dokument besagte, auch wenn die Anglikaner willens sein könnten, den Papst als geistliches Oberhaupt einer wiedervereinigten Kirche zu akzeptieren, seien sie nicht bereit, die Unfehlbarkeit zu akzeptieren. Der Text wandte sich nicht Fragen wie Scheidung und Ordination von Frauen zu. In einem Brief an den katholischen Mitvorsitzenden der ARCIC sagte Ratzinger, das Dokument sei ein wichtiges ökumenisches Ereignis, aber es sei noch nicht möglich zu sagen, daß in der Gesamtheit der Fragen, die durch die Kommission studiert wurden, eine wirklich substantielle Übereinkunft erzielt worden sei. In bezug auf eine Klarheit, die für den unverfälschten Dialog so unabkömmlich sei, sagte Ratzinger, gebe es mehrere Punkte, die von der katholischen Kirche als Glaubenslehre aufrechterhalten würden, von denen es den anglikanischen Brüdern nicht möglich sei, sie als solche oder auch nur zum Teil zu akzeptieren. Viele Anglikaner waren aufgebracht darüber, daß ein zwölf Jahre währendes Projekt von jemandem zusammenfassend verworfen werden konnte, der noch neu in diesem Prozeß war.

Nachdem die Episkopalkirche in den Vereinigten Staaten sich dazu entschied, Frauen zu ordinieren, erlaubte der Vatikan ganzen episkopalen Gemeinden, in die römisch-katholische Kirche einzutreten, ihre anglikanische Liturgie und Tradition aber beizubehalten, was in der Tat eine Form von anglikanischem Uniiertentum entstehen ließ. Als die Kirche von England die Priesterweihe von Frauen im November 1992 mit gerade zwei Stimmen Mehrheit bestätigt hatte, ersuchten mehrere englische Anglikaner in Rom um eine ähnliche Option. Im Zuge der katholisch-orthodoxen Erklärung der Zurückweisung der Uniierten von 1990 war dies jedoch unmöglich. Andere höhergestellte anglikanische Konservative brachten die Idee in Umlauf, eine persönliche Prälatur für Austretende zu schaffen, die ihnen denselben Status wie Opus Dei verleihen sollte. Eine Kommission, bestehend aus Ratzinger, dem australischen Kardinal Edward Cassidy, der dem vatikanischen Amt für Ökumenismus vorsteht, und dem englischen Kardinal Basil Hume, wies diese Idee zurück.

Statt dessen entschied sie, einzelne anglikanische Priester in der Kirche zu akzeptieren. Den Priestern wurde eine Unterrichtung in katholischer Glaubenslehre zuteil, und sie mußten sich in einer umstrittenen Zeremonie erneut weihen lassen, was einer Ungültigkeitserklärung ihrer ursprünglichen anglikanischen Ordination gleichkam. Denen, die verheiratet waren, wurde gestattet, verheiratet zu bleiben.[8]

Viele empfanden, daß das eine seelsorgerisch sensible Vorgehensweise war. Jegliche Wahrnehmung, daß sich Ratzinger auf eine wohlwollendere Sichtweise des Anglikanismus zubewegte, zerschlug sich jedoch im Juli 1998. In diesem Monat erließ Johannnes Paul II. *Ad tuendam fidem*, ein Dokument, das dem Kirchenrecht Bestrafungen für Abweichungen von einer unfehlbaren Lehre des Magisteriums hinzufügte, die nicht offiziell festgelegt war. Da hier schon unter den neuen Grundsätzen des Kodex des Kirchenrechts gemachte Erklärungen wiederholt wurden, ebenso wie Dokumente wie *Ordinatio sacerdotalis* erneut bestätigt wurden, erregte der Brief selbst verhältnismäßig wenig Aufmerksamkeit. Von größerer Sprengkraft war ein Kommentar Ratzingers, in dem er eine Reihe von Glaubenslehren als Beispiele dieser Kategorie unfehlbarer Lehren anbrachte, darunter die Lehre von Leo XIII. *Apostolicae curae*, die anglikanische Priesterweihen für absolut nichtig und völlig unwirksam erklärte. Damit beanspruchte Ratzinger die Illegitimität der anglikanischen Priesterschaft als unfehlbare Lehre der katholischen Kirche.

Die Antwort erfolgte unvermittelt und zornig. Der anglikanische Erzbischof von York, David Hope, äußerte, er sei von solch einer „festgefahrenen Erklärung" überrascht. Erzbischof Michael Peers sagte: „Das ist der einzig ökumenische Bezug in Kardinal Ratzingers Erklärung. Es bezieht sich ausschließlich auf uns, und es ist vollkommen negativ. Folglich ist es enttäuschend ... Wenn Kardinal Ratzinger erklärt, dies sei endgültig, ist es so, als sei in den vergangenen hundertzwei Jahren nichts geschehen, wo in Wahrheit doch sehr viel geschehen ist. Aber es ist ein Anzeichen dafür, daß örtliche Vereinbarungen in der römisch-katholischen Tradition ganz natürlich auf Hindernisse in Rom selbst treffen können." Richard McBrien beschrieb den Kommentar Ratzingers als „erstaunlich unsensibel und provokativ". In seiner Biographie über Johannes Paul II. von 1999 äußerte Weigel Zweifel darüber, ob die Entscheidung Ratzingers weise war. Es bleibe unklar, schreibt er, ob die Beispiele, die in diesem Kommentar angeführt worden seien, einer so sorgfältigen Überlegung entstammten wie die dortige Beschreibung der autoritativen Lehre. In einer Fußnote zeigt Weigel an, daß sich dieser Eindruck bei ihm auf der Grundlage eines Interviews mit Cassidy vom Oktober 1998 eingestellt habe, das eine Spannung zwischen Cassidy und Ratzinger zu diesem Punkt nahelegte. Cassidy ist Australier und kennt die Anglikaner daher gut.

In diesem Zusammenhang traf ein Bericht der ARCIC vom Mai 1999 mit dem Titel „The Gift of Authority“ viele Beobachter fast wie ein Wunder. Trotz der Verhärtung der vatikanischen Position, die Ratzingers Stellungnahme darstellte, erklärte das Dokument, daß die Anglikaner bereit sein könnten, ein universales Primat für den Papst anzuerkennen. Am erstaunlichsten war, daß Mitglieder der Kommission erklärten, sie könnten sich vorstellen, daß die Anglikaner solch eine Primat „auch“ akzeptieren würden, „bevor unsere Kirchen in voller Gemeinschaft stehen“. Das war eine bemerkenswerte Geste von anglikanischer Seite, wenn auch eine, die unwahrscheinlich in einen schnellen Fortschritt mündet. ARCIC kann den sie betreffenden Kirchen nur Übereinkünfte vorschlagen, sie hat keine Macht, ihre Entwürfe einzusetzen.

Lutheranische Kirche

Die Lutheraner sind für Ratzinger, was die Orthodoxen für Johannes Paul sind: die in Trennung lebenden Brüder, die er am besten kennt und für die er die größte natürliche Affinität verspürt. Von den etwa einundsechzig Millionen Lutheranern in der Welt sind die Hälfte Deutsche, und Ratzinger kennt die Tradition fast so gut, wie er den Katholizismus kennt. Luther ist für Ratzingers Denken von großer Bedeutung: Nach Augustinus gibt es wahrscheinlich keinen vormodernen christlichen Schriftsteller, der größeren Einfluß auf seine theologischen Ansichten ausgeübt hat. Einer seiner engsten Freunde ist der lutheranische Theologe Wolfhart Pannenberg.

Nichts von alledem will aber sagen, daß Ratzinger eine übereilte Entspannung mit den Lutheranern erstrebt. Wie im Falle der Anglikaner beklagt er in der lutheranischen Tradition das Fehlen einer zentralen Autorität in der Lehre. Als sein amerikanischer Schützling und Freund, der Jesuit Joseph Fessio, ihn einmal über die Aussichten einer Vereinigung mit der lutheranischen Kirche befragte, gab Ratzinger ungehalten zurück, sobald es *eine* lutheranische Kirche gebe, könne man darüber sprechen. Darüber hinaus ist seine Bewunderung für Luther nicht ungetrübt. In *Kirche, Ökumene und Politik* spricht er davon, daß es einen zweifachen Luther gebe. Es gebe den Luther der Katechismen, den großen Hymnenschreiber und Förderer der liturgischen Reform. Dieser Luther, so Ratzinger, habe viel des *ressourcement* vorweggenommen, das später im Katholizismus vor dem II. Vaticanum aufgetreten sei. Es gebe aber auch den Polemiker Luther, dessen radikale Sicht der individuellen Erlösung die Kirche völlig aus dem Blick verliere.

1996 machte ein Gerücht die Runde, Johannes Paul hätte die Exkommunizierung Luthers anläßlich dessen 450. Todestages aufheben wollen, der Plan aber sei von Ratzinger und drei deutschen Bischöfen zunichte gemacht worden. Das Gerücht, das im Nachrichtenmagazin *Focus* veröffentlicht wurde, scheint zu unwahrscheinlich, um wahr zu sein, wenn auch nur aus logischen Gründen. Exkommunikation ist eine Bestrafung von Lebenden, nach dem Tod vollzieht sich Gottes eigenes Urteil. Wenn jedoch Ratzinger in diesem Fall eine Geste unterbunden hat, wäre es mit seiner Erklärung von 1998 vereinbar, daß die Anathemen, die vom Konzil von Trient gegen die Lutheraner gerichtet wurden, nach wie vor in Kraft sind.

Der gemeinsame katholisch-lutheranische Dialog seit dem II. Vaticanum hat einen Ruf als theologisch am wesentlichsten unter den verschiedenen ökumenischen Gesprächen. Doch Ratzinger schrieb 1988, daß er wenig Hoffnung auf einen Fortschritt aus zwischenkirchlichen Erklärungen ziehe, die gewöhnlich das Unmögliche versuchten und sich bemühten, logisch entgegengesetzte Positionen der Vergangenheit miteinander zu versöhnen. Einheit werde nicht auf diesem Weg gefunden, schrieb Ratzinger. Zu ihr könne nur gefunden werden, indem gemeinsam neue Schritte unternommen würden, wobei er unklar ließ, wie diese neuen Schritte genau aussehen könnten.

Diese Stelle scheint im Lichte der Rolle, die Ratzinger zehn Jahre später hinsichtlich einer Übereinkunft zwischen dem Heiligen Stuhl und dem Lutherischen Weltbund von 1998 spielte, prophetisch. Die Übereinkunft war unter großem Aufhebens im Juni 1998 angekündigt, dann anscheinend auf Druck von Ratzinger hin aufgelöst worden, um dann im Juni 1999 wieder aufgerollt zu werden.

Am 25. Juni 1998 hielt Cassidy eine Pressekonferenz ab, um eine gemeinsame Erklärung zur Glaubenslehre der Rechtfertigung, das Resultat einer jahrzehntelangen Arbeit lutheranischer und katholischer Gelehrter, vorzustellen. Dies müsse ohne Zweifel als eine herausragende Leistung der ökumenischen Bewegung eingeschätzt werden und als Meilenstein auf dem Weg zur Wiedereinsetzung der vollen, sichtbaren Einheit unter den Jüngern des einen Herrn und Erlösers Jesus Christus. Das Dokument enthielt vierundvierzig gemeinsame Erklärungen, die Bereiche der Übereinstimmung zusammenfaßten. Jeder Seite war es möglich, eine eigene Darlegung der Gedankenführung zu bieten, die es erlaubte, die Deklaration abzugeben. Der hohe Grad an Übereinstimmung, der im Dokument erreicht worden sei, ermögliche laut Cassidy beiden Seiten die Feststellung, daß die Verurteilungen, die im 16. Jahrhundert gegeneinander gerichtet wurden, nicht länger auf den betreffenden Partner von heute anwendbar seien.

Der Kern der Übereinkunft war der Schlüsselsatz, daß man allein durch die Gnade, im Glauben an das erlösende Werk Christi und nicht aufgrund irgendeines Verdienstes von eigener Seite, vor Gott angenommen sei und den Heiligen Geist empfange, der das Herz erneuere, während er einen rüste und zu guten Werken rufe. Die Deklaration, so erklärte Cassidy, löse im Grunde genommen am Ende des 20. Jahrhunderts eine lang diskutierte Frage.

Die von Cassidy so verstandene Wendung zum Positiven wurde allerdings von der Tatsache unterhöhlt, daß der Vatikan auch eine „Erwiderung" auf die Deklaration veröffentlichte. Die rätselhafte Logik, eine „Erwiderung" auf ein eigenes Dokument zu verabschieden, ließ eine Auseinandersetzung hinter den Kulissen vermuten, nämlich zwischen Cassidy, bereit, eine Übereinkunft mit den Lutheranern zu erklären, und Ratzinger, der nach wie vor Unterschiede in der Lehre erkannte. Die meisten Beobachter meinen, daß, wenn die Erwiderung nicht ohnehin von Ratzinger persönlich verfaßt wurde, sie doch bezeichnend von seinen Interessen durchdrungen war.

Die Erwiderung erklärte, daß das lutheranische Verständnis der Rechtfertigung, in dem die menschliche Person *simul iustus et peccator* bleibe – zugleich gerechtfertigt und ein Sünder –, nicht mit dem katholischen Glauben übereinstimme, daß die Taufe die Person umwandele und die Befleckung der Sünde tilge. Die Erwiderung vertrat auch, daß Katholiken *sowohl* von der Erlösung durch den Glauben überzeugt seien *als auch* von einem Urteil auf der Grundlage von Werken. Es sei nicht klar, so ließ die Erwiderung verlauten, ob das lutheranische Verständnis mit dem katholischen Verständnis des Sakraments der Buße zu versöhnen sei. Das Beharren der Lutheraner darauf, daß die Rechtfertigung der Eckstein des gesamten christlichen Glaubens sei, sei verblüht; die Lehre der Rechtfertigung müsse in das organische Ganze der Offenbarung eingegliedert werden. Im Widerhall von Ratzingers Bemerkung Fessio gegenüber äußerte die Erwiderung Zweifel, ob die Lutheraner, die unterzeichnet hatten, für ihre Kirche sprechen konnten. Es bleibe allerdings heute wie auch morgen in Leben und Lehre der lutheranischen Gemeinschaft die Frage der echten Autorität eines solchen synodalen Konsens, hieß es.

Der Grad der Übereinstimmung sei hoch, so die Erwiderung weiter, doch erlaube das noch nicht zu bestätigen, daß all die Unterschiede, die Katholiken und Lutheraner die Rechtfertigung betreffend in der Lehre trennten, schlicht eine Frage von Gewichtung oder Sprache darstellten. Die Abweichungen müßten im Gegenteil überwunden werden, bevor man bestätigen könne, wie es im allgemeingültigen Sinne geschehen sei, daß diese Punkte sich nicht länger den Verurteilungen des Konzils von Trient aussetzten. Die Erwiderung schien ein Fall zu sein, in dem die linke Hand nicht weiß, was die rechte tut. Stand die katholische Kirche nun hinter der gemeinsamen Erklärung oder nicht? Waren die Anathemen von Trient aufgehoben oder nicht? Niemand wußte es genau. Viele Lutheraner waren wütend: Einer behauptete, daß der Heilige Stuhl sowohl die an der Bearbeitung des Dokuments beteiligten lutheranischen als auch die römisch-katholischen Theologen betrogen habe und daß es Jahrzehnte dauern würde, das Vertrauen wieder aufzubauen.

Diese Vorhersage erwies sich als übermäßig düster. Im Sommer 1999 veranstaltete Cassidy eine zweite Pressekonferenz, um eine neue Übereinkunft anzukündigen. Dieses Mal nahm sie die Form von drei Dokumenten an: die gemeinsame Erklärung selbst, eine offizielle gemeinsame Darlegung, die bezeichnete, wie die beiden Parteien die gemeinsame Erklärung verstehen, und ein Anhang, der sich den Punkten zuwandte, die durch die Erwiderung und zusätzliche Belange von lutheranischer Seite aufgeworfen worden waren. Die Erklärung wiederholte Cassidys Behauptungen von 1998, daß zwischen Lutheranern und Katholiken eine Übereinstimmung in den grundlegenden Wahrheiten der Glaubenslehre der Rechtfertigung bestehe. Laut Cassidy bedeute das nicht, daß die Kirche die Exkommunikation von Luther aufgehoben habe: Man könne jetzt im Hinblick auf Martin Luther nichts unternehmen, so Cassidy, denn Martin Luther, wo auch immer er sei, werde von diesen Verurteilungen nicht mehr belangt. Bezüglich der Frage in der Glaubenslehre aber, um die es gehe, seien die Verurteilungen zurückgezogen.

Der Anhang belief sich Punkt für Punkt auf eine Widerlegung der Fragen, die in der Erwiderung von 1998 aufgeworfen worden waren: Die Taufe befreie den Menschen tatsächlich von der Macht der Sünde, doch wäre es falsch, wenn man sagte, daß der getaufte Mensch ohne Sünde sei; das Werk der göttlichen Gnade schließe menschliche Taten nicht aus; beim Jüngsten Gericht würden die Gerechtfertigten auch anhand ihrer Werke beurteilt; die Lehre von der Rechtfertigung sei das Maß oder der Prüfstein für den christlichen Glauben, keine Lehre dürfe diesem Kriterium widersprechen; und am deutlichsten, die Erwiderung der katholischen Kirche beabsichtigte nicht, die Autorität lutheranischer Synoden oder des Lutherischen Weltbundes in Frage zu stellen.

Trotz seiner früheren Vorbehalte war es Ratzinger, der die Übereinkunft offenbar ermöglichte. „Es war Ratzinger, der die Knoten verknüpfte", sagte mir Bischof George Anderson zu dieser Zeit, Oberhaupt der evangelisch-lutherischen Kirche von Amerika. „Ohne ihn hätten wir wahrscheinlich keine Übereinkunft."[9]

Am 14. Juli 1998 veröffentlichte Ratzinger in der *Frankfurter Allgemeinen* einen Brief, in dem er Berichte, nach denen er die ursprüngliche Übereinkunft zunichte gemacht hätte, als glatte Lüge bezeichnete. Er sagte, daß ein Abbruch des Dialogs für ihn wie eine Selbstverleugnung wäre. Am 3. November 1998 traf sich eine schnell zusammengestellte außerordentliche Arbeitsgruppe im Haus von Ratzingers Bruder Georg in Regensburg, um die Übereinkunft wieder auf den Weg zu bringen. Der lutheranische Bischof Johannes Hanselmann berief die Gruppe ein, bestehend aus ihm selbst, Ratzinger, dem katholischen Theologen Heinz Schuette und dem lutheranischen Theologe Joachim Track.

Ratzinger sei sehr positiv eingestellt, sehr hilfreich gewesen, sagte mir Track in einem Telefonat. Ihm zufolge machte Ratzinger drei Zugeständnisse, die die Übereinkunft retteten. Zunächst stimmte er zu, daß das Ziel des ökumenischen Prozesses die Einheit in der Vielfalt sei, keine strukturelle Reintegration. Track erklärte, das sei für viele Lutheraner in Deutschland wichtig gewesen, die sich sorgten, daß das letzte Ziel von alledem ihre „Rückkehr nach Rom" sei. Zweitens erkannnte Ratzinger die Autorität des Lutherischen Weltbundes völlig an, eine Übereinkunft mit dem Vatikan zu erzielen. Und schließlich stimmte er zu, daß, während die Christen auch verpflichtet seien, gute Werke zu tun, die Rechtfertigung und das Jüngste Gericht Gottes gnadenvolle Taten blieben.

Anderson sagte, daß trotz einer Dankbarkeit, die Lutheraner für Ratzingers Beitrag empfänden, die beiden Kirchen doch viel Boden gutzumachen hätten, bevor sie eine volle Gemeinschaft erreichten: „Seit der Reformation hatten wir eine getrennte Geschichte. Die Erklärung der päpstlichen Unfehlbarkeit von katholischer Seite und die Priesterweihe für Frauen von unserer sind zwei offensichtliche Beispiele."

Weitere Erklärungen zur Ökumene

Zwei weitere Erklärungen Ratzingers mit ökumenischen Folgerungen sollten erwähnt werden. Am 26. November 1983 wiederholte die Kongregation für die Glaubenslehre ihr Verbot der Mitgliedschaft von Katholiken in Freimaurerbünden. Katholiken, die Freimaurer werden, würden sich in eine ernsthafte Sünde verstricken und dürften nicht an der Heiligen Kommunion teilnehmen, stellte die Erklärung fest. Örtliche Bischöfe und Priester haben nicht die Befugnis, diese Aussage aufzuheben. Den geschätzten sechs Millionen Freimaurern weltweit, für die die antikatholische Polemik der Organisation der Vergangenheit angehört, konnte diese Erklärung nur unempfänglich scheinen.

Noch provokativer war Ratzingers Anschuldigung vom 9. Juni 1997, daß der Weltkirchenrat (WCC) die marxistischen Revolutionäre in Lateinamerika unterstützt hätte.[10] Mit Sitz in Genf besitzt der WCC über 330 Mitgliedskirchen, darunter die weltweiten Hauptlinien der protestantischen, anglikanischen und orthodoxen Körperschaften. Ratzingers

Kommentar wurde auf einer Pressekonferenz laut, die die Veröffentlichung eines Buches von Nicola Bux, eines süditalienischen Priesters, ankündigte. Bux behauptete, daß während der achtziger Jahre gewisse Kampagnen zur Förderung der Revolution in Lateinamerika durch den WCC unterstützt worden seien, dieser aber nichts unternommen habe, um den Christen und „Kirchen der Stille“ in Osteuropa zu helfen. Ratzinger stimmte zu: Viele lateinamerikanische Bischöfe hätten mit ihm die Tatsache bedauert, daß der WCC subversiven Bewegungen eine starke Unterstützung habe zukommen lassen. Vielleicht sei diese Unterstützung in gutem Glauben gewährt worden, aber sie habe für das Leben des Evangeliums stark schädigend gewirkt. Die Verantwortlichen des WCC stritten ab, daß das Geld der Organisation die bewaffnete Revolution unterstützt habe. Der WCC habe lediglich Befreiungstheologen und mit der Kirche verbundene Menschenrechtsorganisationen finanziert, von denen viele von den Militärdiktaturen, die damals an der Macht waren, für Staatsfeinde gehalten worden seien. In Südafrika hat das Geld des WCC die humanitären Aktionen des Afrikanischen Nationalkongresses unterstützt, der auch in den bewaffneten Widerstand gegen die Apartheid verwickelt war, wobei Verantwortliche des WCC darauf beharrten, daß das ein Einzelfall gewesen sei.

Befragt über den Aufruf des Weltkirchenrats zu einem ökumenischen Konzil der gesamten Kirche Jesu Christi im Sinne der alten ungeteilten Kirche, sagte Ratzinger, daß die Vorstellung der christlichen Einheit ohne das Petrinische Prinzip ein romantischer unrealistischer Traum bleiben würde.

RATZINGER UND DER RELIGIÖSE PLURALISMUS

Kein Theologe wurde von Ratzinger für Abweichungen den ökumenischen Dialog betreffend verurteilt. Sobald katholische Theologen aber mit nichtchristlichen Religionen Umgang pflegen, werden seine Vorbehalte in der Glaubenslehre weit tiefgreifender, und er hat nicht gezögert, die volle Gewalt seines Amtes zu entfalten.

Ratzinger hat die Theologie des religiösen Pluralismus mit der Befreiungstheologie verglichen, was ein angemessener Vergleich ist. Beide Bewegungen reflektieren, was Theologen das „Hereinbrechen“ der dritten Welt in das Bewußtsein des Katholizismus genannt haben. Die Befreiungstheologie lenkt die Aufmerksamkeit auf die Armut in der dritten Welt, der Pluralismus setzt mit der Beobachtung ein, daß außerhalb Lateinamerikas der Großteil der dritten Welt nichtchristlich ist. Beide Bewegungen spiegeln die nachkonziliare Richtung in der katholischen

Theologie wider, die auf die Freuden und Hoffnungen, den Kummer und die Ängste der weiteren Welt zuläuft. Die Befreiungstheologie sucht im Kampf für soziale und politische Emanzipation nach Zeichen des göttlichen Ziels, der Pluralismus sucht Elemente der Wahrheit und Gnade in anderen Religionen. Beide legen eine positivere Bewertung „der Welt" an, als es vor dem II. Vaticanum die Regel war.

Ratzinger glaubt auch, daß die Befreiungstheologie und viele Formen des religiösen Pluralismus ein mangelhaftes Verständnis von Wahrheit teilen. Für beide, so meint er, bestimme sich Wahrheit durch alles, was irgendwie für den Fortschritt nützlich ist: vielmehr Orthopraxie statt Orthodoxie. Die Befreiungstheologen formten ihren sozialen oder politischen Zielen nicht förderliche Glaubenslehren um oder ignorierten sie, Pluralisten arbeiteten Lehren um, die der interreligiösen Harmonie im Weg ständen. Ratzinger glaubt, daß dieser Relativismus eine besondere Gefahr darstellt, sobald das Christentum auf östliche Religionen trifft. Es bestehe eine Tendenz, so sagt er, der Verschneidung eines westlichen philosophischen Relativismus mit einer östlichen Betonung der Unbeschreiblichkeit Gottes. Dabei werde der Relativismus ihm zufolge „getauft".

Zu Ratzingers bündigster Behandlung des interreligiösen Dialogs kam es in einer Ansprache, die er in Paris hielt und die später 1997 in *Communio* veröffentlicht wurde.[11] Ratzinger sagt hier, daß die Weltreligionen grob in mystische und theistische Typen eingeteilt werden könnten. Die Erstgenannten, mit denen er, wenn auch unausgesprochen, wohl die Religionen Asiens bezeichnen will, sähen positive Aussagen über Gott als unmöglich an und bevorzugten es, vor dieser Unaussprechlichkeit zu schweigen. Die Zweitgenannten glaubten an einen Gott, der benannt werden könne und der in der Geschichte handle. Ratzinger sagt, daß für Beziehungen unter Religionen drei Möglichkeiten zugänglich scheinen: Der mystische Typus könnte den theistischen einschließen, der theistische könnte den mystischen einschließen, oder alle Religionen könnten zum Wohle praktischer Bemühungen für Frieden und Gerechtigkeit ihre Unterschiede außen vor lassen.

Die letzte Möglichkeit läuft auf „Orthopraxie" hinaus, und wie wir hinsichtlich der Befreiungstheologie gesehen haben, glaubt Ratzinger, daß sie einen Verzicht auf Wahrheit darstellt. Wie können wir wissen, was zu tun das Richtige ist, ohne über irgendwelche Kriterien der Wahrheit zu verfügen, die es uns anzeigen? Die dornigen Probleme einer Glaubenslehre aufzuheben, wie es der mystische Weg scheinbar tut, mag wie die Bereitung einer besseren Grundlage zu einer ökologischen und sozialen Zusammenarbeit erscheinen, Ratzinger aber vertritt, daß so genau das Gegenteil erreicht wird. Wenn sich Gott vollständig im Reich des

Geistes aufhalte, dann habe die materielle Welt keinen transzendenten Wert; wenn Gott der Geschichte gegenüber gleichgültig sei, sei alles, was zähle, das Innenleben des einzelnen. Eine soziale Ethik werde dann zu etwas, das wir konstruierten, nicht zum Ergebnis eines göttlichen Auftrags. Das lasse nur die theistische Möglichkeit als Grundlage für eine interreligiöse Zusammenarbeit übrig, und Ratzinger sagt, daß sie nicht zur Durchführung kommen könne, indem die Glaubenslehre aufgegeben wird oder missionarische Bestrebungen fallen gelassen werden. Religionen könnten voneinander lernen, könnten sogar lernen, selbstkritisch zu sein, das Ziel eines Dialogs könne aber keine Einheit sein, in der Unterschiede in der Glaubenslehre verschmelzen.

Er schließt: Jeder, der vom Dialog zwischen den Religionen erwarte, daß er in ihre Vereinigung mündet, werde auf jeden Fall enttäuscht werden. Das sei kaum innerhalb unserer historischen Zeit möglich, und vielleicht sei es nicht einmal wünschenswert.

DER KRIEG GEGEN DIE PLURALISTISCHE THEOLOGIE: DIE THEORIE

Die wichtigsten Reden Ratzingers zum religiösen Pluralismus wurden beide vor Bischöfen gehalten, die Kommissionen zur Glaubenslehre vorstanden, und sie fanden beide in der dritten Welt statt. Diese Tatsachen sind bezeichnend: Ratzinger signalisiert, daß es sich hier um eine theologische Bedrohung handelt, die ihren Ursprung in der dritten Welt hat, und daß ihr mit einer energischen episkopalen Aufsicht begegnet werden muß.

Im März 1993 sprach Ratzinger in Hongkong zu den Präsidenten der asiatische Bischofskonferenzen und zu den Vorstehenden der Komitees für die Glaubenslehre zu dem Thema „Christus, Glaube und die Herausforderung der Kulturen". Er wollte den Anspruch einer kritischen Prüfung unterziehen, daß die einzige Möglichkeit, Asien zu evangelisieren, darin besteht, die christliche Lehre und Praxis anzupassen, so daß der Übertritt zum Christentum nicht als Abfall von der eigenen Kultur erlebt wird. Seine Absicht sei es, sagte er, das Recht und die Fähigkeit des christlichen Glaubens abzuschätzen, sich selbst anderen Kulturen mitzuteilen, sie zu assimilieren und selbst ein Teil von ihnen zu werden.[12]

Ratzinger begann mit einer Definition von Kultur als der historisch entwickelten allgemeinen Ausdrucksform der Einsichten und Wertvorstellungen, die das Leben einer Gemeinschaft charakterisieren. Wenn eine Kultur förderlich sein solle, vertritt er, müsse sie „offen" sein, das heißt, bereit, umgeformt zu werden. Die Ursache der Umformung sei die

Wahrheit, denn auf der innersten Ebene sei jedes menschliche Wesen, und daher jede menschliche Kultur, auf die Wahrheit hin ausgerichtet. In diesem Sinne, sagt Ratzinger, bezögen sich Christen auf die adventistische Dynamik nichtchristlicher Kulturen, darin, daß sie die Menschen darauf vorbereiteten, die Wahrheit, die das Christentum enthülle, zu erkennen und darauf zu reagieren. Die wirkliche Armut des Menschen, sagt Ratzinger, sei Dunkelheit über der Wahrheit, und jede Kultur sei letztlich die Erwartung von Wahrheit.

Ratzinger meint, daß das oft zitierte Schlagwort „Inkulturation“ tatsächlich ein falscher Ausdruck sei, weil er impliziere, daß eine Religion bar jeder Kultur (Christentum) auf eine Kultur treffe, die vom Glauben unabhängig sei (zum Beispiel Asien). So geht es ihm zufolge nicht vor sich. Asiatische Kulturen haben tiefgreifende spirituelle Ideale, während das Christentum selbst eine Kultur mit historisch vermittelten Formen des Ausdrucks, von Werten und Idealen darstellt. Ratzinger schlägt statt dessen den Begriff „interkulturell“ vor, um den momentanen Prozeß von gegenseitiger Verfeinerung und Verbindung zu erfassen, zu dem es kommen sollte, wenn das Christentum auf eine andere Kultur stößt. Kulturen als voneinander abgeschlossen zu betrachten, so als ob eine kulturelle Form nicht zu einer anderen sprechen kann, sei „manichäisch“. Die Überzeugung, daß das Christentum selbst eine Kultur darstellt, führt Ratzinger zur Vorsicht Forderungen gegenüber, es anzupassen: Gott habe sich selbst an eine Geschichte gebunden, die jetzt auch die seine sei und eine, die wir nicht ablegen könnten, sagt er. Wir könnten das Ereignis der Fleischwerdung nicht wiederholen, um uns in dem Sinne anzupassen, Christi Fleisch wegzunehmen und ihm ein anderes anzubieten.

Ratzinger bezeichnet den kulturellen Relativismus als schwerstes Problem unserer Zeit, weil er Kulturen von der Wahrheit trennt. Deswegen hat ihm zufolge heute die Praxis die Wahrheit ersetzt und dabei die Achse der Religionen verschoben. Wir wüßten nicht, was wahr sei, aber wir wüßten, was wir tun müßten, so legt Ratzinger dar, nämlich eine bessere Gesellschaft einführen, das „Königreich“, wie häufig in Anwendung eines Begriffs aus der Bibel in einem profanen utopischen Sinn gesagt werde. Er erklärt, diese stärkere Gewichtung der Einheit auf der Handlungs- als auf der Glaubensebene entziehe dem Christentum seinen Gehalt. Kirchenzentriertheit, Christuszentriertheit, Gotteszentriertheit, all das scheine den Weg für eine Königreichszentriertheit frei zu machen, so Ratzinger, die Zentrierung des Königreichs als allgemeine Aufgabe aller Religionen, unter deren Perspektive und Maßstab sie sich treffen sollten. In diesem Zusammenhang verweist er in einer Fußnote auf das Werk des Jesuiten Jacques DuPuis – das erste Anzeichen von Schwierigkeiten für DuPuis, der sich fünf Jahre später in einer durch Ratzingers Amt eingeleiteten Untersuchung wiederfinden sollte.

Ratzinger bezichtigt auch das „Dogma des Relativismus" der Beschneidung der Missionsarbeit in ihrem traditionellen Sinn, das heißt in der Sicherung von Übertritten. Traditionelle Mission wird dann zur arroganten Anmaßung einer Kultur, die sich selbst für den anderen überlegen hält, und sie so dessen berauben würde, was gut und angemessen für sie ist. Für Ratzinger ist dieser Wunsch, die Kulturen abzuschotten, zwecklos. Die Annäherung der Menschheit auf eine einzige Gemeinschaft mit gemeinsamem Leben und gemeinsamem Schicksal hin sei unaufhaltsam, so meint er, denn diese Neigung sei im menschlichen Wesen begründet. Die Technologie mache ein kulturelles Zurückziehen ohnehin unmöglich. Man könne den Menschen und die Kulturen nicht in einer Art geistigem Naturschutzgebiet einsperren, sagt Ratzinger.

Er warnt vor der Verschmelzung des Relativismus der westlichen Philosophie mit der östlichen Spiritualität, die ihm zufolge endgültigen Aussagen über Gottes Wesen ausweicht. Diese Verbindung, sagt Ratzinger, verleihe dem Relativismus eine spirituelle Würde, als ob es „erleuchteter" wäre, eine objektive Wahrheit abzulehnen. Als Beispiel von seiten der Hindus verweist er auf Radhakrishnan, einen Denker des 20. Jahrhunderts; von katholischer Seite erwähnt er Pater Raimon Panikkar. Panikkars Argument, daß christologische Formeln nicht umkehrbar seien – zum Beispiel, daß Jesus Christus ist, Christus aber nicht nur Jesus –, lehnt Ratzinger ab. Man könne nicht vertreten, daß „Christus" auch im Budddhismus, Hinduismus und so weiter gefunden werden kann, denn das bedeute, einen nicht fleischgewordenen Christus zu postulieren.

Er sieht die heutige Situation als mit der des späten 4. Jahrhunderts vergleichbar, nachdem das Christentum zur offiziellen Religion des Reiches geworden, das Heidentum aber noch nicht so weit gewichen war, keine lebende religiöse Option mehr zu sein. Nachdem die Heiden darin versagt hatten, das Christentum mit Gewalt zu brechen, so Ratzinger, versuchten etwa Symmachus und Julian der Apostat, es durch Toleranz bedeutungslos zu machen, indem sie Christen überzeugten, ihren Glauben als nur einen von vielen Wegen zu Gott zu verstehen. „Man kann zu einem solch großen Geheimnis nicht nur über einen Weg gelangen", sagte Symmachus, als er den Senat beschwor, seinen Altar der Göttin Victoria wieder aufzustellen. Die Kirchenväter hätten diese Möglichkeit zurückgewiesen, sagt Ratzinger, denn alles andere wäre eine Zurückweisung des universalen Anspruchs Christi gewesen. Was nach seiner Aufgabe bliebe, wäre die Auswahl von Elementen aus der biblischen Tradition, nicht aber der Glaube der Bibel selbst. Ohne diese grundlegende Entscheidung gibt es laut Ratzinger kein Christentum. Die Väter zeigten das für ihn richtige Verständnis von Inkulturation, als sie Tempel übernahmen und sie in Kirchen umwandelten oder heidnische Bilder als Basis für Ikonographien von Heiligen gebrauchten. Das, so Ratzinger, sei keine relativistische Religionsphilosophie gewesen, die ihnen einen weiteren Bestand verliehen habe; die genau sei es nämlich gewesen, die sie an erster Stelle unwirksam gemacht hätte.

Ratzingers zweite Hauptrede zum religiösen Pluralismus wurde 1996 in Mexiko gehalten, vor einer Gruppe von Vorgesetzten von Kommissionen zur Glaubenslehre aus den lateinamerikanischen Bischofskonferenzen. Er wiederholt hier thematisch vieles aus Hongkong, schärft aber die Rhetorik und fügt einige neue Ideen hinzu.[13]

Er beginnt mit einer ausdrücklichen Parallele zur Befreiungstheologie, die ihm in den achtziger Jahren in ihren radikalen Formen die drängendste Herausforderung für den Glauben der Kirche zu sein schien. Der Niedergang des europäischen Marxismus stelle sich als eine Art Götterdämmerung für diese Theologie erlösender politischer Praxis heraus, sagt er. Im Zuge des Zusammenbruchs des marxistischen Traums schiene die Desillusionierung den Nihilismus oder eine Aufgabe absoluter Antworten zu rechtfertigen. Diese Verzweiflung am Absoluten greife auch die Religion an. So sei der Relativismus, meint Ratzinger, zum zentralen Problem für den Glauben in der gegenwärtigen Zeit geworden. Durch Begriffe wie Toleranz und Wissen, Dialog und Freiheit wird er ihm zufolge als eine positiv bestimmte Position dargestellt, Begriffe, die beschränkt wären, wenn die Existenz einer rechtmäßigen Wahrheit für alle bestätigt würde.

Ratzinger sagt, die sogenannte pluralistische Theologie von Religion habe sich seit den fünfziger Jahren fortschrittlich entwickelt, aber erst jetzt habe sie das Zentrum des christlichen Gewissens erreicht. Es sei, sagt er weiter, der Kampf des Jahrzehnts für die Kirche: In mancherlei Hinsicht – im Gewicht ihres problematischen Aspekts und ihrer Präsenz in den verschiedenen kulturellen Bereichen – besetzt diese Eroberung für ihn heutzutage den Raum, der in der vorhergehenden Dekade von der Befreiungstheologie eingenommen wurde.

In einer Wiederholung seiner Warnung aus Hongkong erklärt Ratzinger, daß der Relativismus besonders in der Verknüpfung mit dem Denken östlicher Religiosität gefährlich sei. Auf der einen Seite sei der Relativismus ein typischer Ableger der westlichen Welt und ihrer Formen philosophischen Denkens, während er auf der anderen Seite mit den philosophischen und religiösen Erkenntnissen Asiens in Verbindung stehe, vor allem und für ihn erstaunlicherweise mit denen des indischen Subkontinents. Später in dieser Rede sagt Ratzinger, daß unter Pluralisten eine seltsame Nähe zwischen Europas postmetaphysischer Philosophie und Asiens negativer Theologie vertreten werde, die sich ihm in ihrem metaphysischen und religiösen Relativismus noch gegenseitig zu verstärken scheinen. Der religiöse und pragmatische Relativismus Europas und Amerikas kann für Ratzinger von Indien eine Art religiöse Weihe erhalten, die seiner Ablehnung einer Glaubenslehre die Würde einer größeren Achtung vor dem Geheimnis Gottes und des Menschen verleiht.

Ratzinger nennt zwei Beispiele: den englischen Theologen John Hick und den Amerikaner Paul Knitter. Zu Hick sagt Ratzinger, daß in seinem Denken Begriffe wie Kirche, Glaubenslehre und Sakramente ihren unbedingten Charakter verlieren müßten. Die Vorstellung des Dialogs werde zur Quintessenz des Glaubens der Relativisten und zur Antithese zu Bekehrung und Mission. So werde die relativistische Auflösung der Christologie, und mehr noch der Kirchenlehre, ein zentrales Gebot der Religion. Für die, die so dächten wie Hick, sagt Ratzinger, sei jeder, der dieser Vision des Dialogs Widerstand leiste, ein Feind der Demokratie und ein Hindernis für die Begegnung der Kulturen, die bekanntermaßen im gegenwärtigen Augenblick ein Muß darstelle. Diejenigen, die beim Glauben der Bibel und der Kirche bleiben wollten, würden in eine Art kulturelles Exil gedrängt.

Ratzinger sieht Knitter als hauptsächlichsten Vertreter der pluralistischen Sichtweise, die Praxis auf Kosten der Lehre zu betonen. Der interreligiöse Dialog soll sich auf die Errichtung des Königreichs konzentrieren, nicht auf einzelne Punkte der Glaubenslehre. Daher reduziert sich laut Ratzinger der interreligiöse Dialog für Knitter auf ein ethisches oder politisches Programm, eine für ihn sich selbst widersprechende Haltung, denn wenn man eine objektive Wahrheit aufgebe, wer solle dann festlegen, daß irgendeine bestimmte Ethik oder Politik richtig ist? Die relativistischen Theorien mündeten alle in ein Stadium der Unverbindlichkeit und würden so überflüssig, sagt Ratzinger, oder aber sie setzten voraus, über einen absoluten Maßstab zu verfügen, der nicht in der Praxis zu finden sei.

Seine Argumentation stellt hier eine Herausforderung dar, die jeder Theologe, der sich um die Stärkung des religiösen Pluralismus bemüht, annehmen muß. Doch ist diese Rede von 1996 auch eine der wenigen Gelegenheiten, bei der Ratzinger öffentlich als Theologe ertappt wurde. Es fängt damit an, daß er Hick einen amerikanischen Priester nannte, wo er doch tatsächlich aus England kommt (er lebt in Birmingham). Ernster war Ratzingers Eingeständnis, daß seine Einschätzung von Hick wie von Knitter auf einem Buch des Theologen K. H. Menke von 1995 beruhte, eines jungen Professors für Dogmatik an der Universität Bonn. Menkes Buch hat in theologischen Kreisen einen Ruf als tendenziös und fehlerhaft bis hin zur Zitierung falscher Seitenzahlen in Hinweisen auf andere Werke in den Anmerkungen.

Hick veröffentlichte 1997 einen Artikel, der Ratzinger antwortete.[14] Darin wies er darauf hin, daß Ratzinger unrichtigerweise eines seiner Bücher, *Evil and the God of Love*, als den religiösen Pluralismus behandelnd bestimmt habe, wo es doch darin tatsächlich um ein völlig anderes Thema gehe (Theodizee). Außerdem habe Ratzinger unrichtigerweise behauptet, daß Hick sowohl ein religiöser Pluralist als auch ein moralischer Relativist sei, in Wirklichkeit aber akzeptiere er Erstgenanntes, während er letzteres ablehne. Hick sagte weiterhin, daß Ratzinger ihn fälschlicherweise bezichtigt habe, die Transzendenz zu leugnen. Er sehe, so Hick, die großen Religionen als verschiedene Wege, die „vertraute Wirklichkeit, die wir Gott nennen", zu fassen, aber er leugne sicherlich nicht die Transzendenz Gottes. Hick schließt, daß ein großer Teil von Ratzingers Analyse „irreführend ist und offensichtlich nicht auf einem angemessenen Studium der Texte beruht". Ratzinger hielt es mit seiner allgemeinen Politik und reagierte darauf nie. Ein französischer Journalist berichtete einmal, daß Ratzinger, nachdem die Pariser Zeitungen besonders hart mit einer von ihm gehaltenen Rede ins Gericht gegangen waren, einem Freund erklärte: „Ich bin wie der Cellist Rostropovich – Ich lese nie meine Kritiker."

DER KRIEG GEGEN DIE PLURALISTISCHE THEOLOGIE: DIE PRAXIS

Angesichts der gewaltigen Menge an theologischer Literatur, die jedes Jahr hervorgebracht wird, kann Ratzingers Kongregation unmöglich das Werk jedes einzelnen Theologen abschätzen oder auch nur jeder theologischen Strömung innerhalb des Katholizismus Herr werden. Sie muß Prioritäten setzen und entscheiden, wo die größten Gefahren liegen. (Zu Einzelheiten darüber, wie Informationen in und aus Ratzingers Büro fließen, siehe Kapitel 6, „Die Kongregation bei der Arbeit".) Die Identifizierung der Theologie des religiösen Pluralismus als Glaubensfeind Nummer eins hat zu beschnittenen Karrieren und einem Klima der Besorgnis unter katholischen Theologen geführt.

Tissa Balasuriya

Wegen seiner Anschauungen zur Erbsünde, zu Maria und zur Rolle Christi in der Erlösung wurde der Laienbruder Tissa Balasuriya aus Sri Lanka am 2. Januar 1997 unter den Bedingungen des Kanons 1364 exkommuniziert, eines Kirchenrechts, das bei Apostaten und Häretikern Anwendung findet. Balasuriya, der zu dieser Zeit zweiundsiebzig war, war ein ziemlich unbedeutender Theologe im vorherrschend buddhistischen Sri Lanka, in dem Christen nur acht Prozent der Gesamtbevölkerung stellen. Die Bischöfe von Sri Lanka hatten seinen Fall seit 1994 untersucht. Die Exkommunikation wurde durch Balasuriyas Weigerung ausgelöst, ein ihm von der Kongregation für die Glaubenslehre ausgehändigtes Glaubensbekenntnis zu unterschreiben, das auch das Verbot der Ordination von Frauen beinhaltete. Balasuriya, der glaubt, daß die heilige Jungfrau der erste weibliche Priester war, schlug statt dessen vor, ein von Paul VI. herausgegebenes Glaubensbekenntnis zu unterschreiben, allerdings unter dem Vorbehalt, daß er mit den Grundsätzen theologischer Entwicklung und Kirchenpraxis seit dem II. Vaticanum und der Freiheit und Verantwortlichkeit von Christen und theologisch Forschenden unter Kirchenrecht übereinstimme. Das war für Ratzinger inakzeptabel, und die Exkommunikation erfolgte.

Die vorherrschende Reaktion auf der ganzen Welt war, diese Maßnahme als unverhältnismäßig einzustufen, denn Balasuriyas Buch *Mary and Human Liberation* war von seinem eigenen kleinen theologischen Zentrum gedruckt worden und hatte nur einige hundert Exemplare verkauft, bevor der Vatikan seine Maßnahme ergriff. Anschließend verkaufte es sich tausendfach, und Balasuriya wurde ein berühmter Fall. Viele meinten, Ratzinger habe einen Fehler begangen, Balasuriya eine Plattform zu bieten, die er allein niemals erreicht hätte, aber Ratzinger spürte sicherlich, daß etwas Tiefgehendes auf dem Spiel stand.

Der Hauptpunkt lag aus Ratzingers Perspektive in Balasuriyas Beharren darauf, daß asiatische Religionen an sich gültig und wahr sind. Die aus 1.800 Worten bestehende Bekanntmachung der Exkommunikation, die von Ratzinger unterschrieben war, bezichtigte Balasuriya dreimal des Relativierens oder des Relativismus in bezug auf den Glauben. Insbesondere schrieb Ratzinger, daß Balasuriya nicht den übernatürlichen, einzigartigen und unwiederholbaren Charakter der Offenbarung von Jesus Christus anerkenne, indem die eigenen Vorgaben auf eine Stufe mit denen anderer Religionen gestellt würden. Im einzelnen halte er aufrecht, daß bestimmte „Vorgaben", die in Verbindung mit Mythen stünden, als offenbarte historische Tatsachen unkritisch übernommen und durch klerikale „Machthaber" innerhalb der Kirche ideologisch interpretiert worden seien, um letztlich zur Lehre des Magisteriums zu werden.

Balasuriya machte die Bekanntmachung kaum Schwierigkeiten. „Ich bin jetzt weit stärker innerhalb der Gemeinschaft der Jünger Jesu als je zuvor", sagte er. „Es gibt auch ein mystische geistliche Gemeinschaft. Vielleich bin ich rechtlich ausgeschlossen, aber geistlich bin ich mehr in

Gemeinschaft als je zuvor. Die Kongregation für die Glaubenslehre hat mich in Gemeinschaft mit Menschen auf der ganzen Welt gebracht. Das ist eine wunderbare Erfahrung im Leben, also glaube ich, daß hierin etwas von Fügung liegt."

Am Ende erwies sich sein Optimismus als gerechtfertigt. Am 15. Januar 1998 wurde seine Exkommunikation aufgehoben. Balasuriya sagte, daß dieses Ergebnis eine Folge einer „dezenten und ehrbaren" Übereinkunft gewesen sei. Ratzinger zog seine ursprüngliche Forderung, daß Balasuriya ein gebräuchliches Glaubensbekenntnis unterzeichnen sollte, zurück. Statt dessen kam ihm auf einer „Versöhnungsfeier" ein Glaubensbekenntnis vor Augen, das Paul VI. zusammengestellt hatte, ohne den Einschub, den Ratzinger unzulässig fand. Balasuriya erkannte „irrtümliche Wahrnehmungen" an und stimmte zu, seinen Bischöfen alle künftigen Schriften zur Druckgenehmigung vorzulegen. In einer von ihm unterzeichneten Stellungnahme, die in der katholische Landeszeitung Sri Lankas am 22. Januar erschien, sagte er, daß in seinen Schriften „ernsthafte Unklarheiten und Irrungen in der Glaubenslehre wahrgenommen worden sind". Er bereue „den Schaden", den diese Wahrnehmungen erzeugt hätten.

Kirchenhistoriker werden darüber streiten, wer diesen Austausch gewann, aber die Botschaft aus Rom war klar: Jeder katholische Theologe, der zu weit auf eine Annahme der unabhängigen Gültigkeit anderer Religionen zugeht und versucht, die katholische Glaubenslehre für den interkulturellen Dialog „anzupassen", sieht sich drakonischen Folgen gegenüber. Wahrscheinlich betrachten nur wenige Theologen den Fall Balasuriya, selbst mit seinem offenbar glücklichen Ende, als Ansporn, sich für den religiösen Pluralismus einzusetzen.

Perry Schmidt-Leukel

Einer der Punkte, die zu Ratzingers Verteidigung oft angeführt werden, ist der, daß die tatsächliche Zahl an Theologen, die durch die Glaubenskongregation unter seiner Aufsicht diszipliniert wurden, ziemlich gering ist. Niemand kennt die eigentliche Zahl, weil die meisten Fälle geheim bleiben, aber die Gesamtzahl der bedeutenden Personen, die öffentlich verurteilt wurden, beträgt vielleicht ein Dutzend. Doch wirkt sich der Einschlag, den eine vatikanische Verurteilung hinterläßt, über ihr unmittelbares Objekt hinaus aus. Wenn Ratzinger einen Theologen verurteilt, lehnt er auch implizit dessen oder deren Theologie ab, und daher wird von jedem, der Sympathien mit den Ansichten dieser Person hat, Notiz genommen. So geht es auch Kirchenverantwortlichen niederer

Ebenen, und oft werden Disziplinarverfahren ohne scheinbare Verbindung zu Ratzinger aufgrund derjenigen Prioritäten in der Glaubenslehre begonnen, die er ausgegeben hat. Die Gesamtzahl der Theologen, die in Ratzingers Wirkungskreis zu Fall gebracht wurden, übersteigt daher die wenigen öffentlich von ihm unterdrückten bei weitem.

Ein Beispielfall ist der deutsche Theologe Perry Schmidt-Leukel, ein Fachmann für interreligiösen Dialog, dessen 1997 erschienene Monographie *Theologie der Religionen: Probleme, Optionen, Argumente* unter die bestimmenden Werke zu diesem Thema gerechnet wird. Ratzinger erwähnte eine Buchrezension von Schmidt-Leukel in der ersten Anmerkung zu seiner Rede 1996 in Mexiko, die die Theologie des religiösen Pluralismus angriff. Unter anderem legt das nahe, daß katholische Theologen einen guten Kirchenrechtler konsultieren sollten, wenn sie ihren Namen in Ratzingers Anmerkungen vorfinden.

Als verheirateter Laientheologe mit zwei Adoptivkindern schloß Schmidt-Leukel seine Doktorarbeit an der Universität München ab, und zwar zum christlichen Verständnis buddhistischer Erlösungsvorstellungen. 1996 vollendete er, während er als Dozent in München tätig war, seine Habilitationsschrift. Schmidt-Leukel hat drei allgemeine christliche Herangehensweisen an den religiösen Pluralismus beschrieben: Exklusivismus (Erlösung geschieht allein durch Christus, und Nichtchristen sind von ihr ausgeschlossen); Inklusivismus (Erlösung geschieht durch Christus, aber Nichtchristen können darin eingeschlossen werden); und Pluralismus (Erlösung kann in einer Vielfalt von religiösen Traditionen auftreten). Er nähert sich der pluralistischen Position an und beansprucht, Pluralismus in diesem Sinne sollte zumindest als eine legitime Hypothese innerhalb der katholischen Theologie offengehalten werden.

Nach Beendigung seiner Habilitation bewarb sich Schmidt-Leukel an der Universität München für eine Stelle als ordentlicher Professor. Unter den Bedingungen des bayrischen Konkordats mit dem Heiligen Stuhl muß ein Kandidat für eine Stelle als Theologieprofessor an einer staatlichen Universität vom bayrischen Kultusminister bestätigt werden, der wiederum ein *nihil obstat* vom Erzbischof von München erhalten muß, das bestätigt, daß der Kandidat annehmbar ist. Schmidt-Leukel wurde davon unterrichtet, daß Kardinal Friedrich Wetter Sorge bezüglich seiner Schriften hätte, und er wurde im Dezember 1996 zu einem sogenannten informellen Gespräch geladen. Tatsächlich, so sagte er, handelte es sich um ein Untersuchungsverfahren vor Zeugen. Wetter bezichtigte Schmidt-Leukel, das Christentum als nicht mehr als eine Hypothese zu behandeln, was Schmidt-Leukel abstritt. Später sagte er, es sei offensichtlich gewesen, daß weder Wetter noch seine Berater sein Werk wirklich gelesen hätten. Er wurde zu einem zweiten Treffen drei Monate später gerufen und hatte dann den Eindruck, daß Wetter sich eines Besseren besonnen hätte: „Ich glaubte, daß mir die Erklärung einiger grundlegender Punkte gelang. Er schien eine Art Verständnis für die Probleme zu entwickeln.“ Das Treffen endete mit dem Versprechen einer dritten Sitzung.

Zu diesem dritten Treffen kam es nie. Im März 1998 wurde Schmidt-Leukel davon in Kenntnis gesetzt, daß Wetter ihm das *Nihil obstat* verweigere, und daher wurde ihm der Professorenlehrstuhl verwehrt. Ein Brief des bayrischen Kultusministers vom 4. März 1998 lautete ganz unverblümt, der Erzbischof von München und Freising habe in seinem Brief vom 12. Februar 1998 in Bezugnahme auf den 3. Artikel, Paragraph 2, des Bayrischen Konkordats einen Einwand dagegen erhoben, Dr. Perry Schmidt-Leukel die ersuchte Ausbildungsbefugnis zu erteilen, auf der Grundlage, daß Dr. Schmidt-Leukel die pluralistische Theologie der Religion vertrete, die in Widerspruch zur zentralen Glaubenswahrheit über die Erlösung durch Jesus Christus stehe und zum Verständnis der christlichen Offenbarung. Der Staatsminister verfüge daher nicht über die rechtliche Grundlage, die ersuchte Ausbildungsbefugnis zu erteilen.[15]

Theoretisch schloß Wetters Handlung Schmidt-Leukel nur von einer Theologieprofessur in München aus. Die tatsächliche Tragweite aber war weit größer. Kirchenverantwortliche setzten die Universität München unter Druck, Schmidt-Leukel auch als Dozent loszuwerden, obwohl diese Stellung kein *nihil obstat* erforderte. Schmidt-Leukel fand sich in sämtlichen deutschsprachigen katholischen Theologiefachbereichen als Persona non grata wieder, denn kein Bischof wollte in Widerspruch zu Wetters Entscheidung treten. Im folgenden Semester wurde Schmidt-Leukel von der Universität Salzburg in Österreich eingeladen, eine vorübergehende Dozentenstelle anzunehmen, während die Universität nach einem Vollzeitmitglied für die Fakultät suchte. Erzbischof Georg Eder von Salzburg drängte die Universität zunächst, die Einladung zurückzuziehen, bestätigte sie dann unter der Bedingung, daß die Universität Veranstaltungen abhalten würde, auf denen Schmidt-Leukels Position kritisiert werden würde. Vierundzwanzig Stunden später zog Eder auch diese Genehmigung wieder zurück, als er feststellte, daß sich Schmidt-Leukel auf die Vollzeitstelle in Salzburg beworben hatte. Erst als Schmidt-Leukel zustimmte, sich von dieser Ausschreibung zurückzuziehen, erteilte Eder seiner Vorlesungsreihe wieder die Genehmigung.

Schmidt-Leukel ist dann mit seiner Familie nach Glasgow in Schottland gezogen, wo er einen Professorenlehrstuhl an der dortigen konfessionsunabhängigen Universität angenommen hat. „Das war wie eine Erlösung für mich", sagte Schmidt-Leukel. „Andernfalls hätte ich einem Dasein als fünfundvierzigjähriger Arbeitsloser mit zwei kleinen Adoptivkindern und einer zwanzigjährigen Ausbildung entgegengeblickt." Er sagte, er halte es für „wahrscheinlich", daß Wetter Ratzinger konsultiert hatte, bevor er ihm das *nihil obstat* verweigerte, aber er habe keinen Beweis. Das Ergebnis solcher Verurteilungen, so sagte er, sei, daß „junge Studenten es nicht wagen, das, was sie wirklich denken, zu sagen oder zu schreiben, vor allem die postgraduierten Studenten. Sie haben zu viel zu befürchten." Doch bleibt Schmidt-Leukel optimistisch, daß der römische Katholizismus letztlich das pluralistische Ideal annehmen wird: „Die Kirche ist kein derart monolithischer Block, wie die Leute in Rom sie manchmal gern hätten."

Anthony de Mello

„Von niemandem kann gesagt werden, er habe den Gipfel der Wahrheit erlangt", schrieb der indische Jesuit Anthony de Mello einmal, „bevor nicht tausend ehrenhafte Menschen ihn der Blasphemie angeprangert haben." Daran gemessen brachte der 23. August 1998 de Mello etwas näher an den Gipfel, als die Kongregation für die Glaubenslehre ihn, der für seine zu Bestsellern avancierenden Bücher bekannt ist, die östliche und westliche Spiritualität überbrücken, wegen einer Relativierung des Glaubens und einer Förderung des religiösen Indifferentismus verurteilte. Die Kongregation für die Glaubenslehre klagte de Mello, der 1987 an einer Herzkrankheit gestorben war, der Lehre an, daß es simpler Fanatismus sei, zu denken, der Gott der eigenen Religion sei der einzige.

In einem Brief vom 23. Juli 1998 machte Ratzinger die Vorsitzenden der weltweiten Bischofskonferenzen auf die bevorstehende Erklärung aufmerksam. Er forderte die Bischöfe auf zu versuchen, de Mellos Bücher aus dem Umlauf zu ziehen oder sicherzustellen, daß sie mit folgender Bekanntmachung gedruckt würden: Seine Werke, die fast immer die Form von Kurzgeschichten annähmen, enthielten einige gültige Elemente östlicher Weisheit. Diese könnten zur Selbstbewältigung hilfreich sein, im Bruch der Banden und Gefühle, die einen davon abhielten, frei zu sein, und im gelassenen Herangehen an die vielfältigen Veränderungen des Lebens. Aber schon in bestimmten Abschnitten dieser Frühwerke und in einem größeren Maß in seinen späteren Veröffentlichungen erkenne man eine fortschreitende Distanzierung von den wesentlichen Inhalten des christlichen Glaubens. An die Stelle der Offenbarung, die sich in der Person Jesu Christi ereignet habe, setze er eine Innenschau Gottes ohne Form oder Verkörperung, bis zu dem Punkt, von Gott als reiner Leere zu sprechen.

Die Bekanntmachung der Kongregation fährt mit der Warnung fort, de Mellos Denken leugne gültige Erklärungen über Gott in der Bibel. Er glaube, Jesus sei nicht der Sohn Gottes, sondern nur ein Meister neben anderen; die Frage nach einem Leben nach dem Tod sei irrelevant; es gebe keine objektiven sittlichen Regeln; und die Kirche stelle ein Hindernis bei der Suche nach Wahrheit dar. Daher erkläre die Kongregation, daß die oben angeführten Positionen mit dem katholischen Glauben unvereinbar seien und schweren Schaden anrichten könnten.[16]

Kollegen, die de Mello kannten, wiesen die Behauptung weitgehend zurück, daß er die Lehre der Kirche unterhöhlt hätte. „Es ist äußerst schwer für mich zu glauben, daß irgend jemand irgend etwas, was de Mello sagt, irgendwie anders als orthodox einschätzen könnte", sagte der Jesuit Francis Stroud. „Er war ein sehr frommer Kirchenmann." Stroud, der mit de Mello zusammenarbeitete, betreibt jetzt ein „De-Mello-Spiritualitätszentrum" an der Fordham-Universität in New York. „De Mello betonte, daß Gott ein Geheimnis ist", sagte Stroud. „Aber er pflegte Thomas von Aquin zu zitieren, der genau dasselbe sagte ... Er leugnete in keiner Form einen personalen Gottesbegriff. Wenn jemand mit ihm scherzte und sagte, er würde in Schwierigkeiten geraten, pflegte er zu antworten: ‚Nicht doch dieser schlaue Jesuit.' Jemand, der ihm [Ratzinger] dies eingegeben hat, hat ihn an der Nase herumgeführt", sagte Stroud. „Es ist schwer für mich zu glauben, daß er davon eingenommen werden konnte."

Über die Maßnahme des Vatikans gab es in Indien einige Zeit Gerüchte. 1996 erklärte der damalige Provinzial der Jesuiten für Südasien, Pater Varkey Perekkatt, dem Nachrichtendienst UCA, daß er Kollegen auf der ganzen Welt um Hilfe gebeten hätte, um de Mello gegen Angriffe von „westlichen rechtsgerichteten katholischen Zeitungen" zu verteidigen. Perekkatt sagte, daß sich ein Großteil der Kritik auf Werke beziehe, die nach de Mellos Tod veröffentlicht wurden. Er sagte auch, daß Mitschnitte von de Mellos Lesungen und Einkehren entgegen den jüngsten ausdrücklichen Anweisungen der Jesuiten veröffentlicht worden seien. Diese Sorge wurde am 25. August 1998 auch vom gegenwärtigen Provinzial der Jesuiten Südasiens, Pater Lisbert D'Souza, wiederholt, der erklärte, daß einige dieser posthum veröffentlichten Werke, die auf de Mello zurückgeführt werden, „grob mißverstanden worden" seien. Die indischen Jesuiten, so sagte er, betrachteten nur neun Bücher als authentisch.

Der Zeitpunkt der Erklärung, der mehr als zehn Jahre nach dem Tod de Mellos eintrat, verwirrte viele. „Es macht einen ziemlich seltsamen Eindruck, jemanden zu verurteilen, der kein Recht auf eine Erwiderung hat", sagte Eric Major, Direktor des Programms für religiöse Bücher beim Verlag Doubleday, dem größten Verleger von Werken de Mellos in den USA. „Warum ausgerechnet jetzt?“ Doubleday hat laut Major acht Titel von de Mello im Druck, bei Verkaufszahlen, die zusammengenommen in „die Millionen“ gehen. Er sagte, daß ein Zurückziehen der Werke „kaum von einem weltlichen Verlagshaus gefordert werden kann“. Doubleday „würde gern die Einwände Titel für Titel vorgebracht bekommen“, doch, so Major, die Firma würde sich „das Verlagsrecht vorbehalten, nachdem sie sein Werk seit zwanzig Jahren ohne ein Zeichen einer Klage veröffentlicht hätte, um der katholischen Kirche auch künftig in ihrem weitesten Sinne zu dienen“. Die Verordnung hatte zumindest eine Wirkung. In einer katholischen Buchhandlung in London wurde über den Werken de Mellos eine Notiz mit der Aufschrift angebracht: „Wir möchten Ihnen mitteilen, daß der Vatikan erklärt hat, daß Pater Anthony de Mellos Bücher in der Glaubenslehre unrichtig sind. Sie können sie auf eigene Gefahr lesen.“

Die asiatischen Provinziale der Jesuiten traten für die Verteidigung de Mellos ein, denn Anthony de Mello sei ein Pionier in der Integration asiatischer und christlicher Spiritualität und Gebetsmethoden gewesen. Er habe Tausenden von Menschen in Südasien und auf der ganzen Welt darin geholfen, Freiheit zu gewinnen und ihr Gebetsleben zu vertiefen, wovon sie reichlich Zeugnisse hätten wie auch ihre eigenen persönlichen Erfahrungen. Die Provinziale riefen zu einem legitimen Pluralismus in der Theologie innerhalb der Einheit des Glaubens auf und zu einer Mitwirkung in der Entscheidungsfällung in einer Kirche, die auch eine Gemeinschaft von Ortskirchen darstelle.

Es bestehe ein Mangel an der Wertschätzung von Unterschieden und an einem angemessenen Vorgehen, wenn Entscheidungen einseitig und ohne Dialog mit den Kirchen Asiens getroffen würden, sagten sie. Sie fürchteten, daß solche Eingriffe letztlich schädlich für das Kirchenleben seien, für die gute Sache des Evangeliums und für die Aufgabe der Deutung der Schrift für die, die nicht zur westlichen kulturellen Tradition gehörten.

Jacques DuPuis

Im November 1998 bestätigte der belgische Jesuit Jacques DuPuis Mediengerüchte, daß er vorübergehend die Päpstliche Gregorianische Universität verlassen würde, um auf eine Prüfung der Glaubenslehre in seinem Buch *Toward a Christian Theology of Religious Pluralism* zu reagieren. In diesem Buch versuchte DuPuis – der sechsunddreißig Jahre lang in Indien Theologie lehrte, bevor er nach Rom ging, wo er neben der Lehre im Päpstlichen Rat für Interreligiösen Dialog diente –, eine bejahende Sicht nichtchristlicher Religionen mit der traditionellen Lehre der Kirche zu harmonisieren. Seiner Argumentation legte er eine genaue Lektüre aller relevanten Dokumente des Magisteriums zu dem Thema zugrunde. Er nahm, wie es die meisten Forscher des Gebietes einschätzen würden, eine gemäßigte Haltung ein und gelangte zu einer „inklusivistischen" Darstellung: dem Glauben, daß Erlösung auf vollendetste Weise durch Jesus dargeboten wird (seine Erlösung ist für das Heil der Menschheit „konstitutiv"), aber Raum für andere errettende Handlungen in anderen Traditionen bleibt.

DuPuis bezieht sich auf das Evangelium nach Johannes, um zu verfechten, daß der Logos, da er ewig ist, vor der Fleischwerdung in Jesus existiert habe und in anderen Kulturen wirksam gewesen sei. Es handelt sich hier um einen Punkt, der im Brief an die Hebräer ausgedrückt ist, wo es heißt: „Viele Male und auf vielerlei Weise hat Gott einst zu den Vätern gesprochen durch die Propheten; in dieser Endzeit aber hat er zu uns gesprochen durch den Sohn" (1, 1–2). Anhand derselben Logik könne der Logos immer noch in anderen Religionen wirksam sein und die rettenden Einsichten eingeben, zu denen diese Religionen gelangen, während Jesus das einmalige „Sakrament" Gottes bleibe. DuPuis bezieht sich weiterhin auf Gottes Bünde mit Adam und Noah, die dem an Abraham ergangenen Ruf vorausgingen und daher Bündnisse mit der ganzen Menschheit repräsentieren. Wenn die Kirche glaube, daß dieser Bund mit Abraham nach wie vor in Kraft ist, warum nicht auch die anderen beiden? DuPuis vertritt, daß die christliche Missionsbestrebung breiter angelegte Ziele verfolgen sollte, als nur Übertretende zu gewinnen. Ihr Ziel sollte es sein, das Königreich Gottes zu errichten, was er als eine „regnozentrische" Sichtweise beschrieb.

DuPuis' „regnozentrische" Herangehensweise war einflußreich. Sie lag am Kern der Position, die das Bündnis asiatischer Bischöfe in seinen Thesen zum interreligiösen Dialog 1987 annahm. Die Bischöfe erklärten, der Mittelpunkt der kirchlichen Mission der Evangelisierung sei die Errichtung des Königreichs Gottes und die Errichtung der Kirche im Dienste des Königreichs. Das Königreich sei daher umfassender als die Kirche.

DuPuis' Buch zog im allgemeinen positive Kritiken nach sich. Neben anderen Ehrungen errang es den Preis für den zweiten Platz in der Kategorie theologischer Bücher vom katholischen Pressebund der USA. Preisrichter führten seine „Klarheit" und seinen „Respekt" an. Die Hardcover-Ausgabe war mit einer Empfehlung von Bischof Michael L. Fitzgerald versehen, Sekretär des Päpstlichen Rats für Interreligiösen Dialog. „Eine meisterhafte Darstellung der Geschichte christlicher Haltungen anderen Religionen gegenüber", schrieb Fitzgerald. „DuPuis hat eine allgemeine Theologie der Religionen vorgelegt, die zugleich zuverlässig und anregend ist." (Von der folgenden Taschenbuchausgabe wurde die

Empfehlung zurückgezogen.) Lawrence S. Cunningham, der frühere Vorsitzende des theologischen Fachbereichs an der Universität von Notre-Dame, gab dieser Empfindung erneut Ausdruck und schrieb im Juni 1998 in *Commonweal*, daß DuPuis' Buch „eine Standardstudie in dieser drängendsten Frage der Theologie werden sollte". Selbst der *Thomist*, eine theologische Zeitschrift, herausgegeben von dem Dominikaner Augustine Di Noia, dem wichtigsten Theologen der Bischöfe der USA, zollte DuPuis' Buch vorsichtiges Lob. Eine Besprechung erklärte, daß das Buch „eine große Leistung" darstelle, die „lange Zeit ein wesentlicher Bezugspunkt für das Thema bleiben wird".

Der vierundsiebzigjährige DuPuis sprach im November 1998 von Rom aus mit mir über die befragende Prüfung der Glaubenskongregation. „Der Inhalt der Prüfung ist strikt zurückzuhalten", zitierte ich ihn im *National Catholic Reporter*. „Ich kann nicht in die Details gehen, ohne den Fall schlimmer zu machen. Ich kann die Sache nicht einmal mit meinen Kollegen oder meinen Studenten besprechen. Das einzige, zu dem ich mich öffentlich bekennen kann, ist die einfache Tatsache, daß ich befragt werde." DuPuis sagte, daß der begleitende Brief der Kongregation für die Glaubenslehre ihn anwies, während der laufenden Untersuchung „nicht die Vorstellungen, deretwegen ich befragt werde, in meiner Lehre, in meinen Schriften oder öffentlichen Lesungen zu verbreiten".

Die Gregorianische Universität erließ eine Erklärung, die verlautete, daß DuPuis für die nächsten drei Monate seiner Lehrverantwortlichkeit entbunden würde. Der Obere der Jesuiten, Hans-Peter Kolvenbach, zugleich Vizekanzler der Gregorianischen Universität, sagte, die Maßnahme sei in der Absicht erfolgt, DuPuis freizustellen, damit er seine Antwort vorbereiten könne. DuPuis selbst sagte, die Entscheidung solle nicht als „Suspension" verstanden werden und sei mit seinem Einverständnis getroffen worden. „Das ist das einzige, was man tun kann", sagte er. „Wie kann man lehren, wenn man nicht sagen kann, was man denkt?"

Einige Quellen gingen davon aus, daß Ratzinger von persönlichen Überlegungen beeinflußt worden sei. Ende der achtziger Jahre war DuPuis als einer der Hauptverantwortlichen mit dem Entwurf eines Dokuments zu Dialog und Verkündigung beschäftigt, das ursprünglich für eine Veröffentlichung durch den Päpstlichen Rat für Interreligiösen Dialog gedacht war. Ratzinger empfand aber, daß die ersten Entwürfe des Dokuments zu schwach bezüglich der missionarischen Bestrebung waren, und wies die Kongregation für die Evangelisierung der Völker an, an der Revision des Textes mitzuarbeiten. Das Resultat war ein Tauziehen zwischen den beiden Kongregationen, wobei jeder positiven Erklärung zum Dialog, die von der Erstgenannten angeboten wurde, ein Kampfruf nach neuen Bekehrungen von der letzteren folgte. Als das Maß an Frustration stieg, trat DuPuis von seiner Aufgabe zurück. In späteren Analysen machte er auf die inneren Spannungen bezüglich des Dokuments aufmerksam und wies darauf hin, daß es die Position des Magisteriums in Verwirrung brachte. „Ich denke, das könnte einer der Gründe sein, aus denen sie auf ihn verfielen“, sagte ein katholischer Theologe, der sowohl mit DuPuis als auch mit der Kongregation für die Glaubenslehre vertraut war. „Er enthüllte, wie inkonsequent das Dokument war.“

Der Fall DuPuis führte zu dem höchst ungewöhnlichen Schauspiel, daß sich zwei Kardinäle öffentlich turnierten, als der Kardinal im Ruhestand Franz König von Wien in einem Artikel in der katholischen Zeitschrift *Tablet*, Sitz in London, sich für die Verteidigung DuPuis stark machte. König rief Ratzingers Amt dazu auf, bei der Untersuchung neuer Gedanken zu interreligiösen Fragen weniger auf Verteidigung bedacht zu sein. Er warnte die Vertretung für die Glaubenslehre, daß der westliche Hintergrund ihrer Analytiker das Verständnis östlicher theologischer Strömungen besonders schwermache. Der inzwischen über neunzigjährige König diente während des größten Teils der Ära des kalten Krieges als Primas der österreichischen Kirche und hat lange Zeit ein Interesse am interreligiösen Dialog verfolgt. König sagte, er könne nicht still sein, denn ihm blute das Herz, wenn er sehe, daß dem Gemeinwohl der Kirche Gottes ein so offensichtlicher Schaden zugefügt werde. Er legte nahe, daß die Kongregation für die Glaubenslehre fähig sein sollte, bessere Wege zu finden, um einem effektiven Dienst an der Kirche nachzukommen. Weiterhin sagte er, die meisten Mitglieder der Glaubenskongregation fürchteten sich sehr davor, daß der interreligiöse Dialog alle Religionen auf einen gleichen Rang reduziere. Das aber sei die falsche Herangehensweise an einen Dialog mit den östlichen Religionen. Es erinnere an den Kolonialismus und habe einen Anstrich von Arroganz. König erklärte, daß die Kirche mit dem II. Vaticanum und *Redemptoris missio* ihre apologetische und verteidigende Haltung nichtchristlichen Religionen gegenüber verbessert hätte.[17]

Ratzingers wütende Antwort in *Tablet* verfocht, daß seine Vertretung nur ihre Arbeit tue, wenn sie den Glauben und die Gläubigen vor Vorstellungen schütze, die alle Religionen auf die gleiche Stufe stellten. Er verlieh seiner „Befremdung“ über Königs Kritik Ausdruck. Die Forderung einer Klarstellung an DuPuis sei ein „Versuch zum Dialog“ gewesen, der mit Diskretion unternommen worden sei. „Soll uns der Dialog mit Autoren verboten sein? Ist der Versuch, eine vertrauliche Klärung schwieriger Fragen zu erreichen, etwas Böses?“ schrieb Ratzinger. Die Kongregation habe den Fall nicht öffentlich gemacht, sagte er. Wer auch immer dies getan habe, könnte gewollt haben, „die öffentliche Meinung gegen unsere Instanz zu mobilisieren". Ratzinger erklärte, daß man sich zwei entscheidende Fragen stellen müsse: „Kann ein in den Dialog eingebundener Christ von seiner religiösen Überzeugung abstehen, daß Christus der wahre Sohn Gottes ist und daß im Christentum etwas Einzigartiges liegt?" und „Ist er sich selbst und anderen gegenüber aufrichtig, wenn er diese Überzeugung beiseite läßt?" Ratzinger merkte beiläufig an, daß er nicht glaube, daß DuPuis das getan habe. Er sagte, es habe ihn aus der Fassung gebracht, daß König die päpstliche Lehre und die des II. Vaticanums gegen die Kongregation angeführt habe: „Ich kann mir nicht vorstellen, daß Sie ernsthaft glauben, daß das Denken der Kongregation im Widerspruch zum Zweiten Vatikanischen Konzil und zum grundlegenden päpstlichen Rundschreiben zur Mission steht." Wenn dem so wäre, dann hätte der Papst das Gespräch der Kongregation mit DuPuis nicht bestätigt, „wie er es aber getan hat". Ratzinger forderte König auf, die päpstliche Enzyklika erneut zu lesen.

König war nicht der einzige Verteidiger von DuPuis. Erzbischof Henry D'Souza von Kalkutta, Präsident der katholischen Bischofskonferenz Indiens, schrieb DuPuis – der dem Bündnis asiatischer Bischofskonferenzen als theologischer Berater gedient hatte – einen unterstützenden Brief. „Ich glaube nicht, daß Sie große Schwierigkeiten haben werden, Ihre Position zu erklären", schrieb D'Souza. „Aber ich sorge mich um die Folgen. Kein Theologe wird seine Gedanken niederschreiben wollen, wenn das die Vorgehensweise ist." Der Erzbischof sagte, daß DuPuis für seine „Orthodoxie und sein ständiges Bemühen um theologische Reflexion im Einklang mit der Lehre der Kirche" bekannt geworden sei.

Balasuriya, der in vielen Fragen erheblich weiter als DuPuis geht, schloß sich auch seiner Seite an: „Er war lange Zeit bei uns, verbrachte zwanzig bis dreißig Jahre in Asien, und er hat hier etwas gelernt", sagte er in einem Interview vom August 1999. „Was er in Indien gelernt hatte, wollte er in Rom weitervermitteln. Wir müssen unsere Missionare im Westen verteidigen. Wir schätzen ihn sehr und glauben, daß er ein rückgesandter Missionar geworden ist."

Ende 1999 erfuhr DuPuis, daß die umfangreiche Klarstellung, die er der Kongregation vorgelegt hatte, unbefriedigend sei. Inzwischen mußte er sich zwar in nichts korrigieren, aber seine Unterwerfung durch die Unterzeichnung eines ihm vorgelegten Papiers zeigen.

RATZINGER UND DIE RELIGIONEN

Aus der Voraussetzung, daß das Christentum allein die volle Wahrheit über die menschliche Existenz bietet, folgt, daß andere religiöse Traditionen hinter dieser Wahrheit zurückbleiben. Daher überrascht es nicht, daß Ratzinger einige kritischen Dinge über andere Religionen zu sagen hatte. In den meisten Fällen ist es nicht so, daß er vorsätzlich angriffslustig ist. Die Frage ist eher, ob seine theologische Haltung unumgänglich abgrenzend ist, und wenn dem so ist, was das in der Suche nach Frieden unter den Religionen bedeutet.

Judentum

Ratzinger hat im Widerhall von *Nostra aetate* wie auch des Versuchs Johannes Pauls II., sich nach dem Judentum auszustrecken, den christlichen Stereotyp der Juden als Bösewichte beim Tod Jesu zurückgewiesen. Bei einer Ansprache 1994 in Jerusalem zitierte er den neuen *Katechismus der Katholischen Kirche*: „Alle Sünder sind am Leiden Christi schuld." In dieser Ansprache in Jerusalem, die er auf der ersten internationalen jüdisch-christlichen Konferenz zu modernen gesellschaftlichen und wissenschaftlichen Herausforderungen hielt, drängte Ratzinger auf Verständigung zwischen Juden und Christen: Nach Auschwitz lasse die Mission der Versöhnung und Akzeptanz keinen Aufschub mehr zu. Er schloß mit einer Einsicht aus seiner Kindheit: Er habe nicht verstehen können, wie manche Menschen aus dem Tod Jesu eine Verdammung der Juden ableiten wollten, denn folgender Gedanke habe seine Seele als etwas zutiefst Tröstliches durchdrungen: Jesu Blut erhebe keinen Aufruf nach Vergeltung, sondern rufe alle zur Versöhnung auf. Da sich Ratzingers Kindheit in Nazideutschland abspielte, war das eine aufwühlende Bemerkung.

Ratzinger betonte das enge theologische Band zwischen den beiden Glaubensrichtungen und führte den Bericht von Lukas über die drei Weisen als Parabel dafür an, wie Jesus alle Nationen ins zuerst durch Abraham begründete Volk Gottes führen wird. Doch trat er nicht von dem Anspruch zurück, daß das Christentum das Judentum erfülle. Er zitierte Augustinus' Aussage, daß das Neue Testament im Alten verborgen liege, das Alte im Neuen deutlich gemacht werde. Ratzinger schwieg auch über einen der umstrittensten Punkte in der jüdisch-christlichen Beziehung: ob Christen darauf abzielen sollten, Juden zu bekehren oder nicht.

In einem Interview mit der italienischen Zeitung *Il Sabato* hatte Ratzinger 1987 allerdings darauf hingewiesen, daß Juden ihrem Erbe nur völlig wahrhaftig entsprechen könnten, wenn sie Christen würden. „Der Papst hat Respekt geboten, aber auch eine theologische Linie. Diese schließt immer unsere Einheit mit dem Glauben Abrahams in sich, aber auch die Wirklichkeit Jesu Christi, in der der Glaube Abrahams seine Erfüllung findet", sagte er dort. Ratzinger bezog sich auf Edith Stein, eine zum Katholizismus übergetretene Jüdin, die Nonne bei den Karmelitern wurde und die die Nazis ermordeten. „Indem sie den Glauben an Christus fand, trat sie in das volle Erbe Abrahams ein", sagte Ratzinger laut einem Bericht zu dem italienischen Artikel von *Associated Press.* „Sie gab ihr jüdisches Erbe auf, um ein neues und anderes Erbe zu erhalten. Aber indem sie in Einheit mit Christus trat, trat sie in das eigentliche Herz des Judentums."

Viele jüdische Führer waren über diese Kommentare verärgert. Ein Gipfeltreffen zwischen jüdischen und katholischen Würdenträgern, das vom 14. bis 16. Dezember 1987 in Washington, D.C., angesetzt war, wurde aus Protest abgesagt. Ratzinger sagte, seine Worte seien aus dem Zusammenhang gerissen und falsch übersetzt worden. Der Vatikan veröffentlichte neben der Übertragung des Interviews ins Deutsche eine Stellungnahme, die die Absicht von Ratzinger zusammenfassen sollte. Einige jüdische Führer blieben unzufrieden. „Deutsch ist meine Muttersprache", sagte Rabbi Wolfe Kelman aus New York, geschäftsführender Vizepräsident der rabbinischen Versammlung des orthodoxen Judentums. Seiner Ansicht nach „mäßigt" der deutsche Text „[Ratzingers] Position nicht; wenn überhaupt verstärkt er sie nur ... Was Ratzinger sagt, ist, daß es das Ideal für Juden sei, Christen zu werden".

Auf einer Pressekonferenz in New York kurz nach Erscheinen des Artikels wurde Ratzinger gefragt, ob Katholiken in den Dialog eintreten könnten, wenn sie glaubten, daß das Alte Testament seine eigene Integrität habe, oder ob sie sagen müßten, daß das Alte Testament ohne das Neue unvollständig sei. Seine Antwort war zweifacher Art: Er denke, daß eine gute christliche Theologie das Alte Testament gründlich studieren und auch die jüdische Interpretation hören müsse, denn sie seien die Besitzer des Alten Testaments. Das Neue Testament sei ebenfalls in dem Sinne Heilige Schrift, daß es Christen den Schlüssel zum Alten Testament aushändige, und ohne das Alte Testament könnte das Neue einem nichts zu geben haben.

Zweitens sagte er, daß der besondere Punkt des Dialogs der sein müsse, daß Christen das Neue Testament als eine partielle, nicht aber als vollständige Erfüllung des Alten erkennen würden, denn die christlichen Heiligen Schriften sprächen vom Königreich Gottes, das noch kommen werde. Juden würden sagen, das sei nicht der Fall, und man müsse ihre Position respektieren. Ratzinger fügte hinzu, daß Juden sicherlich auch die katholische Position respektierten, so daß sie über diesen Punkt einen guten Dialog führen könnten. Als man ihm von Ratzingers Erklärung berichtete, sagte Rabbi Henry D. Michelman, geschäftsführender Direktor des Synagogenrats Amerikas, der die drei Hauptzweige des Judentums repräsentiert: „Ich erkenne keinerlei Klärung. Ich erkenne keinen einzigen Schritt vorwärts."

Es besteht kaum ein Zweifel an Ratzingers persönlicher Achtung vor Juden oder seiner Gegnerschaft zum Antisemitismus. Er erinnerte sich eines Schriftzugs an der Wand von Kardinal Faulhabers Wohnsitz in München vom November 1938: „Nach den Juden der Judenfreund." Faulhaber hatte sich den Bemühungen Alfred Rosenbergs und anderer widersetzt, das Christentum von seinen jüdischen Elementen zu reinigen. Für Ratzinger faßte der Spruch an der Wand zusammen, wo die Kirche stand. In einem anderen Zusammenhang wurde Ratzinger einmal von einem jüdischen Führer gefragt, ob die Existenz des Staates Israel irgendeine theologische Bedeutung für Katholiken habe, wie sie es für Juden hat. Seine Antwort lautete, wenn es für Juden Bedeutung habe, dann müsse es für Katholiken Bedeutung haben. Doch ist die theologische Position, die Ratzinger dem Judentum gegenüber vertritt – daß für Christen jüdische Geschichte und Schrift ihre Erfüllung erst in Christus erlangen –, für einige Juden zutiefst beleidigend und wurde von einigen Forschern als eine Form von „theologischem Antisemitismus" verurteilt.

Islam

Als dritte große westliche monotheistische Religion behauptet auch der Islam eine Sonderstellung im christlichen Denken über religiösen Pluralismus. Johannes Paul II. hat mehr als die meisten seiner Vorgänger unternommen, um Muslime zu erreichen. Er besuchte als erster Papst ein islamisches Land, als er auf Einladung König Hassan II. am 19. August 1985 in Casablanca in Marokko vor 80.000 jungen Leuten sprach. Der Papst sagte: „Euer Gott und der unsere ist derselbe, und wir sind Brüder und Schwestern im Glauben Abrahams." DuPuis sah in der Aussage des Papstes ein inbegriffenes Zugeständnis, daß Muslime auf ihre eigene Art und Weise als Erben des Glaubens Abrahams gerettet sind.

Ratzinger hat Muslimen keine vergleichbar aufsehenerregenden Gesten geboten. 1997 hat er aber sein Bedauern über die Inquisition zum Ausdruck gebracht, die vor allem in Spanien (die spanische Inquisition war von der Heiligen Inquisition in Rom getrennt und hat keine unmittelbaren Verbindungen zu Ratzingers Amt) auch auf Juden und Muslime abzielte. Er wisse nicht, ob er der Richtige sei, um um Vergebung zu bitten, aber er sei davon überzeugt, daß man sich immer der Versuchung für die Kirche als Institution bewußt sein müsse, sich selbst in einen Zustand zu wandeln, in dem sie ihre Feinde verfolgen würde, sagte Ratzinger in einem Interview in Bologna in Italien. Auf persönlicher Ebene verfügte

Ratzinger auch über fruchtbare Verbindungen mit Vertretern des Islam. Als der iranische Ayatollah Kashani, ein Mitglied des einflußreichen Wächterrates in Teheran, sich entschloß, ein Buch zu schreiben, in dem islamische und christliche Themen der Eschatologie verglichen werden, traf sich Ratzinger mit ihm zum Meinungsaustausch im Vatikan.

Doch da der Islam nun gerade in Deutschland (mit drei Millionen stellen Muslime jetzt fünf Prozent der Gesamtbevölkerung) zur am schnellsten wachsenden Religion Europas geworden ist, hat Ratzinger auch Sorge über seinen Einfluß geäußert. Er hat davor gewarnt, daß Muslime das westliche Christentum als bankrott und geschwächt einschätzten. Das sollte Menschen aus dem Westen beunruhigen, sagte er, weil der Islam in seinem Kern undemokratisch sei. Man müsse ein klares Verständnis davon haben, daß es sich hier nicht einfach um eine Konfession handle, die in den freien Bereich einer pluralistischen Gesellschaft integriert werden könne, so Ratzinger. Der Islam toleriere auch keine kulturellen Unterschiede. Man dürfe gleichfalls nicht vergessen, daß der Islam an der Spitze des Sklavenhandels gestanden und in keiner Weise irgendeine größere Rücksicht auf die Schwarzen gezeigt habe. Und vor allem anderen mache der Islam in keiner Form Zugeständnisse an die Inkulturation. Ratzinger klagt den Islam weiterhin an, eine Art von Befreiungstheologie Israel gegenüber zu fördern, in der die Befreiung von Israel durch göttlich bestätigten bewaffneten Widerstand vollendet werden soll.

Unter diesen Voraussetzungen überrascht es nicht, daß Ratzinger dem Dialog mit dem Islam wenig Aufmerksamkeit gewidmet hat. Er sieht offenbar einem langen Kampf entgegen.

Buddhismus und Hinduismus

In einem Interview warnte Ratzinger 1997 vor der Verlockung des Buddhismus. „Wenn der Buddhismus anziehend wirkt, dann nur deswegen, weil er zu verstehen gibt, daß man durch Zugehörigkeit zu ihm mit dem Unendlichen in Berührung kommen kann und daß man Freude haben kann ohne konkrete religiöse Verpflichtungen“, sagte er. „Es handelt sich um eine selbstverliebte Spiritualität … In den fünfziger Jahren sagte jemand, daß das Unglück der katholischen Kirche im 20. Jahrhundert nicht vom Marxismus rühren würde, sondern vom Buddhismus“, erklärte Ratzinger. „Das war richtig.“ Er warnte vor den „Versuchungen“ des östlichen Glaubens.[18]

Diese Erklärung wurde weitgehend als Angriff aufgefaßt. Mariangela Fala, Oberhaupt von Italiens kleiner buddhistischen Gemeinschaft, merkte an, daß die Religion „auf Toleranz und gegenseitigem Respekt in Beziehung zu anderen begründet wurde, Dinge, die in Ratzingers Bemerkungen offensichtlich nicht auftreten". Sie nannte Ratzingers Kommentare „uninformiert und provinziell" und sagte, daß sie eine dunkle Wolke auf den katholisch-buddhistischen Dialog werfen würden. In den Vereinigten Staaten unternahm ein Bischof den seltenen Schritt, sich tatsächlich für Ratzinger zu entschuldigen: Bischof Alexander J. Brunett von Helena in Montana, Vorsitzender des bischöflichen Komitees für ökumenische und interreligiöse Angelegenheiten der USA, veröffentlichte die Entschuldigung im Rahmen eines Grußwortes zum bevorstehenden buddhistischen Festtag Vesak, an dem das Leben Gautama Buddhas gefeiert wird.

In anderen Zusammenhängen hat Ratzinger sich wertschätzend über den Buddhismus geäußert. In seinem Werk zur Eschatologie von 1977 erklärte er beispielsweise die Verzögerung zwischen individuellem Tod und Weltgericht, indem er argumentierte, daß der einzelne kein völliges Glück gewinnen könne, bevor nicht das Schicksal eines jeden gelöst sei. Hier könne man noch einmal auf den Buddhismus verweisen, mit seiner Idee des Bodhisattva, der sich so lange weigere, ins Nirvana einzutreten, als noch ein menschliches Wesen in der Hölle verbleibe. Doch Ratzinger erinnert den Leser daran, daß nur das Christentum die darin ausgedrückte Sehnsucht erfüllt habe: Hinter dieser eindrucksvollen Vorstellung der asiatischen Religiosität erkenne der Christ den wahren Boddhisattva Christus, in dem der Traum Asiens wahr geworden sei.

Ratzinger hat die Lehre der Wiedergeburt als moralische Grausamkeit und als vergröberte Fassung der christlichen Einsicht bezeichnet, daß der einzelne keine Erfüllung finden könne, solange andere seinetwegen litten. Wie schon oben festgehalten, sorgt er sich darum, daß die angeblich negative Theologie der Hindus den Relativismus unterstützen könnte. In seinem 1991 veröffentlichten Buch *Wesen und Auftrag der Theologie* zitiert Ratzinger bestätigend den Theologen Albert Görres bezüglich der „Hinduisierung" des Katholizismus, in der Grundsätze der Glaubenslehre nicht länger zählten, weil das Wichtige der Kontakt mit einem spirituellen Wirkkreis sei, der über alles, was in Worte gefaßt werden könne, hinausführe.

Ratzinger scheint seine Lesart des Hinduismus als relativistische Tradition als erwiesen anzunehmen. Doch wie der Forscher und Fachmann für Hinduismus, der Jesuit Franciy Clooney, aufgedeckt hat, handelt es sich hierbei um keine zuverlässige Voraussetzung:

Diese traditionelle Charakterisierung – „traditionell", weil Europäer seit Jahrhunderten die Angewohnheit gepflegt haben, in Indien das zu finden, wonach auch immer sie gerade suchten – stellt die Inder und Hindus als die Realität der

Welt verneinend, als zweideutig bezüglich der religiösen Wahrheit und als tolerant allen religiösen Standpunkten gegenüber dar. Im Gegensatz zur Charakterisierung des Kardinals zeigt ein Jahrhundert indologischer Forschung, daß die Traditionen der Hindus häufig höchst präzise und entwickelt in ihren Lehren und Wahrheitsansprüchen und zum größten Teil durchaus bereit sind, positiv über die Welt, über unsere Verantwortlichkeiten und über die göttliche Eingebundenheit in die Angelegenheiten der Menschen zu sprechen ... Indien ist kein natürlicher oder offensichtlicher Verbündeter des Relativismus. Tatsächlich sollten die Traditionen der Hindus, bevor sie nicht genau und sorgfältig studiert sind, in christlichen theologischen Debatten am besten als gegeben angenommen und nicht bemessen werden.[19]

Ratzingers Sorge einer östlichen Verunreinigung des Christentums wurde in einem Dokument der Kongregation für die Glaubenslehre zu Aspekten christlicher Meditation vom 14. Dezember 1989 zum Ausdruck gebracht. Zweck dieses Dokuments war es, Richtlinien für die Anwendung von Gebets- und Meditationsformen zu erstellen, zu denen vom Hinduismus und Buddhismus angeregt wurde, etwa Zen, transzendentale Meditation oder Yoga. Es läßt verlauten, daß sich echtes christliches Gebet von unpersönlichen Techniken oder von der Konzentration auf sich selbst fernhalte, da dies eine Art Nische erzeugen könne, die die betende Person in spiritueller Privatheit einsperre und zu einer freien Offenheit für den transzendenten Gott unfähig mache. Wenn ein Christ bete, geschehe das immer im Lichte der endgültigen Selbstoffenbarung Gottes, es bestehe eine strikte Beziehung zwischen Offenbarung und Gebet.

Selbst im persönlichen Gebet, so das Dokument, bete der Christ innerhalb des wahren Geistes der Kirche und sei daher mit der Gemeinschaft der Heiligen verbunden. Gebet sei demnach eine Übung im *sentire cum ecclesia*, im Denken mit der Kirche. Unter deutlichem Einfluß Ratzingers bietet das Dokument zwei Beispiele fehlgeleiteter Gebetsvorstellungen aus der alten Kirche: den Gnostizismus, der vertrat, daß der Mensch persönliche Erleuchtung erlangen und sich über die Glaubenslehre hinaus bewegen kann; und den Messalianismus, der spirituelle Erfüllung mit asketischer sinnlicher Erfahrung gleichsetzte. Das Dokument erkennt beide Tendenzen in den New-Age- beziehungsweise charismatischen Bewegungen. Weiter heißt es, daß manche Christen nicht zögerten, dieses der buddhistischen Theorie eigene Absolute ohne Verkörperung oder Begriff auf eine Stufe mit der Hoheit Gottes zu stellen, die sich in Christus enthüllt habe und sich über der endlichen Wirklichkeit erhebe. Zu diesem Zweck machten sie von einer negativen Theologie Gebrauch, die jede Bejahung, die auszudrücken versuche, was Gott sei, übersteige und leugne, daß die Dinge dieser Welt Spuren der Unendlichkeit Gottes bieten könnten. Ihr Vorschlag sei es, nicht nur die Betrachtung über die Heilswerke, die von dem Gott des alten und neuen Bundes in der Geschichte vollbracht worden seien, aufzugeben, sondern auch die eigentliche Idee des einen und dreifaltigen Gottes, der Liebe sei. Statt dessen bevorzugten sie das Eintauchen in den unbestimmten Abgrund der Göttlichkeit.

Im Dokument heißt es, solche Methoden müßten einer gründlichen Prüfung unterzogen werden, um der Gefahr vorzubeugen, in einen Synkretismus zu verfallen.

Alle Sehnsüchte, die das Gebet anderer Religionen ausdrücke, würden in der Wirklichkeit des Christentums über alle Maßen erfüllt, behauptete das Dokument. Ein Christ *brauche* sich niemals anderen Traditionen zuzuwenden, wobei das akzeptabel sei, solange die christliche Vorstellung von Gebet, seine Folgerichtigkeit und seine Bedingungen nie verdunkelt würden. Es sei wichtig, die Überbetonungen und Vorlieben östlicher spiritueller Traditionen zu meiden, die zu oft Menschen empfohlen würden, die nicht ausreichend vorbereitet seien. Die Anwendung von körperlichen Stellungen (vermutlich in erster Linie eine Bezugnahme auf Yoga) sei ebenfalls gefährlich. Dies könne in einen Körperkult ausarten und unbemerkt dazu führen, alle körperlichen Empfindungen für spirituelle Erfahrungen zu halten. Gefühle von Ruhe und Entspanntheit seien wünschenswert, aber sie dürften nicht mit den Tröstungen des Heiligen Geistes verwechselt werden, vor allem wenn das ethische Leben nicht mit der Richtung der spirituellen Erfahrung übereinstimme. Gefühlen eine für die mystische Erfahrung typische symbolische Bedeutung zukommen zu lassen würde, wenn der moralische Zustand der betreffenden Person nicht mit einer solchen Erfahrung übereinstimme, eine Art geistiger Schizophrenie bedeuten, die auch zu psychischen Störungen und manchmal zu moralischen Abweichungen führen könne.[20]

WAS AUF DEM SPIEL STEHT

In der Welt nach dem kalten Krieg ist Religion ein Teil des instabilen sozialen Geflechts, das Gewalt schafft. Religiöse Unterschiede sind in Verbindung mit Sprache, Ethnie, Kultur und Geographie häufig todbringend. Im Sudan beispielsweise, wo sich in einem lang andauernder Bürgerkrieg Muslime aus dem Norden und Christen aus dem Süden feindlich gegenüberstehen, sind seit 1983 fast zwei Millionen Menschen gestorben, und weitere vier Millionen sind verschleppt worden. In

Kashmir, einer umkämpften Provinz an der Grenze zwischen Indien und Pakistan, lodert Gewalt zwischen Hindus und Muslimen auf. In den neunziger Jahren starben dort nach der offiziellen Zählung der indischen Regierung 24.000 Menschen; andere sagen, es seien 40.000, wieder andere 70.000. In Nordirland hat die Gewalt zwischen Katholiken und Protestanten über mehrere Jahrzehnte zu Tausenden von Toten geführt. Etwa 500 reguläre britische Soldaten wurden getötet, die meisten von ihnen wurden Opfer der IRA. Im gleichen Zeitraum haben britische und provinzielle Truppen etwa 300 Menschen getötet, von denen einige Mitglieder der IRA waren. Bis zum 14. August 1990, dem einundzwanzigsten Jahrestag des Truppenaufmarschs in dieser Provinz, waren außerdem 2.810 Zivilopfer zu beklagen. Auf dem Balkan, wo die orthodoxen Serben gegen die westlichen christlichen Länder der NATO kämpften, ebenso wie gegen die muslimischen Kosovo-Albaner, mußten die Serben 5.000 Tote unter dem Militär und 2.000 unter der Zivilbevölkerung hinnehmen. Die Kosovo-Albaner verloren geschätzte 10.000 Leben, und über 80.000 Menschen wurden zu verschiedenen Zeiten zu Flüchtlingen. Die NATO schätzt, daß es in mindestens fünfundsechzig Dörfern zu Massenmorden kam.

Ein Satz von Hans Küng erfaßt das Dringlichkeitsgefühl vieler Menschen, daß sich diesen Konflikten zugewandt werden muß: Kein Frieden auf der Welt ohne Frieden unter den Religionen. Wie Ratzingers Kreuzzüge gegen die Befreiungstheologie, gegen den Feminismus und gegen die Rechte Homosexueller hat der Mantel des Schweigens, den er über den Ökumenismus und über den interreligiösen Dialog geworfen hat, Folgen gehabt, deren Tragweite über die Grenzen der akademischen Theologie hinausreichen. Es wurde dadurch mitbewirkt, die Welt zu einem zerbrocheneren und daher gefährlicheren Ort zu machen. Vielleicht kann das nicht anders sein, wenn der institutionelle Katholizismus fortdauern soll. Viele Katholiken können aber nur noch die Empfindung hegen, daß die Verschärfung von Trennungen einen seltsamen Weg darstellt, um an dem Glauben an den Fürsten des Friedens festzuhalten.

6 DER VOLLSTRECKER

Pater Charles Curran, der amerikanische Moraltheologe, der für seine Abweichung von *Humanae vitae* bekannt wurde, der Enzyklika, in der Paul VI. 1968 das Verbot der Empfängnisverhütung wiederholte, erzählt, daß er sich daran erinnere, wie er zuerst davon erfahren habe, daß die Kongregation für die Glaubenslehre ihm nachstellte. Ende der siebziger Jahre, als er an der Katholischen Universität von Amerika lehrte, erhielt Curran einen geheimen Brief aus Rom von seinem Kollegen und Mentor, dem legendären Jesuiten und Moraltheologen Joseph Fuchs. Er schrieb ihm: „Auf Grundlage bestimmter Tatsachen habe ich den Eindruck, daß jemand hier an Ihnen interessiert sein könnte." Schließlich erfuhr Curran auch, worum es sich bei diesen „bestimmten Tatsachen" handelte. Fuchs hatte von dem Bibliothekar der römischen Gregorianischen Universität einen Anruf erhalten, in dem dieser ihn bat, einige Bücher von Curran zurückzugeben, die er entliehen hatte. Das Heilige Offizium, so sagte der Bibliothekar, suche nach ihnen, und fragte nebenbei, ob Fuchs noch irgendwelche anderen Schriften von Curran habe. Das Heilige Offizium würde diese wahrscheinlich auch wollen.

Das war kein gutes Zeichen.

Curran war 1967 von der Katholischen Universität entlassen worden, weil er die unumschränkte Verurteilung der Kirche von Praktiken wie Empfängnisverhütung und Masturbation in Frage stellte, nur um nach einem abenteuerlichen Studentenstreik wiedereingesetzt zu werden. Nicht lange nach der verdeckten Warnung von Fuchs wurde Curran gewahr, daß sein Werk in den Anmerkungen von Artikeln auftauchte, die von einem bekannten Berater der Glaubenskongregation verfaßt wurden. Was zu einem der bedeutendsten Fälle von Ratzingers Amtszeit werden sollte, hatte begonnen. (Currans Fall wurde von Ratzingers Vorgänger, dem kroatischen Kardinal Franjo Seper, eröffnet.)

Als sich der Prozeß gegen Curran entwickelte, trat die Frage des Zugangs zu seinen Büchern erneut auf, denn Curran beklagte, daß die Kongregation nie das Werk zitierte, von dem er das Gefühl hatte, daß es am unmittelbarsten relevant sei, *Dissent in and for the Church*[1]. Darin verteidigte er eine Gruppe von Theologen, die öffentlich verkündet hatten, daß es Katholiken freistünde, dem päpstlichen Verbot der Empfängnisverhütung nicht zu folgen, und sie doch gute Katholiken bleiben würden. Für sein Vorhaben entwickelte er eine Reihe von Prinzipien für eine legitime theologische Abweichung vom Magisterium der Kirche. Später fand Curran, wiederum über

Fuchs, heraus, daß die Kongregation das Buch nur deshalb nie zitierte, weil die Bibliothek der Gregorianischen Universität über kein Exemplar verfügte! Zu einem bestimmten Zeitpunkt schickte Curran dann tatsächlich der Kongregation eines; sie schrieben zurück, daß es nach sorfältiger Durchsicht ihr Urteil nicht geändert hätte.

Einige Zeit, bevor Rom ihn davon in Kenntnis setzte, daß er unter Beobachtung stand, hatte Curran Hinweise erkannt, daß sich Ärger zusammenbraute. 1979 wurde er eingeladen, in Louisiana zu sprechen, doch der Bischof von Baton Rouge, Joseph V. Sullivan, weigerte sich, Örtlichkeiten der Diözese für eine Rede zur Verfügung zu stellen. Am 29. April 1979 hatte der Erzbischof Jerome Hamer, damals der Sekretär der Kongregation für die Glaubenslehre, Sullivan in einem Schreiben zu seiner Haltung und zur Vorsorge einer öffentlichen Klarstellung einiger der zweifelhaften und irrtümlichen Lehren von Pater Curran gratuliert. Curran war daher nicht sonderlich erschüttert, als Kardinal William Baum, der damalige Erzbischof von Washington, D.C., und Kanzler der Katholischen Universität, ihm am 2. August 1979 offiziell mitteilte, daß er in Rom in Untersuchung stand. Aus dem entsprechenden Brief von Hamer erfuhr Curran, daß seine Protokollnummer in Rom 48/66 war – was bedeutete, daß die Akte über ihn im Vatikan 1966 eröffnet worden war, unmittelbar nachdem er vom St. Bernard's Seminary in Rochester in New York an die Katholische Universität gekommen war.

Curran verlor letztlich seine Lehrerlaubnis für katholische Theologie nach einem schriftlichen Austausch mit der Kongregation für die Glaubenslehre und einem „inoffiziellen“ Treffen mit Ratzinger in Rom am 8. März 1986. Nachdem Ratzinger die Schlußfolgerung gezogen hatte, daß Currans Ansichten inakzeptabel seien, wurde er im Januar 1987 aus seiner Stellung an der Katholischen Universität entlassen. Die Universität steht für ihre Handhabung des Falles immer noch unter Verweis der amerikanischen Vereinigung von Universitätsprofessoren. Curran reichte Klage ein, aber der Richter dieses Prozesses lehnte es ab, die Entscheidung der Universität außer Kraft zu setzen. Heute lehrt Curran an der Southern Methodist University in Dallas, wo er ein weithin geachteter Ethiker ist. Er wird von allen Seiten als einer der nettesten Menschen an der Akademie angesehen. Wie auch immer man seine theologischen Anschauungen einschätzt, so könnte doch eigentlich niemand, der ihn kennt, Charlie Curran als einen Feind des Glaubens deuten. Bis zum heutigen Tag verfügt er über gute Verbindungen an der Katholischen Universität, selbst unter Dozenten, die im allgemeinen als konservativ angesehen werden.

In den achtziger Jahren wurde die Affäre Curran zur härtesten Prüfung der Beziehung zwischen der Glaubenskongregation unter Ratzinger und der katholisch-theologischen Gemeinschaft. Die Angelegenheit stieß allgemein bei vielen Katholiken auf Widerhall, denn Curran schien den reinen gesunden Menschenverstand zu verteidigen: *Jeder* Fall von Empfängnisverhütung oder Masturbation kann unmöglich sündhaft sein. Zusätzlich setzte Curran seine Verteidigung auf das, was er als ein Recht auf Abweichung von einer nicht unfehlbaren Lehre des Magisteriums erkannte. Damit hob er die Kernfragen hervor: Wievielen Behauptungen der Glaubenslehre müssen Theologen zustimmen, um sich „katholisch" nennen zu können? An wem ist es, das zu entscheiden? Die Spaltung zwischen „magisteriumstreuen" Theologen, einer Minderheit in auf Rom rückbezogener Loyalität, und der Mehrheit katholischer Fachtheologen, die eine kreative Spannung zwischen sich und den Kirchengewalten schätzen, rückte während des Falles Curran aufs schärfste in den Brennpunkt.

Der Jesuit Thomas Reese, ein aufmerksamer Beobachter der gegenwärtigen Kirche, faßte kürzlich Ratzingers Wirkung auf die katholische Theologie folgendermaßen zusammen: „Das Verhältnis zwischen dem Magisterium und den Theologen ist heute schlechter als zu jeder anderen Zeit seit der Reformation." Seine Argumentation verläuft dahin gehend, daß Fälle wie der Currans die katholischen Theologen frustriert und wütend zurückgelassen hätten, mit der Folge, daß sich ein Bruch zwischen der Hierarchie und den Theologen ereignet habe. Reese vergleicht das Ganze mit der Geschäftsleitung einer großen Firma und deren Forschungs- und Entwicklungsabteilung, die nicht mehr miteinander reden; mit seinen Worten eine „Anweisung zum Chaos".[2]

Von dieser Spannung angeheizt, haben die Erschütterungen durch Schismen in den Ratzinger-Jahren ständig zugenommen. In ein paar wenigen Fällen haben sich Spaltungen in der Kirche in offenen und förmlichen Revolten entladen, so 1998 in Rochester in New York, wo die in der Seelsorge Tätigen und zwei Drittel der Mitglieder der progressiven Gemeinde Corpus Christi sich *en masse* abgenabelt und ihre eigene Glaubensgemeinschaft gebildet haben, die jetzt den Namen Spiritus Christi trägt. Bezeichnenderweise beharrte der Pfarrer, dessen Absetzung den Aufstand in Rochester auslöste, Pater James Callan, darauf, daß Ratzinger die entsprechende Anordnung getroffen hätte, der Erklärung von Bischof Matthew Clark zum Trotz, aus Eigeninitiative gehandelt haben zu wollen. Häufiger aber vollzieht sich ein gegenwärtiges Schisma im Katholizismus in aller Stille und auf den einzelnen beschränkt. Die Menschen wenden sich einfach ab.

Abfälle beider Art – auffallende, aber isolierte Ausbrüche und unverlautbarte, aber stetige Abtragungen – sind seit zweitausend Jahren Realität. Kirchenverantwortliche wissen, daß die Einnahme *jeglicher* Haltung, die Durchsetzung *jeglicher* Bestrafung unweigerlich irgend jemanden entfremden wird. In einer Kirche von einer Milliarde Menschen summiert es sich, selbst wenn eine Politik nur ein Zehntel von einem Prozent der Gesamtheit verärgert, zu einer Million Kritiker, deren Stimmen im Zeitalter von Internet und Kabelkanälen mit Nachrichten rund um die Uhr augenblicklich und manchmal unverhältnismäßig verstärkt werden. Journalisten suchen instinktiv nach „allen Seiten" einer Diskussion, auch wenn das bedeutet, Sprechern, die für einige hundert Millionen Katholiken stehen, und anderen, die vielleicht wenige Dutzend repräsentieren, in etwa eine gleiche Behandlung zukommen zu lassen. Unter diesen Umständen sind Konflikte in der Kirche dauerhaft und unausweichlich.

Vor dieser Wirklichkeit stellt sich die Frage, wie Kirchenverantwortliche reagieren sollten. Sollen sie, wie Johannes XXIII. einmal sagte, versuchen, die Leitung sowohl für jene mit dem Fuß auf dem Gaspedal wie für jene mit dem Fuß auf der Bremse zu gestalten? Oder sollen sie „Stellung beziehen", ihr Schicksal in den fortwährenden Debatten in der Kirche an eine Partei binden und die tieferen und einschneidenderen Spaltungen akzeptieren, die solch ein Vorgehen schaffen würde? Die Hauptklage gegen Ratzinger innerhalb der theologischen Gemeinschaft besteht darin, daß er den letztgenannten Kurs eingeschlagen hat. Er habe nicht als neutraler Schiedsrichter der „Orthodoxie" fungiert, wird argumentiert, sondern als ein Verfechter der Reaktion gegen die nachkonziliare Periode, die in Zeitschriften wie *Communio* ihre Form annahm. Der Mann, der einst beklagte, daß das Heilige Offizium gegenüber verschiedenen theologischen Schulen ungenügend tolerant sei, habe selbst zu wenig Toleranz gezeigt, sagen diese Kritiker.

Ratzinger seinerseits hat konsequent erklärt, daß die Kirche der Zukunft vielleicht kleiner und weniger kulturell bedeutsam sein müsse, um getreu zu bleiben. In diesem Sinne entströmt sein Wille zu polarisieren, Grenzen zu ziehen, konsequent seiner Kirchenlehre. Ob er darin richtig liegt, daß eine Kirche ohne viele ihrer führenden Denker und Priester – eine Kirche ohne Charles Curran beispielsweise – getreuer wäre, geht ans Innerste jeder Debatte über die Zukunft des römischen Katholizismus.

DAS II. VATICANUM UND DAS HEILIGE OFFIZIUM

Ratzingers Verteidiger behaupten oft, daß seine Handhabung, der langen Geschichte des Heiligen Offiziums gegenübergestellt, relativ offen und maßvoll gewesen sei. Für seine Kritiker gehen jedoch Vergleiche mit Inquisitoren früherer Zeiten an der Sache vorbei, der angemessene Kontext für die Einschätzung des Amtes sollten die durch das II. Vaticanum eingegebenen und durch Paul VI. verkündeten Reformen sein. Am 7. Dezember 1965, am letzten Tag des II. Vaticanums, erließ Paul ein Dokument mit dem Titel *Integrae servandae.*

Die Reformen im Heiligen Offizium, die in *Integrae servandae* ausgebreitet waren, enthielten folgendes:

- die Abänderung des Namens des Amtes von Kongregation des Heiligen Offiziums in Kongregation für die Glaubenslehre,
- die Beendigung der Geheimhaltung der Betätigungen der Kongregation und die Verlagerung ihrer inneren Arbeitsvorgänge in den Bereich des öffentlichen kirchlichen Rechts,
- die Einrichtung des Rechts auf Berufung und auf Rechtsvertretung für alle, die durch Entscheidungen der Kongregation vor der Glaubenslehre verdächtigt werden,
- die Gewährleistung, daß regionale Bischofskonferenzen konsultiert werden, wenn ihre inhaltliche Arbeit unter Verdacht steht,
- die Gewährleistung, daß Spezialisten und Fachleute in den zur Erwägung stehenden Fragen hinzugezogen werden, bevor eine Entscheidung über das Werk eines einzelnen Theologen gefällt wird, und
- die Aufhebung des Index Verbotener Bücher.[3]

Integrae servandae rief auch zur Schaffung einer beratenden Körperschaft auf, um die neu benannte Kongregation zu unterstützen, was sie mit den besten theologischen Denkern der katholischen Welt in Kontakt bringen sollte. Die daraus resultierende Internationale Theologische Kommission traf sich erstmals 1967. Das Dokument rief weiterhin zu einer engen Koordination zwischen der Kongregation für die Glaubenslehre und der päpstlichen Bibelkommission auf.

Integrae servandae setzte auch fest, daß alle Angelegenheiten des Glaubens und der Moral in die Kompetenz der Kongregation für die Glaubenslehre fallen sollten, auch entsprechende Fragen, die zuvor verschiedenen vatikanischen Abteilungen vorbehalten waren. Dies sollte scheinbar andere Kongregationen davon abhalten, diese Reformen dadurch zu vereiteln, daß sie Bereiche aus der Befugnis des Amts für die Glaubenslehre für sich beanspruchten. Tatsächlich hat diese Vorkehrung aber die Vertretung der Glaubenslehre zu einer „Überkongregation“ gemacht. Sie hat die Macht der rechtlichen Prüfung der Entscheidungen jedes anderen Amtes, wie auch eigentlich alles, was der Vatikan tut, so interpretiert werden kann, als ob es eine Bedeutung für die Glaubenslehre habe.

Das Gesamtziel von *Integrae servandae* war die Umwandlung der Kongregation der Glaubenslehre von einem auf Verteidigung abgerichteten Wachhund in einen Apostel der katholischen Lehre. Überzeugungsarbeit sollte eher als Zensur die maßgebliche Idee sein. Da Nächstenliebe Angst vertreibe, schrieb Paul VI., scheine es jetzt angemessener, den Glauben durch die Mittel eines Amtes zu bewahren, das die Lehre fördere. Obwohl es immer noch Irrtümer berichtigen und jene im Irrtum Begriffenen sanft zur moralischen Güte zurückrufen werde, solle ein neues Gewicht auf die Verkündigung des Evangeliums gelegt werden. Außerdem berühre der Fortschritt der menschlichen Zivilisation, in dem die Bedeutung von Religion nicht übersehen werden dürfe, die Gläubigen in solch einer Weise, daß sie der Leitung der Kirche vollkommener und liebender folgen würden, wenn man sie mit vollständigen Erklärungen für die kirchlichen Bestimmungen und Gesetze versehe. Im Hinblick auf Angelegenheiten des Glaubens und der Moral sei dies durch die eigentliche Natur der Dinge offensichtlich.

Als jüngstes päpstliches Dokument für die Kongregation der Glaubenslehre setzt *Integrae servandae* den Maßstab, an dem Ratzingers Beziehung zur theologischen Gemeinschaft bewertet werden muß.

RATZINGER UND DIE KATHOLISCHE THEOLOGIE

Als Fachtheologe hat Ratzinger eine Reihe von Kerngedanken seiner eigenen theologischen Ideen ausgearbeitet, zusammengefaßt im zweiten Kapitel, unter denen die hauptsächlichen sein Verständnis der Eschatologie als einziges christliches Gegenmittel gegen den Utopismus und seine Betonung einer gemeinschaftliche Kirchenlehre sind. Als Präfekt hat Ratzinger ebenfalls Haltungen *zur* katholischen Theologie entwickelt: wozu Theologie da ist, was ihre Prämissen sein sollten, welchen Geistes sie sein sollte, welches ihre dauernden Versuchungen sind. Diese Kernprinzipien ziehen sich durch die Dokumente, die von der Kongregation für die Glaubenslehre seit den frühen achtziger Jahren erlassen worden sind, ebenso wie durch Ratzingers eigene Schriften aus derselben Periode. Am vollständigsten sind sie jedoch in seinem Buch *Wesen und Auftrag der Theologie* von 1993 ausgearbeitet. Dieser Band vereint Ratzingers wichtigste Aufsätze und Reden zum Thema, ebenso wie eine zuvor nicht publizierte Reaktion auf die öffentliche Kritik der 1990 von der Kongregation erlassenen Weisung zur kirchlichen Berufung von Theologen.[4]

Um das Verhältnis zwischen Theologen und der Kongregation für die Glaubenslehre unter Ratzingers Verwaltung einzuschätzen, muß man zuerst erfassen, wie Ratzinger das Wesen der katholischen Theologie versteht.

„Glaube sucht Verstehen"

Ratzingers tiefste Überzeugung hinsichtlich der katholischen Theologie wird von diesem vertrauten Satz des hl. Anselm eingefangen. Ratzinger glaubt, daß die Theologie bei einer Reihe von Gegebenheiten einsetzt, womit er Grundlagen aus der Offenbarung meint. Nachfolgende Theorien können nur in dem Umfang gerechtfertigt werden, in dem sie diese Gegebenheiten achten. Theologie kann den Gehalt der Offenbarung erforschen, darf sie aber nicht aufheben oder neu interpretieren, um sie einem Entwurf irgendeiner anderen Quelle anzupassen. Gewöhnlich stellt diese Quelle in Ratzingers Denken der Zeitgeist dar: Eine der von ihm am häufigsten zitierten Schriftstellen ist Römer 12,2, die Warnung von Paulus, sich nicht dem Geist des Zeitalters anzupassen.

Die einfachen Gläubigen

Denjenigen, die behaupten, er habe die Beziehung zwischen dem Magisterium und der theologischen Gemeinschaft geschädigt, entgegnet Ratzinger, daß es nicht sein hauptsächlicher Belang sei, Theologen glücklich zu machen. Vor allem anderen müsse er das Recht der einfachen Gläubigen schützen, daß der Glaube in jeder Generation bewahrt werde. Dieses Interesse geht gar bis 1966 zurück, als Ratzinger am Ende seines Kommentars zur vierten Sitzung des II. Vaticanums schreibt, daß die Kirche in letzter Analyse in guten wie in schlechten Zeiten vom Glauben derjenigen lebe, die einfachen Herzens seien. Deren Glauben nämlich, so vertritt er schon dort, sei der kostbarste Schatz der Kirche. Diese Sichtweise hat sich bei ihm erhalten. In einem Interview von 1988 mit der österreichischen Tageszeitung *Die Presse* sagte er, seine Rolle sei es, die Katholiken zu verteidigen, die keine Bücher oder bewanderten Artikel schrieben. Er habe seine Hauptaufgabe in der Verteidigung jener bestimmt, die sich nicht wehren könnten, womit er Katholiken meint, denen gegen Angriffe auf ihren Glauben die Mittel eines theologischen Intellektualismus fehlen. Ratzinger bezieht in dieser Haltung unzweifelhaft Stützung von seinem Großonkel Georg, dessen politische Laufbahn im ländlichen Bayern der Verteidigung der „Einfachen“ gegen den Angriff durch intellektuelle und wirtschaftliche Eliten gewidmet war.

Historischer Parallelismus

Ratzinger glaubt, daß die Kirchenväter bereits auf einen großen Teil des Drucks gestoßen sind, dem sich der Katholizismus heute gegenübersieht, und darauf reagiert haben. Zu häufig, darauf weist er hin, wollten Katholiken neue Lösungen ersinnen, wenn die angemessene Antwort doch in der Tradition liege. In der Angelegenheit der Befreiungstheologie beispielsweise wiederholten sich für Ratzinger viele Elemente der durch das Franziskanertum der Spiritualen bewirkten Krise aus dem 13. Jahrhundert. Der Anstoß zu Toleranz bezüglich des religiösen Pluralismus erinnert ihn an die Periode der Spätantike, als heidnische Denker, denen es nicht gelungen war, das Christentum mit Gewalt zu brechen, versuchten, es durch Relativismus zu untergraben. Der Moderne mangele es im großen und ganzen an Originalität; sie biete neue Versionen dauerhafter Versuchungen, und das orthodoxe Christentum müsse diesen Verlockungen jetzt so widerstehen, wie es auch in der Vergangenheit der Fall gewesen sei.

Die Wahrheit

Die orthodoxe Theologie setzt für Ratzinger einen erkenntnistheoretischen Realismus voraus: Das menschliche Bewußtsein ist auf die Wahrheit eingerichtet, es kann die Wahrheit in der Natur ermitteln und die Wahrheit in der Offenbarung erkennen. Diese Wahrheiten werden zur Basis für allgemeingültige Folgerungen in Anthropologie, Ethik und Theologie. Moderne Denker, so sieht es Ratzinger, stehen zu sehr unter dem Einfluß von Kant und seiner Unterscheidung zwischen dem Noumenon und dem Phänomenon: Wir treffen nie auf objektive Wahrheit als solche, ausschließlich auf eine durch das menschliche Bewußtsein gefilterte. Bei Nichtvorhandensein von Objektivität ist der einzige Maßstab zur Beurteilung von Lehrsätzen ihr praktischer Wert (hilft uns der Glaube daran, eine bessere Welt zu errichten?). Daher betont die moderne Theologie eine instrumentelle Sicht der Wahrheit: Wahrheit ist etwas, was die Menschheit macht, nicht etwas, was sie findet. Ratzinger erkennt in dieser Sicht der Wahrheit sowohl eine falsche Bescheidenheit als auch einen falschen Hochmut. Die menschliche Person ist fähig, die Wahrheit zu kennen, darauf beharrt Ratzinger, und in diesem Sinne gibt das Modell „Wahrheit als Tun" die Menschheit zu bald auf. Wenn die Menschheit auf der anderen Seite die Wahrheit erfinden kann, dann liegen auf unserem Verhalten keine Grenzen, und in diesem Sinne ist es eine gefährliche, arrogante Idee.

Die Nazi-Erfahrung

Ratzinger sieht in der Erfahrung der Kirchen und Theologen unter Hitler einen Beweis der Notwendigkeit für eine kirchenzentrierte Theologie. Theologie existiere entweder in der Kirche und von der Kirche, oder sie existiere überhaupt nicht, schloß er. Wenn die Theologie ihre Bindung an die Kirche löse, werde sie sich der umgebenden Kultur zuwenden und damit enden, eine bestimmte soziale oder politische Ordnung absolut zu setzen. Darüber hinaus werde eine Theologie, die ihrer Verbindung zum Amt der

Lehre der Kirche beraubt ist, lediglich zu einer weiteren akademischen Disziplin, die sich keiner stärkeren Gewißheit erfreue als die politische Wissenschaft. Ihre Hypothesen seien bloß noch mutmaßlich und reichten nicht aus, um das eigene Leben darauf zu setzen. Die Erfahrung mit den Nazis zeige, daß es mehr als das braucht.

Das diachrone Wesen des sensus fidelium

Unter Verweis auf Umfrageergebnisse, die zeigen, daß eine Mehrheit an Katholiken Empfängnisverhütung, verheiratete Priester, weibliche Priester, ein Recht auf Abweichung und so weiter unterstützt, legen Progressive Ratzinger und anderen Kirchenverantwortlichen oft zur Last, den *sensus fidelium* nicht zu achten. Der Ausdruck bezieht sich auf eine alte katholische Lehre, die auf dem II. Vaticanum erneut bestätigt wurde: Eine Möglichkeit, „den Glauben" in einer bestimmten Frage zu ermitteln, bestehe darin, zu erkennen, was vom gesamten Volk Gottes geglaubt wird, das kraft einer übernatürlichen Gnade nicht darin fehlgehen könne, die Wahrheit aufrechtzuerhalten. Ratzinger akzeptiert diese Lehre, aber er lehnt eine Identifikation des „Sinnes der Gläubigen" mit einer statistischen Mehrheit ab, wie sie durch Erhebungsdaten bestimmt wird. Er besteht darauf, daß das gesamte „Volk Gottes" sowohl das Magisterium einschließe wie auch die breite Masse der Gläubigen, so daß jeder Versuch, einen Gläubigen zu unterscheiden, der der Lehre des Magisteriums entgegensteht, eine falsche Auffassung darstelle. Mehr noch, das „Volk Gottes" gehe über die gegenwärtig Lebenden hinaus: Es umfasse all die vorhergegangenen Generationen, deren Glaubenszeugnis in den Glaubensbekenntnissen, in den konziliaren Erklärungen und der päpstlichen Lehre eingeschlossen und Teil des katholischen Patrimoniums sei. Daher sei der „Sinn der Gläubigen" richtig verstanden „diachron", was bedeutet, daß er sich über die Zeit erstreckt. Zu zeigen, daß sechzig Prozent der Katholiken in den Vereinigten Staaten und Europa die Ordination von Frauen unterstützen, sei beispielsweise weit davon entfernt, den Sinn der Gläubigen in dieser Frage zu demonstrieren. Es sei immer möglich, so vertritt Ratzinger, daß in einem bestimmten geschichtlichen Augenblick eine große Anzahl von Gläubigen in die Irre gehe. Die alte Häresie des Arianismus verdeutliche das. Es sei die Aufgabe des Magisteriums, das Zeugnis jeder Generation von Gläubigen gegen die Tyrannei des Gegenwärtigen aufrechtzuerhalten. In diesem Sinne, so Ratzinger, spiegele das Magisterium ein echtes demokratisches Prinzip wider: Es würdige das Glaubenszeugnis von Katholiken aus jedem Zeitalter der Kirchengeschichte.

Der einbegriffene Vertrag

Ratzinger erkennt einen allzu häufigen Vertrauensmißbrauch durch Theologen, die die ihnen in der Kirche gebotene Plattform nutzen, um das zu fördern, was tatsächlich ihr eigenes persönliches System ist. Er hat beklagt, daß abweichende Theologen im allgemeinen alles, dessen sie sich erfreuen, der Tatsache schulden, daß sie im Namen der Kirche lehren. Die Erlaubnis, katholischer Theologe zu sein, schafft jedoch ein vertragliches Verhältnis, das den Theologen der gegenwärtigen katholischen Lehre in Richtigkeit und Treue verpflichtet. Selbst in Fällen, in denen keine Genehmigung ausgestellt wurde, wenn ein Theologe an einer katholischen Universität oder in einer anderen Eigenschaft, die auf dem Namen der Kirche begründet ist, lehrt, besteht eine moralische Verpflichtung, für die Kirche und nicht für sich selbst zu sprechen. Auf der grundlegendsten Ebene erkennt Ratzinger in der Verfehlung, diesen Vertrag zu achten, eine Frage des Hochmuts – zu viele Theologen erhöhten sich selbst, zelebrierten ihre eigene Orginalität, anstatt weiterzuvermitteln, was empfangen wurde. Letztendlich, vertritt er, habe ein Student, der sich für einen Kurs in katholischer Theologie einschreibt, oder ein Gemeindemitglied, das die Messe in Erwartung der katholischen Liturgie besucht, oder ein Suchender, der einen katholischen Katechismus aufschlägt, das Recht, die echte Stimme der Kirche zu hören.

Die Verantwortlichkeit von Theologen für den Niedergang der Kirche

Ratzinger glaubt, daß die leeren Kirchen im Westen zumindest teilweise durch progressive Theologen verschuldet sind, die das Christentum in solch einem Ausmaß uminterpretiert haben, daß es eigentlich von der Kultur ununterscheidbar ist. Theologen sollten darüber nachdenken, bis zu welchem Grad ihnen die Schuld für die Tatsache zukomme, daß eine zunehmende Zahl von Menschen Zuflucht in eingeschränkten oder ungesunden Formen von Religion suche, sagte Ratzinger in *Salz der Erde*. Wenn man nichts mehr anderes als Fragen biete und keinen positiven Glaubensweg, dann seien solche Fluchten unvermeidlich. Nichtgläubigen scheine das Christentum heute oft heillos in innere Debatten verwickelt, wobei es der überwältigenden Mehrheit der Welt, die nichtchristlich sei, kaum positive Energie zu bieten habe. Die Kirche sei schon immer in einer ganzen Reihe von bestimmten Fragen ständig ganz von sich selbst in Anspruch genommen gewesen. Inmitten von alledem komme der Tatsache zu wenig Aufmerksamkeit zu, daß achtzig Prozent der Menschen dieser Welt Nichtchristen seien, die auf das Evangelium warteten oder für die das Evangelium auf jeden Fall auch bestimmt sei, sagte er 1996. Man solle sich nicht ständig mit den eigenen Fragen abquälen, sondern darüber nachdenken, wie man als Christ heute in dieser Welt ausdrücken könne, was man glaube, und dadurch jenen Menschen etwas sagen.

Lieblingsmetapher, die erste: Die Symphonie

Ratzinger verwendet zwei Metaphern, um auszudrücken, was er unter einem angemessenen Verhältnis zwischen Theologen und der Hierarchie versteht. Die erste ist die einer Symphonie. Ratzinger ist ein Musikliebhaber: Er wuchs in der Nachbarschaft Salzburgs in Österreich und dessen reichen musikalischen Erbes auf, und er selbst ist ein hervorragender Pianist. Der Begriff einer christlichen *symphonia* wurde von den Kirchenvätern verwendet, um die Beziehung zwischen dem Alten und dem Neuen Testament und später die Beziehung, die alle Christen vereint, zu kennzeichnen. Die Symphonie sei die eigentliche Form der Kirche, schrieb Ratzinger 1986, und daher die strukturelle Form, auf der sie begründet sei. Diese Metapher bedeutet ihm, daß Pluralismus ohne Grundprinzipien in Chaos mündet. Wenn Dutzende von Instrumenten auf einmal spielen, kann das zu Mißklang führen; vereint durch eine gemeinsame Melodie und unter der Leitung eines Dirigenten jedoch, erzeugen sie eine wunderbare Schönheit. Natürlich ist diese Metapher der Kritik offen. Die katholische Erfahrung ist sicherlich weit genug, um mehr als nur ein einziges Stück oder auch nur einen einzigen Stil an Musik zu umfassen. Aber das Bild der *symphonia* fängt etwas Wesentliches ein, um Ratzinger zu verstehen: seinen Glauben an die Schönheit der Orthodoxie. Ratzingers Hartnäckigkeit als Vollstrecker der Glaubenslehre entstammt nicht vornehmlich einer Angst oder Verteidigungshaltung; sie entstammt der Leidenschaft eines Menschen, der sich in tiefer Liebe zum Katholizismus befindet.

Lieblingsmetapher, die zweite: Medizin

Ratzingers andere bevorzugte Analogie für Theologen ist der Beruf des Mediziners. Ärzte dürften nicht mit ihrer eigenen Freiheit beschäftigt sein, vertritt er, sie müßten vor allem anderen mit der Gesundheit des Patienten beschäftigt sein. Auf andere Weise gelte dieselbe Wahrheit auch für Theologen. Ratzinger verdeutlichte das 1999 auf einer Pressekonferenz in Menlo Park in Kalifornien: „Wie man es bei einer medizinischen Fakultät sieht, hat man eine völlige akademische Freiheit, aber mit der Disziplin verhält es sich so, daß der Sinn der Medizin die Ausübung dieser Freiheit bestimmt. Als Mediziner kann man nicht tun, was man will, man steht im Dienst am Leben. Der Dienst am Leben bestimmt die rechte Anwendung der akademischen Freiheit", sagte er. „So hat auch die Theologie ihre inneren Erfordernisse. Die katholische Theologie ist keine individuelle Reflexion darüber, was Gott und was eine religiöse Gemeinschaft sein könnte, sondern die katholische Theologie ist ein Denken im Glauben der Kirche." In einem Aufsatz von 1986 zum Pluralismus hat er ebenfalls dieses Bild benutzt: Wenn sich ein Arzt irre und, anstatt sich beharrlich in die Gesetze der Anatomie und des Lebens zu fügen, eine „kreative" Idee riskiere, seien die Folgen schnell ersichtlich. Auch wenn der Schaden im Falle eines Theologen nicht so unmittelbar erkennbar sei, stehe in Wahrheit auch hier für ihn zu viel auf dem Spiel, um sich selbst einfach seiner momentanen Überzeugung anzuvertrauen, denn er habe mit einer Sache zu tun, die den Menschen und seine Zukunft betreffe und in der jeder verfehlte Eingriff seine Konsequenzen habe. Erneut läßt sich das Bild bestreiten. Das Feld der Medizin nimmt seinen Fortschritt nicht durch Dogmatismus, sondern durch ständige Selbstkritik. Doch auch diese Metapher bringt etwas zum Ausdruck, was in Ratzingers Psyche tief sitzt, nämlich die Überzeugung, daß Theologie ein ernsthaftes Geschäft ist. Sie ist kein intellektuelles Gesellschaftsspiel, sondern ein Mittel, mit den tiefsten und bedeutendsten Fragen umzugehen, die sich der menschlichen Person stellen.

Legitimer Pluralismus

Ratzinger betont die Einheit, die im Zentrum des Pluralismus liegt. Eine gemeinsame Übereinkunft in Grundprinzipien sei tatsächlich das einzige, was echten Pluralismus ermögliche. Wenn jeder Theologe seinen persönlichen Glauben postuliere, ergäben sich vielfache Hegemonien und kein Pluralismus. Pluralismus resultiere aus verschiedenen Blickwinkeln auf dieselbe Realität, aus verschiedenen Versuchen, dieselbe Vorstellung zu überprüfen. Logisch ausgedrückt sei Pluralismus ohne zugrunde liegende Einheit unmöglich. Daher bietet das bei Jesuiten und Dominikanern voneinander abweichende Verständnis von Gnade für Ratzinger ein Beispiel für echten Pluralismus; bei Hans Küngs Lesart der Unfehlbarkeit hingegen ist das nicht der Fall, denn Küng lehnt diese Glaubenslehre insgesamt ab, anstatt daß er seine Reflexion in ihrer Akzeptanz beginnt. Ratzinger würde sagen, daß Abweichung und Pluralismus nicht nur voneinander verschieden sind, sie stehen im logischen Widerspruch, indem das eine die Ablehnung der Lehre der Kirche voraussetzt, das andere den Gehorsam ihr gegenüber. In seinem Aufsatz zum Pluralismus als Problem für die Kirche hält Ratzinger fest, daß der Begriff des Pluralismus in der politischen Theorie als Weg auftritt, der staatlichen Macht Grenzen zu setzen. Eine Person ist entsprechend der pluralistischen Theorie nicht nur ein Bürger; er oder sie gehört auch vielen anderen sozialen Gruppen an, etwa der Familie, bürgerlichen Verbänden, einem Beruf und so weiter, und der Staat muß die Autonomie dieser anderen Identitäten respektieren. Daher stellte man sich den Pluralismus als eine Möglichkeit vor, Totalitarismus zu verhindern, und er habe als solches seinen Wert, sagt Ratzinger. Das Problem sei dann, daß es zu leicht ist, die Kirche als bloß eine unter vielen anderen sozialen Gruppen zu verstehen und ihre transzendente Dimension aus dem Blick zu verlieren. Man könne Pluralismus innerhalb der Kirche nicht anwenden und dabei vergessen, daß sie keinen Staat, sondern eine Gemeinschaft darstellt. Ratzinger vertritt, daß die Kirche bereits ein Modell von echtem Pluralismus ist: Keine Interessengruppe oder politische Partei, so sagt er, würde die innere Verschiedenheit tolerieren, die innerhalb des Katholizismus bestehe.[5]

Abweichung

In *Aus meinem Leben* stellt Ratzinger das dar, was er für die angebrachte Gesinnung eines Theologen hält, der wahrhaft das *sentire cum ecclesia*, das Denken mit der Kirche, umsetzt. Er erzählt, daß sein Professor und Mentor in München, Gottlieb Söhngen, starke Vorbehalte gegen den Gebrauch der päpstlichen Unfehlbarkeit bei der Verkündigung der Himmelfahrt Marias hatte. Doch als Söhngen gefragt wurde, ob er zum Abweichler würde, wenn der Papst dies in die Tat umsetzte, antwortete er mit nein: Wenn es zur Glaubenslehre werde, werde er sich daran erinnern, daß die Kirche weiser sei als er und daß er ihr mehr vertrauen müsse als seiner eigenen Gelehrsamkeit. Ratzinger sieht im öffentlichen Widerspruch ein hochmütiges „alternatives Magisterium“, das gegen die Verfassung der Theologie verstößt, die darin besteht, den Glauben der Kirche als Ausgangspunkt zu nehmen. Er bezichtigt auch jene, wie Curran und Küng und ihre Anhänger, des Versuchs, mithilfe von Massenmedien, Unterschriftensammlungen oder Demonstrationen die Taktik des politischen Drucks anzuwenden, um die Kirche zur Abänderung ihrer Lehre zu zwingen. Darin erkennt er einen weiteren Beweis für das Ausmaß, in dem moderne westliche Theologie vor dem Zeitgeist kapituliert hat, in dem Wahrheit durch Macht ersetzt wurde, und den richtigen Sinn der Kirche völlig verloren hat.

DIE KONGREGATION BEI DER ARBEIT

Um das Wesen des Verhältnisses zwischen Ratzinger und der katholisch-theologischen Gemeinschaft zu begreifen, muß man ein Gespür dafür bekommen, wie die Kongregation für die Glaubenslehre arbeitet. Trotz des Geheimnisses und der Machenschaften, die diese Vertretung umgeben, ist vieles über ihren inneren Ablauf durchaus bekannt. Ihre Mitglieder werden im *Annuaro Pontifico* aufgeführt, einem jährlichen Verzeichnis vatikanischer Ämter und Angestellter, und das Verfahren der Kongregation wird in einem Dokument mit dem Titel *Ratio Agendi* (System der Handlung) veröffentlicht. Mitglieder der Kongregation sind zum größten Teil bereit, zumindest in einem unprotokollierten Rahmen, über ihre Arbeit zu sprechen.[6]

Eigentlich bezieht sich das Wort „Kongregation" im Namen von Ratzingers Vertretung nicht auf die Mitarbeiter und Helfer, die für ihn arbeiten, sondern auf die Gruppe von zwanzig Kardinälen, Erzbischöfen und Bischöfen aus vierzehn Ländern, aus denen sich die höchste entscheidungsfällende Körperschaft zusammensetzt, eine Art Direktorium für die Vertretung der Glaubenslehre. Jede vatikanische Kongregation wird durch eine ähnliche Körperschaft an Bischöfen geleitet, wobei ein Kardinalpräfekt den Vorsitz innehat (päpstliche Räte werden gewöhnlich von Erzbischöfen betrieben). Die vollzählige Körperschaft der Bischöfe, die die Kongregation leiten, das Plenaria, trifft sich nur alle eineinhalb Jahre und dann nur, um sich einen allgemeinen Überblick über die Amtstätigkeit zu verschaffen.

Die alltäglichen Aufgaben liegen in den Händen von Ratzingers Mitarbeitern, gegenwärtig eine Gesamtzahl von achtunddreißig Entscheidungsfindern, Sekretären und Helfern. Seine Ranghöchsten sind Erzbischof Tarcisio Bertone, der Sekretär der Kongregation, und Pater Gianfranco Girotti, der Untersekretär. Beide stammen aus Italien. Die Kongregation zieht auch eine Körperschaft an Beratern heran, meistens Theologen, die an verschiedenen römischen Universitäten lehren. Es wird häufig angenommen, daß diese Theologen ausgewählt werden, weil sie Sicherheit bieten; auf der anderen Seite traf ich mich 1999 während einer Synode in Rom mit einem Theologen zum Abendessen, der gerade an diesem Tag von der Glaubenskongregation ein Buch zur Durchsicht erhalten hatte. Der Theologe ist mäßig liberal und hatte keine Ahnung, daß er in Erwägung stand, als Berater zu dienen. Er hatte keinen Grund anzunehmen, daß die Kongregation seine Meinung beachten würde, dann aber war er überrascht, daß sie ausdrücklich darum gebeten hatten.

In Begriffen ihrer inneren Organisation unterteilt sich die Kongregation in vier Abteilungen: die der Glaubenslehre, die für die Priester, die für die Ehe und die für die Disziplin. Die erste hat mit Theologen und Schriftstellern zu tun. Die zweite behandelt Anträge von Priestern, die aus ihrem Gelübde entbunden werden wollen (die Verantwortlichkeit für diese Fälle wird an eine andere Kongregation übertragen). Die dritte bereitet Gesuche für eine bestimmte Art von Ungültigkeitserklärungen vor (Fälle, die der „Gunst des Glaubens" obliegen, direkt vor den Papst kommen und von der

Kongregation vorbereitet werden), und die vierte ist ein Sammelbecken für Fälle, die außerhalb des Hauptstromes liegen, etwa die Frage der Wahrhaftigkeit von behaupteten Visionen. Die Abteilung der Glaubenslehre ist bei weitem die aktivste und einflußreichste.

Die vorderste Linie der Mitglieder setzt sich aus Jungpriestern zusammen, die vorübergehend von verschiedenen Diözesen und religiösen Orden abgeordnet sind. Der Regelung entsprechend müssen diese Beamten jünger als fünfunddreißig sein, wenn sie ihre erste vatikanische Zuteilung antreten. Es existiert kein formales Bewerbungsverfahren; im allgemeinen übernimmt ein ausscheidendes Mitglied die Auswahl seines Nachfolgers. In anderen Fällen wird der Präfekt oder der Sekretär bei einem vertrauenswürdigen Bischof oder Ordensoberen anfragen, jemanden zu empfehlen. Diese Jungmitglieder sollten außer Italienisch mindestens eine weitere Sprache beherrschen, und in der Regel wird ein Gleichgewicht zwischen Muttersprachlern der bedeutendsten Sprachen der Kirche gehalten: Italienisch, Französisch, Deutsch, Englisch, Portugiesisch und Spanisch. Oft werden diese Mitglieder der niederen Ebene aufgefordert, ein Dokument in ihre Muttersprache zu übersetzen. Es gilt eine inoffizielle Regelung, daß bestimmte Länder durch mindestens ein Mitglied vertreten werden. Die Einnahme einer solchen Stellung verhilft normalerweise zu einer kirchlichen Karriere.

Ratzinger hat bestätigt, daß sein Amt eine große Menge an Post von Katholiken auf der ganzen Welt empfängt, die meistens ganz von der Vorstellung in Anspruch genommen sind, daß die Kirche die Kirche bleiben sollte – mit anderen Worten von Konservativen. In der Abteilung für die Glaubenslehre gibt es etwa zwölf Jungmitglieder, deren Aufgabe es ist, diese Post zu sortieren, den Ernst der Klagen zu bestimmen und eine anfängliche Festlegung zu treffen, wie damit weiterverfahren werden soll. Wenn ein bestimmter Fall aufgrund der Schwere der Anklage, aufgrund eines bischöflichen Hinweises oder aufgrund der Übereinstimmung des sachlichen Inhalts mit einer Priorität der Kongregationsführung als hinreichend bedeutungsvoll beurteilt wird, wird er in der Befehlskette nach oben weitergeleitet. Eine entscheidende Variable ist, ob der zur Debatte stehende Theologe ein Priester oder ein Mitglied einer Ordensgemeinschaft ist. Wenn es um einen Laien geht, der an einer nichtkatholischen Universität lehrt, verfügt die Kongregation nicht über die Mittel, Kontrolle über diese Person auszuüben, und wird gewöhnlich davon absehen, eine Untersuchung einzuleiten.

Wenn Ratzinger die Entscheidung bestätigt, eine Akte zu einem Fall anzulegen, wird das die Kette zurück nach unten weitergeleitet, über den Sekretär, den Untersekretär und den Abteilungsleiter, um letztlich einem der Jungmitglieder zugewiesen zu werden. Dieser Beamte studiert das Werk des Theologen, stellt relevante Unterlagen zusammen und entwirft eine erste Einschätzung. Dieses Informationsmaterial wird dann auf einem wöchentlich stattfindenden Treffen der Beamten der Kongregation, einer „Arbeitssitzung", vorgelegt.

Auf dieser Arbeitssitzung kann eine von mehreren möglichen Maßnahmen ergriffen werden. Wenn die durch den Fall aufgeworfenen Fragen bereits geregelt worden sind, sei es durch ein Dokument der Kongregation oder eine disziplinarische Maßnahme, die gegen eine andere Person gerichtet war, kann die Kongregation dem Bischof oder Ordensoberen des zur Debatte stehenden Theologen einen Brief schicken. Der Brief wird auf die frühere Entscheidung Bezug nehmen und die befugte Person auffordern, eine Nachprüfung einzuleiten. Dabei kann von dem Theologen verlangt werden, der Kongregation „Klärungen" vorzulegen. Wenn die Klärungen unbefriedigend sind, kann die Kongregation entscheiden, ihre eigene Maßnahme einzuleiten. Eine weitere Option stellt die Entscheidung dar, daß tatsächlich ein anderes Amt des Vatikans für den Fall zuständig ist: Wenn es sich zum Beispiel um einen Mißbrauch in der Liturgie handelt, kann er auf der Arbeitssitzung an die Kongregation für die göttliche Anbetung oder für die Disziplin der Sakramente weitergeleitet werden.

Wenn die Entscheidung getroffen wird, mit einer Untersuchung fortzufahren – im Sprachgebrauch der Kongregation ein „ordentliches Lehrverfahren" –, wird das Werk des Autors einem Berater oder zwei voneinander unabhängigen Beratern der Kongregation zur Meinungsbildung zugeteilt. Das Jungmitglied wird die Aufsicht über den Fall führen, Materialien sammeln und eine Analyse für ältere Beamte vorbereiten. Zur Arbeitssitzung wird auch ein *relatore pro auctore* zugunsten des Theologen berufen, grob gesagt ein Verteidiger, dessen Funktion es ist, die positiven Aspekte seines oder ihres Werks darzulegen. Das geschieht ohne Konsultierung des Theologen, der sich in diesem Stadium zumindest in der Theorie nicht bewußt ist, daß sich gegen ihn in irgendeiner Form eine Maßnahme entfaltet.

Wenn nach dem Studium der Berichte der Berater auf der Sitzung entschieden wird, mit einer Untersuchung fortzufahren, kommt der Fall vor die Ordentliche Versammlung der Kongregation. Diese Körperschaft trifft sich am vierten Mittwoch jeden Monats und setzt sich aus sämtlichen bischöflichen Mitgliedern der Kongregation zusammen, tatsächlich aber erscheinen nur die Bischöfe, die sich auch gerade in Rom aufhalten. Hier wird dann entschieden, ob dem Theologen eine Liste von Einwänden vorgelegt wird oder ob ausreichende Gründe bestehen, zu einer außerordentlichen Maßnahme überzugehen. Die Entscheidungen der Ordentlichen Versammlung kommen vor den Papst, der sie bestätigen muß, bevor sie erlassen werden. Ratzinger hat freitags ein regelmäßiges wöchentliches Treffen mit dem Papst, bei dem solche Fälle besprochen werden.

Wenn die Entscheidung fortzufahren gefällt ist, wird der nächste Schritt sein, den Theologen um Klärungen zu bitten, eventuell in Reaktion auf eine Reihe von Beobachtungen, die sein Werk betreffen. Die Dokumentation geht dann an den Bischof oder Ordensoberen des Theologen und erst dann über diesen an den Theologen selbst. Dem Theologen werden drei Kirchenmonate Zeit gegeben, um zu antworten. Er oder sie kann mit der Zustimmung des Bischofs oder Ordensoberen einen Berater bestimmen, der die Vorbereitung der Antwort unterstützt.

In der Theorie werden Theologen, die in Untersuchung stehen, erst in diesem Stadium über den gegen sie entwickelten Prozeß informiert; das heißt, nachdem die Sitzung, die Ordentliche Versammlung und der Papst selbst entschieden haben, daß schwere Bedenken bezüglich ihres Werkes bestehen. In Wirklichkeit erfahren viele Theologen mit halbwegs guten Verbindungen in Rom hinter vorgehaltener Hand einige Zeit im voraus, daß die Kongregation ihr Werk inspiziert. Trotzdem haben die meisten Theologen das Gefühl, daß zu der Zeit, zu der ihre Eingabe erbeten wird, die Würfel bereits gefallen sind. Nur ein öffentlicher Widerruf wird in den meisten Fällen Disziplinarmaßnahmen abwenden können.

Da das Verfahren der Kongregation in seiner Entfaltung so lange dauert, oft mehrere Jahre, bezeichnen es vatikanische Würdenträger üblicherweise als „sorgfältig" und „wohlerwogen", so als ob jegliche Disziplinarmaßnahme das letztes Mittel sei, nachdem jede andere Alternative erschöpft worden ist. Viele Theologen empfinden das hingegen als Fassade. Das Verfahren brauche eine so lange Zeit, weil das in der Natur des Vatikans liege, so sagen sie, das letztendliche Ergebnis aber sei vom eigentlichen Anfang an auf zwei Optionen reduziert: Aufgabe oder Verweis. Curran hat die Methoden der Kongregation als einen Verstoß gegen die grundlegendsten Vorstellungen eines angemessenen Prozesses bezeichnet, darunter das Recht des Bezichtigten, in jedem Stadium des Verfahrens informiert zu werden, das Recht auf einen selbst gewählten Beistand und das Recht, Einblick in die Akte des eigenen Falls zu erhalten. Curran und Küng haben beide jahrelang gefordert, Einblick in die Akten ihrer Fälle zu erhalten, und beide sind regelmäßig abgewiesen worden.[7]

Im Stadium des ordentlichen Lehrverfahrens kann der zur Prüfung stehende Theologe um ein Treffen mit Beamten der Kongregation ersuchen, wobei ein selbstgewählter Berater eine aktive Rolle einnimmt. Wenn solch ein Treffen stattfindet, wird ein Protokoll erstellt, das von allen Parteien zur Bestätigung der Richtigkeit unterzeichnet werden muß. Dieses Protokoll geht neben der formalen Antwort des Theologen an die Sitzung zurück und dann an die Ordentliche Versammlung. Wenn diese Körperschaften entscheiden, daß immer noch Abweichungen vorhanden sind, dann werden „angemessene" Maßnahmen „zum besten der Gläubigen" ergriffen. Unter diese angmessenen Maßnahmen kann der Verlust der Beglaubigung als katholischer Theologe oder ein offizielles Mundverbot fallen. Der Papst bestätigt diese Entscheidungen immer, bevor sie verkündet werden, also gibt es weder einen formalen Rechtsweg noch ein Berufungsgericht.

So verläuft das offizielle Verfahren, wie es die revidierte *Ratio agendi* vorsieht, die am 29. Juni 1997 erlassen wurde. Im anfänglichen Stadium der Untersuchung erlaubt die Regelung jedoch der Sitzung die Entscheidung, ob der Fall von ausreichender Schwere ist, um eine Untersuchung in dringenden Fällen zu rechtfertigen. Das tritt in Fällen ein, in denen eine Schrift „klar und unzweifelhaft irrig" ist und in denen ihre Verbreitung „schweren Schaden für die Gläubigen" verursachen könnte oder bereits verursacht hat. In diesem beschleunigten Verfahren kann die Sitzung eine Aktensammlung zur Vorlage vor der Ordentlichen Versammlung, dann vor dem Papst,vorbereiten, die dann dem Bischof oder Ordensoberen präsentiert wird und durch jene dem Theologen, mit dem Gesuch nach einer Berichtigung innerhalb von zwei Kirchenmonaten.

Im Falle von beiden Untersuchungsvorgängen kann, wenn als Endergebnis entschieden wird, daß der Theologe der Häresie, Apostasie oder des Schismas schuldig ist, als Bestrafung die Exkommunikation erklärt werden (das geschah im Falle Tissa Balasuriya). Wenn die Verstöße gegen die Glaubenslehre von schwächerer Art sind, können andere Strafen ausgesprochen werden, etwa ein Publikationsverbot, ein Bußschweigen oder ein Verlust der Lehrerlaubnis für katholische Theologie. Wenn sich ein Mitglied einer religiösen Gemeinschaft weigert, sich zu fügen, kann er oder sie ausgeschlossen werden, und ein Priester kann zwangsweise in den Status eines Laien versetzt werden. Der Papst hat dieser *Ratio agendi* seine Zustimmung gegeben, auch den Artikeln zu Disziplinarmaßnahmen.

Laut den Mitgliedern der Kongregation kommt es zu den meisten Untersuchungen auf Gesuch eines Bischofs oder anderer Ämter des Vatikans. Im allgemeinen führen die Klagen, die von überall auf der Welt eingegeben werden, nicht zu offiziellen Verfahren. „Die Maschinerie des Vatikans kommt nicht zum Stehen, weil irgend jemand mit seinem Religionslehrer für die zweite Klasse unglücklich ist", sagte mir ein früheres Mitglied. Ein anderer erklärte mir, es sei nicht wahr, daß die Beamten der Kongregation in ihrer Wahl eines Ziels von rechtsgerichteten katholischen Zeitschriften wie *Wanderer* beeinflußt sind. „Ratzinger und Bertone kennen so etwas nicht, sie lesen es nicht", sagte der Beamte. „Diese Vorstellung ist eine Einbildung." Andere Mitglieder weisen darauf hin, daß die Kongregation manchmal als Schutzschild gegen Forderungen eines hitzigen Bischofs oder anderen Kirchenbeamten fungiert, der nach einer unmittelbaren Maßnahme gegen irgend jemanden schreit. Solche Fälle, beklagen sie, finden ihren Weg nie in die Zeitungen.

In der Entscheidung, welche theologischen Bewegungen Anlaß zur Sorge geben, soll sich die Kongregation für die Glaubenslehre in der Theorie an die Internationale Theologische Kommission wenden, die Körperschaft, die im Zuge des II. Vaticanums geschaffen wurde, um der Kongregation direkten Zugang zu den besten Denkern der katholischen Theologie zu gewähren. Die Vision Paul VI. war es, daß die Kommission einen Querschnitt theologischer Methoden und Meinungen repräsentieren sollte, um dadurch ein Gleichgewicht im Herangehen der Kongregation zu gewährleisten. Die erste Reihe von Berufungen vom 1. Mai 1969 schien mit diesem Ziel übereinzustimmen. Sowohl Bernard Lonergan und Karl Rahner gehörten dazu, ebenso wie Hans Urs von Balthasar, ganz zu schweigen von Joseph Ratzinger. Doch bis 1974 waren Lonergan und Rahner nicht mehr dabei. Rahner erklärte, es sei ihm klargeworden, daß die Kommission nur bestehe, um die Entscheidungen der Kongregation abzusegnen.

Seit dieser Zeit betrachten die meisten katholischen Theologen die Kommission als einen Arm der Kongregation für die Glaubenslehre, der nützlich als eine Möglichkeit, deren Prioritäten zu beleuchten, aber sicherlich keine repräsentative Körperschaft für katholische Theologen ist. Der amerikanische Jesuit Walter J. Burghardt bestätigt dieses Urteil. Burghardt war für den größten Teil der siebziger Jahre für die Internationale Theologische Kommission tätig, und er erinnerte sich lebhaft der wenigen Wochen, die sich die Kommission selbst Zeit einräumte, ihr Dokument zur Befreiungstheologie auszuarbeiten. In dieser Zeit wurde kein einziger Befreiungstheologe eingeladen, teilzunehmen oder gar zu der Gruppe zu sprechen. Die Hinzuziehung jener, deren Ansichten die Kommission einzuschätzen entscheidet, war weder damals noch ist es heute Teil des nach Standard ablaufenden Verfahrens. Die Barmherzige Schwester Margaret Farley aus Yale merkte an, daß sich keine einzige feministische Forscherin in der Kommission befindet, trotz der Tatsache, daß der Feminismus eine äußerst wichtige Strömung im gegenwärtigen katholischen Denken darstellt und üblicherweise von Beamten des Vatikans kritisiert wird.[8]

DIE AFFÄRE CURRAN

Kein anderer Fall in den fast zwanzig Jahren, die Ratzinger in Rom verbracht hat, erfaßt die Spaltungen zwischen ihm und der Masse der katholisch-theologischen Gemeinschaft besser als der von Charles Curran. Er brachte zwei hochangesehene Theologen auf Konfrontationskurs zueinander, beides geweihte Priester und beide davon überzeugt, daß ihre Stellungnahme für das langfristige Wohlergehen der Kirche entscheidend sei. Curran erfreute sich der überwältigenden Unterstützung seiner Kollegen und aller gängigen Organisationen katholischer Theologen. Er stellte seine Verteidigung nicht unter die Voraussetzung seiner Standpunkte zur Sexualethik, die ihm ursprünglich die Schwierigkeiten eingebracht hatten, sondern unter die des Rechts eines Theologen, von der Lehre des Magisteriums abzuweichen. So gesehen war Ratzingers Handhabung des Falles Curran die wichtigste Frage seiner Amtszeit, denn hier wurde festgelegt, wie die Kongregation auf jeden öffentlichen Ausdruck theologischen Widerspruchs reagieren würde.[9]

Curran hat tatsächlich einiges mit Ratzinger gemeinsam. Er wurde nur sieben Jahre nach ihm, 1934, geboren, und beide entstammen Familien der Mittelklasse. Beide wurden im Alter von vierundzwanzig ordiniert, Ratzinger in München und Curran in seiner Heimatdiözese in Rochester in New York. Beide haben eine sanfte Art in einer Weise, die ihr Bild in der Öffentlichkeit als Reaktionär beziehungsweise Unruhestifter Lügen straft. Curran ist in der Tat weithin als eine der freundlichsten, zugänglichsten öffentlichen Personen im gegenwärtigen Katholizismus anerkannt. Er hat seine Beliebtheit über die Jahre nicht verloren, selbst bei Kollegen, die seinen theologischen Positionen scharf widersprechen, in ganz ähnlicher Weise, wie frühere Studenten Ratzingers, die sich in andere theologische Richtungen entwickelt haben, immer noch liebevoll über die Güte ihres Professors sprechen.

Weiterhin verbindet beide, daß sie in ihren theologischen Laufbahnen anfänglich Positionen eingenommen haben, die sie später veränderten. Ratzinger gehörte zu den progressiven Kräften auf dem II. Vaticanum; Curran war in die legalistische bibelgemäße Moraltheologie der vorkonziliaren Jahre verstrickt, wurde aber später zum führenden Vertreter der neuen Herangehensweise an die katholische Moralität, der sein Lehrer und Freund Bernard Häring als Beispiel diente. Dieses Vorgehen war vorsichtiger in der Verabschiedung absoluter Regeln und neigte dazu, den Kontext und die Absicht der sittlichen Handlung zu betonen. Was in diesem neuen Bezugsrahmen am meisten zählte, war die Treue zu Christus und nicht ein Gesetzbuch, was bedeutete, daß Raum für Kreativität und persönliche Gewissensentscheidungen gelassen wurde. Für gewöhnliche Katholiken war diese Wandlung im moralischen Denken nach den Veränderungen in der Liturgie wahrscheinlich der Aspekt der nachkonziliaren Zeit, der ihr Leben am unmittelbarsten berührte. Das war vor allem im Zuge der Wiederholung des Verbots der Empfängnisverhütung durch die Enzyklika *Humanae vitae* von Paul VI. 1968 der Fall. Millionen von Katholiken, die dieser Entscheidung entgegenwirkten, nahmen das auf, was eine neue Generation von Moraltheologen ihnen sagte – daß sie aus guten Gründen von der offiziellen Lehre der Kirche abweichen konnten und doch Katholiken bleiben würden.

Zu der Zeit, zu der *Humanae vitae* erlassen wurde, war Curran bereits eine kontroverse Gestalt im amerikanischen Katholizismus. Mitte der sechziger Jahre hatte er in anerkannten wissenschaftlichen Zeitschriften wie in populären Medien Artikel veröffentlicht, die für ein neues katholisches Herangehen an die Familienplanung und an die Fortpflanzung eintraten. Eine ethische Neubewertung der Empfängnisverhütung war Teil von Currans Argumentation. Er hatte auch nahegelegt, daß verschiedene Bereiche aus der Sexualethik – Masturbation, Homosexualität und ähnliches – weder so schwer sündhaft waren, wie einmal gelehrt worden war, noch konnte mit ihnen in einer allumfassenden Verurteilung umgegangen werden. Das reichte aus, um die Aufmerksamkeit katholischer Konservativer auf sich zu ziehen, von denen einige an Verantwortliche in der Kirche zu schreiben begannen, um sich zu beklagen. In manchen Fällen wurden Einladungen zu Vorträgen zurückgezogen, aber größtenteils erhielt Curran eine überwältigende Unterstützung, sogar aus den Führungsschichten der Kirche.

Curran wurde im September 1965 unter die Dozentenschaft der Katholischen Universität von Amerika berufen, das Flaggschiff des Landes unter katholischen Universitäten. Da der dortige theologische Fachbereich als dem Kirchenamt unterstellt gilt, benötigen Professoren die *missio canonica*, um zu lehren. Als Curran aber damit fortfuhr, seine Ansichten zu verbreiten, wurde die Stimmung zunehmend angespannt, und am 17. April 1967 wurde er davon in Kenntnis gesetzt, daß das Kuratorium der Universität, dem sämtliche amerikanischen Kardinäle und mehrere andere bedeutende Bischöfe angehören, beschlossen hatte, seinen Vertrag nicht zu erneuern. In einem Artikel der *Washington Post* wurde später berichtet, daß Erzbischof Egidio Vagnozzi, der Päpstliche Gesandte zu dieser Zeit, behauptete, er sei für diese Entscheidung verantwortlich. Beobachter glaubten, daß Rom an einem liberalen amerikanischen Priester ein Exempel statuieren wollte, und da Curran einen solchen Bekanntheitsgrad erreicht hatte, war er ein perfektes Ziel. Das war die Art der Kurie, einer nachkonziliaren Revolution in der Kirche eine Grenze zu setzen.

Doch diese Rechnung ging nicht so glatt auf. Die theologische Dozentenschaft beschloß, in den Streik zu treten, wenn Curran nicht wiedereingesetzt werden würde. Innerhalb weniger Tage beteiligten sich Dozenten und Studenten von der ganzen Universität an dem Streik, und der Betrieb kam tatsächlich zum Erliegen. In der gesamten Dozentenschaft entschied man sich mit vierhundert zu achtzehn Stimmen für den Streik. Die Universitätsleitung erkannte das Unvermeidliche und gab nach. Am 21. April wurde erklärt, daß die Entlassung rückgängig gemacht und Curran der Rang eines Außerordentlichen Professors angeboten werde. Ein Universitätshistoriker erklärte, daß das der erste erfolgreiche Universitätsstreik seit dem Mittelalter gewesen sei.

Der Streik und seine Folgen erregten große Aufmerksamkeit in der amerikanischen Presse, so daß Charles Curran vor dem Juli 1968 bereits eine bekannte Gestalt des Katholizismus war und die Medien auf jeden Fall darauf aus gewesen wären, von ihm einen Kommentar zur päpstlichen Enzyklika zu hören. Curran und seine Kollegen entschieden sich jedoch, mehr zu tun, als nur zu kommentieren. Sie begriffen die Veröffentlichung der Enzyklika als einen lehrhaften Moment, als eine Gelegenheit, der ganzen katholischen Welt etwas über Abweichung von einer nicht unfehlbaren Lehre zu sagen. Curran und zehn weitere Theologen trafen sich am 29. Juli, dem Tag, als die Enzyklika veröffentlicht wurde, und bereiteten eine Erklärung vor. Deren Schlußfolgerung war deutlich: „Als römisch-katholische Theologen, die sich ihrer Pflicht und ihrer Grenzen bewußt sind, schließen wir, daß Ehepaare verantwortungsvoll ihrem Gewissen entsprechend entscheiden können, daß künstliche Empfängnisverhütung unter bestimmten Bedingungen zulässig und tatsächlich notwendig ist, um die Werte und die Heiligkeit der Ehe zu wahren und zu fördern." Letztlich unterschrieben über sechshundert Theologen die Erklärung.

Kardinal James Francis McIntyre von Los Angeles, weithin als erzkonservativ bekannt, brachte beim Kuratorium der Katholischen Universität sofort eine Resolution ein, die Currans Handlung als Vertragsbruch bezeichnete und zu seiner Entlassung aufrief, wie auch zu der der anderen Unterzeichner. Angesichts des Spektakels von 1967 lief McIntyres Resolution jedoch ins Leere. Das Kuratorium rief zu einer Untersuchung auf, um festzustellen, ob die Professoren ihre Verantwortlichkeiten verletzt hätten. Die Untersuchung zog sich über die Jahre 1968 und 1969 hin, endete aber letztlich ohne Entlassungen oder Disziplinarmaßnahmen. Curran und seine Kollegen dachten, sie hätten gewonnen und ein Recht auf Abweichung von einer nicht unfehlbaren Lehre etabliert.

Es wurde ihnen nicht schwergemacht, diesen Schluß zu ziehen, denn die amerikanischen Bischöfe nahmen in jenem Jahr ein Dokument mit dem Titel *Human life in our day* an, gleichfalls in Reaktion auf *Humanae vitae*, in dem sie die Rechtmäßigkeit einer öffentlichen theologischen Abweichung anerkannten, wenn sie drei Bedingungen genüge: Die Gründe sind ernsthaft und gut belegt, die Art der Abweichung bestreitet nicht die Lehrautorität der Kirche, und sie erregt keinen Anstoß. Während seines lang andauernden brieflichen Austauschs mit Rom im Verlauf der kommenden zwanzig Jahre sollte sich Curran ständig auf diese von den US-Bischöfen etablierten Regeln beziehen, um seine Haltung zu rechtfertigen. Ratzinger akzeptierte diese Argumentation nie. Viele Beobachter glauben, daß Ratzinger im Falle Curran tatsächlich ein Dokument der amerikanischen Bischofskonferenz aufgehoben hat, ohne dabei jemals formal seine Grundlage oder seine Befugnis dargelegt zu haben.

Curran erfuhr im August 1979 durch einen Brief von Ratzingers Vorgänger, Kardinal Franjo Seper, offiziell davon, daß er bei der Kongregation für die Glaubenslehre in Untersuchung stand. Der Brief datierte vom

13. Juli, aber das Verfahren lief offensichtlich schon seit einiger Zeit. Am 4. Oktober 1979 reagierte Curran auf die Reihe von „Beobachtungen" zu seinem Werk, die von der Kongregation herausgegeben worden waren, mit fünf Fragen, von denen er das Gefühl hatte, sie müßten beantwortet werden, bevor jegliches Gespräch über seine spezifischen theologischen Positionen sinnvoll sein könnte. Diese fünf Fragen lauteten:

- Setzt die Lehre des ordentlichen nicht unfehlbaren autoritativen hierarchischen Magisteriums den einzigen oder immer maßgebenden Faktor in der gesamten magisterialen Betätigung der Kirche fest? Ist ein Theologe mit anderen Worten jemals dazu berechtigt, sich einer solchen Lehre entgegenzustellen?
- Besteht die Möglichkeit, vielleicht gar das Recht einer öffentlichen Abweichung von einer autoritativen nicht unfehlbaren hierarchischen Lehre, wenn ein Theologe davon überzeugt ist, daß es ernsthafte Gründe gibt, die mutmaßliche Wahrheit dieser Lehre zu überwinden, und solch einen Ausdruck der öffentlichen Abweichung dahingehend beurteilt, daß es zum Besten der Kirche sein wird?
- Ist unterwürfiges Schweigen die einzige legitime Reaktion für einen Theologen, der davon überzeugt ist, daß ernsthafte Gründe bestehen, die die Mutmaßung der Lehre des autoritativen nicht unfehlbaren hierarchischen Magisteriums umstoßen?
- Kann der gewöhnliche Gläubige eine umsichtige Entscheidung fällen, entgegen der Lehre des ordentlichen echten nicht unfehlbaren hierarchischen Magisteriums zu handeln?
- Sind im Verlauf der Geschichte Irrtümer in der Lehre des ordentlichen nicht unfehlbaren Magisteriums aufgetreten, die nachfolgend berichtigt wurden, häufig aufgrund der Abweichung von Theologen?

Während der nächsten acht Jahre, die 1987 in seine letztendliche Entlassung an der Katholischen Universität mündeten, bemühte sich Curran, Rom eine Antwort auf diese Fragen zu entlocken. Es gelang ihm nie. Das Hauptaugenmerk der Kongregation lag auf der Feststellung der *Tatsache* von Currans Abweichung, ein Punkt, den er nie bestritt, wobei er darauf beharrte, daß seine Abweichung immer nur teilweise gewesen sei und im Zusammenhang einer grundlegenderen Übereinstimmung verstanden werden sollte. Curran erkannte an, daß sich seine Position in manchen Bereichen von der des Magisteriums unterschied. Was er etablieren wollte, war die Möglichkeit für einen katholischen Theologen, entgegengesetzte Ansichten zu nicht unfehlbaren Lehren zu vertreten und doch Katholik zu bleiben.

Ratzinger hat die Berechtigung eines ehrlichen Widerspruchs im Prinzip nicht bestritten, aber er betrachtete Currans Sichtweise der Unfehlbarkeit als inakzeptabel abmindernd. Curran könne nicht beanspruchen, daß nur die

Lehren, die formal bezeichnet worden sind, für einen katholischen Theologen verpflichtend seien. Die besonderen in Frage stehenden Inhalte – Verhütung, Homosexualität, Scheidung und Wiederverheiratung – fielen in eine Kategorie, von Ratzinger endgültige Lehre genannt, die eine entschlossene Zustimmung fordere. Ein Widerspruch in diesen Punkten, die von der Kirche über die Zeiten und Kulturen hinweg gelehrt worden seien, bedeute, daß Curran sich von der katholischen *Communio* abgesondert hätte. Schlimmer noch sei, daß er seine einschränkende Sichtweise der Unfehlbarkeit von jedem Pult im Land aus verbreite, eine Position, von der Ratzinger glaubte, daß sie im wesentlichen von der protestantischen Reformation stammte. Currans Logik schien für Ratzinger zu der Folgerung zu führen, daß Katholiken nur verpflichtet sind, einige wenige Kernprinzipien der Glaubenslehre zu akzeptieren – die Dreifaltigkeit zum Beispiel oder die leibliche Auferstehung –, und man sich alles andere zu eigen machen kann oder eben nicht.

So agierten Curran und Ratzinger im Verlauf ihres sechsjährigen Briefaustausches, ebenso wie auf ihrem Treffen von 1986, aus fundamental verschiedenen theoretischen Rahmenbedingungen heraus, und beide hatten das Gefühl, daß der andere niemals wirklich verstand, worum es eigentlich ging. Curran konnte Ratzinger nie dazu bringen, über die Regeln der Abweichung zu sprechen. Ratzinger konnte Curran nie dazu bringen, den vollen Umfang verbindlicher Glaubenslehren anzuerkennen. Jeder empfand, der andere sei selektiv in seiner Lesart der Tradition, und jeder fragte sich, wie der andere an seinen Überzeugungen festhalten und sich dabei einbilden konnte, unanfechtbar „katholisch“ zu sein.

Ratzinger übernahm Ende 1981 die Akte Curran von Seper, im Juni 1982 schrieb Curran ihm das erste Mal und sandte seine zweite Reihe von Antworten auf die Beobachtungen zu seinem Werk, die erstmalig im Juli 1979 von der Glaubenskongregation herausgegeben worden waren. Curran erinnerte Ratzinger an seine Einwände gegen das Verfahren, nämlich daß die Kongregation ihn bereits verurteilt habe, sowohl durch die höchst kritischen „Beobachtungen“ und durch Erzbischof Hamers Brief an Bischof Sullivan, der zu Anfang dieses Kapitels erwähnt wurde. Es erschien ihm unwahrscheinlich, daß er eine faire Verhandlung bekommen könnte. Weiterhin bemerkte Curran frustriert, daß sich die Kongregation geweigert hätte, irgendwelche Richtlinien auszusprechen, die eine öffentliche theologische Abweichung regelten.

Ratzinger antwortete im April 1983 in einem Dokument, das in drei Abschnitte unterteilt war. Zuerst nimmt er das Thema der Abweichung auf. In ein paar kurzen Absätzen verdeutlicht er zweierlei: Zum einen gewähre die Tatsache einer persönlichen Abweichung von der Lehre der Kirche kein Recht auf öffentliche Abweichung vom ordentlichen Magisterium. Zum anderen behandle Curran die Position des Magisteriums effektiv so, wie er es mit der Meinung eines gewöhnlichen Theologen tun würde. In Reaktion auf Currans Argument, daß es ungerecht sei, ihn herauszunehmen, da viele andere Theologen dieselben Meinungen vertreten würden, läßt das Dokument verlauten: Nicht nur Pater Curran führe andere im Widerspruch zur Kirche befindliche Theologen an, sondern auch sie ihrerseits führten ihn an. Dieses Kampfmittel der Zerstreuung könne sich keiner Immunität gegen Kritik durch die Kirche erfreuen, auch wenn die Kirche in der Hervorhebung der Lehre eines einzelnen Theologen zunächst das Risiko einginge, als ungerecht wahrgenommen zu werden.

Dann faßt das Dokument kurz die Punkte zusammen, in denen es Currans Abweichung für klar hält: künstliche Empfängnisverhütung, die Unauflöslichkeit der Ehe, Abtreibung und Euthanasie, Masturbation, vorehelicher sexueller Verkehr und homosexuelle Handlungen. Schließlich stellt es bestimmte Fragen heraus, die es nach wie vor für unklar hält. Die wichtigste unter ihnen ist Currans Theorie des Kompromisses, die vertritt, daß das Leben trotz der besten Bemühungen der menschlichen Person manchmal Situationen präsentieren wird, in denen eine moralische Entscheidung bedeutet, etwas Schlechtes zu tun. In einer wirkungsvollen Bemerkung warnt das Dokument, daß solch ein Maßstab dazu angetan sei, Menschen eine Entschuldigung bereitzustellen, auf die sie sich bei sündigem Verhalten stützen könnten, denn das Element der Selbstrechtfertigung trete unausweichlich zur moralischen Entscheidungsfindung hinzu. Anders gesagt, wenn die moralische Norm erst einmal nicht länger absolut ist, werden die meisten Menschen sich nicht anstrengen, ihr zu genügen, sondern unmoralisches Verhalten auf der Grundlage des Kompromisses rechtfertigen. Curran hat oft gesagt, daß einer der grundlegenden Unterschiede zwischen ihm und Ratzinger darin läge, daß er eher thomistisch sei und Ratzinger eher augustinisch. Ihre Differenzen hinsichtlich der Theorie des Kompromisses scheinen diese Ansicht zu unterstreichen. Curran nimmt an, daß die meisten Menschen, denen es überlassen bleibt, menschliche Vernunft auf moralisch komplexe Situationen anzuwenden, das angemessene Urteil fällen werden. Ratzinger scheint anzunehmen, daß die gefallene Menschheit absolute Normen braucht, als eine Art Versicherungspolice gegen moralische Schwäche.

Ratzinger fährt mit der Erklärung fort, daß Currans Argumentation für eine Abänderung der kirchlichen Lehre zur Unauflöslichkeit der Ehe – und zwar, daß viele Katholiken dies in der Praxis nicht achten – tiefgehend legalistisch sei. Die Kirche lehre die Unauflöslichkeit der christlichen Ehe, weil dem so sei, meint Ratzinger, nicht andersherum. Hier handelt es sich um einen Fall, in dem Ratzinger glaubt, daß Curran willentlich eine der Gegebenheiten der Offenbarung ignoriert. Die Kirche befragt ihre Mitglieder nicht und entscheidet dann, was sie lehrt; die Kirche beginnt mit der Offenbarung und hilft dann ihren Mitgliedern und der Welt im ganzen, die Folgerungen zu begreifen.

Curran reagierte im Juni 1983 darauf und brachte seinen Unwillen darüber zum Ausdruck, daß die Kongregation sich weigerte, die Frage der theologischen Abweichung einzubeziehen. „Ein echter und ertragreicher Dialog erfordert, daß beide Parteien willens sind, die Normen zu benennen, denen sie folgen, und deutlich zu machen, wie sie angewendet werden sollen", schrieb Curran. „Ich glaube nicht, daß sich ein echter Dialog fortsetzen kann, wenn die Kongregation nicht klar feststellen wird, ob sie irgendeine Möglichkeit einer legitimen öffentlichen theologischen Abweichung in der Kirche akzeptiert oder nicht." Dann geht Curran zu den Eigenheiten von Ratzingers Dokument vom April über. Er begründet eine öffentliche Abweichung auf dem Recht eines Katholiken, verschiedene theologische Meinungen zu kennen, auf der Pflicht von Theologen, darüber zu informieren, auf dem Recht, sich frei auszudrücken, und auf der Pflicht, ein Ärgernis zu vermeiden, wenn das Nichtvorhandensein einer Abweichung von der Lehre des Magisteriums droht, ein solches zu schaffen (wie, so meint Curran, es bei *Humanae vitae* der Fall war). Er protestiert auch gegen Ratzingers Darstellung, daß er das Magisterium lediglich wie einen weiteren Theologen behandeln würde. In diesem Zusammenhang weist er darauf hin, daß seine Bücher und Artikel von einer respektvollen Darstellung der Lehre des Magisteriums durchdrungen seien, selbst dann, wenn er nicht mit ihr übereinstimme. „Dem Werk keines einzigen Theologen habe ich je solch eine Bedeutung und Wichtigkeit zukommen lassen", sagt Curran. Erneut hebt er auch hervor, daß viele andere katholische Theologen auf der ganzen Welt dieselben Ansichten verträten wie er.

In Erwiderung auf einen Brief des Erzbischofs James Hickey von Washington, D.C., brachte Curran Erbitterung über den Widerwillen der Kongregation für die Glaubenslehre zum Ausdruck, die Normen zu diskutieren, die eine Abweichung regeln. „Warum ist die Kongregation nicht gewillt gewesen, diese Frage zu beantworten?" schrieb er am 28. Februar 1984. „Warum bleiben sie dabei stehen?" Dies veranlaßte wiederum einen Brief Ratzingers, datiert auf den 13. April, in dem er darauf beharrte, daß die Kongregation sich erklärt hätte.

Um auch nur privat abzuweichen, bedürfe es der persönlichen Überzeugung, daß die Lehre der Kirche nicht korrekt sei, schreibt er da und führt die vorangegangene Reihe von Beobachtungen an, die Curran zugesandt worden war. Eine öffentliche Abweichung zu fördern und andere zur Abweichung zu ermutigen unterliege der Gefahr, bei den Gläubigen Anstoß zu erregen und eine gewisse Verantwortung für die Verwirrung übernehmen zu müssen, die durch die Entgegensetzung der eigenen theologischen Meinung zur von der Kirche eingenommenen Position verursacht werde. Im folgenden erinnert Ratzinger Curran daran, daß er immer noch in der Pflicht stehe, auf die einzelnen Beobachtungen zu moralischen Fragen, in denen er abweiche, zu antworten: Empfängnisverhütung, Euthanasie, Masturbation und so weiter.

Diese Erwiderung war kaum dazu angetan, Curran zufriedenzustellen. Bedeutet die Erklärung, daß eine private Abweichung der persönlichen Überzeugung bedürfe, daß die Lehre der Kirche nicht korrekt sei, daß Abweichung verboten ist? Bedeutet es zu sagen, daß eine öffentliche Abweichung der Gefahr unterliege, die Gläubigen zu verwirren, daß diese Gefahr unter bestimmten Umständen vermieden werden kann? Diese Bemerkungen stellen offensichtlich nicht die von Curran erbetene systematische Behandlung der Richtlinien dar, die eine Abweichung regeln.

Curran schickte im August 1984 unter Protest eine Antwort, die die theologischen Details abdeckte. Im September 1985 schrieb Ratzinger ihm zurück, und setzte ihn davon in Kenntnis, daß jemand, der solche Meinungen vertrete, nicht als katholischer Theologe angesehen werden könne. Curran erhielt eine letzte Chance, seine Ansichten zu revidieren, wenn es aber nicht zu einem Widerruf käme, würde ihm die *missio canonica* entzogen.

Im Januar 1986 schrieb Curran an Ratzinger und bat in einem allerletzten Versuch, einen Kompromiß zu finden, um ein persönliches Treffen in Rom. Ratzinger stimmte unter der Bedingung zu, daß Curran dies nicht als offizielle Sitzung auffassen würde, denn ein solches Treffen sei unter der *Ratio agendi* nur erforderlich, wenn Unklarheiten über die Ansichten des Autors beständen. In diesem Fall aber war es ganz klar, daß Curran abwich. Curran akzeptierte und erklärte, er würde als Berater Bernard Häring mitbringen, seinen alten Mentor und Freund. Monsignore George Higgins von der Universität von Notre-Dame, Amerikas führender Arbeiterpriester und ein alter Freund von Curran, begleitete ihn auch auf die Reise, ebenso wie der Dekan der Schule für religiöse Studien an der Katholischen Universität von Amerika, William Cenkner. Ratzinger und Curran hatten sich im Vorfeld des Treffens auf eine Presseerklärung geeinigt, die im Anschluß an die Sitzung veröffentlicht werden sollte. Das Treffen wurde als „herzlich" beschrieben.

In den Wochen vor dem Treffen versuchte Curran, der nicht nur ein begabter Theologe ist, sondern auch ein geschickter politischer Stratege, einen Kompromiß auszuarbeiten. Er schlug vor, daß ihm die Lehrerlaubnis in Sexualethik an der Katholischen Universität entzogen werden sollte, da er den Kurs mehrere Jahre nicht unterrichtet hatte und nicht plante, ihn wiederaufzunehmen. Rom könnte ein Dokument erlassen und auf die „Irrtümer" in seiner Theologie hinweisen und ihm ein Jahr Lehrunterbrechung auferlegen, da er sowieso vorhatte, 1986 ein Sabbatjahr einzulegen. Er trat an Hickey und Kardinal Joseph Bernardin von Chicago heran, der zu dieser Zeit ebenfalls als Vermittler agierte. Sie stimmten zu, den Vorschlag nach Rom zu tragen. Nachdem sie das getan hatten, informierten sie Curran darüber, daß sein Plan wahrscheinlich nicht angenommen würde.

Am Samstag, den 8. März, kamen Curran, Häring, Higgins und Cenkner um 11 Uhr am Piazza del S. Uffizio 11 an und wurden von Ratzinger in einem Vorzimmer begrüßt. Er begleitete Curran und Häring in das Treffen, während Higgins und Cenkner draußen warteten. Im Raum mit Curran, Häring und Ratzinger waren außerdem der Sekretär der Kongregation, Erzbischof Alberto Bovone, und zwei Protokollanten anwesend: das amerikanische Mitglied Pater Thomas Herron und Pater Edouard Hamel, ein Jesuit, der an der Gregorianischen Universität Moraltheologie lehrte. Die Sitzung dauerte zwei Stunden. Häring bat um die Erlaubnis, beginnen zu dürfen, und tat dies, indem er eine zweiseitige Schrift vorlegte, mit dem Titel „Die häufige und lang andauernde Abweichung der Inquisition/des Heiligen Offiziums/der Kongregation für die Glaubenslehre von und entgegen der *Opinio* (*Sententia*, *Convictio*) *Communior* als großes ekklesiologisches, ökumenisches und menschliches Problem". Wenn es möglich gewesen wäre, wäre sicherlich der Federhandschuh geflogen! Häring wies auf eine Anzahl von geschichtlichen Irrtümern seitens des Heiligen Offiziums hin, die unter anderem die weltliche Macht der Kirche betrafen, die Folter und Verbrennung sogenannter Hexen, Wucher, Sklaverei, Brüche der Religionsfreiheit und die *nouvelle theologie.* Seine Argumentation verlief dahin gehend, daß in diesen Fällen das Heilige Offizium der eigentliche Abweichler gewesen sei und daß das im Falle Curran vielleicht erneut zutreffe.

Ratzinger gestand Curran einen der Hauptpunkte seiner Argumentation zu, nämlich daß er niemals eine Lehre geleugnet hätte, die die Zustimmung des Glaubens abnötige. Darüber hinaus kam bei dem Treffen aber kaum etwas wirklich in Bewegung. Curran erkundigte sich nach dem vorgeschlagenen Kompromiß, und Häring drängte Ratzinger, ihn zu akzeptieren. Ratzinger wich dieser Frage aus und sprach die endgültige Entscheidung darüber den Kardinälen zu, die Mitglieder der Kongregation waren. Der kniffligste Moment trat ein, als Curran erneut betonte, daß seine Position größtenteils der Hauptströmung der Theologen entspreche. Ratzinger forderte Curran daraufhin auf, andere zu nennen, die seine Ansichten verträten, und Curran kam dem nach – trefflicherweise waren es alles Deutsche. Dann fragte Ratzinger, ob Curran diese Denker anklagen wolle, denn wenn dem so wäre, wäre die Kongregation gern bereit, eine Untersuchung zu eröffnen. Curran sagte, er wünsche niemanden anzuklagen. Er wies lediglich auf etwas hin, von dessen Richtigkeit Ratzinger, ein hervorragender und geachteter Theologe, offensichtlich wußte. Diese Phrase – Sollen wir dann auch Ihre Freunde untersuchen? – stieß Curran als unvereinbar mit Ratzingers allgemeinem Ruf persönlicher Anständigkeit auf.

Zwei Tage nach dem Treffen schrieb Ratzinger an Hickey mit dem Gesuch um Currans endgültige schriftliche Antwort auf die gegen ihn erhobenen Anklagen, ein sicheres Zeichen dafür, daß der vorgeschlagene Kompromiß abgelehnt worden war. Curran antwortete am 1. April 1986 und zeigte an, daß er die umstrittenen Ansichten nicht zurücknehmen könne. Am 25. Juli 1986 setzte Ratzinger Curran schriftlich davon in Kenntnis, daß ihm sein Lehrrecht als katholischer Theologe entzogen worden sei. Trotz öffentlicher Erklärungen zu seiner Unterstützung von den meisten seiner Kollegen aus der Theologie, darunter neun frühere Präsidenten der Katholischen Theologischen Gesellschaft Amerikas, wurde Curran im Januar 1987 von der Katholischen Universität von Amerika entlassen. Er reichte Klage ein, die aber abgewiesen wurde. Wie oben schon erwähnt, lehrt er heute als geachteter und beliebter Theologe an der Southern Methodist University in Dallas.

Bis heute glaubt Curran, daß er nicht zur Zielscheibe wurde wegen der radikalen Natur seiner Ansichten, die nach vorherrschendem Maßstab in der Theologie überhaupt nicht radikal sind, sondern aus politischen Gründen. Zum Teil handelte es sich um eine Revanche für die Abweichung von *Humanae vitae*; zum Teil um einen Schuß vor den Bug der katholischen Moraltheologie in Nordamerika und zum Teil um eine Warnung an die gesamte amerikanische katholische Kirche, sich nicht zu weit von der Bahn Roms zu entfernen. „Ich wurde ihre Zielscheibe, weil die Kirche der USA reich und mächtig ist und sie eine Botschaft übermitteln wollten", sagte Curran. „Die Schlußfolgerung, daß das politische Berechnungen waren, ist kaum zu umgehen."

Curran erklärt, daß er sich manchmal frage, wie sehr Ratzinger persönlich in seinen Fall eingebunden gewesen sei. Als sich die beiden im März 1986 trafen, schien Ratzinger überrascht, daß Curran Italienisch sprach, und er wußte offenbar wirklich nicht, daß er in Rom studiert hatte (Curran trägt tatsächlich den allerersten Doktortitel, der vom Alphonsianum verliehen wurde, Roms erstem Institut in der Moraltheologie). Ratzinger hatte offensichtlich auch keine Kenntnis von dem vorgeschlagenen Kompromiß, den Hickey und Bernardin nach Rom übermittelt hatten. Das amerikanische Mitglied der Glaubenskongregation, Pater Tom Herron, versorgte Ratzinger während des Treffens rasch mit den Details. In einem Interview, das ich im April 1999 mit Curran führte, sagte er mir, daß er von jemandem erfahren habe, daß Ratzinger einmal erklärte, der Fall Curran sei der schwierigste gewesen, mit dem er je zu tun gehabt hätte, am Ende aber sei er ihm aus den Händen genommen worden. Für Curran legte diese Bemerkung nahe, daß die Entscheidung in seinem Fall auf den Papst zurückging. Dieser Kommentar erinnert an den von von Balthasar, daß Ratzinger zu dem Mundverbot für Leonardo Boff genötigt wurde. Von wem die endgültige

Entscheidung letztlich auch kam, es ist deutlich, daß die zu ihrer Rechtfertigung angestellten Argumente die Ernte von Ratzingers Themen waren, und wenn er ernstliche Vorbehalte hatte, wurden sie nie öffentlich geäußert.

Die nachhaltigste Wirkung des Falles Curran betraf nicht die Moraltheologie, wobei viele Beobachter glauben, daß diese Disziplin in der Folge weniger kreativ gewesen ist. Der Fall war vielmehr eine Warnung an alle katholischen Theologen hinsichtlich einer öffentlichen Abweichung. Ein passiver Widerspruch zur Lehre des Magisteriums birgt die Gefahr einer Prüfung vor der Glaubenslehre; eine öffentliche Agitation zur Veränderung fordert sie heraus. Das Ergebnis in den Augen vieler Theologen ist, daß wahrscheinlich nur die wenigen ihrer Kollegen, die nichts zu verlieren haben, abweichende Meinungen äußern werden und daß das gesamte theologische Unternehmen nachläßt, vorsichtiger wird und weniger Gedanken und Worte von bleibendem Wert hervorbringt.

Curran brachte dies im April 1999 in folgender Aussage zum Ausdruck: Wenn er auf irgendeine Weise zusammen mit Ratzinger auf einer einsamen Insel landen würde, abgeschnitten vom Rest der Welt, wäre das einzige, worüber er mit ihm reden wollte, die Notwendigkeit für das hierarchische Magisterium zu lernen, bevor es lehrt. „Selbst in einer so fundamentalen Angelegenheit wie der Dreifaltigkeit erfuhren sie davon, bevor sie sie lehrten, sie war in der Lehre also nicht von vornherein da“, sagte Curran. „Wie also vollzieht sich dieser Lernprozeß heute? Und welche Rolle spielt der Theologe dabei, diesen Vollzug geschehen zu machen?“

DER THEOLOGE UND DIE KIRCHE

1989 und erneut 1990 schickte sich Ratzingers Kongregation an, die Beziehung zwischen dem Theologen und der Kirche zu verankern und ein für allemal die Frage nach der Abweichung zu beantworten, die im Kern des Falles Curran gelegen hatte.

Am 1. März 1989 traten zwei neue Treueide, die von bestimmten kirchlichen Amtsträgern gefordert wurden, in Kraft. Der erste, formal als ein Glaubensbekenntnis bezeichnet, war eine Revision eines Eides, der seit 1967 in Kraft war. Der zweite, als Treueid bezeichnet, war eine erweiterte Version eines Eides, der zuvor nur von Bischöfen gefordert worden war. Jenes Glaubensbekenntnis enthält das Glaubensbekenntnis von Nicäa-Konstantinopel, zuzüglich dreier weiterer Abschnitte, die Zustimmung zu anderen Formen der Lehre der Kirche verlangen. Das Bekenntnis von 1967, das im Zuge des II. Vaticanums angenommen worden war, beschränkte sich auf das Glaubensbekenntnis; das neue Bekenntnis brachte die Kirche in eine Situation zurück ähnlich der Periode von 1910 bis 1967, als das Bekenntnis einen Eid gegen den Modernismus eingeschlossen hatte, der unter Pius X. erlassen worden war.[10]

1989 war auch das Jahr der Kölner Erklärung. Veranlaßt durch die Berufung des konservativen Joachim Meisner in den Rang des Erzbischofs von Köln, die sich dem Wunsch der örtlichen Kirche entgegenstellte, wurde die Erklärung von Köln am 6. Januar 1989, am Festtag der Heiligen Drei Könige oder der Erscheinung des Herrn, öffentlich gemacht. Von 163 Theologen aus Deutschland, Österreich, der Schweiz und den Niederlanden unterzeichnet, vertrat sie, daß eine gewisse Kirchenpolitik die Aufgabe, das Evangelium in die Welt zu tragen, frustrierend mache. Unter diese Politik fiele folgendes:

- Johannes Pauls Berufung von Bischöfen ohne Berücksichtigung der Vorschläge der örtlichen Kirchen und unter Nichtachtung ihrer etablierten Rechte, was der katholischen Tradition entgegenlaufe, daß die Auswahl der Bischöfe keine persönliche Wahl des Papstes darstellt;
- die Weigerung des Vatikans, Theologen eine amtliche Lizenz zu gewähren, mit denen er nicht übereinstimmt, Teil seiner allgemeinen Kampagne, Abweichung zum Verstummen zu bringen, was einen gefährlichen Eingriff in die Freiheit von Forschung und Lehre darstelle;
- die unzulässige Überschreitung der ihm zustehenden Befugnis in der Glaubenslehre durch den Papst und die dementsprechende Durchsetzung, in der er darauf beharre, daß jede Verlautbarung des Magisteriums als unfehlbar behandelt wird. Die Erklärung lenkte besondere Aufmerksamkeit auf das Verbot der Empfängnisverhütung.

Die Erklärung beklagte, daß die vom II. Vaticanum geforderte Gemeinschaftlichkeit durch einen neuen römischen Zentralismus unterdrückt werde, und prophezeite, daß der Papst mit Abweichung rechnen müsse, wenn er Dinge unternehme, die nicht Teil seiner Rolle seien. Er könne dann nicht im Namen des Katholizismus Gehorsam fordern.[11]

Einige katholische Theologen mit den besten Namen in ihrer Disziplin waren unter den Unterzeichnern zu finden, etwa Edward Schillebeeckx, Johann Baptist Metz, Hans Küng, Norbert Greinacher und Ottmar Fuchs. Andere, unter ihnen am prominentesten Bernard Häring, unterzeichneten im nachhinein. Letztlich setzten 130 Theologen aus Frankreich, 23 aus Spanien, 52 aus Belgien und 63 aus Italien, darunter auch einige direkt aus Rom, ihren Namen unter die Erklärung. Dieser Aufstand ärgerte Ratzinger, vor allem weil die Erklärung ihren Ursprung bei seinen alten Kollegen aus Deutschland hatte. In einer auf die Veröffentlichung folgenden Pressekonferenz wies Ratzinger darauf hin, daß die Lage der Theologie in Deutschland vielleicht überprüft werden müsse, mit Blick darauf, einige der Lehrpositionen zu tilgen, die überflüssig oder unnötig schienen. Hier wurde ganz offensichtlich mit dem Säbel gerasselt, denn die Kollegen Ratzingers wurden gewarnt, daß der Heilige Stuhl den Staat unter den Bedingungen ihres Konkordats unter Druck setzen könnte, einige ihrer Arbeitsstellen abzubauen, wenn sie damit fortfahren würden, das Boot zum Schwanken zu bringen. In diesem Zusammenhang wirkte der Erlaß der neuen Treueide auf viele Theologen wie ein weiteres Zeichen aus dem Vatikan, daß eine öffentliche Unzufriedenheit nicht toleriert werden sollte.

Ein Jahr später, am 24. Mai 1990, verabschiedete die Kongregation für die Glaubenslehre ein Dokument, das der von Curran geforderten systematischen Behandlung der Abweichung nahekam. Diese Anweisung zur kirchlichen Berufung des Theologen beläuft sich auf eine Zusammenfassung der Vision, die Ratzinger von Rolle und Auftrag des katholischen Theologen hat. Bei der Vorstellung des Dokuments vor der Presse erklärte er, warum er das Gefühl gehabt habe, es sei notwendig.

Nach ihrem Erfolg auf dem II. Vaticanum hätten viele Theologen eine Sichtweise entwickelt, so Ratzinger, die ihren Beruf überhöhte. Theologen empfänden sich zunehmend als die wahren Lehrer der Kirche und sogar der Bischöfe, sagte er. Darüber hinaus seien sie seit dem Konzil von den Massenmedien entdeckt worden und hätten ihr Interesse eingenommen. In diesem Umstand sei es nötig geworden, erneut über die angemessene Beziehung zwischen dem Theologen und dem Magisterium zu reflektieren.

Die Grundlage lautet für Ratzinger, daß Theologie nie einfach die persönliche Vorstellung eines Theologen ist. Die Kirche stelle die Lebenswelt für den Theologen dar; es sei schließlich die Kirche, die die theologische Betätigung ermögliche. Daher gebe es für den Theologen zwei Merkmale, die beide unerläßlich seien: erstens eine methodologische Strenge, die wesentlicher Bestandteil der Sache der Forschung sei; und zweitens eine innere Teilhabe an der organischen Struktur der Kirche. Ratzinger bringt dann sein Lieblingsbild: Nur in dieser Symphonie trete die Theologie ins Sein. Er räumt ein, daß es zu Spannungen zwischen Theologen und dem Magisterium kommen werde, erkennt diese Spannungen aber so lange als förderlich, als jede Seite einsehe, daß ihre Funktion wesentlich der der anderen zugeordnet sei.

Auf der Pressekonferenz sagte Ratzinger, daß die Anweisung – vielleicht zum ersten Mal mit solcher Offenheit – festhalte, daß es Entscheidungen des Magisteriums gebe, die nicht das letzte Wort in einer bestimmten Angelegenheit als solcher sein müßten, daß sie aber auch hauptsächlich trotz des dauerhaften Werts ihrer Prinzipien ein Zeichen der seelsorgerischen Umsicht darstellten, eine Art provisorische Politik. Als Beispiele führte er die päpstlichen Erklärungen des 19. Jahrhunderts zur Religionsfreiheit und die antimodernistischen Entscheidungen am Beginn des 20. an, besonders jene hinsichtlich der Bibelforschungen. Im Kern blieben sie gültig, die durch Umstände bestimmten Einzelheiten könnten einer Berichtigung bedürfen, sagte er.

Im dem dem Dokument folgenden Sturm der Kritik wurde diese Bemerkung weitestgehend vergessen. Doch ist es wert, festzuhalten, daß die höchste Autorität in der Glaubenslehre der katholischen Kirche öffentlich eingeräumt hat, daß die Kirche in zwei Punkten überreagiert hat, in denen die Päpste einst darauf beharrt hatten, sie bedrohten das eigentliche Überleben des Glaubens, Punkte, über die Theologen ein Mundverbot erteilt bekamen und ganze Theologien mit dem Anathema belegt wurden. Das scheint ein bedeutendes Zugeständnis zu sein und schafft vielleicht die Möglichkeit eines weiteren Dialogs darüber, wie man bestimmt, welche päpstlichen Verlautbarungen endgültig und welche eine Angelegenheit provisorischer Politik sind. Das Dokument selbst erklärt, daß nur die Zeit diese Perspektive bieten könne, doch schon dieses Argument scheint etwas Raum zum Atmen für kritische theologische Standpunkte zu lassen. Man könnte theologische Abweichung beispielsweise als einen Dienst an einer künftigen Einsicht rechtfertigen.

Die Anweisung zur kirchlichen Berufung des Theologen eröffnet mit einer Betrachtung über die Wahrheit als Gottes Geschenk an sein Volk. In dieser Verknüpfung bezieht sich das Dokument auf das übernatürliche Verständnis der Gläubigen. Im Unterschied zu einigen reformgesinnten Katholiken, die im *sensus fidelium* einen Gegenpol zur Hierarchie erkennen, zitiert das Dokument *Lumen gentium* dem Sinn nach, daß sich dieses übernatürliche Verständnis von den Bischöfen bis zum letzten Gläubigen übertrage, wenn sie eine allgemeine Übereinstimmung in Fragen des Glaubens und der Moral festsetzten. Daher stellt der *sensus fidelium* dem Dokument zufolge weniger einen Aufruf zur Reform dar, als vielmehr einen Aufruf zur Erhaltung; er erinnert die Gläubigen an ihre eigene Verantwortung der Wahrung und Weitergabe der Hinterlegung des Glaubens. Später erklärt das Dokument, daß die öffentliche Meinung des Katholizismus im jetzigen Zeitalter der Massenmedien besonders anfällig für Beeinflussung sei.

Dann wendet sich das Dokument der Rolle des Theologen zu. Die theologische Wissenschaft sei ein Weg, auf die Einladung des Glaubens zur Erforschung der Wahrheit zu reagieren, die Gott der Menschheit vermittle. Ihr Ursprung liege in der offenbarten Wahrheit und in der Liebe zu Gott, die diese Wahrheit erwecke. In diesem Sinne sei der Theologe dazu aufgerufen, sein eigenes Glaubensleben zu vertiefen und seine wissenschaftliche Forschung fortlaufend mit dem Gebet zu vereinen. Das solle den Theologen gegen den kritischen Geist feien, der aus einem bestimmten Gefühl oder einer Voreingenommenheit geboren werde.

Nun folgt das Herzstück der Argumentation dieses Dokuments über die angemessene Rolle des Theologen. Die angemessene Freiheit der theologischen Forschung werde innerhalb des Glaubens der Kirche ausgeübt. Daher werde der wahrscheinlich häufig von dem Theologen empfundene Drang, in seiner Arbeit wagemutig zu sein, keine Früchte tragen oder zur Belehrung verhelfen, wenn er nicht durch die Geduld begleitet werde, die eine Reife eintreten lasse. Das Dokument zitiert dann aus einer Ansprache, die Johannes Paul II. am Gnadenbild der „Schwarzen Muttergottes" in Altötting gehalten hat, und vertritt, daß neue zum Glaubensverständnis vorgebrachte Vorschläge nichts anderes darstellten als ein der gesamten Kirche gemachtes Anerbieten. Es könne vieler Berichtigungen und Erweiterungen der Perspektiven im Kontext des brüderlichen Dialogs bedürfen, bevor der Moment komme, in dem die gesamte Kirche sie auch annehmen könne.

Im Bewußtsein dessen, daß sich viele Theologen entgegen einer Aufsicht durch das Magisterium auf die Freiheit der Wissenschaft berufen, vertritt das Dokument, daß es sich hier um ein Mißverständnis handle. Eine Freiheit der Forschung, an der die akademische Gemeinschaft zu Recht als etwas sehr Kostbares festhalte, bedeute eine Offenheit, die Wahrheit zu akzeptieren, die am Ende einer Untersuchung zutage trete, in die kein der dem Forschungsinhalt entsprechenden Methodologie fremdes Element hineingedrängt worden sei. In der Theologie sei diese Forschungsfreiheit das Kennzeichen einer verständigen Disziplin, deren Gegenstand durch die Offenbarung gegeben sei, weitergeleitet und gedeutet in der Kirche unter der Autorität des Magisteriums und empfangen durch den Glauben. Diese Vorgaben hätten die Kraft von Prinzipien. Sie auszulöschen hieße aufzuhören, Theologie zu betreiben.

Das Dokument kommt nun auf die Funktion des Magisteriums zu sprechen. Die meisten Kommentare zu dieser Anweisung übersprangen diesen Abschnitt, weil die Journalisten im Zuge der Kölner Erklärung und der neuen Treueide am stärksten daran interessiert waren, was das Dokument über Theologen zu sagen hatte. Doch verfolgt die Anweisung eigentlich einen doppelten Zweck: Theologen zurück zur Treue zu rufen und Bischöfe zu größerer Wachsamkeit anzuhalten. Als Nachfolger der Apostel erhalten die Bischöfe vom Herrn die Sendung, alle Völker zu lehren und jeder Kreatur das Evangelium zu verkünden, damit alle Menschen die Erlösung erlangen können. Sie sind dann mit der Aufgabe betraut, das Wort Gottes, dessen Diener sie sind, zu bewahren, zu erläutern und zu verbreiten.

Das Dokument stellt fest, daß das Magisterium auch bei Nichtvorhandensein einer formalen Verkündung von Unfehlbarkeit endgültige Erklärungen abgeben könne. Dieses Argument sollte 1998 im päpstlichen Dokument *Ad tuendam fidem* zu seinem logischen Schluß kommen, in dem Bestrafungen für Abweichung von dieser Kategorie endgültiger Lehren ins Kirchenrecht eingefügt wurden. Die Aufgabe der religiösen Aufsicht und der treuen Deutung der Hinterlegung der göttlichen Offenbarung schließe durch ihre Natur in sich, heißt es im Dokument, daß das Magisterium auf Basis von

Lehrsätzen eine Erklärung in einer endgültigen Weise geben könne, die, wenn sie auch nicht unter die Glaubenswahrheiten fielen, doch innig mit ihnen verknüpft seien, und zwar derart, daß der endgültige Charakter solcher Versicherungen sich in letzter Analyse von der Offenbarung selbst ableite.

Das Dokument räumt ein, daß Theologen von Zeit zu Zeit gute Gründe haben könnten, eine nicht unreformierbare Lehre des Magisteriums anzuzweifeln. In solchen Fällen sollten sie es vermeiden, sich an die Massenmedien zu wenden, und statt dessen die verantwortliche Autorität kontaktieren, denn man trage nicht zur Klärung von Fragen der Glaubenslehre bei und erweise der Wahrheit keinen Dienst, indem man versuche, den Druck der öffentlichen Meinung auszuüben. Weiterhin räumt das Dokument ein, daß ein Theologe, der mit seiner aufrichtigen Überzeugung konfrontiert werde, daß die Kirche sich in einem Irrtum befinde, durch die Unfähigkeit frustriert werden könne, diese Überzeugung im öffentlichen Forum zum Ausdruck zu bringen. Für einen treuen Geist, der durch Liebe zur Kirche beseelt sei, könne sich solch eine Situation sicherlich als schwere Prüfung erweisen. Das könne einen Aufruf darstellen, heißt es weiter, in Stille und Gebet für die Wahrheit zu leiden, doch mit der Gewißheit, daß sich die Wahrheit letztendlich durchsetzen werde, wenn sie wirklich auf dem Spiel stehe. Vor allem bedrohe die Hinwendung an die Massenmedien und die organisierten Interessengruppen den Theologen mit dem Verlust seines Bezugs und mit der Anpassung an diese Zeit.

Kritiker erkennen oft einen Widerspruch zwischen der vatikanischen Unterstützung der Religionsfreiheit im weltlichen Bereich und dem Unwillen, die Freiheit der Äußerung innerhalb der Kirche umzusetzen. Das Dokument schätzt das als einen unstimmigen Vergleich ein. Man könne sich nicht auf diese menschlichen Rechte berufen, läßt es verlauten, um sich der Vermittlung des Magisteriums entgegenzustellen. Ein solches Verhalten verfehle die Anerkennung des Wesens und der Mission der Kirche, die vom Herrn die Aufgabe erhalten habe, die Wahrheit der Erlösung allen Menschen zu verkünden. Sie erfülle diese Aufgabe, indem sie den Spuren Christi folge, im Wissen, daß sich die Wahrheit nur kraft ihrer eigenen Wahrheit dem Bewußtsein einschreiben könne und es sowohl mit Sanftheit als auch mit Gewalt für sich gewinne. Weiterhin müsse man zwischen einer Unterdrückung einer Person und einer Beurteilung gewisser Ideen unterscheiden. Die Beurteilung nämlich betreffe nicht die Person des Theologen, sondern die geistigen Haltungen, für die er öffentlich eingetreten sei. Die Tatsache, daß diese Vorgänge verbessert werden könnten, heiße nicht, daß sie im Gegensatz zu Gerechtigkeit und Recht ständen. In diesem Fall von einem Verstoß gegen die Menschenrechte zu sprechen sei fehl am Platze, denn es zeige ein Versagen an, die angemessene Hierarchie dieser Rechte ebenso wie das Wesen der kirchlichen Gemeinschaft und ihres Gemeinwohls anzuerkennen.

Schließlich könne auch die Unantastbarkeit des Gewissens nicht ein Recht auf Abweichung stützen. Die Einrichtung eines höchsten Magisteriums des Gewissens in Gegnerschaft zum Magisterium der Kirche bedeute die Annahme eines Grundsatzes freier Prüfung, der mit der inneren Verfassung der Offenbarung und ihrer Weiterleitung in der Kirche nicht vereinbar sei und daher auch nicht mit einem richtigen Verständnis der Theologie und der Rolle des Theologen. Die Glaubenssätze seien nicht das Produkt einer reinen individuellen Forschung und freien Kritik des Wortes Gottes, sondern legten ein kirchliches Erbe fest. Wenn eine Spaltung von den Bischöfen auftrete, die über die apostolische Tradition wachten und sie am Leben erhielten, dann sei es die Bindung an Christus, die kompromittiert werde.

Ratzinger erkannte in einem Aufsatz von 1993, daß das Dokument eine Kontroverse entfacht hatte, die in einem teilweise vehementen Tonfall vor sich gegangen sei. Dies sei vor allem, wie er beklagend beobachtete, für deutschsprachige Länder der Fall. In diesem Aufsatz, veröffentlicht in *Wesen und Auftrag der Theologie*, bot er eine Verteidigung. Er erklärt, daß die Vorstellung, daß die Anweisung in einem Theologen nur einen Abgeordneten des Magisteriums erkenne, einfach falsch sei. Zum Thema der Treueide merkt er an, daß die Professoren in Deutschland auch ihre Treue dem Staat gegenüber erklären. Bis heute sei es scheinbar keinem deutschen Theologen so vorgekommen, daß der Treueid auf die Verfassung, der von denen gefordert wird, die in die staatliche Professorenschaft eintreten, eine unzulässige Beschränkung wissenschaftlicher Freiheit darstellen und unvereinbar mit einem durch die Bergpredigt geprägten Gewissen sein könnte.

Ratzinger denkt laut darüber nach, ob die Entwicklungen des 12. Jahrhunderts, als die Theologie die Klöster verließ und in die Universitäten eintrat, letztendlich positiv gewesen seien. Indem das geschehen sei, hätte sich ihr geistiges und wissenschaftliches Wesen radikal verändert, schreibt er. Letzten Endes scheint dieser Zynismus über den Einschlag des universitären Daseins die fundamentale Trennung zwischen Ratzinger und der katholischen theologischen Gemeinschaft zu sein.

DER FALL MATTHEW FOX

Ein weiteres Zeichen des Bruchs zwischen Ratzinger und der katholischen theologischen Gemeinschaft trat im Fall des Dominikaners Matthew Fox auf, eines energischen und unendlich schaffensfreudigen Theologen, der die von ihm so bezeichnete „Schöpfungsspiritualität" entwickelte, um eine positivere und umweltfreundlichere Vision des Christentums zu betonen. Fox, eine bewußt provokative Gestalt, liebäugelte mit Vorstellungen des

New Age, lud ein Mitglied der Wicca an sein Institut für Schöpfungsspiritualität in Oakland ein und schrieb Bücher mit Titeln wie *On Becoming a Musical, Mystical Bear: Spirituality American Style.* 1998 beugte sich Fox Forderungen des Vatikans, vom Lehren, Lesen und Predigen über Schöpfungsspiritualität Abstand zu nehmen.

Fox, damals siebenundvierzig Jahre alt, war seit 1984 in Untersuchung der Kongregation. Auf einer Pressekonferenz unmittelbar vor Beginn seines Mundverbots nannte Fox Ratzingers Einwände gegen sein Werk „unglaublich dünn". Er sei dafür beschuldigt worden, erklärte er, sich in einem seiner Bücher auf Gott als „Mutter" zu beziehen. „Doch die Schriften, die mittelalterlichen Mystiker und selbst Papst Johannes Paul I. verwandten alle mütterliche Bilder für Gott", stellte Fox fest. „Die Unfähigkeit des Vatikans, mit Gott als Mutter umzugehen, sagt uns mehr über die Sünde des Patriarchats als über die Gottheit." Er wurde auch dafür kritisiert, ein „vehementer Feminist" zu sein. „Jesus war Feminist", erklärte er zu seiner Verteidigung. „Ich kann nicht begreifen, wie irgendein Anhänger Jesu so unempfindlich gegen das Leiden der Frauen in der jüngsten westlichen Geschichte sein kann, daß sie oder er nicht feministisch wäre."

Noch vor Beginn seiner „Schweigephase" am 15. Dezember veröffentlichte er eine vernichtende Einschätzung Ratzingers und der Glaubenskongregation. In einem sechzehnseitigen offenen Brief an Ratzinger bezichtigte Fox höchste Vatikanführer der Machtsucht, der Untreue dem Beispiel Jesu gegenüber, der Sexbesessenheit und der Einführung eines „schleichenden Faschismus" in der Kirche.

„Ich ... höre eine tiefe Unzufriedenheit von Kardinälen über Ihre Zugeständnisse an Marcel Lefebvre und die Unterstützung des Vatikans für Opus Dei", schrieb er Ratzinger. „Ich höre, wie Bischöfe über den Vatikan witzeln und darum flehen, daß der Papst nicht in ihre Diözese kommt, damit sie nicht auch in unüberwindliche Schuld gerät; ich höre Führer religiöser Orden, die mir sagen, daß in Ihrer Kongregation ‚ausschließlich drittklassige Theologen sitzen'. ... Doch sagt niemand Ihnen diese Dinge. Jeder weigert sich, die Person zu konfrontieren, die es am nötigsten hätte, die Wahrheit zu hören", schrieb Fox.

Er verglich die heutige Kirche mit einer „dysfunktionalen Familie, in der man beispielsweise den Vater, einen Alkoholiker, immer beruhigt und besänftigt, in der Hoffnung, daß er nicht noch ein weiteres Mal gewalttätig wird". Während er anmerkt, daß eine solche Besänftigung die Krankheit nur in die Länge ziehe, sagt er: „Es ist an der Zeit, daß katholische Theologen, Geistliche und Laien die in der katholischen Kirche auftretenden Ungerechtigkeiten aussprechen." Fox fuhr fort, daß „die Sexbesessenheit des Vatikans einen weltweiten Skandal darstellt, der ein ernsthaftes psychisches Ungleichgewicht demonstriert ... Sexbesessenheit ist charakteristisch für eine dysfunktionale Persönlichkeit." Er bezichtigte den Vatikan, „Kontrollspiele" zu betreiben, „beispielsweise, Bischöfe zu berufen, deren einzige Gabe ihr blinder Gehorsam den Verordnungen des Vatikans gegenüber darstellt."

In Fortsetzung der Analogie sagte er, daß eine derart krankende Organisation „sich weigert, eine Selbsteinschätzung und Selbstkritik anzustellen. In ihrer Arroganz erkennt sie all ihre Probleme als von außen kommend – als ob die Protestanten die Quelle der Probleme der Kirche wären, die Befreiungstheologen, die Frauen, die homosexuellen Menschen, die Theologen der Schöpfungsspiritualität und die Presse." Fox wies darauf hin, daß die katholische Kirche „dem Faschismus anheimfällt". Er zitiert die beliebte Wendung, die Kirche sei keine Demokratie, und meinte dazu: „Vielleicht sollte sie eine sein ... denn eine Demokratie kommt dem Autoritätsverständnis Jesu viel näher, dem Beispiel seiner Knechtschaft." Ganz sicher, fährt er fort, „hat Jesus keine faschistische Institution gewollt, nicht wahr?"

Fox sagte, er erkenne Zeichen eines „schleichenden Faschismus" in „Ihrer [Ratzingers] Methode des Umgangs mit ungleichen Meinungen, indem Sie versuchen, Personen den Mund zu verbieten und einen sinnvollen Dialog verkümmern zu lassen. In einer gesunden und beseelten Organisation würde man Diskussion und Dialog erwarten ... Ihre Behandlung von Gelehrten ist der Bücherverbrennung faschistischer Regime nicht unähnlich." Ein weiteres Symptom faschistischer Tendenzen, erklärte er, „findet sich in der Entscheidung, autoritäre Persönlichkeiten zu belohnen ... Es bereitet mir tiefe Sorge, daß die heutige katholische Kirche autoritäre Persönlichkeiten zu belohnen scheint, die eindeutig krank, gewalttätig, sexuell besessen und unfähig sind, die Vergangenheit in Erinnerung zu behalten." Er führte als Beispiel den verstorbenen Kardinal John Cody von Chicago an, in dessen Erzdiözese Fox dreizehn Jahre lang lebte und arbeitete. Auch schon vor dem Finanzskandal, in den Cody verstrickt war und der kurz vor seinem Tod bekannt wurde, fragte sich Fox: „Wie ist es möglich, daß ein Mann von solch geringer Moralität und Spiritualität an die Spitze der katholischen Kirche gelangen konnte?"

Fox schlug Ratzinger vor, ein Sabbatjahr zu nehmen. „Warum setzen Sie nicht ein Jahr aus und treten aus ihrem isolierten und privilegierten Leben im Vatikan, um mit Frauen und Männern im Kreis zu tanzen, manche zwanzig Jahre alt, manche siebzig, die von überall auf der Welt kommen, auf der Suche nach echter Spiritualität?" Er schloß den Brief: „Ich wünsche Ihnen Mitleid und bleibe Ihr Bruder."

1992 wurde Fox offiziell von den Dominikanern ausgeschlossen, weil er sich weigerte, seine Arbeit in Oakland aufzugeben und in seine Heimatprovinz Chicago zurückzukehren. „Ich bedauere diesen gegen mich, meine Person und meinen vierunddreißigjährigen Dienst im Orden der Dominikaner ausgeübten Akt institutioneller Gewalt", sagte er in einer vorbereiteten Erklärung. Schließlich verließ er die katholische Kirche, um eine Weihe als Priester der Episkopalkirche anzunehmen. Im Hauptstrom der katholischen theologischen Gemeinschaft war Fox immer als etwas lästig wahrgenommen worden, und im Vergleich zu Curran eilten wenige Theologen zu seiner Verteidigung herbei. Trotzdem traf sein Brief an Ratzinger, auch wenn seine Rede hitzig war, einen Nerv. In der Sprache der Propheten drückte er viele Klagen aus, die innerhalb der theologischen Gemeinschaft gärten, und trug so dazu bei, daß sie unter die schon ersichtlich offenen Fragen in der Kirche fielen.[12]

AD TUENDAM FIDEM

Am 30. Juni 1998 veröffentlichte der Vatikan den Text eines Dokuments von Johannes Paul II., das dem kanonischen Recht bestimmte Verordnungen beifügte, neben einem von Ratzinger verfaßten Kommentar zu den Veränderungen. Der deutliche Zweck dieser Veränderungen war die Etablierung endgültiger, aber nicht formal für unfehlbar erklärter Glaubenslehren als eines Prinzips des Kirchenrechts und die Schaffung einer Grundlage zur Bestrafung jener, die davon abweichen. Da Ratzinger die Existenz dieser Kategorie von Lehren schon lange behauptet hatte – ins Glaubensbekenntnis von 1989 war sie aufgenommen worden –, meinten einige Theologen, der Erlaß von *Ad tuendam* sei kein besonderes Ereignis. „In den Kreisen, in denen ich verkehre, stellt das keinen richtigen Erlaß dar", sagte der Jesuit Joseph O'Hare, Präsident des Fordham-College in New York. „Der tatsächliche Inhalt ist hier eine ziemlich geringfügige Maßnahme des Hausherrn ... es fordert nicht heraus, auf die Barrikaden zu gehen."[13]

Viele Kritiker erklärten, der Kommentar Ratzingers sei tatsächlich weit beunruhigender als der päpstliche Brief selbst. Darin bot er mehrere Beispiele für endgültige Lehren, die nicht unfehlbar erklärt worden waren, darunter das Verbot der Abtreibung, der Euthanasie, von weiblichen Priestern und, wie in Kapitel 5 besprochen, die Ungültigkeit anglikanischer Ordinationen.

Zusammengenommen kann das Verständnis von Lehren der Kirche, wie es in *Ad tuendam* und Ratzingers Kommentar zum Ausdruck kommt, folgendermaßen schematisiert werden.

Göttlich offenbart

Diese höchste Kategorie von Lehren umschließt Glaubenslehren, die im Wort Gottes enthalten sind, aufgeschrieben oder vermittelt, und durch ein formelles Urteil der Kirche genau als göttlich offenbarte Wahrheiten bezeichnet werden, durch eine der folgenden Möglichkeiten:

- den *ex cathedra* sprechenden Papst,
- das zum Konzil versammelte Kollegium der Bischöfe,
- durch das ordentliche und universale Magisterium unfehlbar vorgelegt.

Zu Beispielen gehören: die Glaubensartikel des Glaubensbekenntnisses, die verschiedenen christologischen Glaubenslehren, die verschiedenen marianischen Glaubenslehren, die Glaubenslehre von der realen und substantiellen Anwesenheit Christi in der Eucharistie, die Glaubenslehre zu Primat und Unfehlbarkeit des Papstes, die Glaubenslehre zur Existenz der Erbsünde.

Auf Endgültigkeit hin aufgestellt

Glaubenslehren, die von der Kirche zu Glauben und Moral auf Endgültigkeit hin aufgestellt werden und die notwendig sind, um an der Grundlegung des Glaubens getreu festzuhalten und sie getreu auszulegen, auch wenn sie nicht durch das Magisterium der Kirche als *formal* geoffenbart vorgelegt worden sind. Sie können:

- durch den Papst bestimmt werden,
- durch das zum Konzil versammelte Kollegium der Bischöfe bestimmt werden,
- durch das ordentliche und universale Magisterium der Kirche unfehlbar gelehrt werden.

Solche Glaubenslehren werden durch eine historische Beziehung oder durch eine logische Verknüpfung den offenbarten Wahrheiten beigestellt. Wenn sie auch nicht als formal offenbart vorgelegt werden, können sie durch eine dogmatische Entwicklung eines Tages als offenbart erklärt werden. Zu Beispielen für Glaubenslehren, die durch historische Notwendigkeit verknüpft sind, gehören die Rechtmäßigkeit der Wahl eines jeweiligen Papstes, die Beschlüsse eines ökumenischen Konzils, die Kanonisierung von Heiligen, die Erklärung von Papst Leo XIII. im apostolischen Brief *Apostolicae curae* zur Ungültigkeit anglikanischer Ordinationen. Zu Beispielen für Glaubenslehren, die durch logische Notwendigkeit verknüpft sind, gehören die Lehre, daß die Priesterweihe allein Männern vorbehalten ist, die Lehre zur Unzulässigkeit der Euthanasie, die Lehre zur Unzulässigkeit von Prostitution, die Lehre zur Unzulässigkeit von Unzucht.

Maßgebendes ordentliches Magisterium

Lehren, die als wahr präsentiert werden oder zumindest als sicher, auch wenn sie nicht mit einem formellen Urteil erklärt oder als endgültig durch das ordentliche und universale Magisterium vorgelegt worden sind, sei es durch den Papst oder durch das Kollegium der Bischöfe. Zu Beispielen gehören Stellungnahmen des Papstes während seiner allgemeinen Audienzen, die Hirtenbriefe der Bischöfe oder des Papstes, die Dokumente der römischen Kurie, wenn sie mit einer Bestätigung des Papstes erlassen werden.

Auch wenn einige Theologen dachten, *Ad tuendam* kodifiziere einfach, was der Papst und Ratzinger schon die ganze Zeit beansprucht hatten, betrachteten andere die Entscheidung, das Kirchenrecht auf diese Weise zu ergänzen, als folgenschwer. Der französische Jesuit und Theologe Bernard Sesboué schrieb beispielsweise: „Wir befinden uns in Gegenwart eines neuen Herrschaftsbereichs der Ausübung der Unfehlbarkeit durch die Kirche." Daher sagte Sesboué, *Ad tuendam* sei eine im Grunde genommen ebenso schwerwiegende Entwicklung wie die Verkündung der päpstlichen Unfehlbarkeit auf dem I. Vaticanum 1870. Dieses Argument fand bei Pater Ladislas Örsy von der Universität Georgetown in den Vereinigten Staaten sein Echo.

In Erwiderung auf Örsy beharrte Ratzinger in der irischen Zeitschrift *Céide* darauf, daß der neue kanonische Sprachgebrauch in *Ad tuendam* einfach das zweitrangige Ziel der Unfehlbarkeit kodifiziere, auf das sich das II. Vaticanum bezogen hatte. Er erklärte, daß es nicht wahr sei, daß das II. Vaticanum ins Auge gefaßt hätte, Sanktionen und Bestrafungen für theologische Abweichung aufzuheben. Darüber hinaus sagte er, daß sich viele Bischöfe in der heutigen Welt das Kirchenrecht in mancherlei Hinsicht noch strenger wünschten, damit sie über eine leichtere Handhabung gegen Priester, die sich der Pädophilie schuldig machen, verfügten. Ohnehin, so Ratzinger, sei der Zweck des Glaubensbekenntnisses und des Treueids von 1989, ebenso wie der von *Ad tuendam*, ganz einfach die Klärung der dreifachen Teilung der Lehre, die schon immer in der Tadition einbegriffen gewesen sei. Er sagte auch, daß sein eigener Kommentar, der mehrere strittige Beispiele einer solchen Lehre aufzählte, selbst kein Dokument des Magisteriums sei. Dem sei keine verbindliche Kraft gegeben; es sei einfach eine Verständnishilfe für die Texte gewesen; und niemand müsse durch diese Texte das Gefühl einer autoritativen Aufbürdung oder Beschränkung haben.[14]

DER SCHADEN

Die Maßnahmen der Glaubenskongregation unter Ratzingers Verwaltung haben tiefe Risse zwischen dem Magisterium und der theologischen Gemeinschaft hinterlassen. In diesem Punkt pflegen sogar viele seiner Anhänger zuzustimmen: Es sei eine wirklich unglückliche Sache, daß sich ein hohes Maß an Erbitterung unter vielen akademischen Theologen breitgemacht habe, sagte Michael Waldstein, ein österreichischer Theologe, der mehrere Jahre als Dozent an der Universität von Notre-Dame verbrachte. Er habe das erkannt, als er in Notre-Dame gewesen sei. Es hätte sehr geholfen, wenn sich Ratzinger weiter ausgestreckt hätte.

Es ist nicht so, daß es Ratzinger innerhalb der theologischen Gemeinschaft an Verteidigern fehlen würde. „Ich denke nicht, daß man ihn irgendwie glaubwürdig als autoritär nachweisen könnte", sagte der Dominikaner Augustine Di Noia, theologischer Berater der Bischofskonferenz der USA, in einem Interview im April 1999. „Glaube ist nicht die Unterdrückung von Intelligenz, sondern ihre Erhöhung. Die grundlegende Scheidelinie zwischen abweichenden oder revisionistischen Theologen und der Art und Weise von Johannes Paul II. und Ratzinger verläuft entlang dieser falschen Fährte. Ratzinger setzt Dinge fest, die noch vor fünfzig Jahren vollkommen unumstritten gewesen wären", erklärte Di Noia.

Doch repräsentiert Di Noia trotz seines offiziellen Status und seines Rufs als fähiger und wohlwollender Theologe eine eindeutige Minderheitenmeinung innerhalb der katholischen fachtheologischen Gemeinschaft. Die Mehrheitsmeinung scheint dem näher, was Curran zum Ausdruck brachte: „Es handelt sich nicht um eine Frage von Autorität gegen Gewissen. Der dritte Begriff ist Wahrheit, und bis zu diesem Grad hat Ratzinger recht. Das Problem ist, daß er die Wahrheit zu bereitwillig mit dem gleichgesetzt hat, was das Magisterium zu einem bestimmten Zeitpunkt gelehrt hat. Das Heilige Offizium darf über kein Urheberrecht an dem verfügen, was es heißt, katholisch zu sein." Curran und andere deuten darauf hin, daß Ratzinger für etwas verantwortlich sei, was sie als einen „Kältefaktor" bezeichnen, ein Klima der Angst in der theologischen Gemeinschaft, das Aufrichtigkeit in Bereichen wie Sexualethik, religiöser Pluralismus und politische Theologie verhindere. Denker in diesen Bereichen seien durch die Angst vor Verurteilung, Mundverbot und Exkommunizierung bestimmt, sollten sie zu weit gehen, vertreten Kritiker. „Die Art von Theologen, die diesem Druck heute am meisten ausgesetzt sind, sind Priester, ausübende oder im Seminar beschäftigte", sagte Tom Reese.

Einige Kritiker haben diesen „Kältefaktor" mit dem antimodernistischen Antrieb Pius X. in der ersten Dekade des 20. Jahrhunderts verglichen. In beiden Fällen, argumentieren sie, hätten sich konservative Päpste angeschickt, theologische Strömungen einzudämmen, die sich unter ihren gemäßigten Vorgängern entwickelt hätten. Der seelsorgerische und geistige Tribut, der durch den antimodernistischen Antrieb gefordert wurde, war demzufolge, was man größtenteils hört, enorm. „Alles verlagerte sich in den Untergrund", erklärte Jay Dolan, Fachmann für Kirchengeschichte in Notre-Dame. „Gute Arbeit wurde nach wie vor geleistet, aber außerhalb des

Blickfelds der Öffentlichkeit – in der Liturgie, in der Schriftforschung. Priesterseminaristen, die durch das System nach oben kamen, lernten nichts Kreatives mehr. Der Kopf verkam nicht regelrecht, aber es war keine förderliche Situation." Dolan meint, die genauere Parallele zur Kampagne Ratzingers könnte in dem zu finden sein, was unter Pius XII. nach der Veröffentlichung von *Humani generis* von 1950 geschehen sei. Die Enzyklika, die modernisierende Tendenzen in der Theologie verurteilte, mündete in die Ruhigstellung oder Einschüchterung einiger der führenden Theologen jener Zeit, etwa des amerikanischen Jesuiten John Courtney Murray, weithin als die treibende Kraft hinter dem Dokument des II. Vaticanums zur Religionsfreiheit anerkannt. Viele derselben Denker sollten später als wichtige Berater auf dem Konzil hervortreten.

Theologen, die mit Ratzinger sympathisieren, spotten über Andeutungen eines ähnlichen „Kältefaktors" in unserer Zeit. Waldstein sagte, er habe in Notre-Dame keine Hinweise auf ein repressives Klima erkennen können. Wenn er sich Richard McBrien und Dick McCormick noch einmal ganz genau ansähe, glaube er, daß sie nicht im geringsten durch das bedrückt oder eingeengt worden seien, was beispielsweise Charlie Curran passiert sei. McBrian habe vorgeschlagen, daß Curran in Notre-Dame angestellt werden solle, und in der neuen *Encylopedia of Catholicism* habe Curran den Artikel über die Empfängnisverhütung verfaßt. Wenn er sich diese Männer im tatsächlichen Sachverhalt als Beispiel nähme, könne er nicht erkennen, daß ihre Handlungsfreiheit durch das Auferlegte eingeschränkt worden sei, erklärte Waldstein. Andere sagen hingegen, daß das glückliche Schicksal in der Umgehung einer vatikanischen Untersuchung einiger weniger hochangesehener Theologen kein verläßliches Kennzeichen für den wahren Zustand der Disziplin sei.

Reese vertritt, daß Ratzinger mehr Glück haben könnte, wenn er die Theologie einfach in Ruhe ließe. „Der Irrtum, der dem Vatikan unterläuft, ist, daß er nicht erkennt, daß die theologische Gemeinschaft eine sich selbst korrigierende Gemeinschaft von Forschern ist, wie in jeder anderen Disziplin auch", erklärte Reese. „Oft ist die Verurteilung eines Theologen das Schlimmste, was der Vatikan machen kann, denn niemand wird diese Person kritisieren, aus Angst, wie ein Speichellecker des Vatikans zu erscheinen." Als Beispiele erwähnte er Hans Küngs Position zur päpstlichen Unfehlbarkeit und bestimmte Elemente der Befreiungstheologie.

Wie kann Ratzinger letzten Endes den hohen Grad an Feindseligkeit rechtfertigen, der, wie selbst seine Anhänger einräumen, zwischen Theologen und seinem Amt besteht? In der für den Vatikan typischen Art denkt Ratzinger in Jahrhunderten. Es gehe ihm nicht darum, die Schlacht unserer Tage zu gewinnen, erklären seine Anhänger, sondern die Art und Weise zu formen, in der die Kirche über einen Streit in 200 Jahren denken werde. Er glaube, Ratzinger und Johannes Paul würden sehr stark auf die lange Sicht hin denken, erklärte Waldstein. In der Gegenwart seien die Diskussionsfronten oft sehr verhärtet. Es sei nicht leicht, den Kopf der Menschen zum Umschwenken zu bringen. Ihm müsse erst noch ein Theologe begegnen, der erkläre, vor *Humanae vitae* habe er die Empfängnisverhütung befürwortet, dann aber habe er seine Meinung geändert. Das sei nicht die Art von Reaktion, die sie wollten. Auf lange Sicht, wenn einige der Kontroversen der Gegenwart vergessen seien, könne man eine Auswirkung erwarten.

Als Beispielfall blickt Waldstein auf den Jansenismus, eine theologische Bewegung, die auf einer bestimmten Sicht von Gnade und Freiheit basierte und im Europa des 17. Jahrhunderts beliebt war. Zu dieser Zeit hätten die päpstlichen Verurteilungen nicht die Wirkung gehabt, die Theologen in Paris davon zu überzeugen, ihre Haltung zu ändern, sagte Waldstein. Aber als die Leute letztlich soweit gewesen seien, sich zu widersetzen, hätten sie über die angebrachten päpstlichen Dokumente verfügt, und heute sei der Jansenismus keine lebensfähige Kraft mehr. Reese vertritt, daß eine nüchterne Analyse der Kirchengeschichte nicht zu solchem Vertrauen ermächtige. „Das Protokoll über den Vatikan ist in diesem Bereich nicht sehr gut, wenn man bedenkt, daß viele in der Vergangenheit verurteilte Theologen inzwischen als große Denker und treue Kirchenmänner angesehen werden", erklärte er, etwa Congar und Murray. „Es gibt einen klaren historischen Bericht dahin gehend, daß der Vatikan Leute verurteilt und später sagen muß: ‚Entschuldigung bitte, sie sind wirklich gute Theologen.'"

„Gläubige Katholiken wollen sich der Autorität unterstellen", sagte Margaret Farley aus Yale, die erklärte, sie bewundere Ratzinger als Theologen. „Aber es ist den meisten Menschen völlig klar, daß nicht alle Stimmen gehört werden. Wenn es ein Zentrum geben soll, um für die Kirche zu sprechen, dann hängt dessen Glaubwürdigkeit zum Teil davon ab, ob es den Gläubigen zugehört hat." In den Augen einer großen Zahl von seinesgleichen und sogar in denen einiger seiner Bewunderer in der katholischen theologischen Gemeinschaft wird Joseph Ratzingers Erbe eine Verminderung in der Glaubwürdigkeit kirchlicher Autorität sein. In seinem strengen Beharren auf der Notwendigkeit für Theologen, sich an die Kirche zu binden, so glauben viele, habe Ratzinger die noch grundlegendere Notwendigkeit für beide in den Schatten gestellt, sich an das Evangelium zu binden – und seinem Urteil zu unterstehen.

7 RATZINGER UND DAS NÄCHSTE KONKLAVE

Mehrere Versionen eines alten Witzes machen immer noch im Internet und in klerikalen Kreisen die Runde. Hans Küng, Leonardo Boff und Joseph Ratzinger sterben zur gleichen Zeit und kommen zusammen in ein Wartezimmer vor den vom heiligen Petrus behüteten Himmelstoren. Petrus erscheint, deutet auf Küng und erklärt: „Jesus will dich jetzt sehen." Küng verschwindet in ein Büro, die anderen beiden bleiben wartend zurück. Nach mehr als zwei Stunden kommt Küng wieder heraus, mit einem Ausdruck des Erstaunens auf seinem Gesicht: „Wie konnte ich mich nur so irren?" fragt er. Als nächstes winkt Petrus Boff hinein. Der leidenschaftliche brasilianische Befreiungstheologe bleibt für über fünf Stunden weg. Auch er stolpert schließlich verblüfft aus dem Büro. „Wie konnte ich nur so dumm sein?" fragt er wie betäubt. Nun zeigt Petrus auf Ratzinger. Seine Eminenz erhebt sich, packt seine Unterlagen zusammen und schreitet gemächlich in das Büro. Fast ein ganzer Tag vergeht, und in gewissen Abständen wird die Luft von Schrei- und dann von Weinlauten erfüllt. Schließlich geht die Tür auf ... und Jesus Christus selbst tritt heraus und fragt: „Wie konnte ich mich nur so in ihm täuschen?"

Der Witz dient als eine Zusammenfassung dessen, wie viele Beobachter Ratzinger sehen: mehr dem Katholizismus als Jesus verhaftet.

Für die öffentliche Meinung stellt Joseph Ratzinger in der katholischen Kirche eine Gestalt dar, die entweder ganz im Licht oder ganz im Dunkeln steht, es gibt kaum Zwischentöne. Diese polarisierte Reaktion spiegelt sich in der Gewohnheit der Presse wider, sich auf ihn als den „Panzer-Kardinal" zu beziehen, und in den häufigen Wortspielen mit dem Namen des Kardinals in progressiven katholischen Kreisen („Ratt-zinger" ist das greifbarste). Der Spott geht manchmal in Wut über. Eine der unheimlicheren Geschichten, die Ende 1999 in der katholischen Welt Wellen schlug, drehte sich beispielsweise um eine Website für homosexuelle Priester und Ordensleute, zu der sich eine Gruppierung vom rechten Flügel Zugang verschafft hatte. Die Hacker stellten E-Mails und Bilder von der Website zusammen und machten sie im größeren Rahmen zugänglich. Die Bilder waren wirklich anschaulich, die E-Mails aber waren weniger wegen ihres sexuellen Inhalts bemerkenswert, der von zärtlich bis pubertär reichte, als wegen des Sarkasmus, der sich aus ihnen über Ratzinger ergoß. Die Geistlichen und in einem Fall ein südafrikanischer Auxiliarbischof nannten Ratzinger einen „Nazi in Rom" und „des Führers Oberst Ratzinger". Es gab witzelnde Bezugnahmen auf sein Bedürfnis nach Sex, ja selbst auf die Möglichkeit, ihn zu töten. Es war offensichtlich, daß Ratzinger zum Brennpunkt des Zorns geworden war, den diese Männer gegenüber der Kirche empfanden.

Im anderen Extrem sind Bewunderer Ratzingers oft mit Tränen in den Augen darauf erpicht, ihm persönlich einen Heiligenschein auf den Kopf zu setzen. Der von den Lutheranern Konvertierte Richard John Neuhaus schrieb kürzlich in seiner Zeitschrift *First Things*: „Viele seiner Bewunderer finden, daß seine Berufung zum Präfekten der Kongregation für die Glaubenslehre die Kirche des gewaltigen Beitrags beraubt hat, den er durch seine Schriften und seine Lehre geleistet hätte. Andere zeigen sich unermeßlich dankbar, daß Johannes Paul II. ihn in den universalen Seminarraum berufen hat, in dem er in einer Zeit sich verdüsternder Verwirrung Schüler ohne Zahl im neu entzündeten Licht theologischer Prüfung zum Dienst an Christus und seiner Kirche und daher zum Dienst an der ganzen Welt ermutigt hat." Neuhaus bezeichnete Ratzinger neben dem Papst als „den größten intellektuellen Einfluß bei der Formung der Richtung der katholischen Kirche im Verlauf der letzten zwanzig Jahre". Ratzingers Doktorand, der amerikanische Publizist und Jesuit Joseph Fessio, hat keine Zweifel; er sagt voraus, daß man sich an den Kardinal als einen der großen Heiligen dieses Zeitalters erinnern wird.

Ratzinger ist eine polarisierende Gestalt in einer Weise, in der es für Johannes Paul II. nicht zutrifft. Päpste werden auf Grundlage ihrer Politik *ad extra*, in der Außenwelt, ebenso wie *ad intra*, innerhalb der Kirche, beurteilt. Mit Blick auf Johannes Paul gibt es keine ernsthafte Diskussion darüber, welchen Kurs er *ad extra* verfolgt hat: Er hat unter großem Beifall energisch für die Menschenrechte und die Religionsfreiheit gesprochen. Katholiken sind stolz darauf, daß ihr Papst zum „Untergang des Kommunismus" beigetragen hat, und sie bewundern ihn sogar noch dann, wenn er politische Standpunkte gegen die Todesstrafe oder die Abtreibung einnimmt, denen sie nicht völlig zustimmen. Es ist seine Politik *ad intra*, die sich als bitterlich entzweiend erwiesen hat – die Unterdrückung von Theologen, die Zurückdrängung der Reformen des II. Vaticanums, die stetige Neuzentralisation der Autorität in Rom. In den meisten dieser Angelegenheiten war Joseph Ratzinger, nicht Karol Wojtyla, der Architekt der umstrittenen Politik.

Es besteht ein konservatives Element innerhalb des römischen Katholizismus, das mit der Politik von Johannes Paul *ad intra* von einer anderen Position aus nicht übereinstimmt. Deren Anhänger erhoben gegen die Versammlung religiöser Oberhäupter der Welt 1986 in Assisi auf der Grundlage Einspruch, daß dies den Synkretismus fördern und die Lehre gefährden würde, daß der römische Katholizismus das einzige Mittel der Erlösung ist. Sie haben das Gefühl, daß das päpstliche *Indult* von 1988 zur

Zulässigkeit des Gebrauchs der lateinischen Messe auch nicht nur annähernd weit genug ging und daß das Anliegen zum Scheitern gebracht wurde. Sie fürchten, daß Wojtylas Hang zum philosophischen Personalismus den Zusammenbruch einer klaren katholischen Herangehensweise an die Philosophie in den Universitäten und Seminaren gefördert hat; und sie sahen mit Entsetzen bei der Liturgie des „Tages des Schuldbekenntnisses" 2000 zu, weil sie fürchteten, daß der Papst den Feinden der Kirche einen gewaltigen Sieg in die Hände spielte, indem er Entschuldigungen für eine Litanei angeblicher Vergehen bot. Von dieser Partei wird Ratzinger oft als Standartenträger betrachtet, weil von ihm angenommen wird, daß er ihre Kritik teilt.

Aus diesen Gründen glaube ich, daß das nächste päpstliche Konklave tatsächlich ein Volksentscheid über Ratzinger sein wird. Gemäßigte bis Progressive innerhalb des Kollegiums der Kardinäle werden nach jemandem suchen, der Ratzinger unähnlich ist, um *ad intra* einen neuen Kurs einzuschlagen; Konservative werden jemanden wie Ratzinger im Blick haben, um genau dasselbe zu tun, aber in eine völlig andere Richtung. In diesem seltenen Moment der Demokratie in der katholischen Kirche, wenn die etwa hundertzwanzig Mitglieder des Kardinalskollegiums in einer Reihe von geheimen Wahlgängen über den nächsten Papst entscheiden, wird es mehr das Erbe Ratzingers sein als das von Johannes Paul, das in der Schwebe hängt. Die Kardinäle werden entweder nach einem Kandidaten suchen, der Ratzingers Vision der Kirche teilt, oder nach einem, der sie von sich weist.

Das soll nicht heißen, daß die Kardinäle für oder gegen Ratzinger als Person stimmen werden. Die Debatte auf dem nächsten Konklave wird sich nicht um ihn persönlich drehen, sondern um seine Kirchenlehre, sein Autoritätsverständnis und das kirchliche *ancien régime*, mit dessen Verteidigung er die vergangenen zwanzig Jahre seines sehr talentierten Lebens verbracht hat.

KÖNNTE RATZINGER DER NÄCHSTE PAPST WERDEN?

Wenn das Kollegium der Kardinäle das nächste Mal zu einer Papstwahl in die Sixtinische Kapelle prozessiert, wird Joseph Ratzinger fast mit Sicherheit dabei sein. Er wird jetzt fünfundsiebzig, und so bleiben noch fünf Jahre, bevor er für eine Teilnahme nicht mehr in Betracht kommt. Schon zweimal zuvor ist Ratzinger mit in ein Konklave einmarschiert, beide Male 1978, und beide Male feierte ihn die internationale Presse als *papabile*, als Kandidat für die Papstschaft. Vom zweiten Konklave von 1978 heißt es, Ratzinger sei einer der Königsmacher gewesen, der die Wahl Karol Wojtylas eingefädelt hätte.

Heute ist Ratzinger bei weitem das einzig wirklich bekannte Mitglied des Kollegiums der Kardinäle. Der ihm in dieser Hinsicht am nähesten stehende Konkurrent wäre Carlo Maria Martini aus Mailand, der ewige Vorkämpfer einer liberalen Papstschaft. Ratzinger verfügt über eine anerkannte intellektuelle Begabung und hat unleugbar Erfahrung im Vatikan. Er versteht sich auf all die Sprachen, die man beherrschen muß, und auf einer persönlichen Ebene ist er einnehmend. Für den größten Teil der zwanzig Jahre, die er in Rom verbracht hat, hat die deutsche Presse angenommen, daß er für das oberste Amt als nächstes an der Reihe wäre. Noch bis vor drei oder vier Jahren gaben ihm die Buchmacher in ganz Europa gute Chancen. Heute hingegen wird von Vatikanologen weithin angenommen, daß er trotz seiner unverkennbaren Anziehungskraft aufgrund der Kombination von Alter und Umstrittenheit aus dem Rennen ist. Seine schlechte Gesundheit ist auch ein Faktor. Im September 1991 hatte Ratzinger eine Gehirnblutung, die sein linkes Gesichtsfeld beeinträchtigte; im August 1992 fiel er gegen einen Heizkörper und verlor stark blutend das Bewußtsein. Auch wenn es jetzt von ihm heißt, er habe sich wieder völlig erholt, bereitet die Möglichkeit eines weiteren Johannes Pauls I. (der nach nur dreißig Tagen im Amt verstarb) den Wahlberechtigten Sorgen.

Kirchenbeobachter sprechen abweichend über Ratzingers Chancen. Fessio glaubt, er könnte gewählt werden. „Wenn der gegenwärtige Papst plötzlich sterben würde, könnten sie eine ältere Person für die zwischenzeitliche Kontinuität wollen", erklärte er mir 1999. „Ratzinger verfügt über viele Fähigkeiten, deren sich die übrigen Kardinäle bewußt sind – seine Beherrschung von Sprachen, sein Wissen über Kulturen, seine Kenntnis des Glaubens." Sein Mit-Jesuit Tom Reese hingegen, Herausgeber der Zeitschrift *America*, meint, es werde nicht passieren. Zum einen wäre Ratzinger um die fünfundsiebzig, und Reese geht nicht davon aus, daß die Kardinäle jemanden wählen würden, der so nahe an der offiziellen Altersgrenze für den Ruhestand ist. Und ohnehin sei Ratzinger „zu umstritten geworden. Sie werden nach jemandem suchen, der die Trennungen eher versöhnen kann, als sie zu verschärfen", erklärte Reese, fügte aber hinzu: „Ich könnte mich auch irren."

Wir alle könnten das; und Reese könnte sich tatsächlich bezüglich des Altersfaktors täuschen. Auch wenn niemand einen weiteren Johannes Paul I. will, wird wahrscheinlich auch niemand eine Wiederholung der zwanzig Jahre und länger währenden Papstschaft Johannes Pauls II. wollen, jetzt schon die sechstlängste in der Geschichte. Es scheint gut möglich, daß die Kardinäle zu einem älteren Mann tendieren werden. Darüber hinaus war Angelo Roncalli fast siebenundsiebzig, als er 1959 als Johannes XXIII. gewählt wurde. Ratzinger hat zumindest einen erklärten Anhänger innerhalb des Kollegiums, den italienischen Kardinal Silvio Oddi, der 1996 erklärte, daß Ratzinger der einzige sei, den er unterstützen könne:

„Ich mag seine Art, die Dinge zu handhaben, seine Intelligenz, seinen Glauben.“[1] Zum Unglück für Ratzingers Kandidatur ist Oddi neunundachtzig und damit einiges jenseits der Altersgrenze von achtzig, um an einer Wahl teilzunehmen.

Letzten Endes sehe ich vier Gründe dafür, daß Ratzinger wahrscheinlich nicht Pius XIII. wird (der Name, für den er sich entscheiden könnte, wenn er sich mit den konservativen Papstschaften von Pius IX., X. und XII. in Verbindung bringen wollte; oder er könnte vor seiner Vorliebe für die nordafrikanischen Kirchenväter Clemens XV. auswählen, nach Clemens von Alexandria; oder er könnte seinen bayerischen Wurzeln Anerkennung zollen, indem er zu Ludwig I. würde, in derselben Weise, in der Woityla kurz mit dem Gedanken gespielt hat, sich Stanislaus I. nennen zu lassen, als Verbeugung vor Polen).

1. Ratzinger wird nicht Papst werden, weil er wenig seelsorgerische Erfahrung hat. Die Kardinäle der Kurie haben in Rom das Sagen, aber die Diözesankardinäle sind zahlenmäßig bei weitem in der Mehrheit und verfügen daher über die Stimmen, einen der ihren in das höchstes Amt einzusetzen. Da der Papst selbst Seelsorger sein muß, sowohl für die römische Diözese wie in gewissem Sinne für die universale Kirche, halten es viele Kardinäle für wesentlich, daß er über ein gutes Zeugnis als Diözesanoberhaupt verfügt. Ratzinger war nur für drei Jahre Seelsorger, als Erzbischof von München, und erhielt gemischte Kritiken. Da viele ansässige Kardinäle offensichlich das Gefühl haben, daß während der letzten Jahre des sich dem Ende zuneigenden Pontifikats Johannes Pauls zu viel Macht auf die Kurie konzentriert worden ist, scheint es darüber hinaus sogar weniger wahrscheinlich, daß sie den Mann wählen würden, der diese Konzentration an Autorität personifiziert. Dieser Block von Kardinälen wird jemanden wollen, der die Kraft hat, sich der kirchlichen Bürokratie gewachsen zu zeigen, nicht aber jemanden, der die Kirche wie ein Mitglied der Kurie selbst leiten wird. Das ist das eine große Hindernis für Ratzingers Kandidatur.
2. Ratzinger wird nicht Papst werden, weil er ein nichtitalienischer Europäer ist. Bekanntermaßen waren die meisten Päpste Italiener. Es existieren eine Menge Meinungen, die vertreten, daß, wenn alles seinen normalen Gang geht, der Papst Italiener sein *sollte*. Er ist der Bischof von Rom; außerdem liegt etwas unvermeidlich Italienisches sowohl in der Arbeitsweise wie in der Mentalität des Vatikans, und in gewisser Hinsicht kann nur ein von innen Kommender diese Verhältnisse völlig verstehen. Neben dieser Präferenz wird es jedoch einen weiteren Meinungsblock auf dem nächsten Konklave geben, geprägt durch die Bewußtheit, daß der erste Papst des dritten christlichen Jahrtausends gewählt werden wird. Diese Realität wird zu einer vorausschauenden

Wahl aufrufen, und vor dem Hintergrund, daß bis 2020 etwa achtzig Prozent der Christen auf der Welt in der südlichen Hemisphäre leben werden, würde diese Sicht auf einen Papst aus der dritten Welt deuten. Das könnte heißen ein Afrikaner, ein Südamerikaner, selbst ein Asiate. Was es nicht heißen würde, wäre ein weiterer Papst aus der Alten Welt, vor allem keiner, der so offensichtlich in klassischen europäischen Werten und Haltungen gefangen ist. Von daher wären Ratzingers Aussichten, ob sich das Gewicht nun auf einen Italiener oder einen Kandidaten aus der dritten Welt verlagern würde, trübe.

3. Ratzinger wird nicht Papst werden, weil er zu sehr mit der Politik der gegenwärtigen Papstschaft identifiziert wird. Wie viele Forscher päpstlicher Wahlen angemerkt haben, besteht eine Dynamik *contrapasso*, die sich häufig auf einem Konklave entwickelt, wenn Kardinäle nach einem Kandidaten Ausschau halten, um dem abzuhelfen, was auch immer sie als die Verfehlungen des gerade verstorbenen Papstes wahrnehmen. Das erklärt, warum Männer, die fast ausschließlich von einem Papst berufen worden sind, jemanden zu seinem Nachfolger wählen können, der sich weitgehend von ihm unterscheidet, wie es der Fall war, als Pius XII. den Platz für Johannes XXIII. frei machte. Die meisten Beobachter glauben, daß Johannes Pauls Pontifikat für das Innenleben der Kirche aufreibend und spaltend war. In diesem Licht werden die Kardinäle wahrscheinlich nach einem Einer suchen, einem, der Wunden heilen kann und die Menschen zusammenbringt. Sie werden wahrscheinlich schließen, daß Ratzinger nicht diese Person ist. Oddi, Ratzingers erklärter Unterstützer, räumte ein, daß die Regel, daß „einem fetten Papst ein magerer folgt", was einfach einen völlig anderen bezeichnen soll, gegen seinen Mann stehen würde.
4. Ratzinger wird nicht Papst werden, weil er die dafür nötigen Stimmen nicht erlangen kann. Selbst in der heutigen Kirche bleibt ein Kern von gemäßigten bis progressiven Kardinälen, der groß genug ist, zu verhindern, daß irgendein Kandidat auf einem Konklave eine Zweidrittelmehrheit erhält, wenn in geschlossener Weise gehandelt wird. Es gibt allen Grund anzunehmen, daß eine Kandidatur Ratzingers sie in einer Oppositionsrolle vereinen würde. Unter den neuen Regelungen für ein Konklave, die von Johannes Paul II. 1988 bekanntgemacht wurden, wäre allerdings nur eine einfache Mehrheit vonnöten, um einen Papst zu wählen, nachdem sich dreißig Wahlgänge über mindestens zwölf Tage erstreckt haben. Aber es scheint weit hergeholt, daß eine konservative Koalition, die für Ratzinger eintritt, so lange zusammmenhalten könnte, nur um die Wahl einer Person durchzusetzen, die von Anfang an als geschwächter Papst wahrgenommen würde, weil sie nicht über das normale Verfahren gewählt werden konnte.[2]

EINE PAPSTSCHAFT RATZINGERS

Wie nun, wenn diese Analyse falsch ist und Ratzinger gewählt würde? In der Hauptsache würde seine Papstschaft wohl entlang vorhersehbarer Linien Kontur annehmen. Er würde eine beschleunigte „Reform der Reform" in der Liturgie verfolgen, wahrscheinlich in begrenztem Umfang zu einer Rückkehr zum Latein anhalten, Versuche mit einem nach Osten statt auf die Menschen gewandten Altar fördern und den Schwerpunkt in der Verehrung mehr auf das Transzendente und weniger auf die Versammlung verlagern; er würde sicherstellen, daß die theologische Betrachtung innerhalb recht enger Grenzen eingefaßt bliebe und daß, wo es von Theologen gefordert ist, über einen Auftrag zu verfügen, sie dessen Bedingungen in Ehren hielten; und er würde mit der Abtragung der nationalen Bischofskonferenzen als eines Gegengewichts zur römischen Autorität fortfahren. Er würde weniger reisen und eine vergeistigtere Art ausstrahlen, die an Pius XII. erinnern würde.

Man kann aber auch Elemente einer Papstschaft Ratzingers erahnen, die für die allgemeine katholische Öffentlichkeit überraschend wären und die eine Abwendung von der Politik Wojtylas bezeichnen würden. Drei Punkte drängen sich besonders auf.

Kein Kampf um Ex corde

Während der Papstschaft Johannes Pauls II. kam es in den Vereingten Staaten zu einer äußerst langen und öffentlichen Streitigkeit über das Schicksal der katholischen Colleges und Universitäten. 1990 erließ der Papst eine apostolische Anordnung mit dem Titel *Ex corde ecclesiae*, die katholische Colleges dazu aufrief, ihre Verknüpfungen zur Kirche erneut hervorzuheben. Teilweise war das Dokument aus der Furcht motiviert, daß die über zweihundertvierzig katholischen Colleges in den Vereinigten Staaten den Weg ihrer protestantischen Gegenstücke einschlagen und nach und nach säkularisiert werden würden. Den Behörden des Vatikans schien diese Aussicht nur zu real, während sie prestigeträchtige katholische Einrichtungen wie Georgetown durch Debatten darüber erschüttert sahen, ob solche minimalen Kennzeichen von Katholizität gezeigt werden sollten wie Kruzifixe in den Seminarräumen. Die umstrittenste Verfügung des päpstlichen Dokuments fordert von katholischen Theologen, daß sie ein *mandatum*, eine Lizenz, von ihren lokalen Bischöfen erhalten müssen. Nach einer jahrelangen Kontroverse bestätigten die Bischöfe der USA 1999 schließlich eine Reihe von Regelungen zur Erfüllung von *Ex corde*, die dem Vatikan in dem meisten von ihm Gewünschten nachgab.

Unter Ratzinger wäre es viel unwahrscheinlicher, daß der Vatikan seine Mittel aufwenden würde, um für die Erhaltung von Einrichtungen zu kämpfen, die er als bereits an den Säkularismus verloren wahrnehmen würde. In *Aus meinem Leben* reflektiert Ratzinger über den verzweifelten Kampf der deutschen Kirche, unter den Nazis an ihren Schulen festzuhalten, und schließt, daß es ein weiserer Kurs gewesen wäre, sie aufzugeben. Schon damals habe es ihm gedämmert, daß jene Bischofsbriefe in ihrem Beharren, die Einrichtungen für sich zu retten, die Wirklichkeit zum Teil mißdeuteten. Er meine damit, daß ein bloßer Schutz von Einrichtungen nutzlos sei, wenn es keine Menschen gebe, sie aus innerer Überzeugung zu stützen. Ratzinger erklärte, wie die ältere Generation von Lehrern im Dritten Reich weitgehend gegen die Kirche eingestellt gewesen sei, so sei die jüngere für die Nazis eingestellt gewesen. Also sei es in beiden Fällen sinnlos gewesen, schloß er, auf ein institutionell garantiertes Christentum zu bestehen.

Auf die gegenwärtige Debatte um katholische Colleges angewandt, wäre Ratzingers inneres Gefühl in zumindest manchen Fällen derart, den Anspruch fallenzulassen, daß dies noch katholische Einrichtungen sind. Er würde ihnen wahrscheinlich zugestehen, ihren eigenen Weg zu gehen, wenn sie im Gegenzug ihren Anspruch auf kirchliche Mitgliedschaft aufgeben würden. In *Salz der Erde* sagte er, wenn die Kirche einmal ein Gut oder eine Stellung angenommen habe, neige sie dazu, dies zu verteidigen. Die Fähigkeit zur Selbstmäßigung und zur Selbstbeschneidung sei nicht dementsprechend entwickelt. Es gehe genau um die Tatsache, die die Kirche in Verruf bringen würde, daß sie sich an die institutionelle Struktur klammere, wenn nichts mehr wirklich dahinterstehe.

Dieser Gesichtspunkt gilt nicht nur für Colleges, sondern auch für Krankenhäuser, Sozialdienstzentren und andere durch die Kirche betriebene Einrichtungen. In St. Louis brach 1997 ein erbitterter Kampf zwischen dem Präsidenten der jesuitischen St.-Louis-Universität und dem örtlichen Bischof aus, der sich um das Recht des Präsidenten drehte, das ausbildende Krankenhaus seiner Universität zu verkaufen. Der Erzbischof Justin Rigali versuchte, den Verkauf zu unterbinden. Letztendlich wurde ein Kompromiß getroffen, der die Kernfrage weitgehend ungelöst ließ: Wer besitzt das Krankenhaus, der Bischof oder die Ordensgemeinschaft? Hier wäre eine Papstschaft Ratzingers erneut viel zögernder, Mittel zur Erhaltung von Einrichtungen einzusetzen, die zumindest in seinen Augen, nur dem Namen nach katholisch erscheinen. Ratzingers Leitmetapher für die Kirche der Zukunft ist die vom Senfkorn: Um getreu zu sein, muß sie kleiner werden, und das kann bedeuten, einige ihrer Einrichtungen abzustoßen, die ihren spirituellen Lebensschwung verloren haben.

Eine kleiner werdende Kirchenleitung

Da Ratzinger der wichtigste Theoretiker der päpstlichen Autorität ist, wird häufig angenommen, daß die vatikanische Maschinerie unter seiner Papstschaft noch ungeheurere Ausmaße annehmen würde. In Wirklichkeit hat Ratzinger aber wie die meisten Konservativen das Gefühl einer instinktiven Abneigung gegen eine großangelegte Leitung. Er ist der Meinung, daß Bürokratien zu Selbstläufern werden und ihre eigenen Ordnungen annehmen, die dann nur noch selten das beste Interesse der Menschen wiedergeben, denen sie eigentlich dienen sollen. Seine Erfahrung mit Deutschland, wo die katholische Kirche wegen der Kirchensteuer die ausgedehnteste kirchliche Infrastruktur überhaupt auf der Welt besitzt, hat diesen Eindruck zementiert. Ratzingers Mißtrauen gegen kirchliche Bürokraten macht einen großen Teil seiner Abneigung Bischofskonferenzen gegenüber aus.

Die Macht, die für die politische Ordnung oder die technische Verwaltung typisch sei, könne und dürfe nicht Vorbild für die Macht in der Kirche sein, schrieb Ratzinger in *A New Song for the Lord* 1988. In den letzten zwanzig Jahren sei ein Übermaß an Institutionalisierung in der Kirche aufgetreten, das alarmierend sei, fuhr er fort, und so sollten künftige Reformen nicht auf die Schaffung von noch mehr Ämtern abzielen, sondern auf ihre Reduzierung.[3]

Ratzinger würde nicht zögern, Entscheidungen in Rom zu treffen, von denen andere glauben, sie sollten dem Bereich der lokalen Kirche überlassen sein; zum Beispiel der Widerruf einer Druckerlaubnis, die Abweisung einer Übersetzung und die Entlassung von Theologen. Er würde jedoch zu diesem Zweck keinen gewaltigen neuen Verwaltungsapparat im Vatikan einrichten. Vorrangige Bereiche wie die Glaubenslehre und die Liturgie könnten neue Mittel an sich ziehen, viele andere Ämter aber würden wahrscheinlich zusammengelegt oder gar gestrichen. Daher könnten der päpstliche Rat für den interreligiösen Dialog und der päpstliche Rat zur Förderung der christlichen Einheit bei verringerter Mitgliedszahl und eingeschränkter Vollmacht miteinander verschmelzen; die Bischofssynode, gedacht als beratende Körperschaft, deren Nützlichkeit Ratzinger immer bezweifelt hat, könnte gleichermaßen abgeschafft werden. Außerdem würde er Bischofskonferenzen und Diözesen dazu anhalten, wo nur möglich Bürokratieschichten abzutragen. Der gesamte Schub ginge in Richtung überschaubarerer Größen, weniger Papierkram und eines stärkeren Augenmerks auf zentrale Interessen.

Bessere Bischöfe

Die meisten vatikanischen Beobachter würden zustimmen, daß die größte Schwäche von Wojtylas Pontifikat die mittelmäßige Qualität vieler seiner episkopalen Berufungen darstellt. Einige waren wirklich auffallend schlecht, etwa die von Wolfgang Haas in der Schweiz, Hans Hermann Gröer und Kurt Krenn in Österreich, Jan Gijsen in den Niederlanden und Fabian Bruskewitz in Lincoln in Nebraska. Diese Männer, hetzerisch und spalterisch, haben ihre jeweilige Diözese, ihr Land und ihre Bischofskonferenz ernstlich destabilisiert.

Warum läßt Johannes Paul solch kurzsichtige Berufungen ergehen? Zwei Gründe scheinen am plausibelsten. Zunächst hat der Papst die Verläßlichkeit in der Glaubenslehre zur absoluten Bedingung für ein höheres Amt erklärt, und daher verdeckt die Treue des jeweiligen Nominierten eine große Anzahl von Verfehlungen. Dann bevorzugt der Papst es offensichtlich, Extremisten zu berufen, wenn er das Gefühl hat, daß es dem Ausgleich einer Bischofskonferenz nützt, die zu weit nach links ausgeschlagen hat. Er empfand zum Beispiel, daß die Niederländer nach dem II. Vaticanum außer Kontrolle geraten waren, was eine Erklärung für Gijsen darstellt, ebenso wie für die außerordentliche niederländische Synode von 1980; in ähnlicher Weise war er darüber besorgt, daß Kardinal Franz König von Wien in Österreich die Dinge hatte schleifen lassen, und er war sich darüber klar, daß Krenn energisch zurück zur Rechten drängen würde. Diese Berufungen waren eine Art „Schocktherapie".

Dem österreichischen Journalisten Norbert Stanzel zufolge ließ der Privatsekretär des Papstes, Stanislaw Dziwisz, 1985, als König aus dem Amt geschieden war, die Kongregation für die Bischöfe wissen, daß der Papst an Krenn, mit dem Dziwisz befreundet war, als Königs Nachfolger dachte. Zuvor schon hatte Johannes Paul Krenn in Wien zum Auxiliar mit besonderer Verantwortlichkeit in kulturellen Angelegenheiten gemacht; diese Berufung wurde der Lächerlichkeit preisgegeben, nachdem Krenn im öffentlichen Fernsehen eingestehen mußte, daß er nicht einen einzigen lebenden österreichischen Künstler, Maler, Dichter, Bildhauer, Novellisten, Musiker oder Wissenschaftler nennen konnte. Auch wenn es nie endgültig festgestellt wurde, wird in Österreich weithin angenommen, daß Ratzinger Krenns Berufung in den Rang eines Kardinals unterbunden hat. Stanzel berichtete über diese Theorie in seiner 1999 erschienenen Biographie Krenns, *Die Geisel Gottes*. Krenn hatte 1965 unter Ratzinger in Tübingen studiert, und in den siebziger Jahren waren die beiden Kollegen an der Theologischen Fakultät in Regensburg. Stanzel weiß aus seinen Quellen, daß Ratzinger starke persönliche Vorbehalte gegen Krenn hatte. Zwar spricht sich Stanzel nicht über diese Vorbehalte aus, aber es fällt nicht schwer, sie zu erraten; hinter Krenns absoluter Treue dem Papst gegenüber verbirgt sich eine Persönlichkeit, die sich ins Rampenlicht sehnt und außerhalb einer verbalen Kampfarena nicht glücklich wird. Ratzinger wußte, daß Krenn auf einem so bedeutenden Forum wie Wien eine Katastrophe sein würde.[4]

Vor dem Hintergrund seiner langjährigen Beobachtung und Beurteilung potentieller Prälaten (er betätigt sich für die Kongregation für die Bischöfe) würde Ratzinger die Geschichte der meisten seiner zur Berufung Stehenden sehr gut kennen und wäre fähig, mögliche Fehlschläge auszumachen. Darüber hinaus verläßt sich Ratzinger auf sich selbst; es gab nie irgendeinen Hinweis, daß sein Sekretär, Monsignor Josef Clemens, einen vergleichbaren Einfluß auf ihn ausgeübt hat wie Dziwisz auf Johannes Paul. Daher wäre es weniger wahrscheinlich, daß es durch die Hintertür zu einer überraschenden Wahl kommt. Ratzingers Berufungen stünden auf einer solid konservativen, bei Gelegenheit auch reaktionären Basis, sie würden aber auch allgemein Männer betreffen, die intelligent sind und über gute administrative Fähigkeiten verfügen. Vor allem wenn sich sein Abbau von Bischofskonferenzen beschleunigen würde, hätte er das Gefühl, daß die Berufung guter Diözesanbischöfe um so akuter wichtig sei.

RATZINGER ZUHÖREN

Da Ratzinger eine polarisierende Gestalt ist, ist die Reaktion auf ihn oft unkritisch und wird eher von Emotion und Instinkt angetrieben als von nüchterner Überlegung. Progressive lesen seine Bücher nicht, sie ziehen seine öffentlichen Erklärungen nicht in Betracht und gehen davon aus, daß jede Position, die er einnimmt, eine machtpolitische Grundlage hat; Konservative bringen dem meisten, was er sagt, als heiligem Wort Respekt entgegen, wobei sie es oft geistlos nachsprechen, ohne zum Grundsätzlichen oder zu der Wertvorstellung durchzudringen, die er auf dem Spiel stehen sieht. Keine der beiden Reaktionen nimmt ihn ernst. Jegliche Infragestellung Ratzingers wird allen außer den glühendsten Ideologen unglaubwürdig erscheinen, wenn sie nicht durch ein Erfassen seiner legitimen Einsichten begleitet wird. Ich biete hier vier Punkte an, die sich bei mir ergeben haben, nachdem ich über ein Jahr meines Lebens damit verbracht habe, Ratzinger zuzuhören – ihm *genau* zuzuhören.

Erstens vertritt Ratzinger einen dringend notwendigen Standpunkt der Wahrheitsergebenheit. Als Söhne und Töchter der Konsumgesellschaft, dazu verleitet, Vergnügen zu suchen, geraten wir zu oft in Versuchung, Wahrheiten, die uns begegnen, zu unterdrücken oder zu vereinfachen. Wir schrecken vor Begrenzungen unserer Freiheit zurück und versagen darin, zwischen den Grenzen zu trennen, die uns einsperren, weil sie willkürlich sind, und denen, die befreien, weil sie in unserem Wesen verwurzelt sind. Wir brechen mit dem Glauben und geben Verpflichtungen auf und erklären das Getane vernunftgemäß auf der Grundlage von „Wachstum" oder „Veränderung"; wir wählen den Weg des geringsten Widerstands und erheben „Wahl" dann zu einem moralischen Prinzip. Niemand, der unserem politischen Diskurs zuhört, in dem Inhalt durch Belanglosigkeit ersetzt wurde, kann der Empfindung entkommen, daß irgend etwas Vergiftendes in dieser Gesellschaft freigesetzt worden ist. Ratzinger hat damit recht, daß eine Kultur der Lügen ihren Höhepunkt in Auschwitz erreicht, denn wenn die Wahrheit der Macht nicht länger Grenzen setzt, schwebt jeder in Gefahr. Wir müssen den Glauben an einen Maßstab wiedergewinnen, der jenseits von uns selbst liegt, an eine Wahrheit, die über die Tragweite unserer eigenen Sujektivität hinaus existiert.

Sicherlich war die moderne Revolte gegen die Objektivität in ihren Ursprüngen zum Teil eine Rebellion gegen die kirchliche Autorität, die den Begriff der Wahrheit zur Sicherung ihrer eigenen Macht mißbrauchte. Man kann vertreten, daß Ratzingers Sorge um die Wahrheit nicht völlig konsequent ist, wenn er nicht den inquisitorischen Mißbrauch ablehnt, der an erster Stelle dazu beigetragen hat, den Skeptizismus plausibel erscheinen zu lassen. Aber diese Einwendung macht seine Warnung in keiner Weise weniger wichtig oder seine Einsicht in den Zustand der Moderne weniger durchdringend.

Zweitens hat Ratzinger recht, wenn er von der diachronen Natur des Verständnisses der Gläubigen spricht. Ich fühle mich an das Argument von G. K. Chesterton erinnert, daß Tradition nichts anderes ist als Demokratie, die sich über die Zeit erstreckt, daß es genau ein Traditionsgefühl ist, das die Kirche gegen die Tyrannei der Gegenwart schützt. Zu häufig hört man Aktivisten von allen Seiten kirchlicher Debatten Erhebungsdaten anführen, Petitionen oder Besuchszahlen von Gottesdiensten, als ob dies in sich jede Sache rechtfertigt, die sie verfechten. Aus katholischer Sichtweise sind solche Daten unvollständig. Wir sind durch ein sakramentales Band mit Generationen verknüpft, die vor uns gelebt haben, und auch ihre Stimme muß Gehör finden. Daher hat Ratzinger recht, daß einzelne, die die Tradition hochmütig außer acht lassen, oder Bewegungen, die der Tradition Lippendienst leisten, sich in Wahrheit aber nur um die augenblickliche Politik einer Interessengruppe kümmern, ein wesentliches Element von Katholizität verfehlen.

Man kann diesen Punkt noch vertiefen. Das alleinige Lesen von Dokumenten des Magisteriums vergangener Jahrhunderte, auch wenn dies von Bedeutung ist, reicht nicht aus, um das Verständnis der Gläubigen zum Ausdruck zu bringen; wir müssen auch die Hoffnungen, Träume und Überzeugungen vergangener katholischer Generationen in Erwägung ziehen, wie sie sich in ihren Liedern und ihren Gebeten manifestieren, in ihren Schriften und ihrer Kunst, in der Architektur ihrer Kirchen und Häuser und im Glaubensleben, das eigentlich durch jeden Aspekt der katholischen Kultur in verschiedenen Epochen und an verschiedenen Orten spürbar ist. Das bedeutet eine bedächtige, auch sogar konservative Herangehensweise an Veränderung; es bedeutet aber auch eine Kirchenlehre, in der die Stimme des gesamten Volkes Gottes wesentlich ist.

Ratzinger hat auch darin recht, daß die Zugehörigkeit zu einer ungleichartigen weltweiten Glaubensfamilie bedeutet, daß wir die Kirche nicht immer unserer Vorstellung nach formen können. In der unvermeidlichen Spannung zwischen der Treue zur eigenen Vision und der Bewahrung der Gemeinschaft heißt katholisch sein manchmal, sich für letzteres zu entscheiden. Progressive müssen anerkennen, daß die katholische Welt möglicherweise noch nicht bereit sein könnte, es aufzugeben, Gott als „Vater" anzurufen, oder homosexuelle Hochzeiten zu feiern; Konservative müssen erkennen, daß wir vielleicht nicht vorbereitet sind, zum Lateinischen zurückzukehren oder zur Mundkommunion. Wenn sich einige Gläubige dafür entscheiden, nach diesen Zielen zu streben, ist es der katholische Antrieb, dies von innerhalb der *kononia*, der Gemeinschaft, aus zu tun. Wenn man es auch nicht unkritisch anwenden sollte, besteht doch eine Notwendigkeit für Katholiken, einen „religiösen Gehorsam" zu praktizieren, der in die Kirche vertraut, in ihre Zukunft, wenn auch nicht immer in ihre Gegenwart. Inkulturation ist nicht nur eine Einbahnstraße, als sei es ausschließlich die Aufgabe der Kirche, sich auf einen einzustellen. Man muß sich auch selbst der Kirche anpassen. Auch wenn offener Trotz, etwa der Abfall der Glaubensgemeinschaft Spiritus Christi in Rochester in New York oder der Lefebvreschen Priesterbruderschaft des hl. Pius X. oder die stilleren Schismen wie die eucharistischen Gemeinschaften von Frauen, die gekränkten Parteien auf kurze Zeit befriedigen kann, kann dies am Ende einen Glaubensverlust der Kirche gegenüber signalisieren.

Schließlich äußert Ratzinger eine wichtige Warnung über die Gefahren, durch die Kultur hypnotisiert zu werden. Wir leben in einer Welt, in der der Durchschnittsmensch 1.600 kommerziellen Botschaften am Tag ausgesetzt ist, in der mächtige Firmeninteressen bestimmen, welche Nachrichten wir hören und welches Stück wir sehen, in der eine „Fühlt euch gut"-Ideologie zum Konsum und zur Leichtfertigkeit anhält. Unterdessen sterben Tausende von Kindern täglich an Hunger und vorbeugbaren Krankheiten. Wir beklagen uns, wenn die Benzinpreise steigen, während über 500.000 irakische Kinder unter der Auswirkung von Sanktionen gestorben sind, deren behaupteter Zweck die Förderung politischer und militärischer Stabilität im Mittleren Osten ist und deren offensichtliches, wenn auch nicht erklärtes Ziel die Sicherung eines ständigen Ölflusses auf den Weltmarkt darstellt. In unserer näheren Umgebung leben wir in einer Welt, in der es möglich ist, einfach deswegen zu Tode geprügelt zu werden, weil man homosexuell ist oder schwarz oder obdachlos oder eine Frau oder einfach weil man da *ist*. Bei all dem Guten, das sich ständig im menschlichen Herzen regt, liegt etwas Verfluchtes in unserer Kultur, in der wir Christen bis auf wenige mutige Ausnahmen viel zu bequem sind.

Ratzinger hat zu Recht erklärt, daß wir den Mut dazu aufbringen sollten, uns dem entgegenzustellen, was für einen Menschen am Ende des 20. Jahrhunderts für „normal" gehalten wird, und dazu, den Glauben in seiner Einfachheit wiederzuentdecken. Dieser Gesichtspunkt führt zu einigen Fragen für die Kirchenpraxis: Sollten Gemeinden jeden Sonntag fünf Gottesdienste ansetzen und unser Gemeinschaftsgefühl zugunsten der Annehmlichkeit entzweien? Sollten Pfarrer eine allgemeine Absolution anbieten, weil die Menschen heute sich dabei „wohler" fühlen? Sollten wir danach streben, die Liturgie ansprechender zu gestalten, Morallehren durchführbarer, die religiöse Unterweisung spaßiger? Oder müssen wir zumindest in einigen dieser Fälle weniger entgegenkommend sein, auf Unannehmlichkeit und Beschwernis beharren, um unser Volk zum „Zeichen des Widerspruchs" wiederzuerwecken, das der christliche Glauben sein soll? Sollten wir nicht unsere Fähigkeit zu widerstehen fördern? Das sind Beurteilungen, die nicht ohne eine vertraute Kenntnis einer einzelnen Gemeinschaft und ihrer Bedürfnisse vollzogen werden können, aber es handelt sich hier um Fragen, so fürchte ich, die zu selten gestellt werden.

Es entbehrt wohl nicht der Ironie, daß dieser Aufruf, sich gegen die Kultur zu stellen, vom Vatikan kommen soll, einer Institution, die ihre Gestalt unmittelbar dem Römischen Reich entlehnte und die damit fortfährt, die hierarchische Politik eines Königshofs zu praktizieren. Aber in seinem Beharren darauf, daß die christliche Spiritualität nicht von der Fleischwerdung zur Auferstehung springen darf, ohne die Leidensgeschichte zu durchlaufen, daß Christen manchmal Spott auf sich ziehen und das Opfer auf sich nehmen müssen, um getreu zu sein, schlägt Ratzinger genau den Ton an, den seine Kirche hören muß.

Wahrheit, Tradition, Gemeinschaft, das Kreuz – das sind Werte, die Joseph Ratzinger in einer Zeit verteidigt hat, in der sie oft ignoriert und allein schon aus diesem Grund verzweifelt gebraucht werden. Der Katholizismus und die weitere Kultur sollten sich erkenntlich zeigen.

FÜNF FRAGEN FÜR DAS KONKLAVE

Mit diesen positiven Beiträgen im Blick formt sich das nächste Konklave immer noch als Volksentscheid über Ratzinger heraus; vor allem über seine theologischen Haltungen und seine theologische Politik, die die Kirche seit zwanzig Jahren beherrscht haben. Dieser Volksentscheid kann in Form von fünf Fragen analysiert werden, denen sich der Katholizismus beim Eintritt in sein 3. Jahrtausend gegenübersieht.

1. Wie bestimmt sich die Beziehung zwischen der universalen und der regionalen Kirche?

Unter Ratzingers Einfluß wurde dieses Pontifikat von einem platonischen Begriff von Kirche beherrscht. Ein Dokument der Glaubenskongregation von 1992 zu Aspekten der als Gemeinschaft verstandenen Kirche enthält eine Schlüsselzeile, die erklärt, daß die universale Kirche eine Realität darstelle, die ontologisch und zeitlich jeder einzelnen Teilkirche vorhergehe. Der Einfluß dieser Idee war verschiedentlich spürbar, unter anderem prägte sie den theologischen Kern des apostolischen Schreibens *Apostolos suos*, im Mai 1998 von Johannes Paul II. erlassen, das den Bischofskonferenzen die Lehrbefugnis verweigerte. Ratzinger hat vertreten, daß die universale Kirche die ursprüngliche Wirklichkeit sei, wobei die lokalen Kirchen einen darauffolgenden Ausdruck dieser metaphysischen Einheit in Raum und Zeit darstellten. Christus kam, um die universale Kirche zu verkünden; die Apostel gründeten dann lokale Gemeinden, um ihre Botschaft zu verbreiten.

Auf praktischer Ebene übersetzt sich Ratzingers Hervorhebung der universalen Kirche auf Kosten der lokalen in eine starke Betonung der Zentralisation in Rom und der Treue dem Papsttum gegenüber. Er hat gesagt, daß die lokale Kirche *überhaupt* nur in dem Maß Kirche sei, in dem sie in Gemeinschaft mit dem Papst stehe; ohne das „petrinische Prinzip" sei eine Teilversammlung einfach nicht die Kirche.

Ratzingers ontologisch vorhergehende universale Kirche scheint über den menschlichen Belangen zu schweben und in einem vergeistigten Reich reiner Kontemplation zu existieren. Die Gefahr dieser Sichtweise wurde von Nathan Mitchell, einem Liturgiker an der Universität von Notre-Dame, in einer einfachen Frage ausgedrückt: „Wer gehört dazu?" Sein Punkt ist, daß eine ontologisch vorhergehende Kirche eine nicht leibhaftige Kirche ist, ein auf dem Schein beruhender Partikel der Ewigkeit, der in der Geschichte auftaucht, aber in seinem wirklichen Sinn getrennt von ihr existiert. Unter Ratzinger hat das Modell einer ontologisch vorhergehenden universalen Kirche bedeutet, daß die Stimme menschlicher Erfahrung, die sich aus lokalen Gemeinden erhebt, wenig Widerhall in Rom fand. Kirchen der ersten Welt erlebten in ihren Versuchen, den legitimen Wünschen emanzipierter Frauen die Tür zu öffnen, Frustrationen; Kirchen der dritten Welt wurden in ihrem Ruf nach Inkulturation und einem uneingeschränkten Dialog mit anderen religiösen Traditionen abgewiesen. Eine ontologisch vorhergehende Kirche neigt dazu, in der Praxis eine statische Kirche zu sein, eher eine unterweisende als eine lernende Kirche, eher eine körperschaftliche Zentrale mit Vorrechten als eine echte Gemeinschaft. Fast schon per Definition kann sie nicht aus der Erfahrung lernen, weil ihre Form aus einem Bereich jenseits der Erfahrung stammt.

Wie verschieden ist das alles doch von dem Ratzinger, der 1962 sagte, daß man sich die Kirche nicht als reine Abstraktion vorstellen könne, unabhängig und geschieden von ihren menschlichen Gliedern. Vielmehr lebe diese Kirche in diesen Menschen, auch wenn sie die Menschheit durch die göttliche Gnade übersteige, die sie ihr vermittle. Die Idealisierung einer von ihrem menschlichen Bestandteil geschiedenen Kirche entspräche keiner historischen Wirklichkeit.[5] Oder von dem Ratzinger von 1965, der anführte, die Kirche sei zuerst in der einzelnen örtlichen Kirche verwirklicht worden, die kein bloßer Teil eines gewaltigen Verwaltungskörpers gewesen sei, die aber die gesamte Wirklichkeit der Kirche in sich gefaßt hätte. Damals glaubte er, daß die Wiederentdeckung der lokalen Kirche eine der bedeutendsten und angemessensten Erklärungen der Lehre der Gemeinschaftlichkeit sei, denn es werde wieder deutlich, daß die eine Kirche die Pluralität der Kirchen umfasse, daß Einheit und Vielheit keinen Widerspruch in der Kirche darstellten.[6]

Das wäre dann die erste Frage für das Konklave: Gesetzt, daß eine gefestigte katholische Kirchenlehre sowohl universale wie regionale Dimensionen für die Kirche anerkennt, wie hält man diese beiden im Gleichgewicht? Hat sich dieses Gleichgewicht unter Ratzinger auf eine Vorstellung hin verlagert, die gedanklich zwingend, aber zu entfernt von der örtlichen Wirklichkeit ist? Hat das eine zu starke Gewichtung der Gleichförmigkeit und eine zu geringe des legitimen Pluralismus bedeutet? Hat das eine zu starke Machtkonzentration in Rom, eine vom Zentrum ausgehende zu starke Regulierung bis ins kleinste bedeutet?

Schließlich vielleicht die elementarste Frage: Ist Jesus gekommen, um eine ontologisch vorhergehende universale Kirche zu verkünden? Oder ist er gekommen, um Männern und Frauen in die Augen zu blicken, um ihre Wunden zu heilen, ihre Dämonen auszutreiben und zu sagen: „Mein Königreich lebt und atmet in euch“?

2. Wie sollte Autorität in der Kirche verteilt sein?

In mancherlei Hinsicht hängt diese zweite Frage von einer Antwort auf die erste ab; wenn die universale Kirche wirklich der lokalen ontologisch vorhergehend ist, ergeben sich offensichtliche Folgen für die Machtverteilung. Ratzinger hat eine außergewöhnliche Menge an geistigem Kapital auf die Artikulation der theologischen Grundlage für die römische Zentralisation verwandt. Kirchenbeobachter aus sämtlichen Richtungen stimmen darin überein, daß die Spannung zwischen Zentralisation und lokaler Autorität eine der Schlüsselfragen im Kopf der Kardinäle sein wird, wenn sie sich darauf vorbereiten, einen Nachfolger für Johannes Paul zu wählen.

Im ersten Kapitel wurde die episkopale Konferenzen betreffende gedankliche Entwicklung Ratzingers festgehalten. Zur Zeit des II. Vaticanums erkannte er in ihnen die legitimen Träger der Autorität, entsprechend der lokalen Synoden in der alten Kirche; heute vertritt er, daß Konferenzen rein administrative und bürokratische Realitäten darstellen, ohne eine Lehr- oder Leitungsvollmacht. Wie wir auch gesehen haben, ist diese Wandlung Teil einer größeren Revision von Ratzingers Ansichten zur Gemeinschaftlichkeit. Das ist keine bloße Theorie. Ratzinger fädelte 1997 die Überholung des amerikanischen Kollektenbuchs ein, der Tatsache zum Trotz, daß es über einen Zeitraum von mehreren Jahren von einer Zweidrittelmehrheit der Bischöfe der USA bestätigt worden war, wobei die besten amerikanischen Linguisten, Liturgiker und Schriftforscher herangezogen worden waren. Er nahm auch eine führende Rolle dabei ein, eine Reihe von Resolutionen zur Kontroverse über die Abtreibungsberatung zum Scheitern zu bringen, die von den deutschen Bischöfen erschöpfend studiert und debatiert worden waren.

Aus einer historischen Perspektive beginnt es klarzuwerden, daß der Höhepunkt der Bewegung des Ultramontanismus des 19. Jahrhunderts nicht auf das Jahr 1870 mit der Erklärung der päpstlichen Unfehlbarkeit unter Pius IX. fiel. Das imperiale Papsttum nahm weiterhin seinen Lauf bis 1917, als der neue *Kodex des Kanonischen Rechts*, vom künftigen Pius XII. herausgegeben, das Recht des Papstes kodifizierte, eigentlich alle Bischöfe der Welt zu berufen. Das stellte eine Neuerung dar; noch bis 1829 hatte der Papst nur vierundzwanzig der 666 Bischöfe der Welt berufen. Unter Johannes Paul II. explodierte der päpstliche Zentralismus dann, dessen Reisen und aggressive Eingiffe in die Angelegenheiten der lokalen Kirchen das Papsttum zu einer direkten und unmittelbaren Kraft im Leben der normalen Katholiken gemacht haben.

Diese Päpste haben die strukturellen und kulturellen Grundlagen für das imperiale Papsttum gelegt, und Ratzinger hat das theologische Gerüst errichtet, um sie zu unterstützen. Seine Kirchenlehre der Gemeinschaft, sein theologischer Angriff auf Bischofskonferenzen, seine Behauptung des ontologischen Vorrangs für die universale Kirche (was in der Praxis Rom meint) haben allesamt die Auswirkung, die Machtkonzentration in den Händen des Papstes und seiner unmittelbaren Berater in der römischen Kurie zu legitimieren.

Auch das muß in den Augen der Kardinäle, die Johannes Pauls Nachfolger ermitteln, von Gewicht sein. Stellt das imperiale Papsttum im Leben der Kirche eine förderliche Sache dar? Leistet Ratzingers theologische Verteidigung desselben der Kirche gute Dienste? Oder ist es an der Zeit, zu vollenden, was viele Katholiken, darunter der junge Ratzinger, als das Werk des II. Vaticanums erkannten: die Betonung der Macht des Papstes mit einer neuen Aufmerksamkeit für die Rechte und den Rang der Bischöfe und der lokalen Kirchen auszugleichen, die sie repräsentieren sollen?

3. Was bedeutet es, katholisch zu sein?

Was seine Nachwirkung in der katholischen Theologie betrifft, wird der bleibendste und sicherlich am erbittertsten umkämpfte Aspekt von Ratzingers Erbe seine Erweiterung der Grenzen der Unfehlbarkeit sein. In der öffentlichen Diskussion um Enzykliken wie *Evangelium vitae* und *Muleris dignitatem*, in seiner Erwiderung auf ein Dubium zu *Ordinatio sacerdotalis* und in seinem Kommentar zu *Ad tuendam fidem* hat Ratzinger konsequent vertreten, daß Katholiken verpflichtet sind, eine große Menge von Glaubenslehren als unfehlbar zu akzeptieren, die niemals formal durch einen Papst oder ein Konzil als solche bestimmt worden sind.

Ratzinger glaubt, daß sich nach dem I. Vaticanum eine Form eines „theologischen Positivismus" entwickelte, in dem Katholiken dazu angehalten wurden, zwischen unfehlbaren und nicht unfehlbaren Lehren eine scharfe Trennung zu ziehen und alles der zweiten Kategorie zugehörende als der Aneignung frei zu betrachten. Er sagt, daß die formale Erklärung der Unfehlbarkeit von 1870 diese Entwicklung gefördert habe, indem eine übertriebene Betonung auf die offizielle Erklärung von unfehlbaren Lehren gelegt worden sei. Tatsächlich, vertritt Ratzinger, habe dieser Positivismus das traditionelle katholische Verständnis verzerrt, daß eine große Bandbreite an Glaubenslehren oder Entscheidungen existiere, die ohne irgendeine offizielle Erklärung de facto gesichert und unveränderlich seien. Zum Beispiel seien Erklärungen der Heiligenschaft, die Maßnahmen ökumenischer Konzilien, die Wahl der Päpste und die Erklärungen in päpstlichen Enzykliken alles Dinge, die die Kirche traditionellerweise für „unfehlbar" gehalten habe.

Für sich genommen verdeutlicht Ratzingers Kritik am Positivismus einen wichtigen Punkt: Katholik zu sein sollte keine Angelegenheit des „kleinsten gemeinsamen Nenners" sein, in der man danach strebt, nur das Minimum an Wesentlichem zu akzeptieren. Katholik zu sein heißt, die Kirche als fortlaufende Quelle der Offenbarung anzuerkennen. Es bedeutet, daß man der Kirche vertraut, ihr im Zweifelsfalle recht gibt, sich ihr selbst in unklaren Fällen fügt und ihre Autorität akzeptiert. Es bedeutet, daß man kein Echtheitszertifikat verlangt, bevor man eine Novene vollzieht oder das

Leben eines Heiligen liest; man vertraut, daß die Kirche verläßlich auf den Wert dieses Vollzugs und dieser Person hingewiesen hat.

Viele Stimmen in der heutigen Kirche glauben hingegen, daß diese nützliche Mahnung zu oft von Ratzinger in einen Knüppel umfunktioniert wurde, gebraucht, um jeden fortzutreiben, dessen Zustimmung nicht schnell genug kommt, dessen Herangehen an eine bestimmte Glaubenslehre zwar loyal, aber kritisch ist, dessen Grad an persönlicher Überzeugung in Punkten mit einer entfernten Verbindung zur Offenbarung nicht hoch genug ist. Daher wurde beispielsweise Charles Curran die Genehmigung, als katholischer Theologe zu lehren, dafür entzogen, daß er erklärte, daß künstliche Empfängnisverhütung oder Masturbation nicht immer moralisch sündhaft sein müssen. Curran zeigt eine nuancierte respektvolle Haltung, und Ratzingers Beharren, daß dafür kein Platz innerhalb der *communio* ist, überzeugt viele Katholiken einfach nicht. In ähnlicher Weise kann der Ausschluß von Frauen vom geistlichen Stand, was auch immer man theologisch daraus macht, in den Augen der meisten Katholiken kein *articulus stantis et cadentis ecclesiae* sein, keine Sache, mit der die Kirche steht oder fällt. Daß diese Papstschaft unter Ratzinger ihn als solchen behandelt hat, hat die Achtung vor dem Lehramt verringert.

Das nächste Konklave wird vor dem Hintergrund, daß die katholische Kirche scheinbar viele ihrer Mitglieder, über die sie momentan verfügt, nicht will, überlegen müssen, ob es sinnvoll ist, auf einen „Frühling der Evangelisierung" zu hoffen, einen neuen Durchbruch missionarischer Bemühungen. Papst Pius X., der Urheber der antimodernistischen Kampagne, sprach einmal das berühmte Wort, daß die Güte etwas für Narren sei. Johannes XXIII. hat in gegensätzlicher Weise erklärt, daß die Irrtümer in der Kirche dazu neigten, sich wie Nebel in der Morgensonne aufzulösen, und daß Jäger, die zu früh schössen, wahrscheinlich die falsche Beute erlegten. Diese Herangehensweisen schließen sich bis zu einem gewissen Grad gegenseitig aus, und das nächste Konklave wird einen Mann zur Führung der Kirche wählen müssen, der zu der einen oder der anderen Weise tendiert.

4. Wie sollte sich die Kirche zur Welt in Beziehung bringen?

Ratzingers Kritiker zeichnen ihn oft als einen von Furcht getriebenen Menschen – davor, Macht zu verlieren, vor Frauen, vor Sex, vor der Moderne. Leute, die ihn tatsächlich kennen, auch solche, die mit seinen theologischen Positionen nicht übereinstimmen, erklären, daß das ein Mythos sei; er soll ein geläuterter Mensch mit einem lebhaften Sinn für Humor sein, nicht jemand, der seine persönliche Pathologie durch die Macht seines Amtes auslebt. In einem

Interview mit dem Bayerischen Fernsehen von 1997 lautete Ratzingers aufgeweckte Antwort auf eine Frage über Furcht, er habe nur beim Zahnarzt Angst.

Die Anklage trägt aber doch darin einen Teil Wahrheit in sich, daß eine der tiefsten Überzeugungen Ratzingers seine weitreichende Skepsis gegenüber der Welt darstellt. Wir haben gesehen, wie er schon sehr früh das Gefühl hatte, daß *Gaudium et spes* ein unglücklicher Ausklang des II. Vaticanums war, mit seiner übermäßig optimistischen Behandlung der Natur, der Menschheit und der Geschichte. Ratzingers Anklage lautete, daß *Gaudium et spes* durch die Unterschätzung der durchdringenden Macht der Sünde das Kreuz vergessen hätte. Ein in Solidarität mit der Welt stehendes Christentum läuft Gefahr, sich selbst zu vergessen. Das war auch genau der Punkt, der im Kampf um die Befreiungstheologie auf dem Spiel stand, wie es auch in den gegenwärtigen Auseinandersetzungen um den religiösen Pluralismus der Fall ist. Diese diesseitigen Belange sind eine Ablenkung von der christlichen Berufung, kein Mittel ihrer Verwirklichung.

Man erinnere sich Ratzingers Senfkorn: die Kirche als kleine, schickliche, unbedeutende Gegenwart, deren eigentliche Größe sich erst in der eschatologischen Fülle der Zeit entfalten wird. Das Christentum ist auf Dauer vor die Wahl zwischen zahlenmäßiger Größe und Reinheit gestellt, zwischen einer Massenbewegung und einer Messebewegung. Der Begriff „Subkultur" sollte einen nicht schrecken, schrieb Ratzinger 1990. Angesichts des Zeitgeistes sei es dringend notwendig, daß die Gläubigen sich selbst die Auflage machten, fremd zu sein. Ratzinger hat konsequent daran gearbeitet, wieder den theologischen Keil zwischen die Kirche und die Welt zu treiben, den *Gaudium et spes* entfernen wollte. Man erkennt die Frucht dieser Kampagne an einer neuen Zucht von Priesterseminaristen, die Birette tragen und Fernsehen als böse zurückweisen, an Bischöfen, die mehr mit der Plazierung der Tabernakel beschäftigt sind als mit dem Einschlag der ökonomischen Globalisierung, an Ämtern des Vatikans, die entschlossen sind, den lokalen Kulturen die Kontrolle über die Liturgie und die Sprache zu entreißen, weil ihnen nicht getraut werden kann.

Wiederum ist all das fern von dem Ratzinger einer früheren Zeit. In seiner *Einführung in das Christentum* schrieb er 1968, der wahre Christ sei, auch auf die Gefahr hin, mißverstanden zu werden, nicht das konfessionelle Mitglied, sondern der, der, dadurch daß er Christ sei, wahrhaft menschlich geworden sei; nicht der, der sklavisch ein Normensystem beachte und während er es tue, nur an sich selbst denke, sondern der, der zu einfacher menschlicher Güte befreit worden sei. Diese Gesinnung ist schwer mit der tiefen Skeptik bezüglich der christlichen Verortung in der Welt zu vereinbaren, und das nächste Konklave wird diese Spannung sicherlich empfinden. Die Kirche kann nicht verkündigen, daß die „Freude und Hoffnung, der Gram und Schmerz" der Menschheit ihr zentrales Interesse bestimmt, und sich zur gleichen Zeit von Menschen leiten lassen, die die angemessene Behausung für Christen in den Katakomben sehen.

5. Was würde Jesus tun?

Ein alter Witz verdeutlicht diese Frage. Eine Gruppe von Priestern ißt mit dem Bischof zu Mittag, wobei sie Geschichten über die neusten Vorgänge in ihren Gemeinden austauschen. Schallendes Gelächter hallt von den Wänden wider, während sich die Männer ihre Erfahrungen mitteilen. Ein junger Priester beginnt mit einer Anekdote über eine Hochzeitsmesse, die er kürzlich in seiner Gemeinde gehalten hat. Die gute Laune hält an, während er erzählt, wie schlecht seine Predigt war, wie der Chorleiter an diesem Tag Kehlkopfentzündung hatte und so weiter. Schließlich berichtet er, daß ein weiteres Problem auftauchte, als die Zeit der Kommunion kam: Er erblickte einen Mann und dessen Frau, von denen er wußte, daß sie Protestanten sind, die sich unerschütterlich in der Reihe vorwärts bewegten. Er sagt, er sei in Panik geraten und habe nicht gewußt, was er tun sollte. Dann, so sagt er, traf es ihn: „Ich fragte mich einfach, was würde Jesus tun?" Das Gelächter erstirbt plötzlich, während der Bischof, nun todernst, sich dem jungen Priester zuwendet und sagt: „*Das* haben Sie doch nicht getan, oder?"

Der Witz schafft es immer, Katholiken ein Kichern zu entlocken, denn die Wahrheit klingt durch. Jesus ist für jeden eine enorm bedrohliche Gestalt, der mit der Durchsetzung von Vorschriften zur religiösen Beachtung beauftragt ist. Sicherlich sind die meisten Katholiken realistisch genug, zuzugestehen, daß *jede* menschliche Institution eine Struktur benötigt. Dieses Zugeständnis ändert aber nichts an der Tatsache, daß viele Katholiken in ihrer Kirche dieselbe Machtkonzentration erkennen, dieselbe Fixierung auf Regeln zu Lasten des Mitleids, die der Jesus der Evangelien an den religiösen Autoritäten seiner Zeit zurückwies.

Hier handelt es sich um eine Kritik, mit der Ratzinger vertraut ist. Er wandte sich dem 1994 in einer Lesung in Jerusalem zum Verhältnis zwischen Christentum und Judentum zu. In dieser Lesung weist Ratzinger die Sicht zurück, Jesus habe als Prophet gehandelt und eine Kritik einer übermäßig strengen Herangehensweise an das Gesetz geboten. In Jesu Austausch mit den jüdischen Autoritäten seiner Zeit habe man es nicht mit einer Konfrontation zwischen einem liberalen Reformer und einer verknöcherten traditionalistischen Hierarchie zu tun, sagte Ratzinger. Diese Lesart mißverstehe den Konflikt des Neuen Testaments fundamental und werde weder Jesus noch Israel gerecht. Was also dann? Ratzinger erklärt, daß Jesus im Bewußtsein seiner eigenen Autorität als Sohn Gottes das Gesetz für die Nationen geöffnet habe. Daher geht der Konflikt zwischen Jesus und dem israelischen religiösen Establishment über sein Handeln *ex auctoritate divina*, mit anderen Worten, seinen Anspruch, Gott zu sein. Ganz deutlich nimmt Ratzinger die Vorstellung Jesu als eines Propheten, der die kirchliche Macht angreift, als gefällig wahr; auf dem Raum von vier kurzen Absätzen der entsprechenden Abhandlung schafft er es, den Begriff eines liberalen Reformers vier Mal anzufechten.[7]

Wie der Harvard-Theologe Harvey Cox mit Blick auf den Kampf um die Befreiungstheologie entdeckte, ist es Ratzinger in auffallender Weise unbehaglich hinsichtlich des historischen Jesus. Der Grund ist nicht schwer zu erkennen. Jesus brachte sich nicht mit dem religiösen Establishment in Verbindung; Jesus predigte den Vorrang der menschlichen Bedürfnisse vor den kultischen Verpflichtungen; Jesus wies darauf hin, daß die Sorge um den Nächsten ebenso wichtig sei wie die rituelle Ausübung; und Jesus warnte vor religiösen Führern, die darin versagen, die Forderungen der Gerechtigkeit zu beachten. In diesem Sinn verkörpert der historische Jesus eine Kritik religiöser Institutionen, die heute noch genauso relevant ist wie vor zweitausend Jahren. Vielleicht war er kein liberaler Reformer, aber er war auch kein klerikaler Konservativer. Sowohl moralischer Relativismus als auch kirchlicher Autoritarismus scheinen mit dem Jesus, dem man in den Evangelien begegnet, unvereinbar.

Die jüngere Kirchengeschichte bietet zwei Beispiele für Versuche, das Evangelium auf das Innenleben der Kirche anzuwenden. Die Reform des Heiligen Offiziums von Paul VI. von 1965 bemühte sich, es auf der Grundlage in einen positiven Förderer der Glaubenslehre umzuwandeln, daß Nächstenliebe den Irrtum erfolgreicher vertreibt als Furcht. Doch haben die Mittel der Disziplinierung und Kontrolle unter Ratzinger wieder zu einem üblichen Gebrauch zurückgefunden, mit Untersuchungen ohne Konsultierung, Mundverboten, Exkommunikationen, Zensur, widerrufenen Druckerlaubnissen und verbotenen Büchern, der Drohung des Arbeitsplatzverlusts und öffentlichen Anklagen als Glaubensfeind. Wenn sie darüber nachdenken, wie die Kirche das Evangelium am besten in die Welt tragen könnte – wie sie am besten Jesus getreu sein könnte –, sehen sich die etwa hundertzwanzig Kardinäle auf dem nächsten Konklave vor eine grundlegende Wahl zwischen dem Geist der paulinischen Reform und der Wirklichkeit der Amtszeit Ratzingers gestellt.

Das gesamte Neue Testament sei unter dem Zeichen des Kreuzes, nicht unter dem der weltlichen Macht verfaßt worden, schrieb Ratzinger 1965, als er darüber reflektierte, wie Jesus jeden Versuch abwies, eine äußerliche Kraft anzuwenden, um das Evangelium geltend zu machen. Das Neue Testament bezeuge darin die Schwäche Gottes, daß er sich entschieden habe, an den Menschen nicht mit Scharen von Engeln heranzutreten, sondern einzig mit der frohen Botschaft seines Wortes und dem Zeugnis einer Liebe, die bereit sei zu sterben. Das ist eine ernüchternde Mahnung. In der Erklärung des II. Vaticanums zur Religionsfreiheit lehnte der Katholizismus es ab, eine Kraft *ad extra* anzuwenden; es ist nun am nächsten Konklave zu entscheiden, ob die Zeit gekommen ist, dieselbe Brücke *ad intra* zu queren.

DIE BITTE UM ENTSCHULDIGUNG

Am 12. März 2000 inszenierte Johannes Paul II. eine beispiellose Liturgie eines „Tages des Schuldbekenntnisses" in Rom. Damit die Kirche ihr Andenken läutern könnte, während sie ins 3. Jahrtausend eintritt, bot der Papst Gott eine umfassende Entschuldigung für zweitausend Jahre der Sünde durch Christen. Bei der Zeremonie fiel Ratzinger die Rolle zu, Sünden, die im Dienst der Wahrheit begangen wurden, einzuräumen. Vor den Augen der Welt forderte er zum Gebet dafür auf, daß jeder mit Blick auf den Herrn Jesus, der mild ist und von Herzen demütig, erkennen möge, daß auch Männer der Kirche in der feierlichen Pflicht der Verteidigung der Wahrheit im Namen des Glaubens und der Moral manchmal Methoden angewandt haben, die nicht dem Evangelium entsprechen. Der Papst ging darauf ein, indem er sagte, daß sich Christen in bestimmten geschichtlichen Perioden der Intoleranz hingegeben hätten und dem großen Gebot der Liebe nicht getreu gewesen seien und so das Ansehen der Kirche besudelt worden sei. Es handelte sich hier um einen bemerkenswerten Moment. Da Ratzinger dabei so involviert war, dieser theologische Titan und leidenschaftliche „Kuhtreiber der Wahrheit", hatten die Worte einen besonderen Widerhall.

Soziologen warnen, daß es ein Irrtum ist, strukturelle Fragen zu personalisieren, und wirklich, wenn es nicht Ratzinger gewesen wäre, der Reue über nicht dem Evangelium entsprechende Methoden zum Ausdruck gebracht hätte, wäre es zweifellos irgend jemand anderes gewesen, vielleicht jemand, der viel weniger in Kenntnis der Sachlage und gar noch stärker zu autoritären Lösungen gewillt gewesen wäre. Vielleicht ist aber auch genau das der Punkt. Joseph Ratzinger ist in vielfacher Weise der Beste und Glänzendste, den die katholische Kirche aus seiner Generation vorzuweisen hatte, ein Musiker, ein Mann von Kultur, ein viele Sprachen beherrschender Intellektueller, ein tiefgehend wahrer Gläubiger. Doch hat er eine zerbrochene Kirche hinterlassen, eine, in der sich viele Katholiken guten Willens und tiefen Glaubens nicht zu Hause fühlen können. Vielleicht sollte sich dem Kollegium der Kardinäle folgende Frage stellen, wenn es sich das nächste Mal versammelt, um seine heiligste Aufgabe zu erfüllen: Ist das theologische System, für das Joseph Ratzinger steht, das richtige, um die Kirche voranzubringen? Ist es das, was Jesus gewollt hätte?

In seinem Kommentar zur ersten Sitzung des II. Vaticanums von 1963 brachte Ratzinger die fundamentale Option zum Ausdruck, der sich das Konzil gegenübersah: Solle die geistige Position des „Antimodernismus" – der alten Politik des Ausschlusses, der Verurteilung und der Verteidigung, die zu einer fast neurotischen Leugnung von allem geführt habe, was gut sei – fortgesetzt werden? Oder würde die Kirche, nachdem sie alle notwendigen Vorsichtsmaßnahmen zum Schutz des Glaubens getroffen habe, einen neuen Anfang machen und sich auf eine neue und positive Begegnung mit ihren eigenen Ursprüngen zubewegen, mit ihren Brüdern und der heutigen Welt? Das ist eine Wegkreuzung, die dauerhaft vor der Kirche liegt. Die zwanzig Jahre, die Ratzinger als Präfekt verbracht hat, veranschaulichen gut die gegenwärtigen Gefahren und Möglichkeiten des ersten Wegs; vielleicht ist es an der Zeit, den zweiten erneut zu überdenken.

Wie wird die Geschichte am Ende Joseph Ratzinger beurteilen? Der französische katholische Philosoph Jacques Maritain sagte einmal, das wichtige sei nicht, erfolgreich zu sein, sondern in der Geschichte Zeugnis abzulegen. An diesem Maßstab gemessen, könnte Ratzinger auf volle Zeit günstig eingeschätzt werden. Er hat bezüglich seiner Vision einen festen Stand eingenommen, der Verachtung seiner Kollegen getrotzt, seine eigenen intellektuellen Interessen dem Dienst an der Kirche geopfert. Man kann seine Politik in Frage stellen, aber nicht seine Treue.

Doch bestehen noch andere Maßstäbe, an denen Führer gemessen werden müssen. In seiner Biographie von Robert Kennedy beschrieb Arthur Schlesinger jr., wie er bei Kennedys Begräbnis zugegen war und beobachtete, wie Richard Daley, Bürgermeister von Chicago, und Tom Hayden, ein Hippie-Aktivist, erbittertste Feinde in jenem Sommer 1968, in verschiedenen Ecken leise vor sich hin schluchzten. Schlesinger schrieb, daß ein Freund an eine Zeile von Pascal erinnert wurde: „Ein Mensch zeigt seine Größe nicht, indem er in das eine Extrem geht, sondern vielmehr, indem er mit beiden zugleich in Berührung kommt." Wenn das der Prüfstein ist, dann hat Joseph Ratzinger bei all seinem Verstand, all seiner Frömmigkeit, all seiner Zielgerichtetheit, bei all dem, was ihn bemerkenswert macht, keine Größe erreicht. Wie die Extreme innerhalb des römischen Katholizismus vereinigt werden können, die jetzt so vollständig getrennt sind, ist die Frage, der sich das nächste Konklave gegenübersieht; es ist die Frage, die sich dem Volk Gottes stellt.

ANMERKUNGEN

1 Ein ehemals Liberaler

1. R. MacAfee Brown, *Observer in Rome: A Protestant Report on the Vatican Council* (Doubleday, 1964), 150. Nach der Bemerkung über den „weggeblasenen Dom“ fügte Brown hinzu, „und in welcher Form er nun wieder zurückkommen und zusammengebaut wird, weiß niemand“.
2. R. Wiltgen, *The Rhine Flows into the Tiber: A History of Vatican II.* (Hawthrone Books, 1967/Tan Books, 1985). Obwohl Wiltgen so etwas nie beabsichtigte, wurde sein Buch von Kritikern des II. Vaticanums vom rechten Flügel wiederentdeckt, die seinen Bericht zur Stützung ihrer Theorie ausschlachten, das Konzil sei durch eine Verschwörung europäischer Liberaler auf seinen Kurs gezwungen worden.
3. *National Catholic Reporter*, 13.11.1998. Als Randnotiz, der katholische Journalist Russell Shaw verwies später auf diese Bemerkung als Beispiel für einen Sprachgebrauch, den er für unangemessen hält; der Jesuit Joseph Fessio wiederum verwies darauf, daß eine derartige Sprache typisch für *NCR* sei, als hätte eher die Zeitung als Küng die Bemerkung gemacht.
4. In seiner vorzüglichen Studie *Inside the Vatican: The Politics and Organization of the Catholic Church* (Harvard University Press, 1996) verdeutlicht der Jesuit Tom Reese, daß die Glaubenskongregation unter Johannes Paul II. zu einem „Wachtposten“ geworden ist. Jedes vatikanische Dokument muß eine Durchsicht hinsichtlich der Glaubenslehre „passieren“, bevor es erlassen werden kann. So hat Ratzingers Amt eine ungeheure Autorität über andere vatikanische Stellen auf sich konzentriert. Ratzinger hat die Kommissionen zur Glaubenslehre der nationalen Bischofskonferenzen angehalten, eine ähnliche Rolle hinsichtlich der Dokumente ihrer Konferenzen einzunehmen.
5. Siehe Ratzingers Bemerkungen zu Versuchen, zu einem Bild Jesu auf rein historischer Grundlage zu gelangen, in *Schauen auf den Durchbohrten* (Johannes Verlag, 1990). Auch wenn er Schriftforscher oft angeklagt hat, sich als die alleinigen Richter darüber aufzuspielen, was authentisch christlich ist, glitt er nie in die Art Quasi-Fundamentalismus ab, die von einigen erzkonservativen Katholiken vertreten wird.
6. Nachdem Frings im Anschluß an das Konzil nach Köln zurückgekehrt war, stellte sich sein instinktiver Konservatismus wieder ein. 1968 untersagte er einen katholischen Gedächtnisgottesdienst für Martin Luther King, Jr., weil der sozialdemokratische Ministerpräsident Nordrhein-Westfalens, Heinz Kühn, teilnehmen würde. Kühn war vom Katholizismus abgefallen.
7. J. Ratzinger, *Die erste Sitzungsperiode des Zweiten Vatikanischen Konzils: Ein Rückblick* (Köln: Bachem Verlag, 1963), 58.
8. ders., 14.
9. ders., 7/8.
10. H. Krätzl, *Im Sprung gehemmt: Was mir nach dem Konzil noch alles fehlt* (Verlag St. Gabriel, 1998). Krätzl war ein enger Freund und Mitarbeiter von Kardinal Franz König.
11. Der vollständigste Beleg für dieses Argument findet sich bei Thomas Weiler, *Volk Gottes – Leib Christi: Die Ekklesiologie Joseph Ratzingers und ihr Einfluss auf das Zweite Vatikanische Konzil* (Mainz: Matthias-Grünewald Verlag, 1997). Ratzinger steuerte ein Vorwort bei, das diese Lesart seiner Haltung im wesentlichen bekräftigte. Unter denen, die mir eine Variante der *aggiornamento-ressourcement*-Unterscheidung unterbreiteten, um für eine wesentliche Kontinuität in Ratzingers Denken zu argumentieren, sind Joseph Fessio, Charles Curran und Augustine Di Noia.
12. Ratzinger, *Die erste Sitzungsperiode*, 13.
13. ders., 16.
14. ders., 54.
15. ders., 30/31.
16. *Concilium*, 1. Jg., 1965 (Mainz: Matthias-Grünewald Verlag. Einsiedeln, Zürich: Benziger Verlag, 1965), 26.

17. J. Ratzinger, *Das Konzil auf dem Weg: Rückblick auf die zweite Sitzungsperiode des Zweiten Vatikanischen Konzils* (Köln: Bachem Verlag, 1964), 45/46.
18. Ratzingers Bemerkungen entstammen einem Interview mit der italienischen Publikation *Lo Stato* Mitte Dezember 1998. Er fügte hinzu, daß man die Bischöfe zu überzeugen versuchen müsse, da „sie keine Menschen bösen Willens sind, auch wenn einige von ihnen ihre Befugnis mißbrauchen und die Rechte der Gläubigen mißachten".
19. J. Ratzinger, *Ergebnisse und Probleme der dritten Konzilsperiode* (Köln: Bachem Verlag, 1965), 19.
20. Ratzinger, *Die erste Sitzungsperiode*, 10.
21. ders., 34.
22. ders., 34.
23. ders., 35.
24. Ratzinger, *Das Konzil auf dem Weg*, 22.
25. ders., 57.
26. „Der Weltdienst der Kirche. Auswirkungen von *Gaudium et Spes* im letzten Jahrzehnt" in M. Seybold (Hrsg.), *Zehn Jahre Vaticanum II* (Regensburg: 1976), 36.
27. J. Ratzinger, *Salz der Erde* (Stuttgart: Deutsche Verlags-Anstalt, 1996), 82.
28. ders., 83.
29. Wiltgen, *The Rhine Flows into the Tiber*, 285.

2 Alle Wege führen nach Rom

1. „Free Expression and Obedience in the Church" in H. Rahner (Hrsg.), *The Church: Readings in Theology* (P. J. Kenedy, 1963), 212. Zur Zeit der Eröffnung des II. Vaticanums verfaßt, bietet der Aufsatz einen bemerkenswerten Einblick in Ratzingers Haltungen zu Theologie und Abweichung in diesen Tagen.
2. In diesem Teil beziehe ich mich stark auf Aidan Nichols, O.P., *The Theology of Joseph Ratzinger* (T&T Clark, 1988). Es handelt sich um eine exzellente Studie zu Ratzingers Theologie, die, obwohl aus der Perspektive eines Bewunderers geschrieben, ziemlich ausgewogen ist.
3. J. Ratzinger, *Einführung in das Christentum* (München: Kösel Verlag, 1968), 7.
4. Ratzinger, *Salz der Erde*, 84.
5. ders., 83.
6. Ratzinger, *Einführung*, 43.
7. ders., 81/82.
8. ders., 31/32.
9. ders., 161.
10. ders., 286.
11. ders., 286.
12. ders., 282.
13. ders., 285.
14. ders., 282/283.
15. J. Ratzinger, *Theologische Prinzipienlehre: Bausteine zur Fundamentaltheologie* (Wewel Verlag, 1982), 340.
16. J. Ratzinger, *Eschatologie: Tod und ewiges Leben* (Regensburg: Verlag Friedrich Pustet, 1978), 59.
17. ders., 59.
18. ders., 66.
19. ders., 67.
20. H. Verweyen, *Der Weltkatechismus: Therapie oder Symptom einer kranken Kirche?* (Düsseldorf: Patmos Verlag, 1994).
21. Die Rede kann auf der Website der Wir-sind-Kirche gefunden werden: http://www.we-are-church.org/de. Archiviert unter „Dokumente", lautet der Titel „Zur gegenwärtigen Lage in der römisch-katholischen Kirche".
22. Der Titel des Buchs: C. Schönborn, *Die Menschen, die Kirche, das Land: Christentum als gesellschaftliche Herausforderung* (Wien/München: Molden Verlag, 1998). Ironischerweise bedankt sich Schönborn im Vorwort bei Hubert Feichtlbauer für redaktionelle Hilfe in der Zusammenstellung des Buchs, der kurz danach zum Sprecher der österreichischen Wir-sind-Kirche wurde.

23. Im Frühjahr 1999 ging über Schönborn das Gerücht, daß er in Rom eine vatikanische Stellung besetzen würde. Siehe *NCR*, 28.5.1999.
24. Ratzinger, *Salz der Erde*, 82/83.
25. Trotz Döpfners Erklärungen in Essen verursachte sein Eintreten für eine Veränderung in der Lehre zur Empfängnisverhütung eine Entfremdung von Paul VI., von der er sich nie erholte. Was Ranke-Heinemann betrifft, so studierte sie mit Ratzinger in München und war später die erste Frau, die sich an einer deutschen Universität für einen Lehrstuhl in Katholischer Theologie qualifizierte. Sie wirbelte Anfang der neunziger Jahre Staub auf, als sie auf Ratzingers Studententage angesprochen italienischen Reportern erzählte, daß er ausgenommen hervorstechend gewesen sei, aber unter einer Abwesenheit von jeglicher Erotik gelitten habe. Ihre Beschreibung vom Katholikentag gab sie mir 1999 in einem Interview am Telefon. Ich hatte sie schon zuvor interviewt, als sie im Frühjahr 1999 gegen die Bombardierungen der NATO in Serbien protestierte.
26. Ratzingers Verbindungen zur Gustav-Siewerth-Akademie wurden mir in einem Fax vom 28.Juli 1999 von Dr. Alma von Stockhausen bestätigt.
27. Szulcs Bericht erscheint in seinem Buch *Pope John Paul II: The Biography* (Scribner, 1995); Hebblethwaites Version findet sich in mehreren seiner Werke zu den frühen Stadien der Papstschaft Johannes Pauls II.
28. Daß Johannes Paul II. Ratzinger anfänglich die Kongregation für die katholische Erziehung angeboten hat, wurde nach meinem besten Wissen zuerst von George Weigel in seiner umfangreichen Biographie von Johannes Paul II. enthüllt, *Witness to Hope* (Cliff Street Books, 1999), 419. Weigel führt als Informationsquelle ein Interview mit Ratzinger vom 12.9.1996 an.
29. Siehe Jan Grootaers und Joseph A. Selling, *The 1980 Synod of Bishops „On the Role of the Family": An Exposition of the Event and an Analysis of Its Texts* (Leuven University Press, 1983), v. a. 77–78.
30. Die Episode wird in Einzelheiten in einem Artikel der Münchner *Süddeutsche Zeitung* vom 21. Mai 1981 unter der Schlagzeile „Ein ermutigendes Signal aus dem Vatikan" geschildert.
31. Rahners vollständiger Protest wurde in der *Süddeutsche Zeitung* vom 14. November 1979 unter der Schlagzeile „Ich protestiere!" veröffentlicht. Ratzinger antwortete Rahner in flüchtiger Weise mit Kommentaren, die in der Ausgabe vom 18. Dezember 1979 dieser Zeitung gedruckt wurden.
32. Die gesamte Dokumentation ist in Leonard Swidler (Hrsg.), *Küng in Conflict* (Image Books, 1981), gesammelt.

3 Echte Befreiung

1. Ratzinger, *Salz der Erde*, 100.
2. Comblins *Called for Freedom: The Changing Context of Liberation Theology* (Orbis Books, 1998) ist eine Pflichtlektüre für jeden, der die veränderte historische Situation verstehen will, der sich die Befreiungstheologie heute gegenübersieht.
3. Diese Schätzungen führte Philip Berryman an, ein Autor und Übersetzer auf dem Gebiet der Befreiungstheologie, mit dem ich im Sommer 1999 ein Interview am Telefon führte.
4. Veröffentlicht von Franciscan Herald Press in Chicago, Ill.
5. Zitiert nach Peter Hebblethwaite in einem Aufsatz zur Befreiungstheologie im *NCR* vom 12.11.1976.
6. Ratzinger, *Salz der Erde*, 156.
7. Beobachter vor Ort erklären hingegen, daß die Übertritte zum Protestantismus in Chiapas tatsächlich eher mit der evangelikalen abstinenten Einstellung zum Alkohol zu tun haben: Alkoholismus ist ein ernstes Problem unter Einheimischen, und der strikte Moralkodex der evangelikalen Protestanten scheint das einzige „Entzugsprogramm" mit weitgreifendem Erfolg zu sein. Klaus Blumes Darstellung der Situation in Chiapas für die Deutsche Presse-Agentur hat diesen Punkt gut veranschaulicht. Siehe „Bloody religious conflict rages in southern Mexico", 20. Juli 1999.
8. Zugang zum Text in Michael Sharkey (Hrsg.), *International Theological Commission: Texts and Documents 1969–1985* (Ignatius Press, 1989). Ratzinger steuerte ein Vorwort zu der Sammlung bei.
9. Artikel mit ausführlichen Zitaten von Ratzingers Bemerkungen erschienen in der *Süddeutsche Zeitung* am 28.9.1978 unter der Schlagzeile „Ratzinger: Amerika wird Schwerpunkt der Kirche" und am 6.10.1978 unter der Schlagzeile „Finanzielles Engagement genügt nicht".
10. Die Information bezüglich dieses Treffens und der Entscheidung über Romero stammt aus Jonathan Kwitnys Biographie von Johannes Paul II., *Man of the Century* (Henry Holt and Company, 1997), 353, und geht einer Anmerkung zufolge auf Oddi persönlich zurück.

11. Siehe Lernoux, *People of God.* Die Sorge der Reagan-Regierung über die Befreiungstheologie wurde nicht nur vertraulich geäußert. In einer Ansprache vor einer christlichen Gruppierung 1984 sagte der damals im Staatsministerium für Menschenrechte tätige Eliot Abrams, daß die Sowjets die Befreiungstheologie als Mittel der Unterwanderung der westlichen Kirchen ausnutzten. Siehe dazu *NCR*, 7.12.1984.
12. Siehe J. L. Segundo, *Theology and the Church: A Response to Cardinal Ratzinger and a Warning to the Whole Church* (Seabury, 1985), 17. Segundo merkt dazu an, daß Rahner mit der Erklärung der Orthodoxie der Befreiungstheologie von Gutiérrez nicht notwendigerweise sage, daß sie wahr sei, nur daß sie keine Gefahr für den Glauben darstelle, sich also innerhalb des Rahmens römisch-katholischer theologischer Diskussion bewege.
13. Siehe *NCR*, 16.11.1984. Ratzinger und Höffner waren gemeinsam in der deutschen Bischofskonferenz tätig.
14. Die Details des Treffens stammen aus H. Cox, *The Silencing of Leonardo Boff: The Vatican and the Future of World Christianity* (Meyer-Stone Books, 1988). Cox hatte den Vorzug von Boffs persönlichem Zeugnis.
15. Härings Aufsatz „Joseph Ratzinger's ‚Nightmare Theology'" in H. Küng und L. Swidler (Hrsg.), *The Church in Anguish: Has the Vatican Betrayed Vatican II?* (Harper and Roe, 1987).
16. Ratzingers Kenntnis Molinas trug zur Nährung seines Gefühls einer Verbindung zwischen Befreiungstheologie und revolutionärer Gewalt bei. Im November 1985 feierte Molina einen Gedächtnisgottesdienst für einundvierzig Mitglieder einer kolumbianischen Guerillabewegung, die neben fünfundneunzig Soldaten und Zivilisten sechs Tage zuvor bei einem Angriff auf das kolumbianische Justizministerium getötet worden waren. Dabei hing er eine Fahne der Guerillas über den Altar und bezeichnete die Revolutionäre als „Märtyrer".
17. Medina Estévez wurde zum Präfekten der Kongregation für die göttliche Anbetung und die Sakramente, wo er sich seit 1996 bemüht, die liturgische Übersetzung in den Händen der englischsprachigen Bischofskonferenzen wieder unter römische Kontrolle zu bringen, ganz im Sinne Ratzingers, den Bischofskonferenzen Befugnisse und Vorrechte zu entziehen. Ratzinger hat sich in *Aus meinem Leben* auch mit ihm identifiziert; er und u.a. Medina gehörten zu den ehemaligen *periti* des II. Vaticanums, die nach dem Konzil wegen der Richtung der Kirche desillusioniert worden seien.
18. In einem Interview mit der kanadischen *Catholic New Times* vom 20.6.1999 sagte der Bischof a. D. Antonio Fragoso, ein Freund Cámaras, daß dieser, obwohl er stark unter der Entscheidung gelitten habe, aus tiefer Loyalität nicht protestierte. Er bestätigte auch Comblins Einfluß auf die Seminare.
19. „Free Expression" in Rahner, *The Church.*

4 Ein Kämpfer in der Kultur

1. Diese Bemerkung wurde nach einem Interview mit Pannenberg von Patricia Lefevere in der Ausgabe des *NCR* vom 27.5.1994 übermittelt.
2. Mein Artikel zu dem Zwischenfall, von dem ich erst im nachhinein erfuhr, weil ich mich zu dem Zeitpunkt, zu dem er sich ereignete, bereits im Lesungssaal befand, erschien in der Ausgabe des *NCR* vom 26.5.1999.
3. Wijngaard trat 1998 aus Protest gegen *Ad tuendam fidem* aus der Priesterschaft aus, ein päpstliches Dokument, in dessen Zusammenhang das Verbot weiblicher Priester durch Ratzinger zu einer „endgültigen" Lehre erklärt wurde. Auf seiner Website ist eine eindrucksvolle Sammlung von Zeugnissen zugänglich, die auf eine kirchliche Tradition weiblicher Diakone hinweisen: www.womenpriests.org.
4. Bezüglich der meisten Umstände des Hirtenbriefs für Frauen folge ich T. C. Fox, *Sexuality and Catholicism* (George Braziller, 1995), 232–244.
5. Im April 2000 wurde McEnroys Berufung vor dem Obersten Gerichtshof der USA abgewiesen, womit sich ihre rechtlichen Möglichkeiten offensichtlich erschöpft haben.
6. Byrne war zuvor von der Glaubenskongregation aufgefordert worden, eine öffentliche Zustimmungserklärung zur Lehre der Kirche zur Empfängnisverhütung und zur Priesterordination abzugeben. Dem kam sie nicht nach. Siehe auch *Newsweek* (Atlantic Edition), 24.1.2000, S. 64.
7. Ratzinger, *Salz der Erde*, 216.
8. Diese Normen erschienen in der Ausgabe des *NCR* vom 4.7.1997.
9. Der Artikel erschien in *Der Spiegel* vom 17.4.1992.
10. Migges Studie hat es weder in Deutschland noch in der englischsprachigen Welt auf eine weite Verbreitung gebracht. Das Thema der Homosexualität innerhalb der katholischen Geistlichkeit kam

aber im Jahr 2000 in den USA zur offenen Diskussion, aufgrund einer anderen Publikation, die diesen Bereich berührte.

11. Siehe McNeill's Memoiren, *Both Feet Firmly Planted in Midair: My Spiritual Journey* (Westminster John Knox Press, 1998).
12. Teresa Malcolm's hervorragender Bericht über die Nachricht des Verbots erschien im *NCR* vom 30.7.1999.
13. Siehe „Why Brazil's homosexuals find asylum in the U.S.", *Christian Science Monitor*, 7.12.1998, und „Rio deadly haven for homosexual men; police sometimes participate in attacks, gay rights group alleges", *Houston Chronicle*, 14.3.1999. Autorenschaft beide Male bei Jack Epstein.
14. Siehe „Following spate of murders, Italian gays declare state of emergency", Deutsche Presse-Agentur, 4.3.1998.

5 Heilige Kriege

1. Bei der Zeitung handelte es sich um die österreichische Tageszeitung *Die Presse*; siehe die Ausgabe vom 4.4.1998 unter der Schlagzeile „Der römische Packesel". Die Erklärungen auf der Pressekonferenz übermittelte die italienische Tageszeitung *Il Sabato*.
2. Ich war auf der zweiten interreligiösen Versammlung in Assisi Ende Oktober 1999 zugegen. Im Vorfeld erklärte Kardinal Francis Arinze vom päpstlichen Rat für den interreligiösen Dialog Journalisten, daß das Ereignis privater Natur sei, sie aber nicht seine Genehmigung bräuchten, um dort zu erscheinen. Wie es so kommt, wimmelte es in Assisi dann nur so von Journalisten. Arinze unternahm alles, um eine wie auch immer geartete Wiederholung von 1986 zu vermeiden. Er erklärte, daß die Teilnehmer spekulative Diskussionen unterlassen würden, daß Zuhören das Hauptziel sei und daß nicht gemeinsam gebetet würde, weil man nicht an dasselbe glaube.
3. Ratzinger, *Salz der Erde*, 25.
4. Für eine Zusammenfassung der Debatte im deutschen Katholizismus um Halbfas siehe Gunter Koch, „Der Fall Halbfas" in *Das politische Engagement des Christen heute* (H. Bouvier Verlag, 1970). Unser Austausch via E-Mail fand im Sommer 1999 statt.
5. Dieses telefonische Interview mit Küng fand am 28.7.1999 statt.
6. Ratzingers Kommentar findet sich im I. Band des Vorgrimler *Commentary on the Documents of Vatican II*, 297–305.
7. Siehe „Pope has no intention of converting Eastern Orthodox to Catholicism" in *Current Digest of the Post-Soviet Press*, 13.5.1992.
8. Siehe „Pope to accept married Anglican priests" in *Independent*, London, 6.12.1993, S.2.
9. Mein Artikel „Ratzinger credited with saving Lutheran pact" erschien im *NCR* vom 10.9.1999.
10. Siehe „Ratzinger assails WCC" in *Christian Century*, 18.6.1997, 582.
11. Der Aufsatz erscheint als Teil von *Die Vielfalt der Religionen und der Eine Bund* (Urfeld, 1998).
12. Der Text von Ratzingers Rede ist online zugänglich: www.ewtn.com. Folgen Sie dem Link zur Dokumentbibliothek, und suchen Sie dann unter „Ratzinger".
13. Die Rede wurde in *Origins* unter der Überschrift „Relativism: The Central Problem for Faith Today" am 31.10.1996 veröffentlicht (vol.26, no. 20).
14. Siehe „Ratzinger absolutely wrong on relativism" von J. Hick, *NCR*, 24.10.1997.
15. Schmidt-Leukel versah mich mit Kopien seiner Korrespondenz mit dem bayerischen Ministerium. Eine amüsante Randnotiz an der Geschichte ist, daß der ursprüngliche Brief vom 3.4.1998, der Schmidt-Leukel in Kenntnis setzte, daß ihm kein Zugang gewährt würde, vom Widerspruch seiner Theorien zur ethischen Offenbarung sprach. Nachdem er auf den Fehler hingewiesen hatte, schickte ihm das Ministerium am 5.6.1998 einen neuen Brief, der sich dann korrigiert auf einen Widerspruch zur christlichen Offenbarung bezog.
16. Siehe „De Mello censure reflects Vatican misgivings about Eastern thinking" in *NCR*, 4.9.1998.
17. Königs Artikel erschien in der Ausgabe vom 16.1.1999, Ratzingers Antwort in der vom 13.3.1999.
18. Das Interview erschien im französischen *L'Express* am 21. März.
19. Clooney's Artikel erschien am 31.1.1997 in *Commonweal*.
20. Das Dokument ist zugänglich in *Origins*, 28.12.1989 (vol.19, no. 30), unter der Überschrift „Some aspects of Christian meditation".

6 Der Vollstrecker

1. C. Curran und R. E. Hunt, *Dissent in and for the Church: Theologians and Humanae Vitae* (Sheed and Ward, 1970).
2. Die Bemerkungen von Reese erscheinen in meinem Porträt Ratzingers im *NCR*, 16.4.1999, unter der Schlagzeile „The Vatican's enforcer".
3. Siehe „Positive thinking for Holy Office" im *NCR*, 15.12.1965.
4. Der volle Titel lautet *Wesen und Auftrag der Theologie: Versuche zu ihrer Ortsbestimmung im Disput der Gegenwart* (Johannes Verlag, 1993).
5. Der Aufsatz erschien ursprünglich in *Forum katholische Theologie* 2 (1986), 81–96.
6. Siehe den Artikel zur neuen *Ratio agendi* in *Catholic World Report*, 10/1997, unter der Überschrift „Misdirection play?", 26–28. Der vollständige Text der *Ratio agendi* findet sich online: www.cin.org/. Folgen Sie den Vorgaben zu den Dokumenten der vatikanischen Kongregationen.
7. Von der Akte von Currans Fall ist in der Einleitung zu diesem Kapitel die Rede; die von Küng trägt die Bezeichnung 399/57/i. Normalerweise bezeichnet die vatikanische Korrespondenz die Akte, zu der der Buchstabe gehört, in der oberen Ecke zur linken Hand, im Feld für die Protokollnummer.
8. Farleys Bemerkungen erschienen ebenfalls in meinem Porträt Ratzingers im *NCR* vom 16.4.
9. Der vollständige Text von Currans Korrespondenz mit der Glaubenskongregation erschien neben seiner Schilderung und seiner Reflexion über die Erfahrung in seinem Buch *Faithful Dissent* (Sheed and Ward, 1986). Das Buch wurde vor seiner letztgültigen Entlassung an der Katholischen Universität im Januar 1987 veröffentlicht.
10. Das Glaubensbekenntnis und der Treueid vom 1.3.1989 finden sich online: www.ewtn.com. Folgen Sie dem Link zur Dokumentsbibliothek, und suchen Sie unter „profession of faith".
11. Siehe „Theologians in Europe challenge pope's conservative leadership" in *New York Times*, 14.7.1989, S. 1.
12. Siehe die Memoiren von Fox, *Confessions: The Making of a Postdenominational Priest* (HarperSanFrancisco, 1996).
13. Siehe „Others see little change caused by dissent decree" im *NCR*, 31.7.1998.
14. Ratzingers Aufsatz wurde neben einer Antwort von Örsy in der Ausgabe vom Mai/Juni 1999 von *Céide: A Review from the Margins* (vol. 2, no. 5), S.28–34, veröffentlicht.

7 Ratzinger und das nächste Konklave

1. Das Zitat von Oddi erscheint in P. Hebblethwaite, *The Next Pope: A Behind-the-Scenes Look at How the Successor to John Paul II Will Be Elected and Where He Will Lead the Catholic Church* (HarperSanFrancisco, 2000).
2. Reese diskutiert die von Johannes Paul II. eingeführten dramatischen Veränderungen in der Regelung für die päpstlichen Wahlen in *Inside the Vatican*, 86–87.
3. *A New Song for the Lord: Faith in Christ and Liturgy Today* (Crossroad, 1997).
4. N. Stanzel, *Die Geisel Gottes: Bischof Kurt Krenn und die Kirchenkrise* (Wien/München: Molden Verlag, 1999).
5. Aus „Free Expression", in Rahner, *The Church*. 204, 206.
6. Siehe *Theological Highlights of Vatican II* (Paulist Deus Books, 1966), 121.
7. Die Lesung wurde veröffentlicht in *Die Vielfalt der Religionen und der Eine Bund* (Urfeld, 1998).